科学出版社“十三五”普通高等教育本科规划教材

工程实践丛书

机械制造实践教程

胡庆夕　张海光　徐新成　主编

科学出版社

北　京

内 容 简 介

本书是根据教育部工程材料及机械制造课程教学指导小组关于工程训练的教学基本要求和教育部教学指导委员会21世纪教学内容和课程体系改革计划的基本要求，并结合上海大学本科教学大纲和计划而编写的。本书以实用为宗旨，强化工程实践，强调系统性、层次性、实例丰富性、项目多样性，具有较强的参考价值，注重人才工程能力和创新素质的综合培养。

本书总结了各种机械工艺的基本原理、种类、特点和应用，详细介绍了常见机械加工工艺方法，并通过实践案例给出了各种工艺的实现方法和手段及思考题和实践报告。本书共九章，涉及20个训练项目，包括工程训练安全须知与考评标准、机械制造系统、计算机辅助设计、材料热处理、基础制造技术实践(铸造、锻压、焊接、普通切削加工)、先进制造技术实践(数控加工、电火花加工、激光加工、3D打印、快速模具)、机械测量(常规测量、精密测量)、钳工与装配以及机械制造综合实践等。并附各训练项目对应的实践报告。

本书可作为高等学校的机械、材料、自动化、计算机、通讯等机类及近机类理工各相关专业学生工程训练的教材，也可作为工程技术人员了解工程训练的参考教材。

图书在版编目(CIP)数据

机械制造实践教程/胡庆夕等主编. —北京：科学出版社，2017.1
(工程实践丛书)
科学出版社“十三五”普通高等教育本科规划教材
ISBN 978-7-03-051605-3

Ⅰ. ①机… Ⅱ. ①胡… Ⅲ. ①机械制造-高等学校-教材
Ⅳ. ①TH

中国版本图书馆CIP数据核字(2017)第018442号

责任编辑：许 健
责任印制：黄晓鸣 / 封面设计：殷 靓

科学出版社 出版
北京东黄城根北街16号
邮政编码：100717
http://www.sciencep.com
南京展望文化发展有限公司排版
广东虎彩云印刷有限公司印刷
科学出版社发行 各地新华书店经销
*
2017年2月第 一 版 开本：787×1092 1/16
2023年6月第八次印刷 印张：25 3/4
字数：620 000

定价：69.00元
(如有印装质量问题，我社负责调换)

序　言

“实验教学与理论教学并重”正在成为现代大学教学设计的基本理念。加强工程实践类课程建设，是当下高校工科教学改革和发展的一项重要内容，具有普遍性和方向性意义。中国如此，国际上亦如此。

工程训练是高校对本科阶段学生进行工程实践能力培养的重要教学环节。不同于一般的课程类教学，也不同于传统的金工实习，现代大学的工程训练具有通识性和专业基础性双重教学属性。工程训练课程面向以工科为主的本科各专业，旨在给大学生以工艺知识和技能的训练、工业制造的了解以及工程文化的体验。它是以综合性为特点，根据对学生的培养要求，采用多样性工业集成的思想，对各种生产工程技术进行经精选，遵循认知规律，采用实操、实训和实验为主要学习方式的，着眼于学生的现代工程师能力培养的一种新型课程。

新型课程需要新的教材。高校人才培养的多样性要求，决定了教材的多样性。近十多年，伴随着我国高校工程训练教学建设的快速发展，相应的教材建设也出现了百花齐放、欣欣向荣的局面，其中不乏一些水平较高、质量较好的新编教材。

面向工程训练课程的《工程实践丛书》，编写思路上紧跟工业技术的进步，突出工程训练的综合性。不仅涉及机械和电子领域传统的常规技术，还适量增加了计算机辅助设计与制造、数控加工、激光加工、3D打印、快速模具、现代控制、精密测量、先进焊接、特种加工等多种先进制造技术内容。这些新内容已经或正在成为工业主流应用技术，因此应当成为学生应知应会的技能。教材的内容组织和构成力图有利于学生主动学习和主动实践能力的养成，为此在文字表述、习题和思考题编排设计上下了功夫。运用“案例教学法”和“项目教学法”，恰当地引入典型化工程实例，放大学习者的思考空间，也是该教材的编写特点。这些探索和改进对于启发学生的工程创新意识会有积极作用。

上海大学胡庆夕教授领衔主编的这一套《工程实践丛书》，理论和实践结合紧密，有内容、有新意、有创新，希望能够成为受学生和教师欢迎的好教材。

2016 年 10 月于大连理工大学

前 言

本书是根据教育部工程材料及机械制造课程教学指导小组关于工程训练的教学基本要求和教育部教学指导委员会21世纪教学内容和课程体系改革计划的基本要求,结合上海大学本科教学大纲和计划而编写的。

机械制造工程实践是理工大类学生的一门实践性很强的技术基础课程,是理工院校的学生了解机械制造的概念,建立机械制造的基本工艺,掌握机械制造的相互关系,以及培养学生的工程意识、动手能力、团队素质、创新精神的必修课程,为学生学习机械制造的后续专业知识奠定了基础。

本书共分9章,主要包括六个方面内容:一是实践的安全及要求部分,即第1章主要介绍工程实践中应该注意的安全知识;二是机械制造的综述部分,即第2章主要介绍机械制造基本概念、基本原理和种类以及应用;三是产品建模部分,即第3章详述了计算机辅助设计实践;四是机械制造基本实践部分,包括第4章热处理实践、第5章基础制造实践、第6章先进制造实践、第7章机械测量实践和第8章钳工与装配实践;五是综合实践部分,即第9章机械制造综合项目实践;六是工程训练实践报告,包括基础项目、增加项目和创新项目。

本教材由上海大学工程技术训练中心组织编写,参加编写的既有在工程实践教学岗位辛勤耕耘几十年的教授、高级工程师和高级技师,也有热心从事工程实践育人事业的年轻讲师、工程师和实验师,更有在第一线承担工程实践教学并具有丰富经验的实践教师、实验技术人员和工程技术人员。

本教材由上海大学工程训练国家级实验教学示范中心胡庆夕、张海光以及上海工程技术大学工程训练国家级实验教学示范中心徐新成任主编，参加本书编写的有胡卫东、宋晨霞、吴钢华、王珏、李晨阳、李佳俊、李文彬、刘媛娜、何岚岚、陈杰、李宏、胡金根、黄鑫、刘江丽等。

在编写本书的过程中，引用了部分科技文献与资料，并将主要参考文献附在书末，在此谨向有关作者致以深深的谢意。

由于机械制造工程实践涉及多种机械制造工艺，限于作者水平，书中内容难免有不妥与错误之处，敬请读者批评指正。

编　者

2016年9月于上海大学

目 录

第一章 工程训练须知与考评标准 1

1.1 工程训练须知 1
1.2 工程训练考评标准 2
1.3 思考题 3

第二章 机械制造系统 4

2.1 实践目的 4
2.2 机械产品制造内涵 4
2.3 制造系统的基本组成 5
2.4 产品设计方法概述 6
2.5 机械制造加工工艺概述 9
2.6 机械制造装配工艺概述 11
2.7 产品质量检测与控制方法概述 13
2.8 思考题 16

第三章 计算机辅助设计实践 17

3.1 实践目的 17
3.2 CATIA 软件概述 17
3.3 零件实体建模实践 19
3.4 零件装配实践 33
3.5 机械工程图设计实践 41
3.6 思考题 47

第四章 材料热处理实践 48

4.1 实践目的 48
4.2 工程材料的基本知识 48
4.3 热处理的基本知识 50
4.4 热处理实践案例 57
4.5 思考题 60

第五章 基础制造技术实践 61

5.1 液态成形——铸造实践 61

5.2 塑性成形——锻压实践 73
5.3 连接成形——焊接实践 84
5.4 普通切削加工技术 98
5.5 思考题 132

第六章 先进制造技术实践 134

6.1 数控加工实践 134
6.2 电火花加工实践 171
6.3 激光加工实践 180
6.4 3D 打印实践 195
6.5 快速模具实践 207
6.6 思考题 217

第七章 机械测量实践 219

7.1 测量技术概述 219
7.2 常规测量实践 221
7.3 现代精密测量实践 232
7.4 思考题 250

第八章 钳工与装配实践 251

8.1 钳工实践 251
8.2 机械装配实践 268
8.3 思考题 280

第九章 机械制造综合实践 281

9.1 实践目的 281
9.2 综合实践基本流程 281
9.3 综合实践案例 281
9.4 思考题 296

参考文献 297

附 录 299

附录 1 第三章 计算机辅助设计实践报告 299
附录 2 第四章 材料热处理实践报告 310
附录 3 第五章 基础制造技术实践报告 313
附录 4 第六章 先进制造技术实践报告 347
附录 5 第七章 机械测量实践报告 382
附录 6 第八章 钳工与装配实践报告 389
附录 7 第九章 机械制造综合实践报告 398

第一章 工程训练须知与考评标准

1.1 工程训练须知

1.1.1 工程训练中心安全注意事项

工程训练是学校培养具有工程意识、创新意识和工程实践综合能力的高素质人才的重要实践教学环节。作为主动实践、开拓视野的重要环节,学生必须亲自动手操作各种设备和仪器来提高动手能力。为了保障学生实践操作中自身和设备安全,防范安全事故的发生,切实有效降低和控制事故危害,要求学生进入工程训练中心时必须遵守以下安全规则:

① 禁止携带危险品进入训练室,训练室内禁止吸烟。

② 进入训练场所的人员必须穿好工作服或其他防护用品,扎好袖口,不准穿拖鞋、凉鞋、高跟鞋,不准穿裙子、短裤、吊带背心等,头发长的同学必须戴工作帽。

③ 严格遵守训练中心的各项规章制度和安全操作规程。在训练期间严禁违章操作,必须听从指导教师的指导,未经指导教师的许可,不得擅自操作任何仪器设备,不听劝阻者将取消其训练资格。

④ 学生如因违反训练纪律和安全规则而造成人身损伤、设备事故以及出现重大事故或造成严重后果,按其程度严肃处理,并直至追究相应的经济和法律责任。

⑤ 出现各种事故时必须保护好现场,并立即报告指导教师;若故意破坏现场,必须承担相应责任。

⑥ 实习必须在指定地点、设备上进行,未经允许不准动用他人设备和工夹量具,不得任意开动或关闭他人设备的电门、电闸,特别是多人使用同一台设备时,只允许一人操作(包括配套的计算机),禁止多人同时操作。

⑦ 出入实验室,必须在规定的黄色安全通道内行走,严禁在操作中的吊车、行车下通过或停留。

⑧ 按照实验室操作规范,合理安全的使用电源、水源、气源和各类化学试剂,严禁湿手操作电源和仪器设备,确保人身安全。

⑨ 仪器设备运行过程中,发现设备有异常声音或出现异味等故障时,应立即停机并切断电源,及时报告指导教师,严禁带故障操作或擅自处理。

⑩ 一旦发生火灾,首先切断火源或电源,尽快使用有效的灭火设施灭火;同时,迅速从安全通道撤离,拨打“119”火灾报警电话。

⑪ 教师讲解设备操作时,或在设备处于待运行状态以及运行过程中,不得随意触摸设备上的任何按键,不得随意打开设备门,不得随意使用或关闭控制设备的计算机。

1.1.2 工程训练注意事项

① 参加实训前必须提交学校"实验室安全知识考试合格证书"及"安全承诺书",后续的训练成绩方可有效。

② 在训练期间注意爱护和保养仪器机器设备、工具、量具、刀具等国家财产,保持工位的整洁,工件放置规范,不得乱拿工具和工件,不得将公物纳为已有,损坏公物照价赔偿。

③ 文明训练,进出工程训练场所,不得大声喧哗和追逐打闹,禁止乱扔杂物,不得将食物带入工程训练场所,保持良好的实训环境。

④ 实践过程中不能戴耳机、听音乐等,或做其他与训练无关、违反课堂纪律的事情,不听劝告者将取消其该训练项目资格,对造成恶劣影响的,直至取消所有项目的训练资格并严肃处理。

⑤ 学生因病请假,必须持校医院或挂钩医院的病假单(急诊可先行请假,事后补假),事假、公假必须持有关院系的证明,由中心教育科审批,否则一律作旷课处理。

⑥ 学生按照训练计划的要求全面完成训练任务,因病事假所漏缺的实习内容必须补足。若病事假天数超过实习总天数 1/4 以上,训练成绩作不及格处理,需要重修本课程。

⑦ 参加实习过程中应严格遵守训练中心的各项规章制度,遵守实习时间,按时上下班。迟到、早退、擅自离岗达到 30 分钟者,均记为 0 分;无故出现 1/4 以上训练项目不及格的,训练总成绩不及格。

⑧ 每班训练结束时,应做好设备和环境的清洁和整理工作,拒不执行的按照未完成训练任务处理。

⑨ 注意节约材料,反对浪费,训练时所加工零件出现报废、需重新取材料加工时必须支付相应新增使用的材料费用,从而培养学生的成本意识和质量意识。

⑩ 在规定时间内,个人没有及时交还中心相应借用的工具、工作服等财物,训练成绩不及格。

1.2 工程训练考评标准

实践教学的考评必须坚持公平、公开、透明的基本原则,要客观、全面地评价学生的训练质量,要注重平时操作,兼顾理论。学生工程训练评价满分为 100 分,其中平时基础训练成绩占 70 分,期末成绩占 30 分。平时成绩主要包括训练任务、操作技能、安全规范、文明态度、纪律执行以及工程训练报告六个方面,按照百分制评价,其中工程训练报告单科成绩必须及格以上。学生基础训练平时考评准则如表 1-1 所示。

表 1-1 学生基础训练平时考评准则

序号	评价项目	分数	评 价 内 容	给分要点
1	训练任务	35	1) 按时、按质、按量超额完成教学任务	35
			2) 按时、按质、按量完成基本教学任务	25
			3) 按时、按量完成基本教学任务	20

（续 表）

序号	评价项目	分数	评　价　内　容	给分要点
1	训练任务	35	4）实践所加工零件报废，但按时、按量完成	10
			5）超时10分钟以内完成基本教学任务	5
			6）没有完成基本教学任务	0
2	操作技能	20	1）设备操作熟练、工装夹量具使用正确，独立完成	20
			2）设备操作一般、工装夹量具使用比较正确，指导下独立完成	15
			3）需重点指导设备操作、工装夹量具使用，动手能力较弱	10
			4）动手能力较差，问题较多	5
3	安全规范	10	1）完全按照安全操作要求，无事故	10
			2）不完全按照操作要求，无事故	5
			3）出现小事故（设备、工装夹量具或人身事故）	0
4	文明态度	5	1）设备干净、工作场地清洁、工装夹量具干净整齐	5
			2）设备、工作场地、工装夹量具清理一般	3
			3）不整理、不清理、不打扫	0
5	纪律执行	10	1）不迟到、不早退，遵守规章制度，听从教师指导	10
			2）迟到或早退在10分钟以内或不听从教师指导	5
			3）违反课堂纪律（包括使用不允许使用的手机、计算机等，以及睡觉、上课交头接耳等）	0
6	工程训练报告	20	按照报告评分要求	20

1.3　思考题

1. 工程训练为什么有安全要求？
2. 安全注意事项与训练注意事项有什么区别？各自的目的是什么？
3. 实践中如何防范事故的发生？

第二章　机械制造系统

长期以来，人们对于机械制造领域所涉及的各种问题，往往都是孤立地看待，仅限于分别地、单个地加以研究。因此，在很长的时期内，尽管在机械制造领域中许多研究和开发工作取得了卓越的成就，然而并未发生重要的突破。直到20世纪60年代后期，人们才逐渐认识到只有把机械制造的各个组成部分看成一个有机的整体，以控制论和系统工程学为工具，用系统的观点进行分析和研究，才能对机械制造过程实行最有效地控制，并大幅度地提高加工质量和加工效率。本章就基于这个观点对机械制造系统的相关概念和各个组成环节进行初步地认知，以便使学生在后续各实践环节学习时有系统的观念和联系。

2.1　实践目的

① 了解制造及制造技术的概念。
② 了解机械产品制造的基本工艺过程。
③ 了解机械制造系统的基本组成架构。
④ 了解产品全生命周期的概念。
⑤ 了解产品设计、加工、装配及检测四个过程所涉及的基础知识和概念。

2.2　机械产品制造内涵

1）制造概念

狭义理解：制造指从原材料到产品直接起作用的那部分工作内容，包括毛坯制造、零件加工、产品装配、检验、包装等具体操作。

广义理解：制造包括制造企业的产品设计、材料选择、制造生产、质量保证、管理和营销一系列有内在联系的运作和活动。

2）制造技术

制造技术是在产品生产中，使原材料转化为产品过程所施行的各种手段的总和。

广义理解：制造技术涉及生产活动的各个方面和生产的全过程，被认为是一个从产品概念到最终产品的集成活动，是一个功能体系和信息处理系统。

3）机械制造工艺过程

机械制造工艺过程实质上是一个由原材料向产品或零件的转变过程，通常是将原材料用成形的方法制成毛坯，再经机械加工得到符合技术要求的零件（图2-1），最后将各种零件装配成机器。中间还要穿插不同的热处理和表面处理，并在各个环节进行质量检测和控制。因此，机械产品制造工艺过程包括毛坯成形、切削加工、热加工、热处理、装配及质量检测等环节（图2-2）。

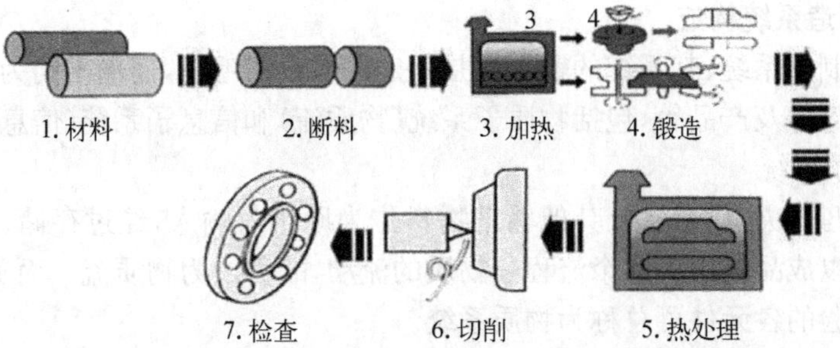

图 2-1　机械零件制造工艺过程

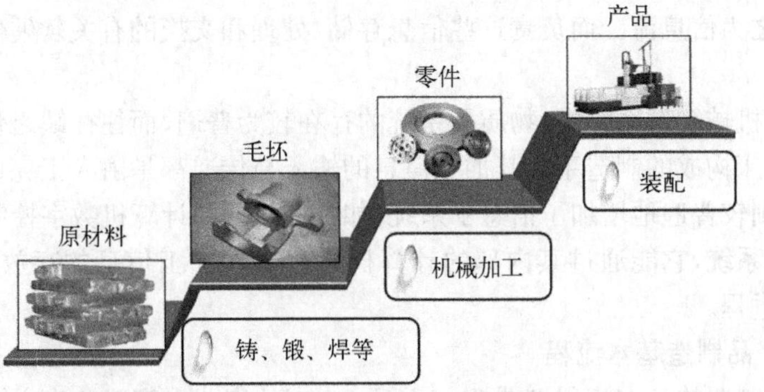

图 2-2　机械产品制造工艺过程

2.3　制造系统的基本组成

1) 制造系统功能结构

为了使原材料向产品或零件的转变得以实施，一般制造系统的功能结构组成如图 2-3所示。

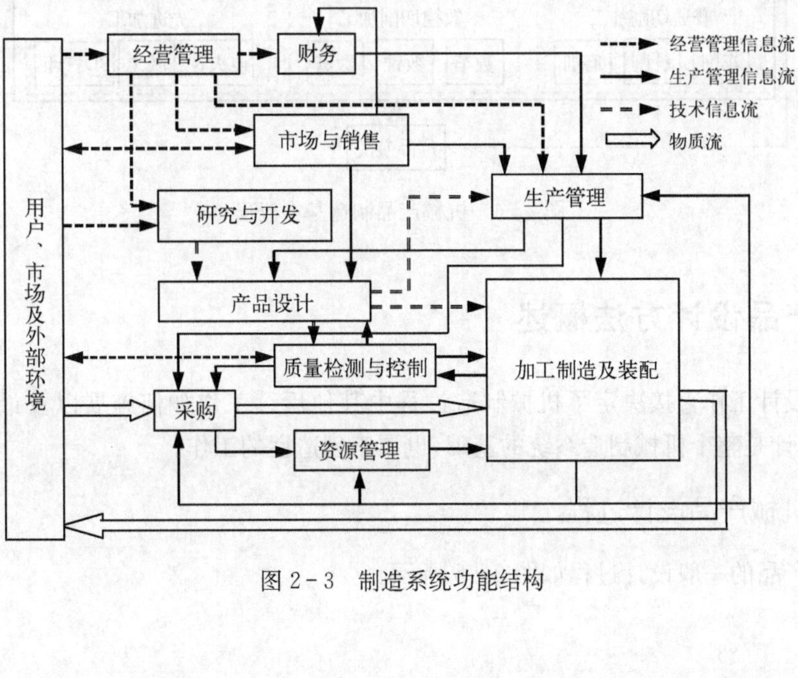

图 2-3　制造系统功能结构

2) 机械制造系统构成

针对机械制造系统，其系统的输入就是一定的材料或毛坯，而输出则为加工后的零件或者装配后的部件及产品等，包括物质子系统(物质流)和信息子系统(信息流)。

(1) 物质子系统

把毛坯、刀具、夹具、量具及其他辅助物料作为原材料输入，经过存储、运输、加工、检验等环节最后以成品输出。这个流程是物质的流动，故称之为物质流。而负责物料存储、运输、加工、检验的各元件可总称为物质系统。

(2) 信息子系统

加工任务、加工顺序、加工方法及物质流所要确定的作业计划、调度和管理指令属于信息范畴，称之为信息流。而负责这些信息存储、处理和交换的有关软硬件资源可称为信息子系统。

在传统的机械制造系统中，物质子系统的存在较为普遍，而往往缺乏信息子系统。如由一台普通车床构成的制造系统其加工信息的输入与传递都是由人工完成的。而在现代制造系统中，则较普遍地增加了信息子系统，如数控机床的计算机数字控制系统(CNC)就是典型的信息系统，它能通过其内部的计算机进行零件加工信息的存放，并发送加工指令，控制加工过程。

3) 机械产品制造基本流程

机械产品制造的基本流程如图 2-4 所示，本书的实践内容以此为主线进行展开。

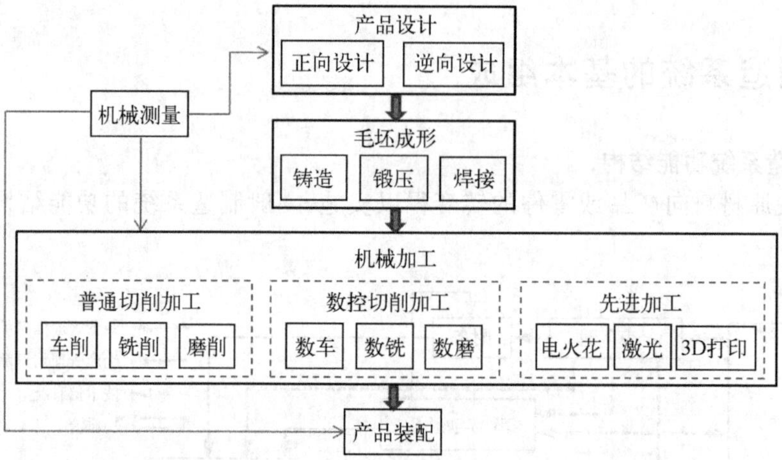

图 2-4　机械产品制造基本流程

2.4　产品设计方法概述

产品设计工作直接决定了机械制造过程中其他后续工作如何施展以及最终产品效果，机械设计是整个机械制造系统的基础，也属于创造性的工作。

2.4.1　机械产品设计过程

机械产品的一般设计过程如图 2-5 所示。

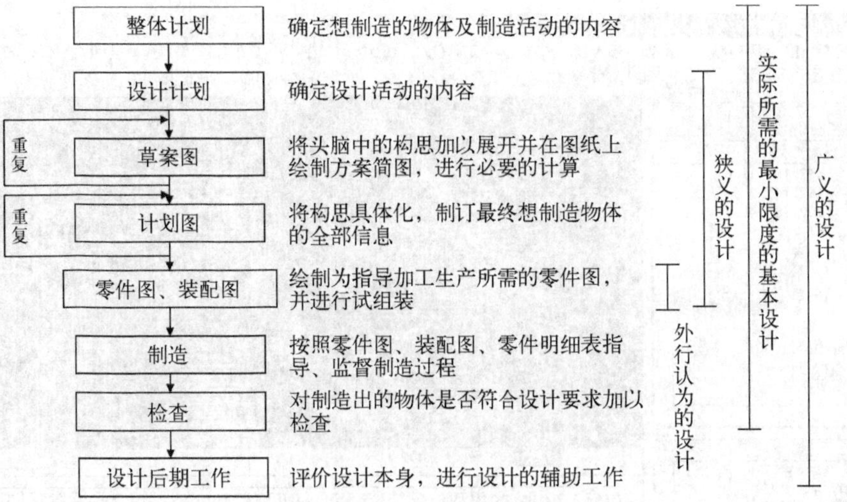

图 2-5　机械产品设计过程

2.4.2　设计方法分类

传统设计方法：以经验总结为基础，运用力学和数学的经验、公式、图表、设计手册等作为设计依据，通过经验公式、近似系数等方法进行设计。其特点是手工的、静态的、经验的设计，产品性能分析较困难。

现代设计方法：以满足市场产品的质量、性能、成本和价格等综合效益为最优目的，以计算机辅助设计技术为主体，研究、改进、创造产品活动过程中所用到的科学方法、理论和技术手段。其特点是数字化的、动态的、科学的设计，便于分析产品性能。内容主要包括设计方法学、计算机辅助设计、有限元分析、优化设计和可靠性设计等。

2.4.3　计算机辅助设计

计算机辅助设计(Computer Aided Design，CAD)是将计算机应用于产品设计全过程的一门综合技术，是使得现代设计方法得以实施的关键技术。随着计算机技术的不断发展和普及，各种 CAD 软件迅速进入机械设计和制造行业领域。目前已有不少企业把产品的设计、分析、制造、数据管理和信息技术集于一体，这种先进的管理设计方式将引发机械行业的巨大的变化。CAD 软件的应用使企业对产品的研发与制造能力有了全面的提升，从而使其产品在同业竞争中更具有优势。

目前机械行业用到的 CAD 软件种类繁多，功能和应用领域各有不同，可以分为入门级、中级和高级。

1) 入门级 CAD 软件

入门级 CAD 是以二维为设计绘图的思维，其优点是尺寸标注清楚，加工者不易搞错，设计和加工的责任区分也较明显，在制造上仍有优势，仍被广泛使用于二维工程图制造的加工厂或设计单位，常用软件有 AutoCAD、CAXA、开目 CAD、中望 CAD、清华天河等，其中以 AutoCAD 为此类软件的代表，AutoCAD 虽然也提供了三维设计的功能，但功能过于简单且不符合三维设计主流架构。软件界面如图 2-6 所示。

2) 中级 CAD 软件

中级 CAD 已正式步入了三维领域，具有操作简单、易上手而且界面人性化的优点，适

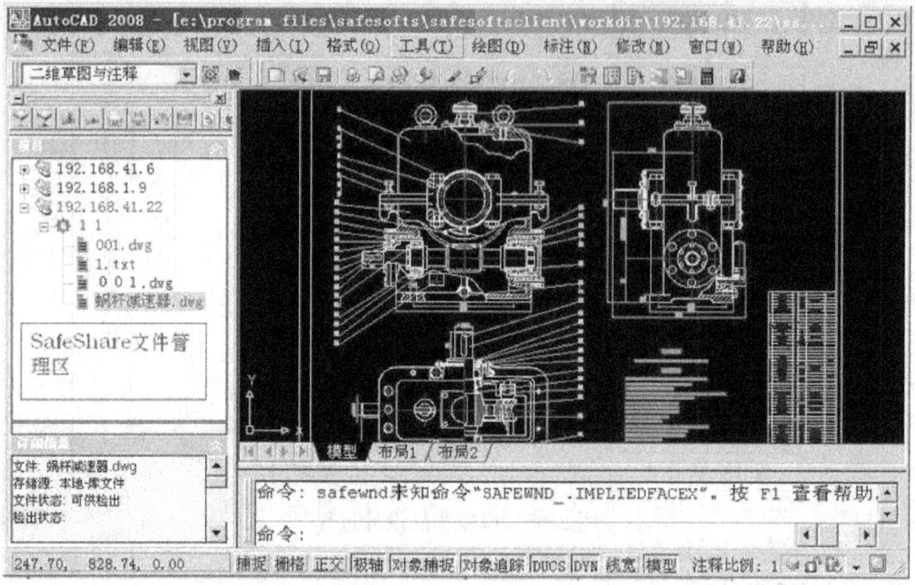

图 2-6　AutoCAD 界面示例

合不牵涉复杂曲线产品的企业，尤其是以零部件生产为主的企业，常见的有 SolidWorks、SolidEdge、Inventor 等，其中以 SolidWorks 为此类软件的代表，软件界面如图 2-7 所示。

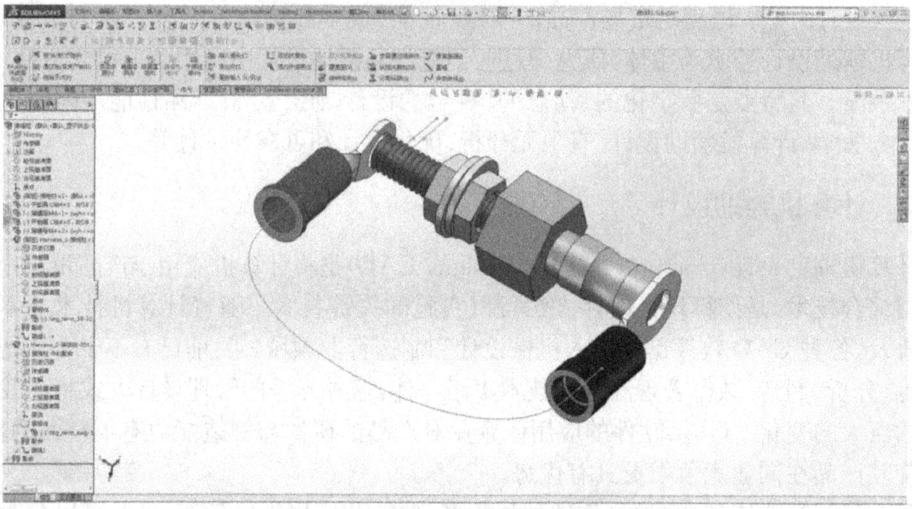

图 2-7　SolidWorks 界面示例

3）高级 CAD 软件

高级 CAD 都具有完整的 CAD/CAM/CAE 模块，其功能强大，但都各有所长，常见有 CATIA、Pro/ENGINEER、UG 等。对于那些原创性强、制造要求高、具有开发或研发需求的外企，其产品是按工业设计的标准流程来设计制造，这类企业就需要成本高但功能也强大的大型 CAD 软件，这类软件常用于汽车、3C 电子产品、家电用品、航天航空等企业。其中 Pro/ENGINEER 的优势在于造型设计，然而即便是造型设计，单纯就功能面和曲面精密度来讲，CATIA（如图 2-8 所示）要比 Pro/ENGINEER 更优。而 UG 则在计算机辅助制造方面相对占有优势，所以在汽车业、制造业里有很多企业在使用 UG。

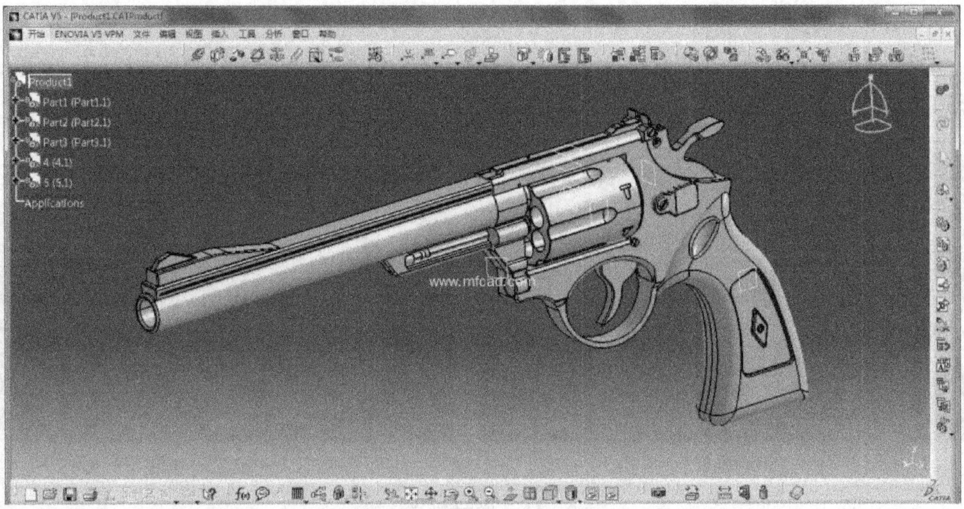

图 2-8　CATIA 界面示例

2.5　机械制造加工工艺概述

在完成产品设计的基础上，进入零件制造加工过程，即直接改变原材料形状、尺寸和性能，使之变为零件的过程，称之为机械制造加工工艺过程，是机械制造系统的主要组成部分之一。

2.5.1　加工工艺分类

按照制造工艺原理分为减材制造、等材制造和增材制造。

1) 减材制造

减材制造指材料质量变化 $\Delta m<0$ 的制造过程，也称去除成形。包括切削加工(车、铣、刨、磨)、电加工、高能束加工等。

2) 等材制造

等材制造指材料质量变化 $\Delta m=0$ 的制造过程，也称受迫成形。包括铸造、锻压、模具成形等，如图 2-9 所示。

(a) 铸造

(b) 锻压

图 2-9　等材制造工艺

3）增材制造

增材制造指材料质量变化 $\Delta m>0$ 的制造过程，也称堆积成形。包括焊接、涂覆、3D打印等，如图 2-10 所示。

(a) 焊接　　(b) 3D打印

图 2-10　增材制造工艺

2.5.2　加工工艺过程

加工工艺过程是由一个或若干个顺序排列的工序组成的，是工艺过程的基本组成单位。所谓工序是指在一个工作地点，对一个或一组工件所连续完成的那部分工艺过程。构成一个工序的主要特点是不改变加工对象、设备和操作者，而且工序的内容是连续完成的。毛坯依次通过这些工序就成为成品。工序又是由一个或若干个顺序排列的工步组成的，若在加工表面、切削刀具、切削用量等均保持不变的情况下，所连续完成的那部分工序内容，称为工步。

若生产规模不同，工序的划分及每一道工序所包含的加工内容也有所不同。一般在单件、小批量生产时，将工艺过程划分到工序，写明工序内容，画出必要的工序图。但在大批量生产时，为保证加工质量和生产率，就必须对工艺过程进行更细的划分。

现以阶梯轴为例(图 2-11)，简单介绍其加工工艺的制定过程，具体工序表如表 2-1 所示。

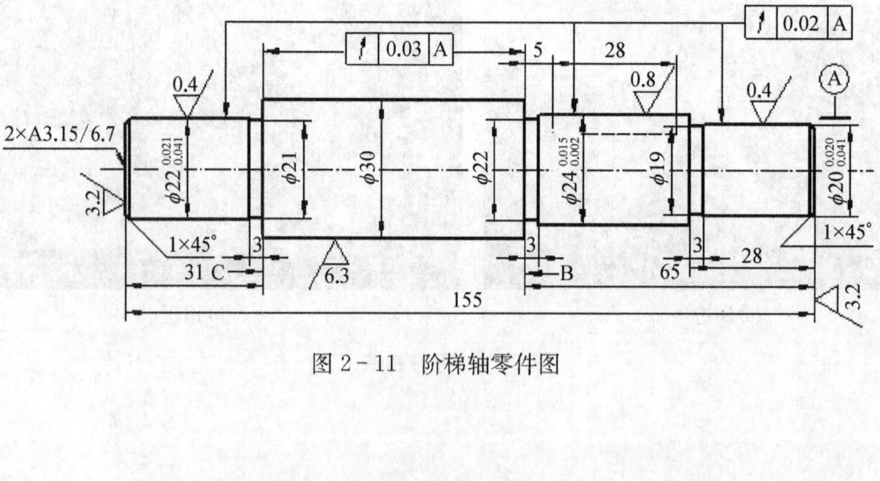

图 2-11　阶梯轴零件图

表 2-1 阶梯轴加工工序

工序号	工序名称	工 序 内 容	设 备
1	车	① 车一端面，钻中心孔； ② 车另一端面，保证长度为 155，钻中心孔	卧式车床
2	车	① 粗车左端外圆分别至 $\phi32\times98$、$\phi24\times30$； ② 半精车该段外圆分别至 $\phi30\times94$、$\phi22.4_{-0.21}^{0}\times31$； ③ 车槽 $\phi21\times3$，倒角 $1.2\times45°$； ④ 粗车右端外圆分别至 $\phi26\times64$、$\phi22\times27$； ⑤ 半精车该段外圆分别至 $\phi24.4_{-0.21}^{0}\times65$、$\phi20.4_{-0.21}^{0}\times28$； ⑥ 车槽分别至 $\phi22\times3$、$\phi19\times3$，倒角 $1.2\times45°$	卧式车床
3	钳	划键槽线	钳工平板
4	铣	粗、精铣键槽至 $8_{-0.036}^{0}\times20.2_{-0.020}^{0}\times28$	立式铣床
5	热处理	两端轴径高频淬火、回火 40～50 HRC	
6	钳	研修两端中心孔	钻 床
7	磨	① 粗磨一端外圆至 $\phi22.1_{-0.033}^{0}$； ② 精磨该段外圆至 $\phi22_{-0.041}^{-0.020}$； ③ 粗磨另一端外圆分别至 $\phi24.1_{-0.021}^{0}$、$\phi20_{-0.033}^{0}$； ④ 精磨该段外圆分别至 $\phi24_{+0.002}^{+0.015}$、$\phi20_{-0.041}^{-0.020}$	磨 床
8	检	按图纸要求检查	

2.6 机械制造装配工艺概述

在产品设计及零部件加工制造的基础上，按照图纸要求实现机械零件或部件的连接，使零件、套件、组件和部件间获得一定的相互位置关系，最终把机械零件或部件组合成机器，所以也称之为机械制造装配工艺过程。即使是全部合格的零部件，如果装配不当，往往也不能形成质量合格的产品，因此装配的好坏对机械产品的效能、修理的工期、工作的劳力和成本等都起着非常重要的作用，是机械制造系统的主要组成部分之一。

2.6.1 基本装配单元

简单的产品可由零件直接装配而成。复杂的产品则须先将若干零件装配成部件，称为部件装配；然后将若干部件和另外一些零件装配成完整的产品，称为总装配。为保证有效地进行装配工作，通常将机器划分为若干能进行独立装配的装配单元。

零件：是组成机器的最小单元，由整块金属或其他材料制成。

组件(套件)：是在一个基准零件上，装上一个或若干个零件而构成的。例如车床主轴组件如图 2-12 所示。

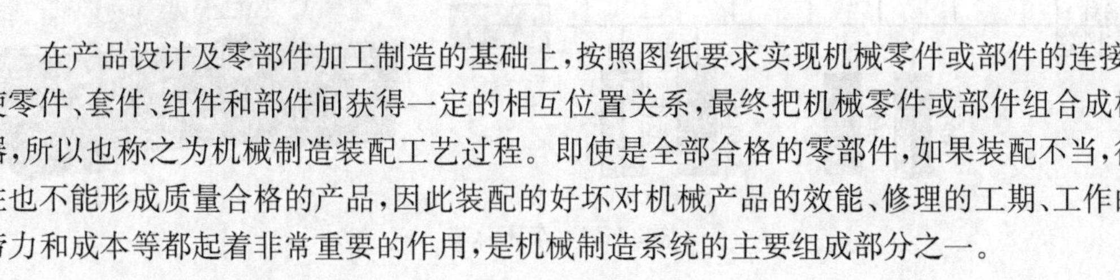

图 2-12 车床主轴组件

部件：是在一个基准零件上装上若干组件、套件和零件而构成的，在机器中能完成一定的、完整的功能。例如车床的主轴箱部件如图 2-13 所示。

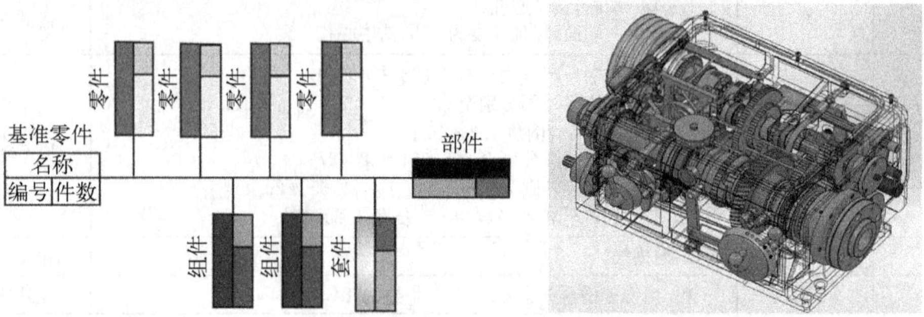

图 2-13　车床主轴箱部件

总装：在一个基准零件上，装上若干个部件、组件、套件和零件就成为机器或称产品。例如车床如图 2-14 所示。

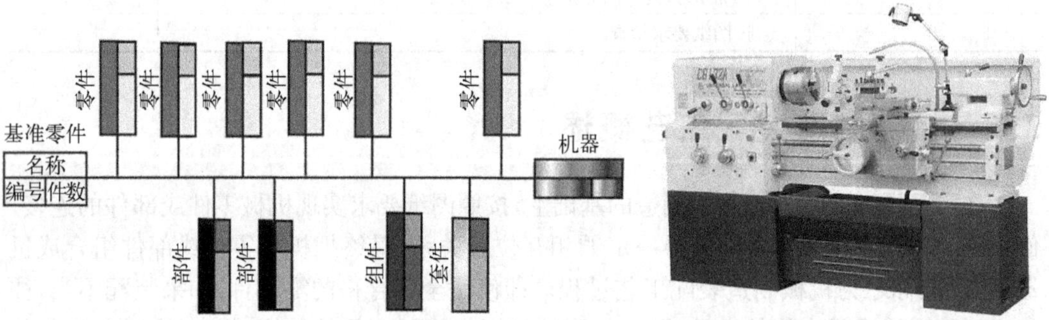

图 2-14　车床总装

2.6.2　装配工艺过程基本原则

① 保证产品的装配质量，以延长产品的使用寿命。
② 合理安排装配顺序，尽量减少钳工手工劳动量，缩短装配周期，提高装配效率。
③ 尽量减少装配占地面积。
④ 尽量减少装配工作的成本。

2.6.3　基本装配工艺过程

1）研究产品的装配图及验收技术条件

① 审核产品图样的完整性、正确性。
② 分析产品的结构工艺性。
③ 审核产品装配的技术要求和验收标准。
④ 分析和计算产品装配尺寸链。

2）确定装配方法与组织形式

① 装配工艺方法的确定：主要取决于产品结构的尺寸大小和重量，以及产品的生产纲领。
② 装配组织形式：固定式装配，全部装配工作在一固定的地点完成，适用于单件小批

生产和体积、重量大的设备的装配；移动式装配，是将零部件按装配顺序从一个装配地点移动到下一个装配地点，分别完成一部分装配工作，各装配点工作的总和就是整个产品的全部装配工作，适用于大批量生产。

3）划分装配单元、确定装配顺序

① 将产品划分为套件、组件和部件等装配单元，进行分级装配。

② 确定装配单元的基准零件。

③ 根据基准零件确定装配单元的装配顺序。

4）划分装配工序

① 划分装配工序，确定工序内容（如清洗、刮削、平衡、过盈连接、螺纹连接、校正、检验、试运转、油漆、包装等）。

② 确定各工序所需的设备和工具。

③ 制定各工序装配操作规范，如过盈配合的压入力等。

④ 制定各工序装配质量要求与检验方法。

⑤ 确定各工序的时间定额，平衡各工序的工作节拍。

5）编制装配工艺文件

① 一次性生产的产品可不编写装配工艺文件。

② 编制时要考虑到车间的组织形式和设备条件，以及工人的技术水平等情况。

③ 对未定型的产品，可不编制装配工艺。如果需要，可编制部分必要的装配工艺文件。

④ 工艺文件应以图为主，使工人一目了然、便于操作，必要时可加注简要说明。

⑤ 凡属装配工人应知的工艺规程内容，工艺文件中不再编入。

2.6.4 装配精度

为了使产品具有正常工作性能，必须保证其装配精度，即产品装配完成后需要进行各种检验和试验，以保证其装配质量和使用性能。有些重要的部件装配完成后要进行测试。

① 相互位置精度：指产品中相关零部件之间的距离精度和相互位置精度，如平行度、垂直度和同轴度等。

② 相对运动精度：指产品中有相对运动的零部件之间在运动方向和相对运动速度上的精度，如车床溜板移动在水平面内的直线度、溜板移动轨迹相对主轴回转中心的平行度等。

③ 运动位置上的精度：如滚齿机滚刀主轴与工作台的相对运动精度，车螺纹时主轴与刀架移动的相对运动精度等。

④ 相互配合精度：指配合表面间的配合质量和接触质量，如轴和孔的配合间隙或配合过盈的变化范围。

2.7 产品质量检测与控制方法概述

产品质量检测是制造系统中不可缺少的部分，不仅要会制造产品，更要保证产品质量。

2.7.1 测量过程

一个完整的测量过程应包含四个要素：测量对象、计量单位、测量方法和测量精度。

1）**测量对象**

测量对象是指测量过程需要检测的物理量。本书主要针对机械制造过程中涉及的参数，如长度、角度、形位误差、表面粗糙度以及硬度等(图 2－15)。

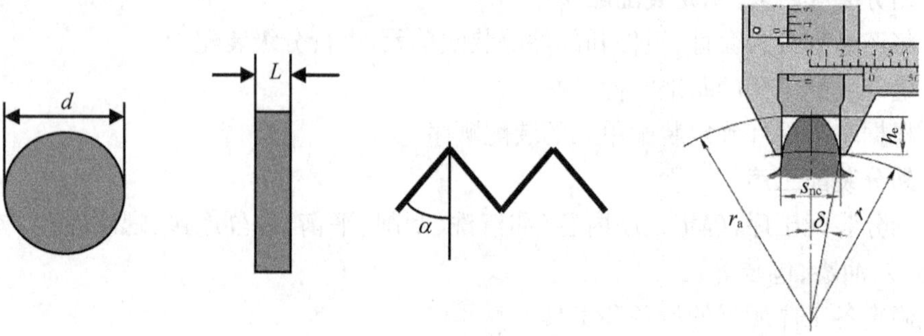

图 2－15　被测对象

2）**计量单位**

全球普遍采用的计量单位制是国际单位制，即公制(也称为米制)，其基本的长度单位为米(m)。在机械制造中常用的单位为毫米(mm)，角度单位为弧度(rad)。

3）**测量方法**

测量方法是根据一定的测量原理，在实施测量过程中对测量原理的运用及其实际操作，广义的测量方法可以理解为测量原理、测量器具和测量条件的总和。

在实施测量过程中，应该根据被测对象的特点(如材料硬度、外形尺寸、生产批量、制造精度、测量目的等)和被测参数的定义来拟定测量方案，选择合适的测量器具，规定测量条件，合理地获得可靠的测量结果。

4）**测量精度(不确定度)**

测量精度表示测量结果与真值的一致程度，不考虑测量精度而得到的测量结果是没有任何意义的。每一个测量值都应给出相应的测量误差范围，说明其可信度。

2.7.2　测量方法分类及选择原则

测量方法是四要素之中的核心部分。

1）**测量方法的分类**

按照被测量是否为直接测的量将测量方法分为直接测量和间接测量。

按照测量技术在机械制造工艺过程中所起的作用将测量方法分为主动测量和被动测量。

按照被测对象与测量器具之间是否有机械作用的测量力可以将测量方法分为接触测量与非接触测量。

按照测量过程中被测对象与测量器具之间是否存在相对运动可以将测量方法分为静态测量和动态测量。

按照被测对象需要同时测得的被测量的数量多少可以将测量方法分为单项测量和综合测量。

2）**测量方法的选择原则**

正确的测量结果依靠测量方法和测量仪器的正确选择、正确操作和测量数据的正确处理。其中测量方法的选择原则主要考虑以下因素。

（1）被测量本身的特性

被测对象的特性包括其大小、形状、重量、材料、批量及精度要求等。

例如：对于一般中小尺寸工件可将其放在仪器上测量，特大尺寸应考虑将量仪放在工件上进行测量；过软材料应采用非接触式测量；大批量测量可考虑设计专用测量夹具。

（2）测量精度的要求

不考虑测量精度而得到的测量结果是没有任何意义的。由于测量会受到许多因素的影响，其过程总是不完善的，即任何测量都不可能没有误差，因此对于每一个测量值都应给出相应的测量误差范围，说明其可信度。根据测量精度的要求选择最适合的测量器具。

（3）测量环境的要求

测量环境是指在测量时的外界条件，如温度、湿度、气压、振动、气流、灰尘、腐蚀气体等。根据被测对象的精度要求相应地配置测量环境：

① 被测量与标准量线涨系数相差越大，误差越大，尽量实现两者等温处理。

② 被测量与标准量温度相差越大，误差越大，尽量采用恒温测量。

③ 室内的相对湿度应控制在50%～60%以内，配置湿度调节装置。

④ 应避免外界振动产生的影响，应有防振措施，例如防振沟的设置。

⑤ 应注意防尘和防腐蚀气体等，保持测量室的密封性。

（4）测量定位基准的确定

被测对象定位尽量做到测量基准与设计、工艺基面相统一，这是减小测量误差的有效手段。

2.7.3　测量内容

目前，测量仪器几乎可以实现所有的长度、轴孔、角度及锥度、形位误差、表面粗糙度、螺纹及齿轮、校准、硬度等测量和产品逆向工程。

1）尺寸测量

尺寸测量内容主要包括长度、厚度、高度、轴径、孔径、角度、锥度等，根据不同的测量元素特征、公差要求、零件尺寸等，需要选取不同的测量仪器，例如测量厚度高度的尺寸常用二维测高仪，轴孔类测量常用万能测长仪，角度和锥度测量常用光学影像仪。

2）形位误差测量

形位误差对零件的使用功能影响较大。为了控制零件的形位误差，提高使用寿命和机器精度，保证零件互换性，有必要对形位误差进行测量，常用的精密测量仪器是三坐标测量机。

3）表面粗糙度测量

零件或工件的表面是指物体与周围介质区分的物理边界，由于加工而形成的实际表面一般呈非理想的状态，其微观几何形状误差即为表面粗糙度误差，常用的精密测量仪器是表面粗糙度仪。

4）螺纹测量

螺纹参数包括螺距、牙型角、内外螺纹半径、中径等，万能工具显微镜是螺纹测量的最常用的现代精密测量仪器。

5）硬度测量

硬度值的大小是表示材料软硬程度的有条件性的定量反映，它本身不是一个单纯的确定的物理量，而是由材料的弹性、塑性、韧性等一系列力学性能组成的综合性指标，显微硬度计是用于测量硬度的常用仪器。

6）**逆向测量**

一件拟制的产品如果没有原始设计图，要想进行加工制造或者翻模，必须首先有加工数据，逆向测量就是利用3D数字化扫描仪对样品或模型进行准确快速地扫描，获取点云数据，可以直接用3D打印机成型，也可以利用3D软件进行面和体的构建，最终由CAM生成加工代码由CNC机床加工。

2.8 思考题

1. 什么是制造？什么是制造技术？
2. 机械制造工艺过程包括哪些环节？
3. 机械制造系统的基本组成是什么？
4. 产品设计的一般流程是什么？简述常用的CAD软件及其区别。
5. 机械加工工艺分类有哪些？对应的特点是什么？
6. 什么叫作机械装配？基本的装配单元有哪些？
7. 检测的功能是什么？一个完整的检测过程包括哪些要素？
8. 常用的测量仪器有哪些？各自的特点是什么？

第三章　计算机辅助设计实践

3.1　实践目的

① 了解计算机辅助设计的基本知识，以及国内外常用的CAD软件工具。

② 掌握CATIA三维实体建模，以及装配设计的基本操作。

③ 掌握CATIA工程图，以及模型测量的基本操作。

3.2　CATIA 软件概述

CATIA V5是基于Windows NT/2000操作系统开发的高端的CAD/CAM软件，是一个非常优秀的面向对象的程序设计典范，是21世纪CAD设计的主流软件，它涵盖了产品开发的全过程，提供了完善无缝的集成环境，支持多文档环境。CATIA因此本教材选择法国Dassault公司的用于CAD实践。

1) CATIA 软件模块简介

CATIA在不同需求时是在不同的模块下工作的，CATIA的基本模块如下。

① CATIA的基本框架：此部分提供CATIA所有的基础功能模块。

② 机械设计：包含机械设计中常见的机械设计单元，比如零件设计、装配设计、交互式工程绘图、创成式工程绘图、结构设计、线架和曲面设计、钣金设计、航空钣金设计、钣金加工设计、三维功能公差与标注设计、模具设计等。

③ 形状(造型)：提供曲面和逆向工程设计单元，可以自由塑造不规则曲面，也可以用草图来构建曲面。

④ 分析与模拟：提供实体的网格划分、静力、共振等有限元分析功能，并且可以输出网格分割数据供其他分析软件使用。

⑤ AEC工厂：提供工厂的规划建设功能。

⑥ 加工：包含从两轴到五轴的加工编程的能力，并且支持快速原型功能。

⑦ 数字模型：包含动态机构仿真、装配配合空间分析、产品功能分析与功能优化等。

⑧ 设备与系统：提供各种系统设备的建置、管路和电线的配置以及电子零件配置等功能。

⑨ 制造的数字处理：提供在三维空间中进行产品的特征、公差与配合标注等功能。

⑩ 加工模拟：通过对数控机床的实体建模、组装和整机模拟实现数控加工过程的仿真。

⑪ 人机工程学设计与分析：提供人体模型，并且可以对产品进行人体空间分析。

⑫ ENOVIA V5 VPM：产品生命周期并行产品过程及开发管理工具。

2) CATIA V5 软件特点

CATIA V5 软件的主要特点如下。

① 重新构造的新一代体系结构。为确保 CATIA 产品系列的发展，CATIA V5 新的体系结构突破传统的设计技术，采用了新一代的技术和标准，可快速地适应企业的业务发展需求，使客户具有更大的竞争优势。

② 支持不同应用层次的可扩充性。CATIA V5 对于开发过程、功能和硬件平台可以进行灵活的搭配组合，可为产品开发链中的每个专业成员配置最合理的解决方案。允许任意配置的解决方案，可满足从最小的供货商到最大的跨国公司的需要。

③ 与 NT 和 UNIX 硬件平台的独立性。CATIA V5 是在 Windows 平台和 UNIX 平台上开发完成的，并在所有所支持的硬件平台上具有统一的数据、功能、版本发放日期、操作环境和应用支持。CATIA V5 在 Windows 平台的应用可使设计师更加简便地同办公应用系统共享数据；而 UNIX 平台上 NT 风格的用户界面，可使用户在 UNIX 平台上高效地处理复杂的工作。

④ 专用知识的捕捉和重复使用。CATIA V5 结合了显式知识规则的优点，可在设计过程中交互式捕捉设计意图，定义产品的性能和变化。隐式的经验知识变成了显式的专用知识，提高了设计的自动化程度，降低了设计错误的风险。

⑤ 给现存客户平稳升级。CATIA V4 和 V5 具有兼容性，两个系统可并行使用。对于现有的 CATIA V4 用户，V5 引领他们迈向 NT 世界。对于新的 CATIA V5 客户，可充分利用 CATIA V4 成熟的后续应用产品，组成一个完整的产品开发环境。

3) CATIA 主界面介绍

单击菜单【开始】|〖机械设计〗|〖零件设计〗，进入“零件设计”界面；或者打开一个已有的文件，文件的具体类型确定了要进入的具体模块。CATIA V5 R20 软件主界面如图 3-1 所示，包括标题栏、模型树、菜单栏、绘图工作区、指南针、提示栏和工具条等几个部分。

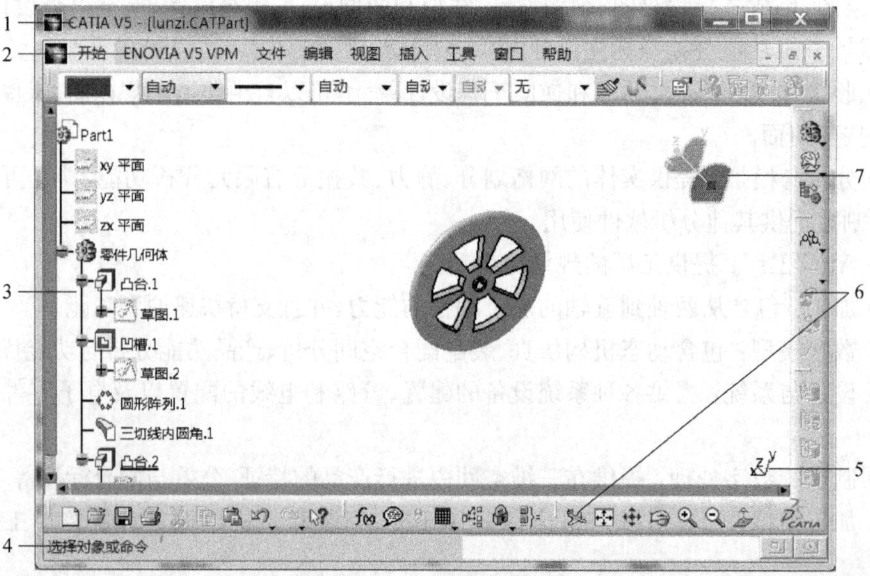

图 3-1 CATIA V5 R20 软件主界面

1. 标题栏；2. 菜单栏；3. 特征树；4. 命令提示栏；5. 坐标轴；6. 工具栏；7. 罗盘

3.3 零件实体建模实践

3.3.1 实践目的

① 熟悉 CATIA V5 的操作界面，了解草图功能模块，零件模块。

② 了解用 CATIA V5 进行草图设计过程，初步掌握“轮廓”绘制、“约束”设置等方法。

③ 掌握“凸台”、“倒角”、“旋转”、“创建基准”、“凹槽”、“实体混合”、“孔”、“对称”等实体特征创建方法，初步体验用 CATIA V5 进行零件设计的功能。

3.3.2 平键实体建模案例

以零件“平键”为例（图 3－2），运用草图“预定义轮廓”、“约束”等草图命令和“凸台”、“倒角”等特征创建方法完成零件的实体创建。

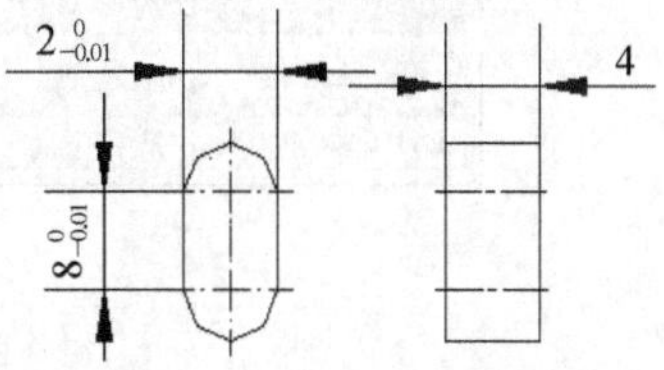

图 3－2　平键的零件图

1) CATIA V5 软件的启动

双击桌面图标，运行 CATIA 软件，进入主界面。

2) 新建文件

单击“新建”图标或菜单【文件】|〖新建〗，弹出“新建”对话框（图 3－3）。在【类型列表】列表框中，选择“Part”文件类型，单击“确定”按钮，弹出“新建零件”对话框（图 3－4）。在“输入零件名称”栏中输入零件名为“pinjian”，并点击“启用混合设计”，单击“确定”按钮，进入零件设计的环境。

图 3－3　新建三维零件图

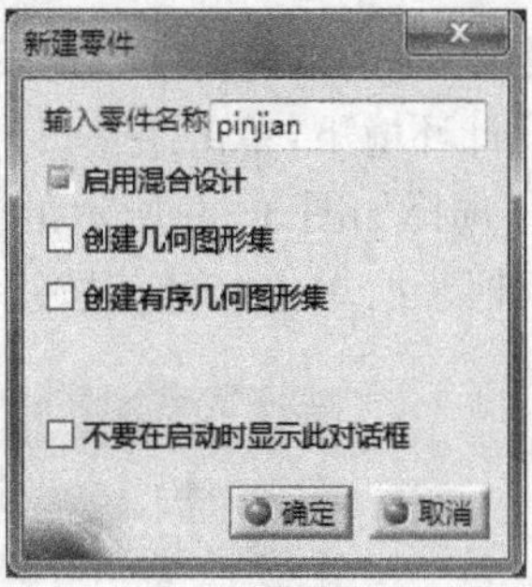

图 3－4　三维零件文件命名

3) 建立实体特征

(1) 进入草图绘制环境

单击菜单【插入】|〖草图编辑器〗|〖草图〗，在特征树上选取 XY 平面，进入“草图工作台”界面（图 3－5）。

(2) 绘制草图轮廓线

单击菜单【插入】|〖轮廓〗|〖预定义轮廓〗|〖延长孔〗，绘制平键零件的二维轮廓线；再单击菜单【插入】|〖约束〗|〖约束创建〗|〖约束〗，为平键的二维轮廓添加尺寸约束（图 3－6）。单击工作台工具栏上的“退出工作台”图标，即可返回到零件设计环境。

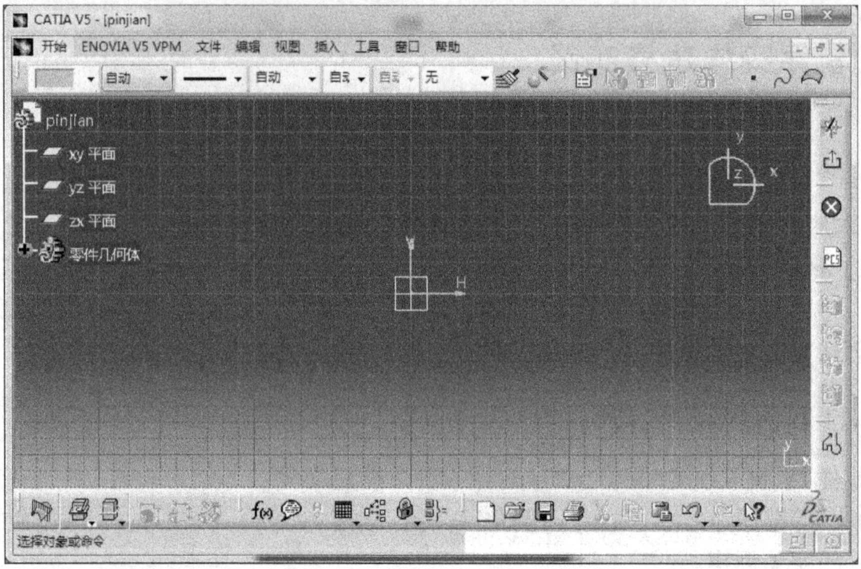

图 3-5 “草图工作台”界面

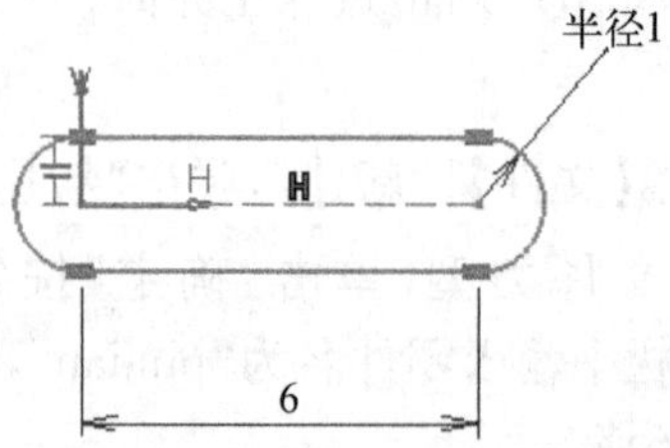

图 3-6 平键零件的草图轮廓线设计

(3) 创建凸台特征

在零件设计环境下,单击菜单【插入】|〖基于草图特征〗|〖凸台〗,弹出“定义凸台”对话框(图 3-7a),选择如图 3-6 所示的二维轮廓作为曲面轮廓,类型选择“尺寸”输入长度 4 mm 作为拉伸尺寸,单击“确定”按钮,完成凸台的构建(图 3-7b)。

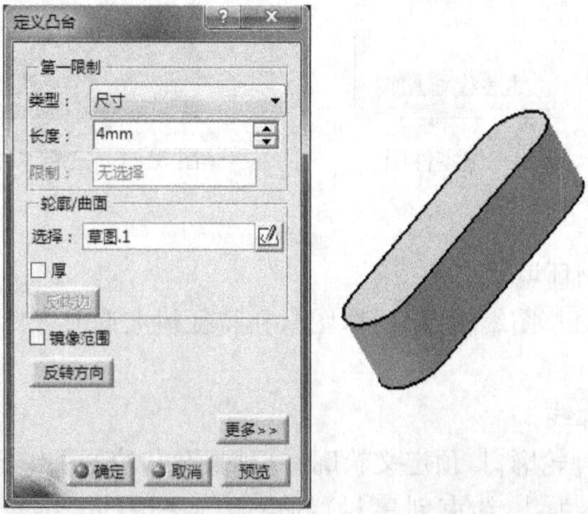

(a) “定义凸台”对话框 (b) 凸台特征

图 3-7 凸台特征构建

(4) 创建倒角特征

在零件设计环境下，单击菜单【插入】|〖修饰特征〗|〖倒角〗，弹出“定义倒角”对话框(图 3-8a)，选择凸台的上下表面轮廓线(图 3-8b)，输入长度 0.5 mm，角度 45 度，单击“确定”按钮，完成凸台倒角的构建，即完成平键零件三维模型的构建(图 3-9)。

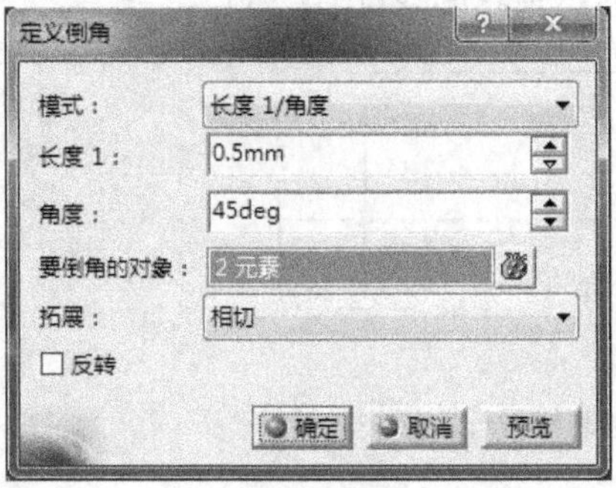

(a) 凸台倒角的构建

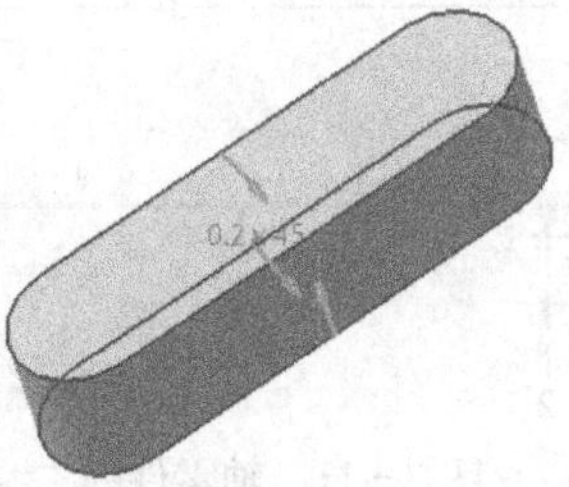

(b) 选择平键上下表面

图 3-8　倒角特征

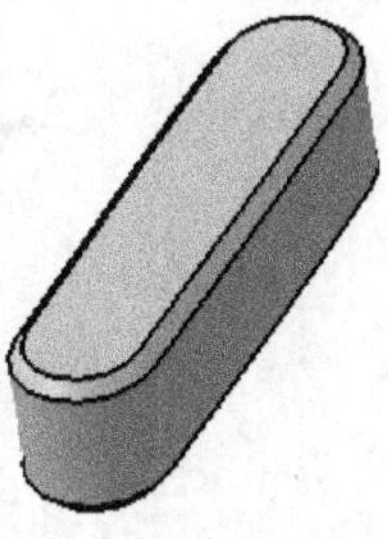

图 3-9　平键零件三维模型

(5) 保存文件并退出 CATIA

单击菜单【文件】|〖保存〗，保存文件，退出 CATIA。

3.3.3　阶梯轴实体建模案例

以零件“阶梯轴”为例(图 3-10)，运用“旋转”、“创建基准”、“凹槽”、“孔”等特征创建方法完成零件的实体创建。

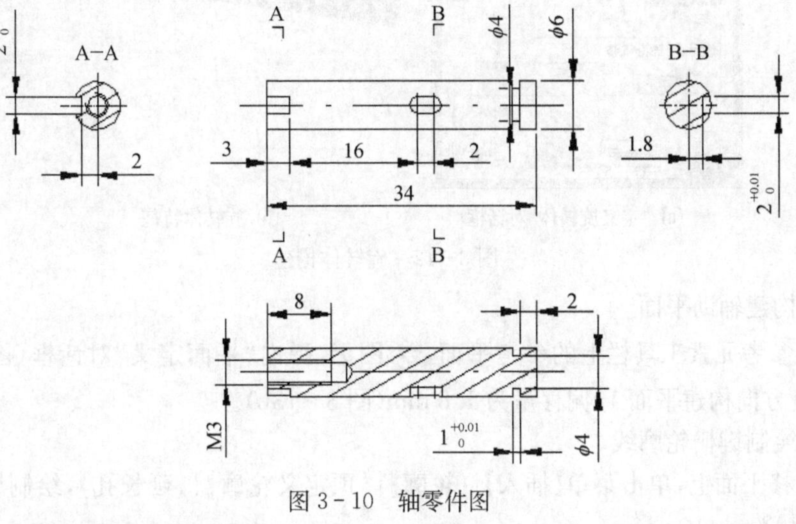

图 3-10　轴零件图

1) CATIA V5 软件的启动

按照 3.3.2 节“CATIA V5 软件的启动”的步骤操作。

2) 新建文件

按照 3.3.2 节“新建文件”的步骤操作，新建文件名为“zhou”的三维零件。

3) 建立实体特征

(1) 进入草图工作台

按照 3.3.2 节进入“草图工作台”步骤操作，进入“草图工作台”界面。

(2) 绘制旋转草图轮廓线

单击菜单【插入】|〖轮廓〗|〖轮廓〗，绘制轴零件的二维轮廓线(图 3－11)。

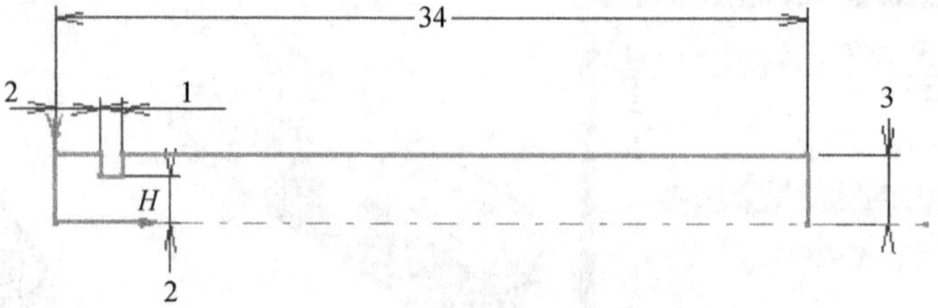

图 3－11　轴零件的二维轮廓线设计

(3) 创建旋转体特征

在零件设计环境下，单击菜单【插入】|〖基于草图的特征〗|〖旋转体〗，弹出“定义旋转体”对话框(图 3－12a)。选择图 3－11 所示的二维轮廓作为曲面轮廓，第一角度 360 度，第二角度 0 度，单击“确定”按钮，完成旋转体特征的构建(图 3－12b)。

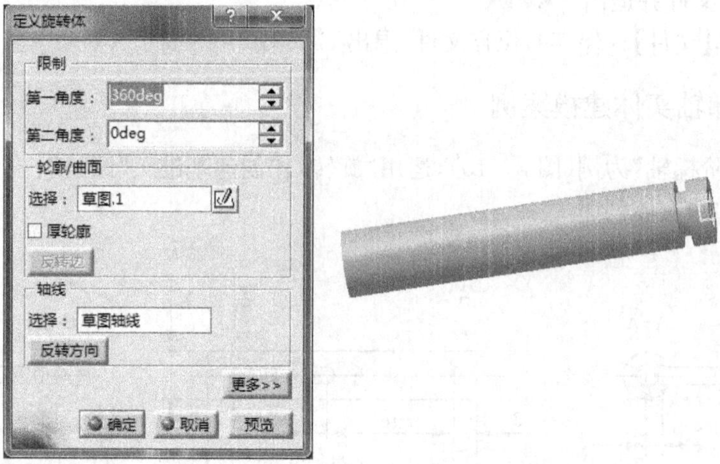

(a) “定义旋转体”对话框　　(b) 旋转体特征

图 3－12　旋转体构建

(4) 构建辅助平面

单击参考元素工具栏上的参考平面 图标，弹出“平面定义”对话框(图 3－13a)。沿 X 轴负方向构建平面 1，偏移量为 1.8 mm(图 3－13b)。

(5) 绘制键槽轮廓线

在偏移平面上，单击菜单【插入】|〖轮廓〗|〖预定义轮廓〗|〖延长孔〗，绘制键槽的二维轮廓线(图 3－14)。

(6) 创建凹槽 1 特征

在零件设计环境下，单击菜单【插入】|〖基于草图的特征〗|〖凹槽〗，弹出“定义凹槽”对话框(图 3－15a)。选择步骤(5)二维轮廓作为曲面轮廓，类型选择“直到下一个面”，单击“确定”按钮，完成凹槽 1 的构建(图 3－15b)。

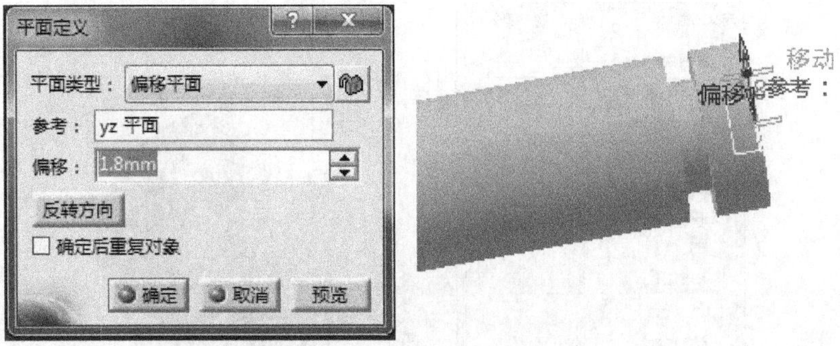

(a) “平面定义”对话框　　(b) 参考平面1

图 3－13　平面 1

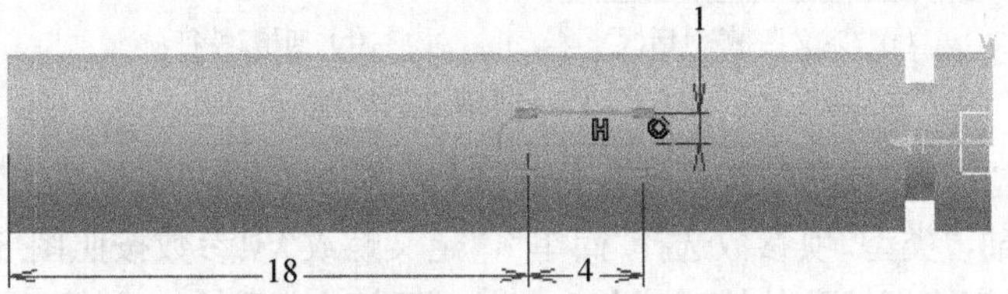

图 3－14　键槽的二维轮廓线设计

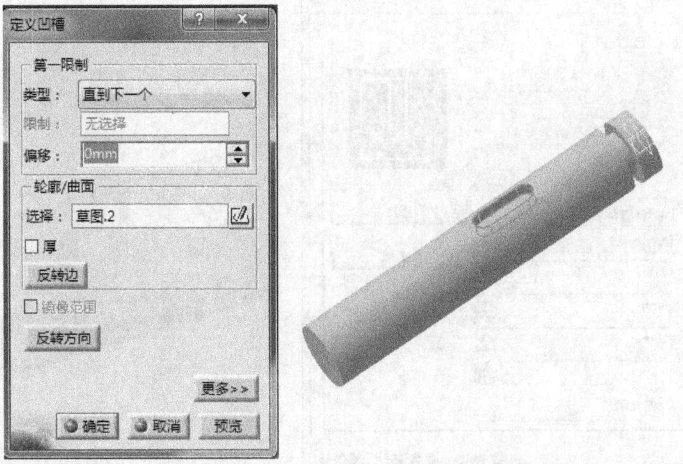

(a) “定义凹槽”对话框　　(b) 键槽特征

图 3－15　凹槽 1 构建

（7）创建凹槽 2 特征

在偏移平面上，单击菜单【插入】|〖轮廓〗|〖预定义轮廓〗|〖矩形〗，绘制凹槽 2 的二维轮廓线（图 3－16）。

在零件设计环境下，单击菜单【插入】|〖基于草图的特征〗|〖凹槽〗，弹出“定义凹槽”对话框（图 3－17a）。按照图 3－17a 所示设置凹槽的参数，单击“确定”按钮，完成凹槽 2 的构建（图 3－17b）。

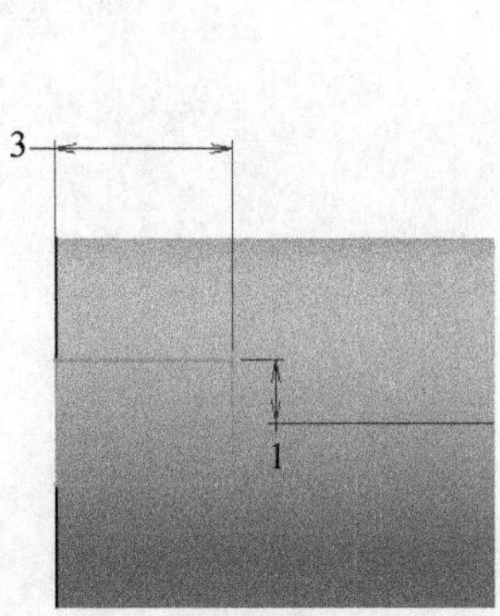

图 3－16　凹槽 2 的二维轮廓线设计

（8）创建螺纹孔特征

在零件设计环境下，单击菜单【插入】|〖基于草图的特征〗|〖孔〗，弹出“定义孔”对话框（图 3－18a）。在图 3－18b 所示的端

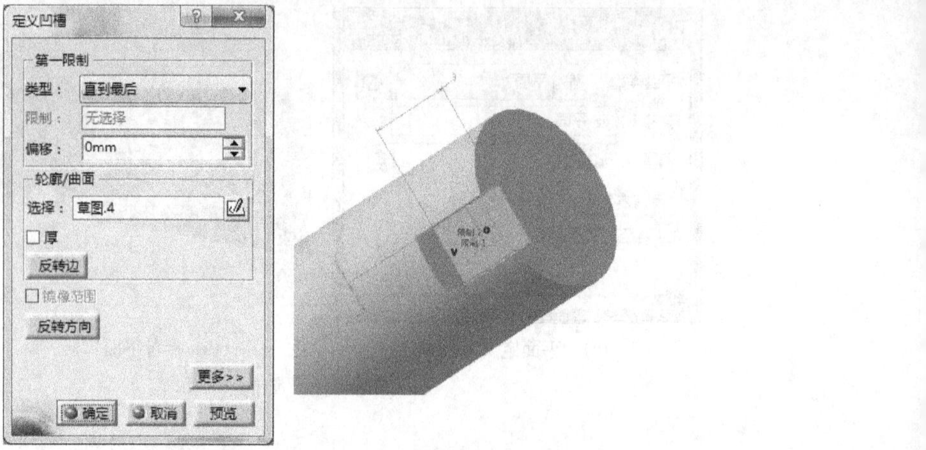

(a) “定义凹槽”对话框　　(b) 凹槽2特征

图 3-17　凹槽 2 的构建

面上构建螺纹孔，“扩展”项参数选择孔为盲孔，以及“扩展”项中“定位草图”选择为约束螺纹孔中心和轴线同轴，“类型”项参数选择“简单”，“定义螺纹”项参数按照图 3-18a 所示设置，单击“确定”按钮，完成螺纹孔的构建(图 3-18b)，即完成轴零件三维模型的构建(图 3-19)。

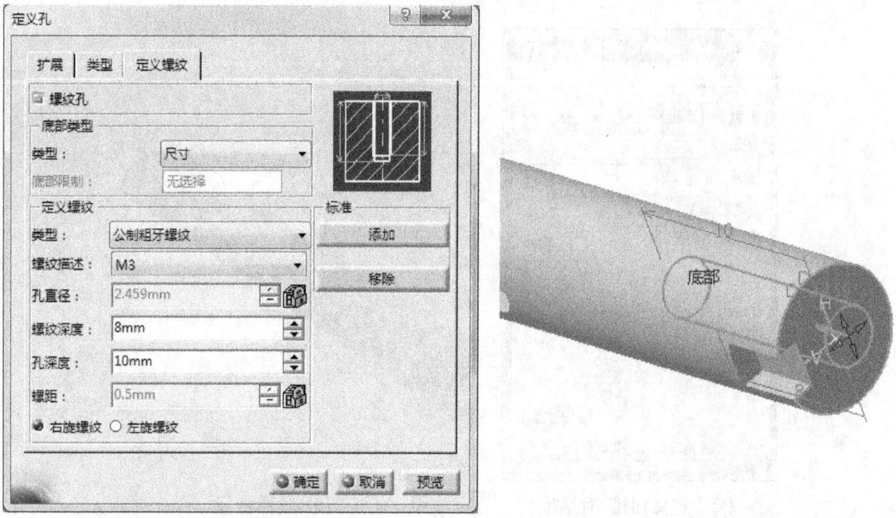

(a) “定义孔”对话框　　(b) 螺纹孔特征构建

图 3-18　螺纹孔的构建

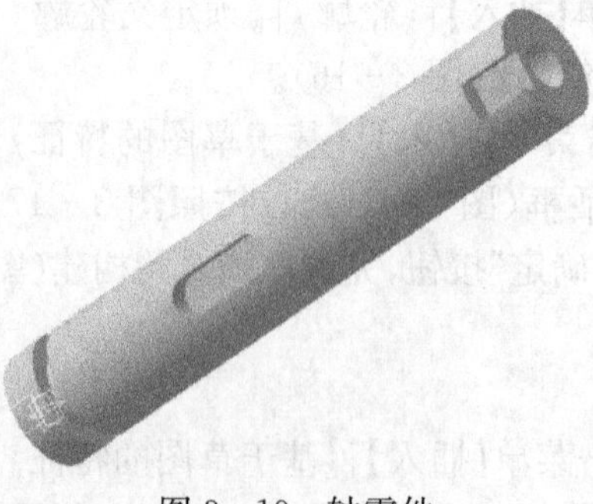

图 3-19　轴零件

(9) 保存文件并退出 CATIA

单击菜单【文件】|〖保存〗,保存文件,退出 CATIA。

3.3.4 轴承座实体建模案例

以“轴承座”零件为例(图 3-20),运用“实体混合”、“孔”、“对称”等特征创建方法完成零件的实体创建。

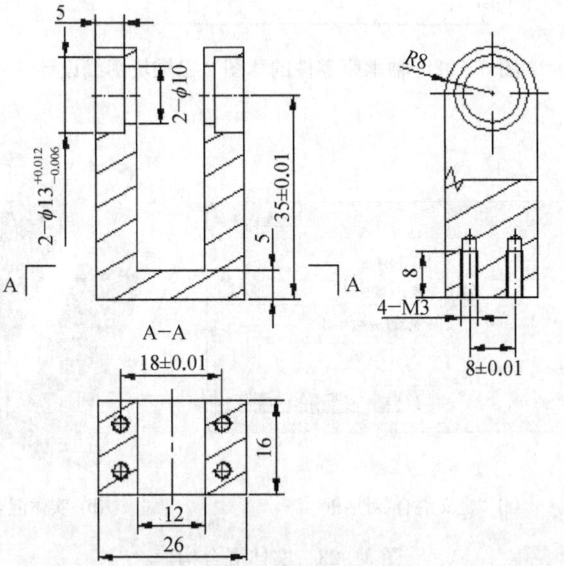

图 3-20 轴承座零件图

1) CATIA V5 软件的启动

按照 3.3.2 节中“CATIA V5 软件的启动”的步骤操作。

2) 新建文件

按照 3.3.2 节中“新建文件”的步骤操作,新建文件名为“zhouchengzuo”的三维零件。

3) 建立实体特征

(1) 进入草图工作台

按照 3.3.2 节中进入“草图工作台”步骤操作,进入“草图工作台”界面。

(2) 构建互相垂直的草图

在 XY 平面上,单击菜单【插入】|〖轮廓〗|〖轮廓〗,绘制轴承座零件的草图 1 二维轮廓线(图 3-21)。

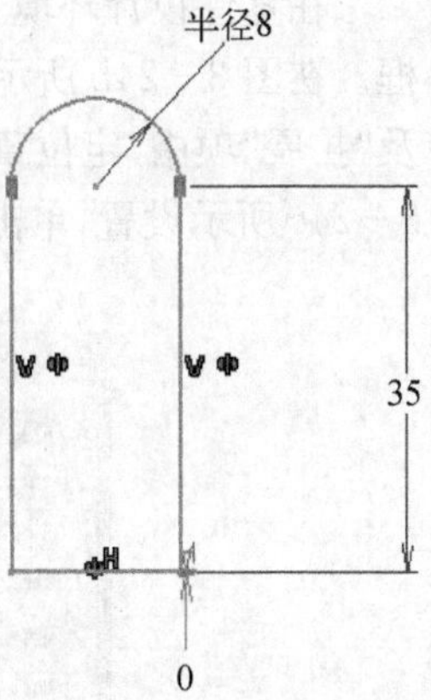

图 3-21 轴承座零件的草图 1 二维轮廓线设计

在 YZ 平面上,单击菜单【插入】|〖轮廓〗|〖轮廓〗,绘制草图 2 二维轮廓线(图 3-22)。

(3) 构建实体混合实体

在零件设计环境下,单击菜单【插入】|〖基于草图的特征〗|〖实体混合〗,弹出“实体混合”对话框(图 3-23a),选择“草图 1”和“草图 2”作为曲面轮廓,单击“确定”按钮,完成实体混合 1 的构建(图 3-23b)。

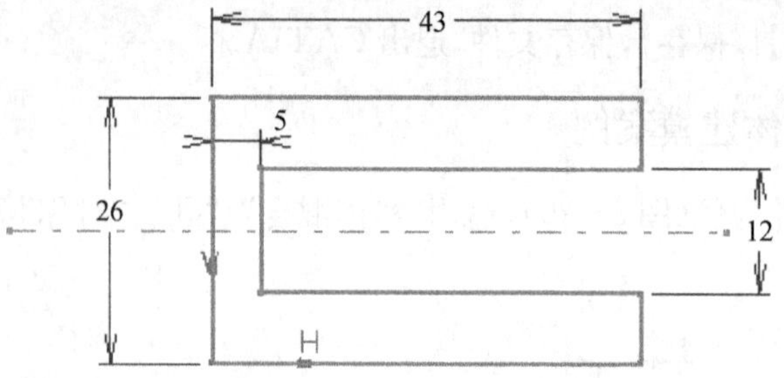

图 3-22　轴承座零件的草图 2 二维轮廓线设计

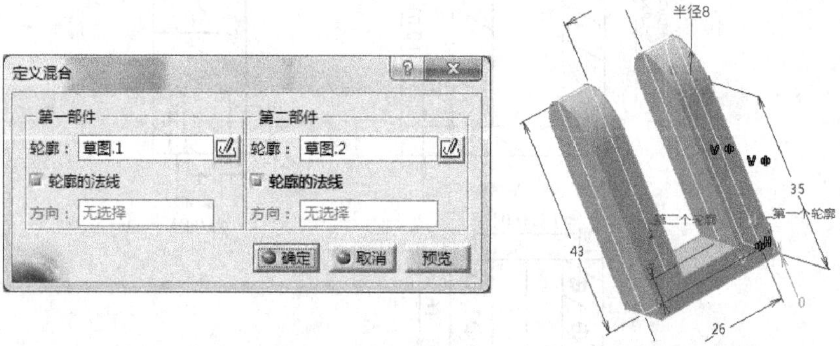

(a) “定义混合”对话框　　(b) 实体混合构建

图 3-23　实体混合构建

(4) 构建轴承孔特征

在零件设计环境下，单击菜单【插入】|〖基于草图的特征〗|〖孔〗，弹出“定义孔”对话框。在图 3-24b 所示的轮廓侧面绘制沉头孔，“扩展”项参数按照图 3-24a 所示设置，以及“扩展”项中“定位草图”选择约束轴承孔的中心和外圆轮廓同心，“类型”项参数按照图 3-24c 所示设置，单击“确定”按钮，完成孔 1 的构建(图 3-23d)。

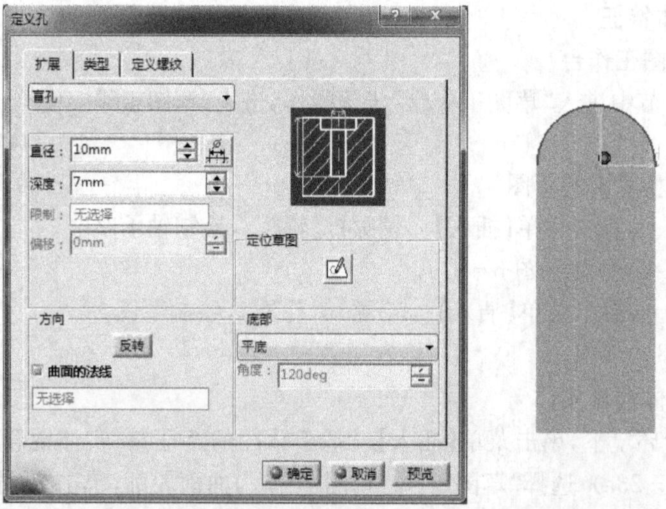

(a) “定义孔”对话框“扩展”项　　(b) 约束孔心位置

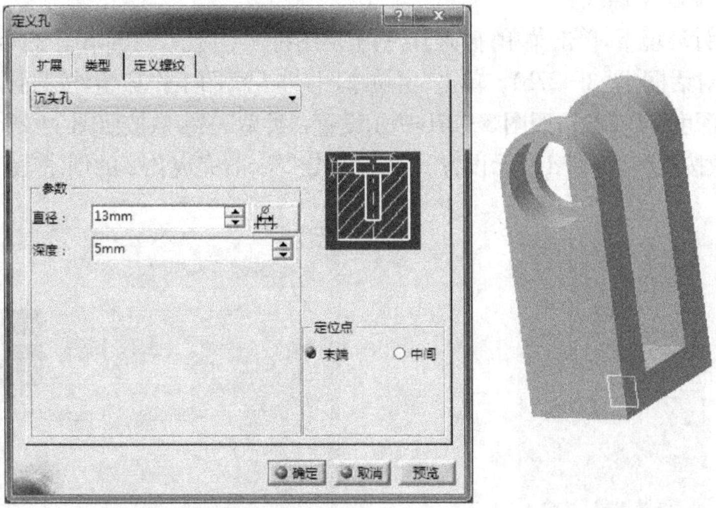

(c) “定义孔”对话框“类型”项　　(d) 孔1构建

图 3-24　轴承孔构建

在零件设计环境下，单击参考元素工具栏上的参考平面图标，弹出“平面定义”对话框(图 3-25a)。以图 3-25b 所示的右侧面为基准，参数按照图 3-25a 所示设置，构建零件的对称“平面 1”，单击“确定”按钮，完成参考平面的构建(图 3-25b)。

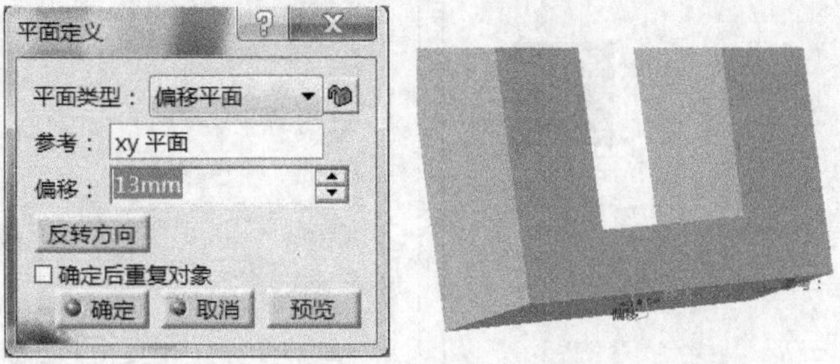

(a) “平面定义”对话框　　(b) 对称平面1的构建

图 3-25　偏移平面构建

在零件设计环境下，单击菜单【插入】|〖变换特征〗|〖镜像〗，弹出“定义镜像”对话框(图 3-26a)。“镜像元素”选择“平面 1”，单击“确定”按钮，完成镜像 1 的构建(图 3-26b)。

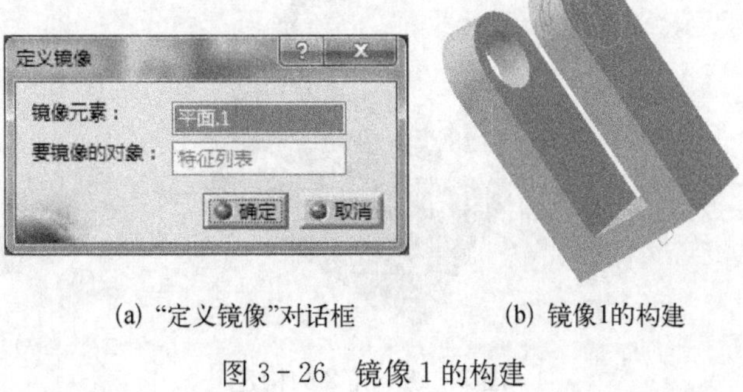

(a) “定义镜像”对话框　　(b) 镜像1的构建

图 3-26　镜像 1 的构建

(5) 构建轴承座螺纹孔

在零件设计环境下,单击菜单【插入】|〖基于草图特征〗|〖孔〗,在轴承座底面绘制螺纹孔,弹出“定义镜像”对话框(图 3-27b)。单击“定位草图”进入草图工作环境,按照图 3-27a 所示尺寸约束设置,“深度”项参数按照图 3-27b 所示设置,“类型”项参数按照图 3-27c 所示设置,“定义螺纹”项参数按照图 3-27d 所示设置。单击“确定”按钮,完成孔 2 的创建(图 3-28)。

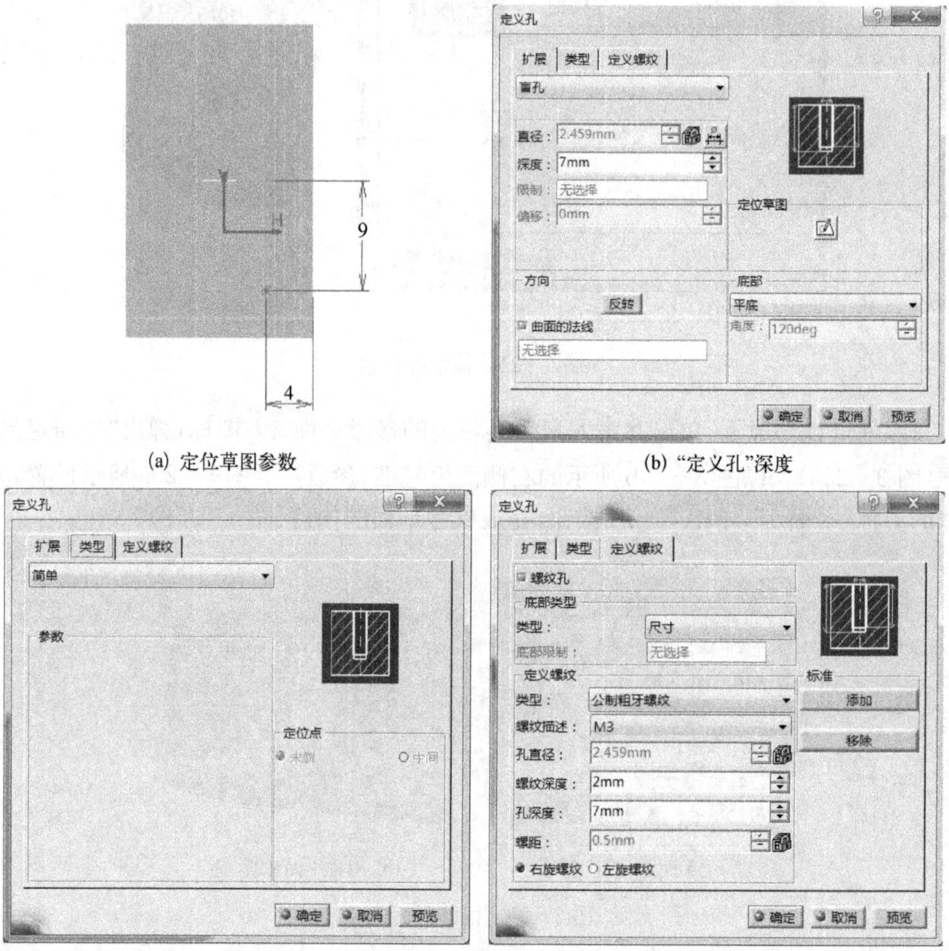

(a) 定位草图参数　(b) “定义孔”深度

(c) 孔类型选择　(d) 螺纹孔参数设置

图 3-27　孔参数定义

图 3-28　孔 2 的构建

在零件设计环境下，单击菜单【插入】|〖变换特征〗|〖矩形阵列〗，弹出“定义矩形阵列”对话框。“第一方向”项参数按照图 3-29a 所示设置，“第二方向”项参数按照图 3-29c 所示设置。单击“确定”按钮，完成矩形阵列 1 的构建（图 3-29d），即完成轴承座三维模型的构建（图 3-30）。

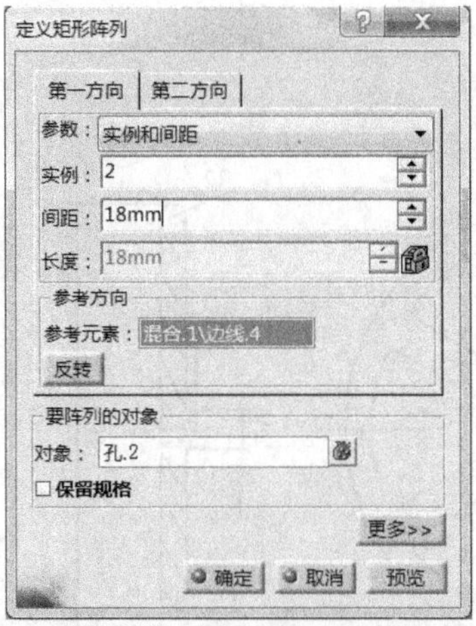

(a)“第一方向”的参数设置

(b) 第一参考方向阵列

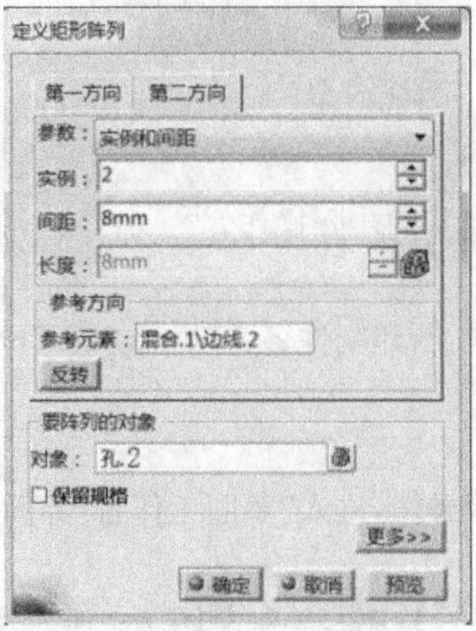

(c)“第二方向”的参数设置

(d) 矩形阵列

图 3-29　矩形阵列 1 构建

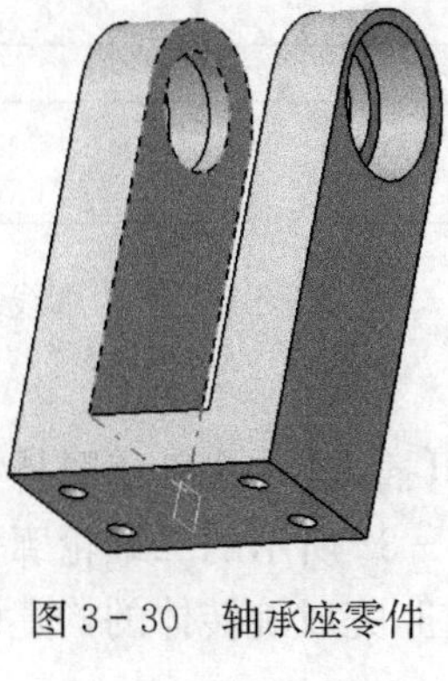

图 3-30　轴承座零件

（6）保存文件并退出 CATIA

单击菜单【文件】|〖保存〗，保存文件，退出 CATIA。

3.3.5 轮子实体建模案例

以零件“轮子”为例（图 3－31），运用“旋转”、“凹槽”、“圆形阵列”、“倒圆角”等特征创建方法完成零件的实体创建。

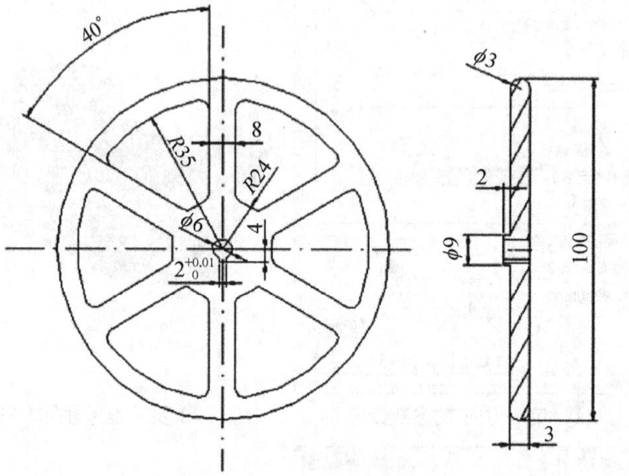

图 3－31 轮子零件图

1）CATIA V5 软件的启动

按照 3.3.2 节中“CATIA V5 软件的启动”的步骤操作。

2）新建文件

按照 3.3.2 节中“新建文件”的步骤操作，新建文件名为“lunzi. CATPart”三维零件。

3）建立实体特征

（1）进入草图工作台

按照 3.3.2 节中进入“草图工作台”步骤操作，进入“草图工作台”界面。

（2）构建凸台 1 草图轮廓

在 XY 平面上，单击菜单【插入】|〖轮廓〗|〖轮廓〗，绘制草图 1 二维轮廓线（图 3－32）。

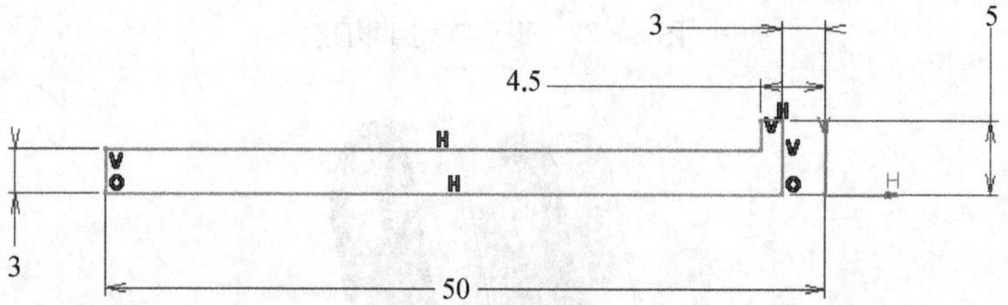

图 3－32 草图 1 二维轮廓线设计

（3）构建旋转体 1

在零件设计环境下，单击菜单【插入】|〖基于草图特征〗|〖旋转体〗，弹出“定义矩形阵列”对话框（图 3－33a）。选择图 3－32 所示的二维轮廓作为曲面轮廓，旋转体参数按照图 3－33a 所示设置。单击“确定”按钮，完成旋转体的构建（图 3－33b）。

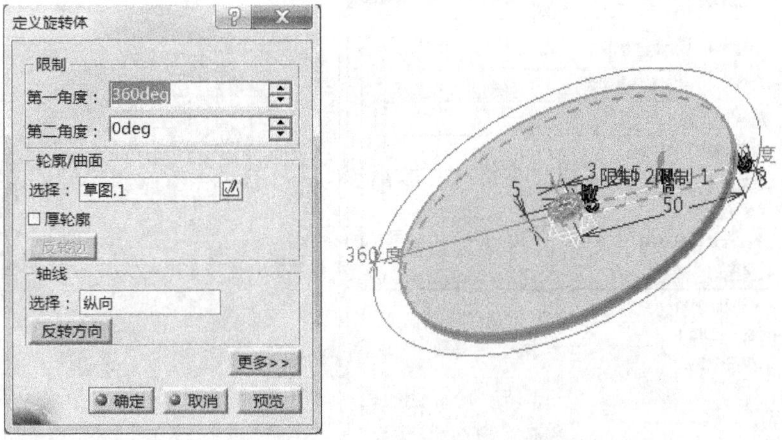

(a) “定义旋转体”对话框　　(b) 旋转体1特征

图 3-33　旋转体 1 的构建

(4) 构建凹槽特征

在零件设计环境下，单击菜单【插入】|〖基于草图的特征〗|〖凹槽〗，弹出“定义凹槽”对话框(图 3-34b)。在图 3-34a 所示的旋转体端面上绘制草图 2，凹槽参数按照图 3-34b 所示设置。单击“确定”按钮，完成凹槽特征的构建(图 3-34c)。

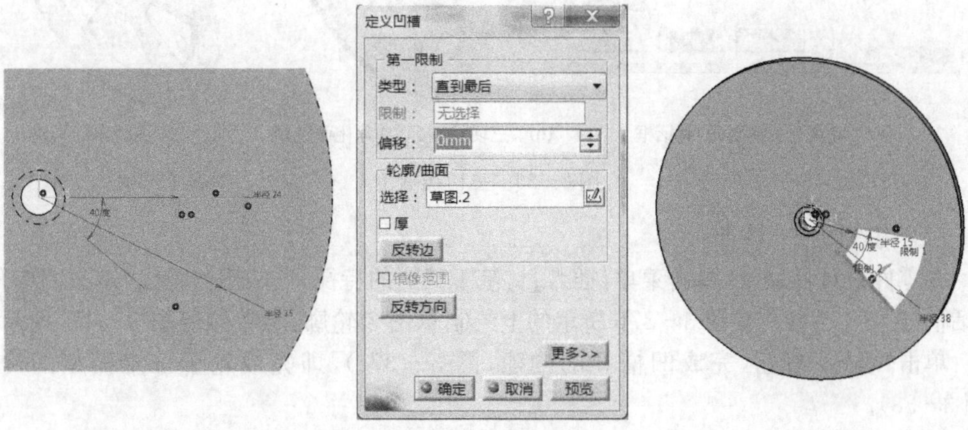

(a) 草图2参数　　(b) “定义凹槽”对话框　　(c) 凹槽1

图 3-34　构建凹槽 1

(5) 构建圆形阵列

在零件设计环境下，单击菜单【插入】|〖变换特征〗|〖圆形阵列〗，弹出“定义圆形阵列”对话框(图 3-35a)。圆形阵列参数按照图 3-35a 所示设置，构建圆形阵列(图 3-35b)。

(6) 构建圆角特征

在零件设计环境下，单击菜单【插入】|〖修饰特征〗|〖圆角〗|〖三切线圆角〗，弹出“定义三切线圆角”对话框(图 3-36a)。在轮子上选择旋转 1 的上下面为要圆角化的面，选择圆形阵列面 3 作为要移除的面(图 3-36b)。构建三切线圆角(图 3-36c)。

(a) “定义圆形阵列”对话框　　(b) 圆形阵列1

图 3 - 35　圆形阵列

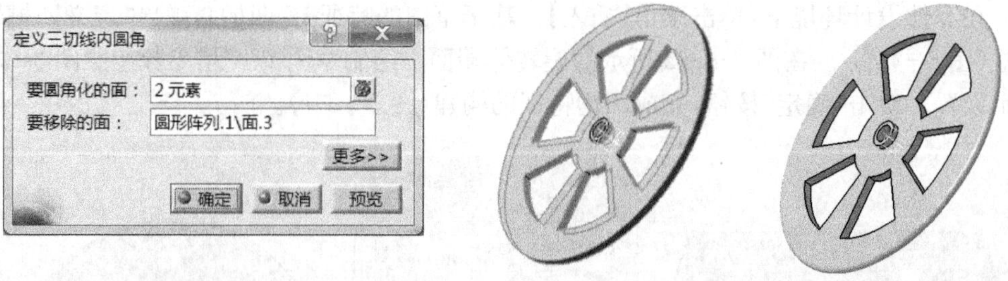

(a) “定义三切线圆角”对话框　　(b) “三切线圆角”圆角化面选择　　(c) 三切线圆角的构建

图 3 - 36　三切线圆角

(7) 构建凹槽 2 特征

在零件设计环境下，单击菜单【插入】|〖基于草图的特征〗|〖凹槽〗，弹出“定义凹槽角”对话框(图 3 - 37a)。在图 3 - 37b 所示的上绘制草图 3 轮廓，参数按照图 3 - 37a 所示设置。单击“确定”按钮，完成凹槽 2 的构建(图 3 - 37c)，即完成轮子三维模型的构建(图 3 - 38)。

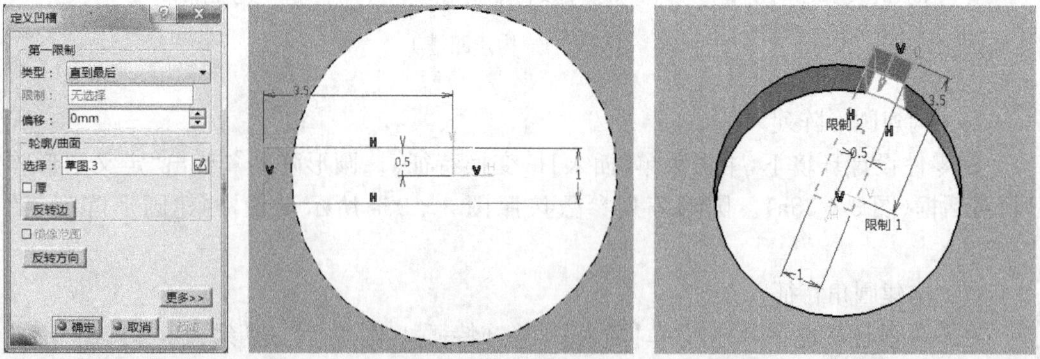

(a) “定义凹槽”对话框　　(b) 草图3尺寸　　(c) 凹槽2

图 3 - 37　构建凹槽 2

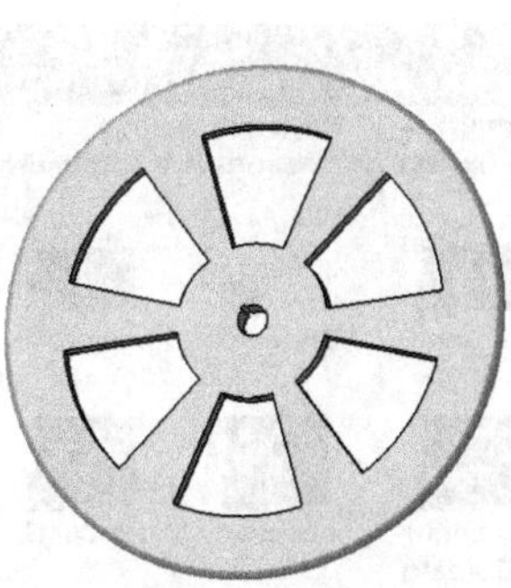

图 3-38 轮子零件

(8) 保存文件并退出 CATIA

单击菜单【文件】|〖保存〗,保存文件,退出 CATIA。

3.4 零件装配实践

3.4.1 实践目的

① 熟悉各种装配约束的类型。
② 掌握零件装配的基本方法。

3.4.2 零件实体模型装配案例

以 3.3 节所创建的零件为基础,按照约束条件或连接方式完成装配创建(图 3-39)。

图 3-39 实体装配三维图

图 3-40 新建装配图

1) 新建装配文件

单击图标 或菜单【文件】|〖新建〗,弹出"新建"对话框(图 3-40)。在【类型列表】列表框中,选择"Product"文件类型,单击"确定"按钮,新建"Product1. CATProduct",进入装配工作环境。

(1) 插入轴承座

在装配工作环境下,单击菜单【插入】|〖现有部件〗,在特征树中选择 Product1,弹出"选择文件"对话框(图 3-41)。点击"zhouchengzuo. CATPart"轴承座零件,单击"打开"按钮,即插入装配工作环境。

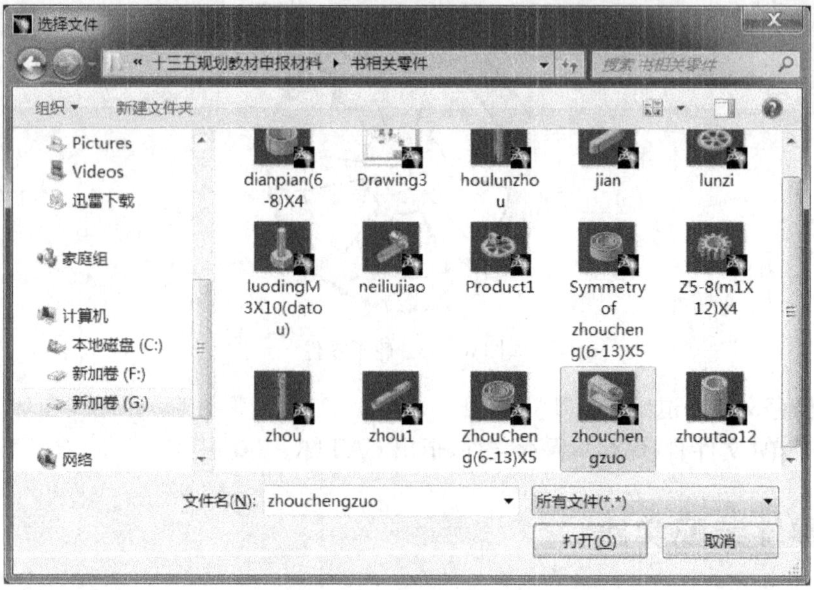

图 3-41　插入轴承座

(2) 固定轴承座

在装配工作环境下，单击菜单【插入】|〖固定〗，在绘图区域选择轴承座零件，自动弹出“约束定义”对话框(图 3-42a)。单击“确定”按钮，系统自动创建固定约束，绘图区域出现图标(图 3-42b)。

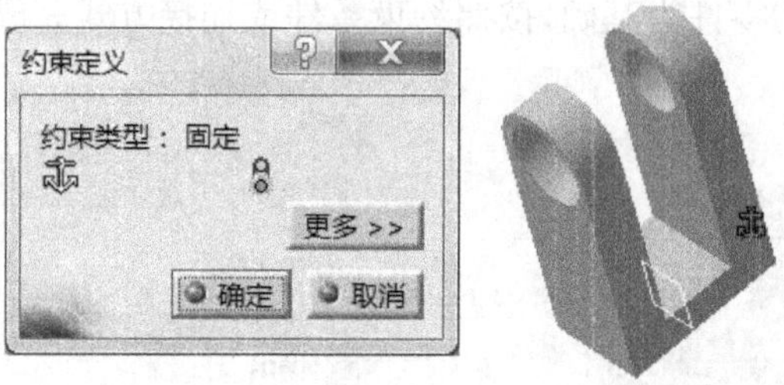

(a) “约束定义”对话框　　(b) 轴承座选择

图 3-42　固定轴承座

(3) 轴的装配

在装配工作环境下，单击菜单【插入】|〖现有部件〗，在特征树选择 Product1，弹出“选择文件”对话框(图 3-41)。点击“zhou. CATPart”文件，单击“打开”按钮，即插入装配工作平台。单击菜单【插入】|〖相合〗，自动弹出“约束定义”对话框(图 3-43a)，选择轴承座孔中线和轴中线(图 3-43b)，在“约束定义”对话框中单击“确定”按钮，完成轴的轴线相合约束添加。

在装配工作环境下，单击菜单【插入】|〖接触〗，弹出“约束定义”对话框(图 3-44a)。选择轴承座左端面和轴左端面法矢同向相合(图 3-44b)，在“约束定义”对话框中单击“确定”按钮，完成轴的曲面接触约束。

(4) 轴承装配

在装配工作环境下，单击菜单【插入】|〖现有部件〗，在特征树选择 Product1，弹出“选

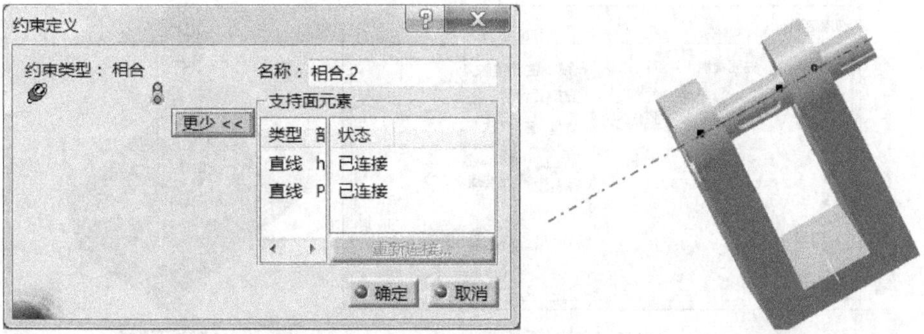

(a) “约束定义”对话框　　(b) 轴相合约束

图 3 - 43　轴相合约束

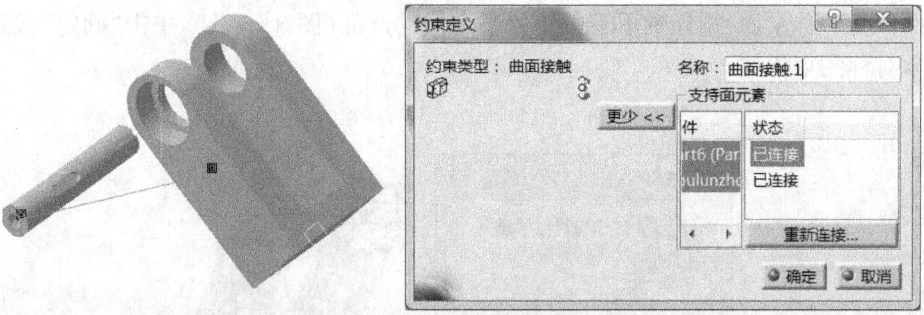

(a) 接触面选择　　(b) “约束定义”对话框

图 3 - 44　轴的曲面接触约束

择文件”对话框(图 3 - 41)。点击“zhoucheng. CATPart”文件，单击“打开”按钮，即插入装配工作平台。单击菜单【插入】|〖相合〗，弹出“约束定义”对话框(图 3 - 45a)，选择轴承座孔中线和轴承孔中线(图 3 - 45b)，在“约束定义”对话框中单击“确定”按钮，完成轴承的轴线相合约束添加。

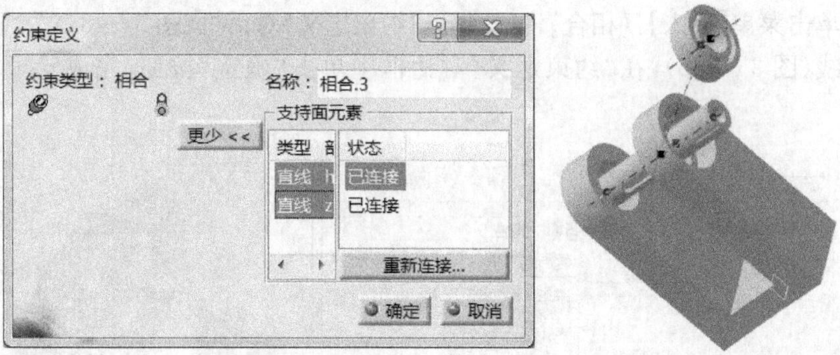

(a) “约束定义”对话框　　(b) 相合轴线选择

图 3 - 45　轴承相合约束

单击菜单【插入】|〖相合〗，自动弹出“约束定义”对话框(图 3 - 46a)。选择轴承座孔内端面和轴承端面(图 3 - 46b)，在“约束定义”对话框中单击“确定”按钮，完成轴承座孔内端面和轴承端面相合约束添加。

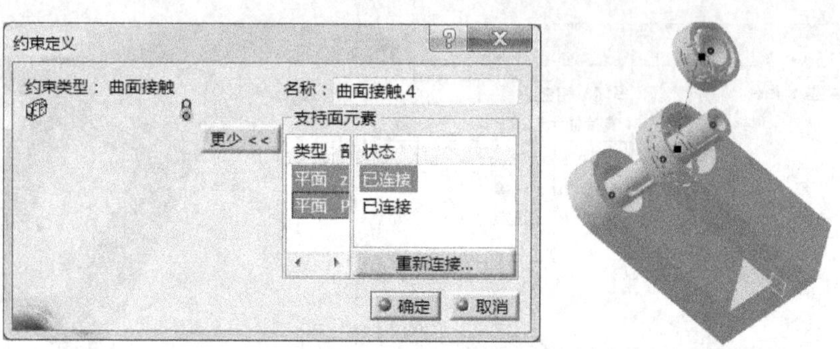

(a) “约束定义”对话框　　(b) 接触面选择

图 3-46　轴承装配约束添加

单击菜单【插入】|〖对称〗，自动弹出“装配对称向导”对话框(图 3-47a)。选择轴承座对称面作为对称平面，选择轴承零件作为要变换的产品(图 3-47b)，单击“确定”按钮，完成轴承对称约束添加。

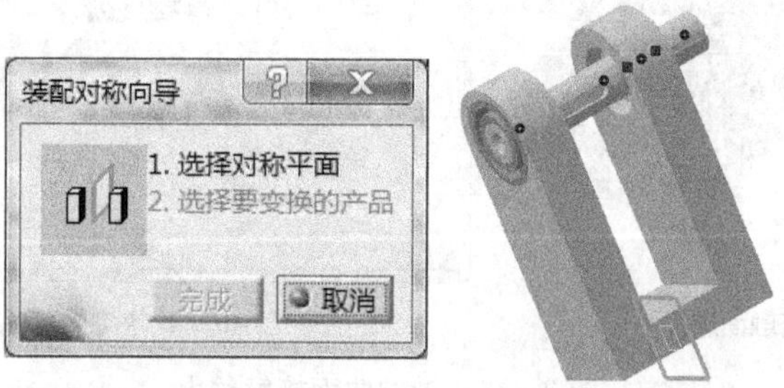

(a) “装配对称向导”对话框　　(b) 对称面选择

图 3-47　轴承对称装配约束添加

(5) 轮子装配

在装配工作环境下，单击菜单【插入】|〖现有部件〗，在特征树选择 Product1，弹出“选择文件”对话框(图 3-41)。点击“lunzi. CATPart”文件，单击“打开”按钮，即插入装配工作平台。单击菜单【插入】|〖相合〗，自动弹出“约束定义”对话框(图 3-48a)。选择轴轴线和轮子轴线(图 3-48b)，在“约束定义”对话框中单击“确定”按钮，完成轮子相合约束添加。

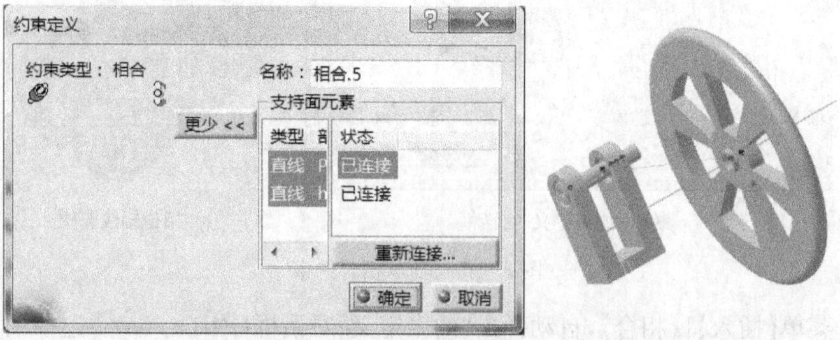

(a) “相合约束定义”对话框　　(b) 轴线的选择

图 3-48　轮子轴线相合约束添加

在装配工作环境下，单击菜单【插入】|〖接触〗，自动弹出“约束定义”对话框（图 3－49a）。选择轴承座右端面和轮子左端面法矢反向相合（图 3－49b）。在“约束定义”对话框中单击“确定”按钮，完成轮子的曲面接触约束。

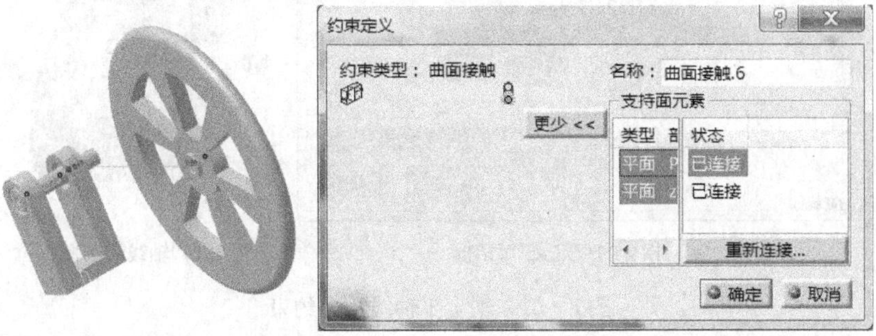

(a) 接触面选择　　(b) “约束定义“对话框

图 3－49　轮子端面相合约束添加

（6）轴套装配

在装配工作环境下，单击菜单【插入】|〖现有部件〗，在特征树选择 Product1，弹出“选择文件”对话框（图 3－41）。点击“zhoutao1. CATPart”文件，单击“打开”按钮，即插入装配工作平台。单击菜单【插入】|〖接触〗，自动弹出“约束定义”对话框（图 3－50a），选择轴承左端面和轴套 1 端面法矢反向相合（图 3－50b）。在“约束定义”对话框中单击“确定”按钮，完成轴套的曲面接触约束。

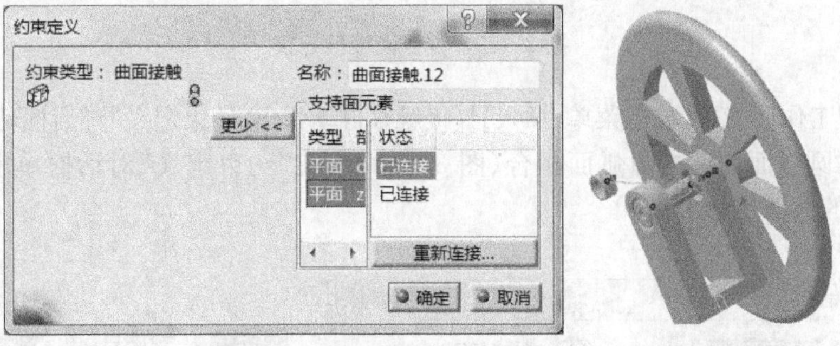

(a) “约束定义”对话框　　(b) 接触面选择

图 3－50　轴套 1 端面接触约束

在装配工作环境下，单击菜单【插入】|〖相合〗，自动弹出“约束定义”对话框（图 3－51a）。选择轴轴线和轴套轴线（图 3－51b），在“约束定义”对话框中单击“确定”按钮，完成轮子相合约束添加。

（7）键装配

在装配工作环境下，单击菜单【插入】|〖现有部件〗，在特征树选择 Product1，弹出“选择文件”对话框（图 3－41）。点击“jian. CATPart”文件，单击“打开”按钮，即插入装配工作平台。单击菜单【插入】|〖接触〗，自动弹出“约束定义”对话框（图 3－52a），选择键槽的侧面和键的侧面法矢反向相合（图 3－52b）。在“约束定义”对话框单击“确定”按钮，完成键的曲面接触约束。

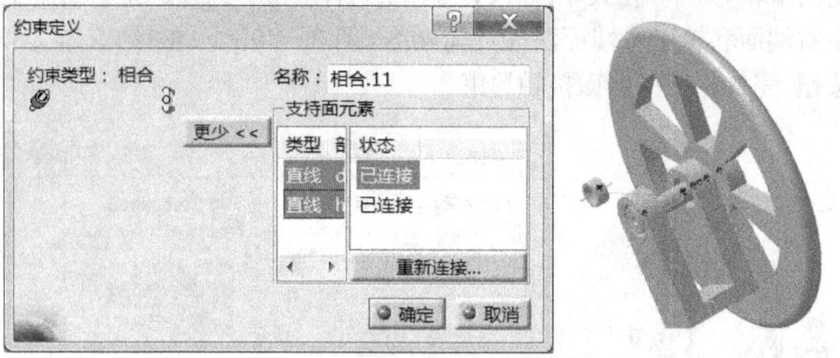

(a)“相合约束定义”对话框　　(b) 轴线的选择

图 3-51　轴套 1 轴线相合约束

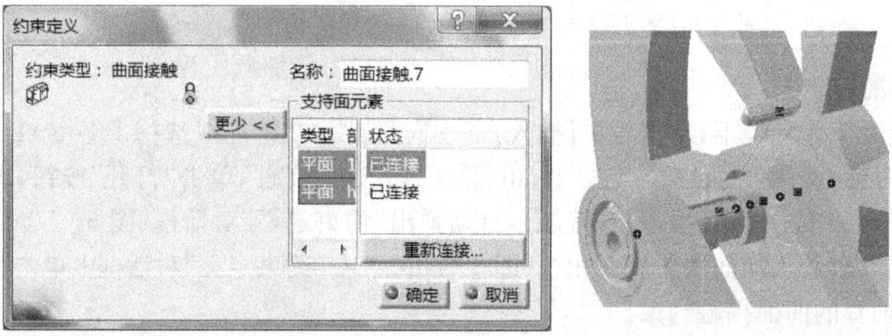

(a)“约束定义”对话框　　(b) 接触面选择

图 3-52　键侧面接触约束

在装配工作环境下，单击菜单【插入】|〖接触〗，自动弹出“约束定义”对话框（图 3-53a）。选择键槽的圆弧面和键的圆弧面相合（图 3-53b），在“约束定义”对话框单击“确定”按钮，完成键的曲面接触约束。

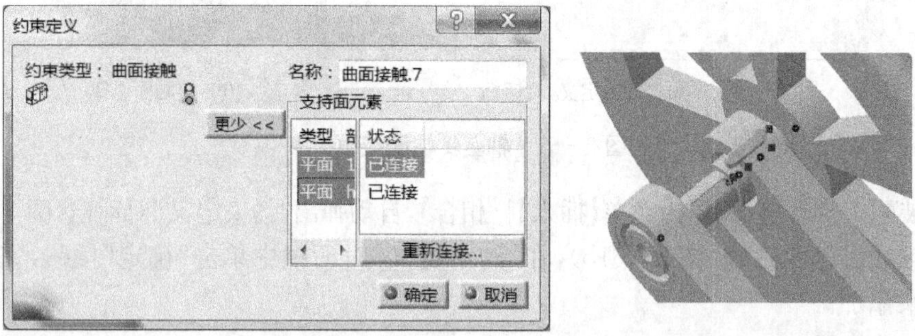

(a)“约束定义”对话框　　(b) 接触面选择

图 3-53　轴套圆弧面接触约束

在装配工作环境下，单击菜单【插入】|〖接触〗，自动弹出“约束定义”对话框（图 3-54a）。选择键槽的底面和键的底面法矢反向相合（图 3-54b），在“约束定义”对话框单击“确定”按钮，完成键的曲面接触约束。

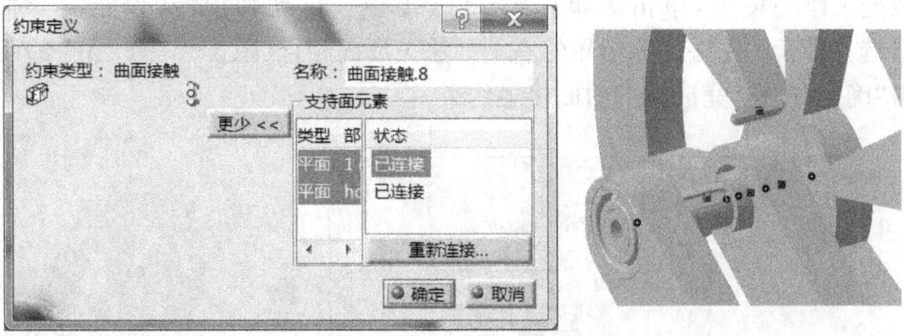

(a) “约束定义”对话框　　(b) 接触面选择

图 3-54　平键底面接触约束

(8) 齿轮装配

在装配工作环境下，单击菜单【插入】|〖现有部件〗，在特征树选择 Product1，弹出“选择文件”对话框(图 3-41)。点击“chilun.CATPart”文件，单击“打开”按钮，即插入装配工作平台。单击菜单【插入】|〖相合〗，自动弹出“约束定义”对话框(图 3-55a)，选择轴轴线和齿轮轴线(图 3-55b)，在“约束定义”对话框中单击“确定”按钮，完成齿轮相合约束添加。

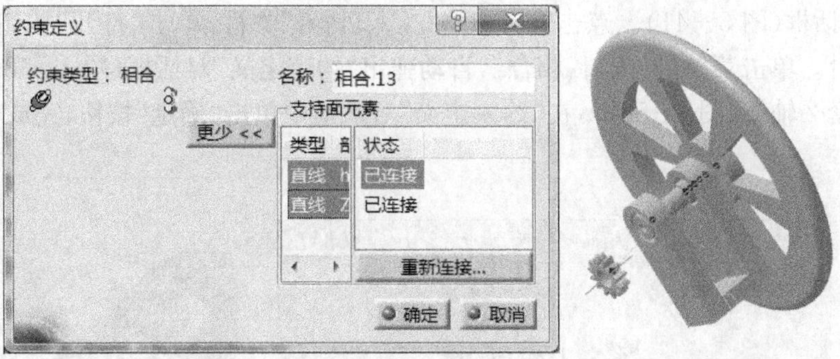

(a) “相合约束定义”对话框　　(b) 轴线的选择

图 3-55　齿轮相合约束

在装配工作环境下，单击菜单【插入】|〖接触〗，自动弹出“约束定义”对话框(图 3-56a)。选择键侧面和齿轮键槽的侧面法矢反向相合(图 3-56b)，在“约束定义”对话框中单击“确定”按钮，完成齿轮的曲面接触约束。

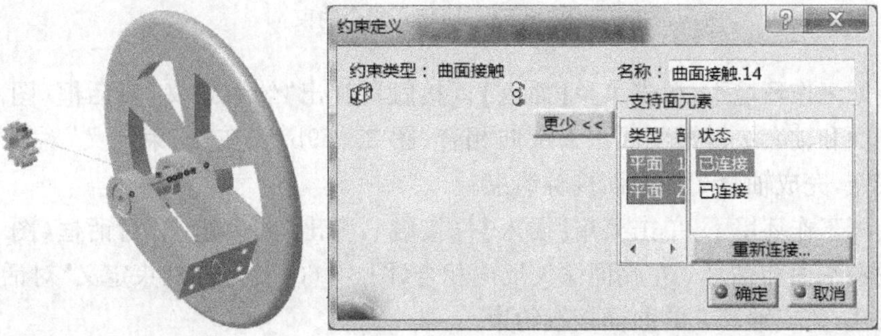

(a) 接触面选择　　(b) “约束定义”对话框

图 3-56　齿轮侧面接触约束

在装配工作环境下，单击菜单【插入】|〖接触〗，自动弹出“约束定义”对话框（图3-57a）。选择轴套1左端面和齿轮的右端面法矢反向相合（图3-57b）。在“约束定义”对话框单击“确定”按钮，完成键的曲面接触约束。

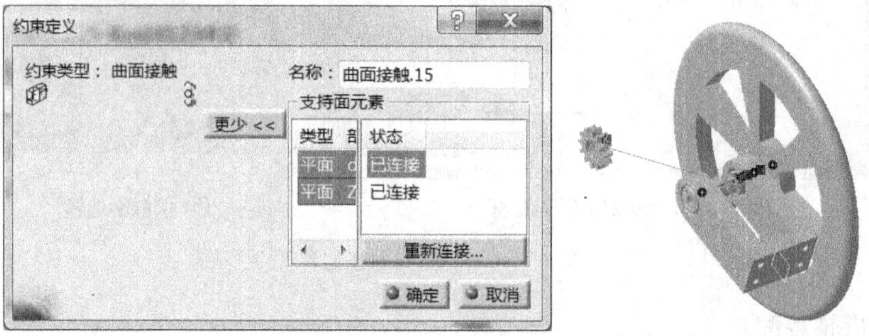

(a) “约束定义“对话框　　(b) 接触面选择

图3-57　齿轮端面接触约束

(9) 轴套2装配

在装配工作环境下，单击菜单【插入】|〖现有部件〗，在特征树选择Product1，弹出“选择文件”对话框（图3-41）。点击“zhoutao2. CATPart”文件，单击“打开”按钮，即插入装配工作平台。单击菜单【插入】|〖相合〗，自动弹出“约束定义”对话框（图3-58a）。选择轴轴线和轴套2轴线（图3-58b），在“约束定义”对话框中单击“确定”按钮，完成轴套2相合约束添加。

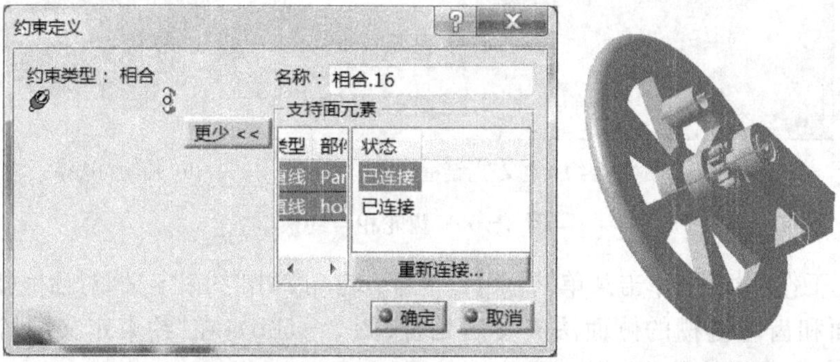

(a) “相合约束定义”对话框　　(b) 轴线的选择

图3-58　轴套2相合约束

在装配工作环境下，单击菜单【插入】|〖接触〗，弹出“约束定义”对话框（图3-59a）。选择键侧面和轴套2键槽侧面法矢反向相合（图3-59b）。在“约束定义”对话框中单击“确定”按钮，完成轴套2的曲面接触约束。

在装配工作环境下，单击菜单【插入】|〖接触〗，弹出“约束定义”对话框（图3-60a）。选择齿轮右端面和轴套2左端面法矢反向相合（图3-60b）。在“约束定义”对话框中单击“确定”按钮，完成轴套2的曲面接触约束。

(10) 装配结果

保存文件“Product1”，轴承座部件装配图如图3-61所示。

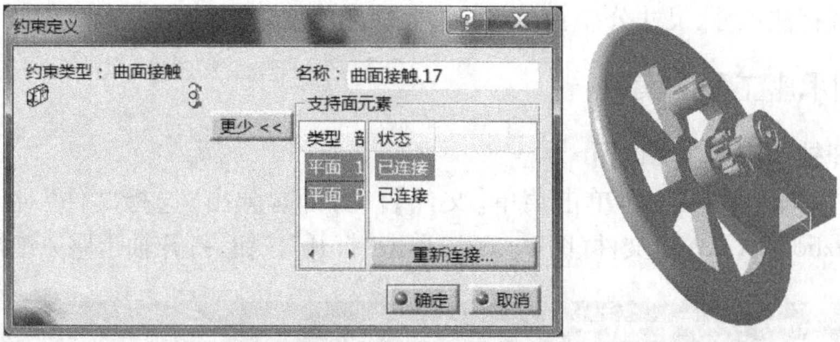

(a) "约束定义"对话框　　(b) 接触面选择

图 3-59　轴套曲面接触约束 1

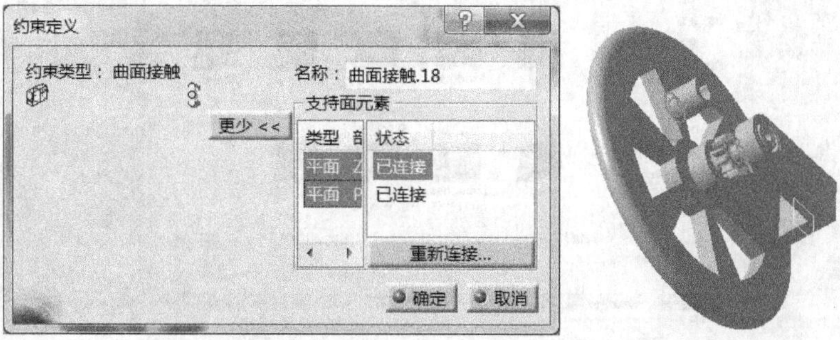

(a) "约束定义"对话框　　(b) 接触面选择

图 3-60　轴套曲面接触约束 2

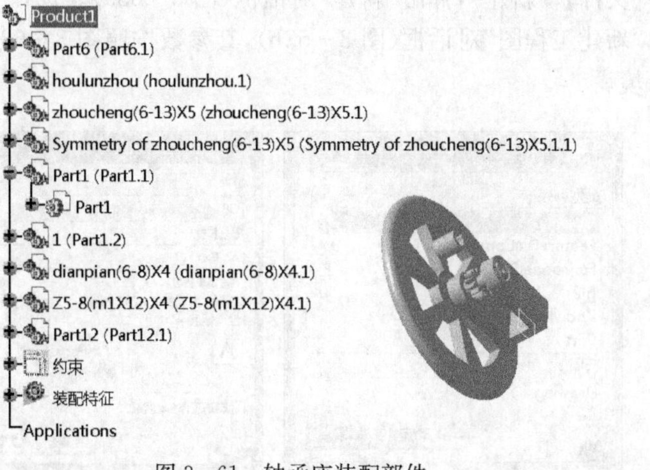

图 3-61　轴承座装配部件

3.5　机械工程图设计实践

3.5.1　实践目的

① 掌握零件工程图的生成方法。

② 掌握零件各个视图的构建方法。

③ 掌握标注尺寸、尺寸公差、形位公差、表面粗糙度标注。

3.5.2　轴承座工程图案例

1) 打开轴承座零件实体图

在 CATIA 软件主界面，单击菜单【文件】|〖打开〗，弹出“选择文件”对话框。点击“zhouchengzuo. CATpart”文件(图 3－62)，单击“打开”按钮，打开轴承座三维模型。

图 3－62　打开轴承座零件

2) 新建工程图

单击菜单【文件】|〖新建〗，弹出“新建”对话框(图 3－63a)。选择“Drawing”，单击“确定”按钮，弹出“新建工程图”对话框(图 3－63b)，其参数按照图 3－63b 所示设置，进入在工程图工作环境。

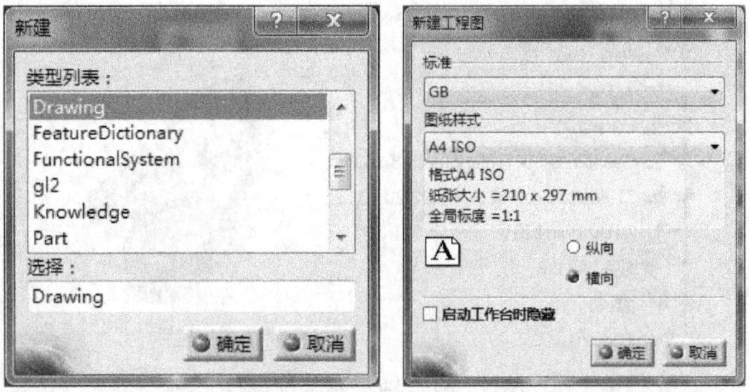

(a) “新建”对话框　　(b) “新建工程图”对话框

图 3－63　新建工程图

3) 创建左视图

在工程图工作视图，单击菜单【插入】|〖视图〗|〖投影〗|〖正视图〗，再单击菜单【窗口】|〖zhouchengzuo. CATpart〗，切换到零件设计环境窗口。选取 XY 平面作为投影平面，自动转换到工程图设计环境，并显示视图操纵盘(图 3－64)，单击视图操纵盘上的按钮，调整所需的视图角度，在图纸中的适当位置单击，完成左视图的创建(图 3－65)。

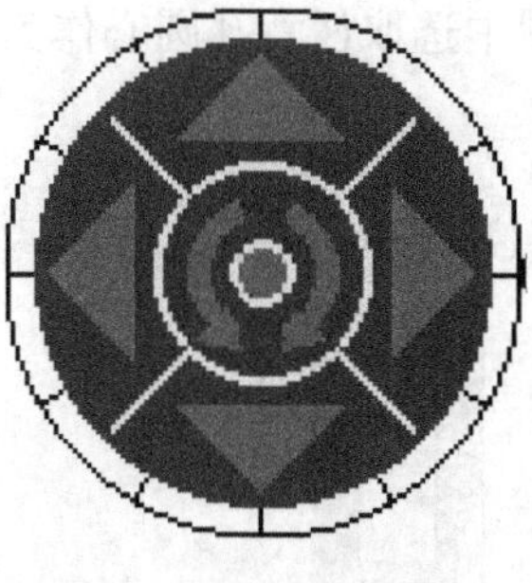
图 3-64　视图操纵盘

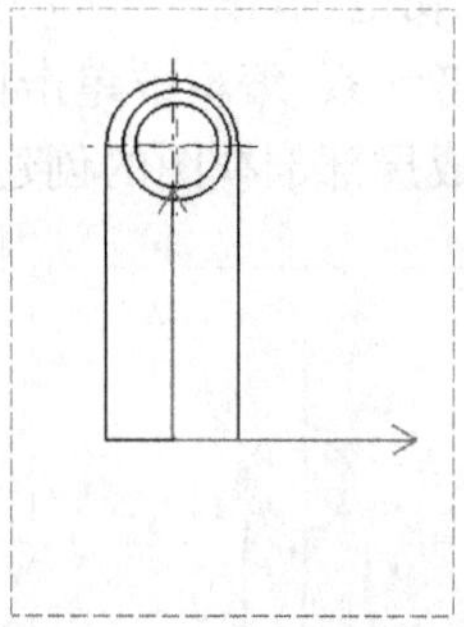
图 3-65　创建左视图

4) 创建主视图

在工程图工作视图，单击菜单【插入】|〖视图〗|〖截面〗|〖偏移剖视图〗。在轴承座左视图中，依次单击两点来定义剖切平面。在拾取第二点后双击鼠标结束拾取，移动鼠标到视图所需位置，单击鼠标左键，生成全剖视图，完成轴承座主视图创建(图 3-66)。

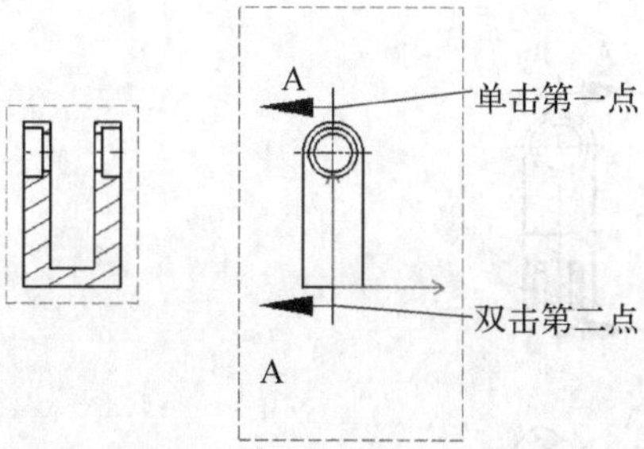

图 3-66　创建主视图

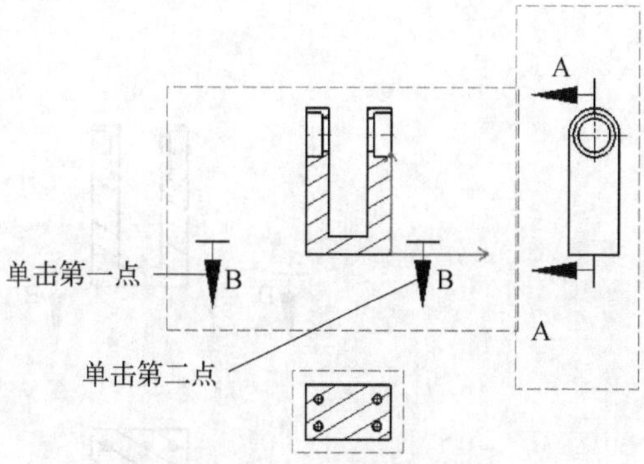

图 3-67　创建俯视图

5) 创建俯视图

在工程图工作视图，在特征树中双击主视图，使主视图视图框架红色显示。单击菜单【插入】|〖视图〗|〖截面〗|〖偏移剖视图〗依次单击两点来定义剖切平面。在拾取第二点后双击鼠标结束拾取，移动鼠标到视图所需位置，单击鼠标左键，生成剖视图，完成轴承座俯视图的创建(图 3-67)。

6) 创建等轴测视图

在工程图工作视图，单击菜单【插入】|〖视图〗|〖投影〗|〖等轴测视图〗，单击菜单【窗口】|〖zhouchengzuo. CATpart〗，切换到零件设计环境窗口。将实体调整到【等轴侧视图】，单击实体上任意部位自动切到工程图设计环境，单击空白处确定，完成轴测图的创建(图 3-68)。

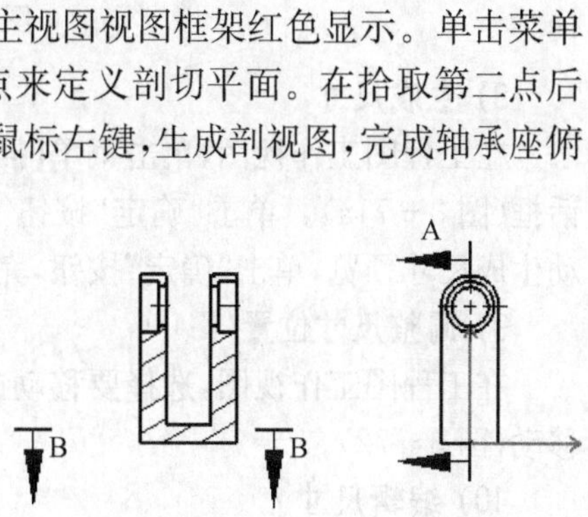

图 3-68　创建等轴视图

7) 创建局部视图

在工程图工作视图，在特征树中双击主视图，将其激活。单击菜单【视图】|〖断开视图〗|〖剖面视

图〗,绘制矩形剖切范围(图 3－69a)并双击,结束矩形的创建,弹出“3D 查看器”对话框(图 3－69b),在“参考元素”编辑框单击鼠标,在俯视图中选取任意孔圆心作为剖切位置,单击“确定”按钮,完成局部剖视图的创建(图 3－70)。

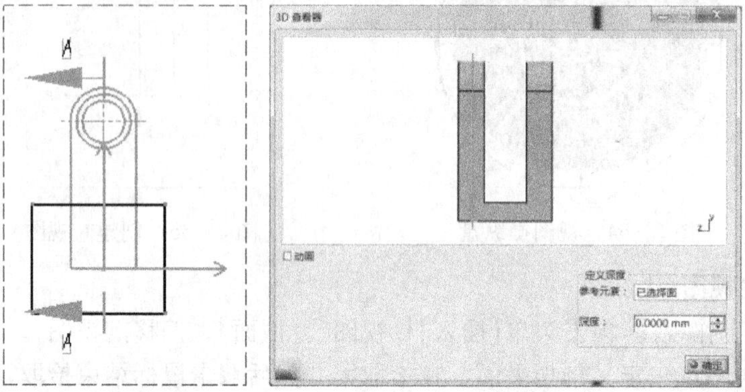

(a) 矩形剖切范围绘制　　(b) 3D中的剖切面

图 3－69　创建局部剖视图

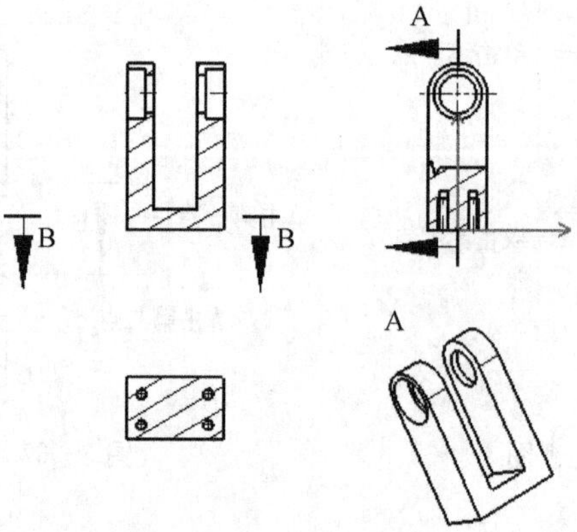

图 3－70　局部剖视图

8) 生成尺寸

在工程图工作视图,单击菜单【插入】|〖生成〗|〖生成尺寸〗,弹出“尺寸生成过滤器”对话框(图 3－71a)。单击“确定”按钮,弹出“生成的尺寸分析”对话框(图 3－71b),显示自动生成尺寸预览,单击“确定”按钮,完成尺寸的自动生成。

9) 调整尺寸位置

在工程图工作视图,选择要移动的尺寸,单击鼠标并移动至合适的位置,完成尺寸的移动(图 3－72)。

10) 编辑尺寸

① 修改尺寸：在工程图工作视图,选择左视图中“M3”的尺寸,单击鼠标右键,选择“属性”,弹出“属性”对话框。按照图 3－73 所示设置,单击“确定”按钮,完成尺寸编辑。

② 删除多余尺寸：在工程图工作视图,选取重复尺寸(图 3－74),单击鼠标右键,选择“删除”,即删除该尺寸。

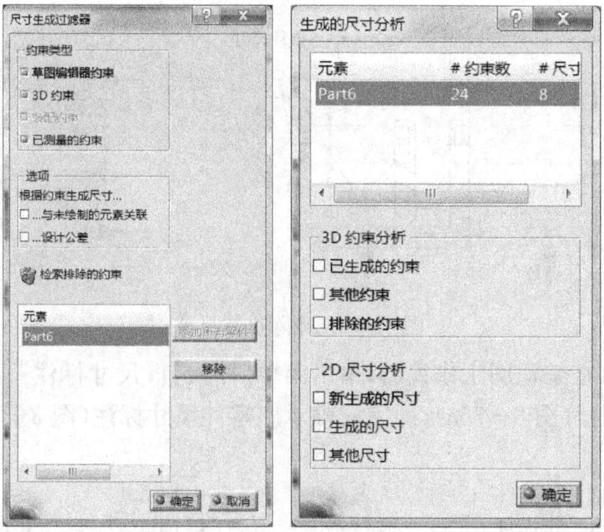

(a) “尺寸生成过滤器”对话框　　(b) “生成的尺寸分析”对话框

图 3 - 71　生成尺寸

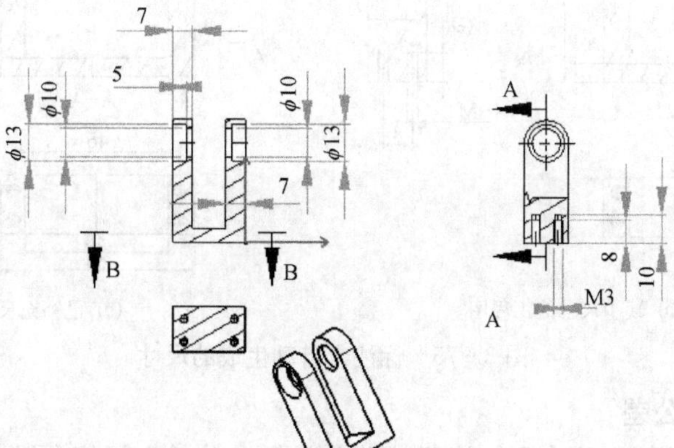

图 3 - 72　调整尺寸线

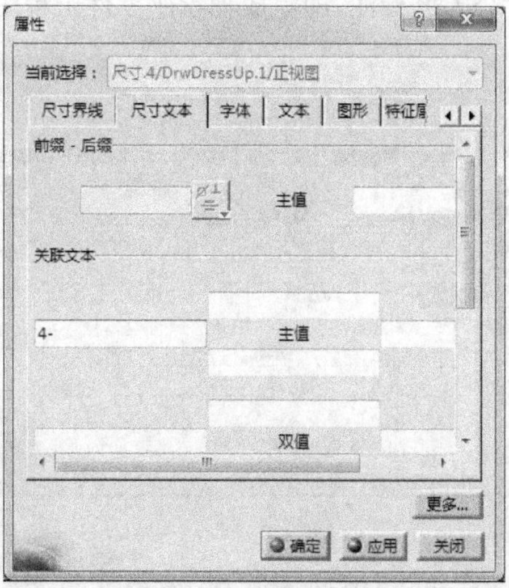

图 3 - 73　“属性”对话框

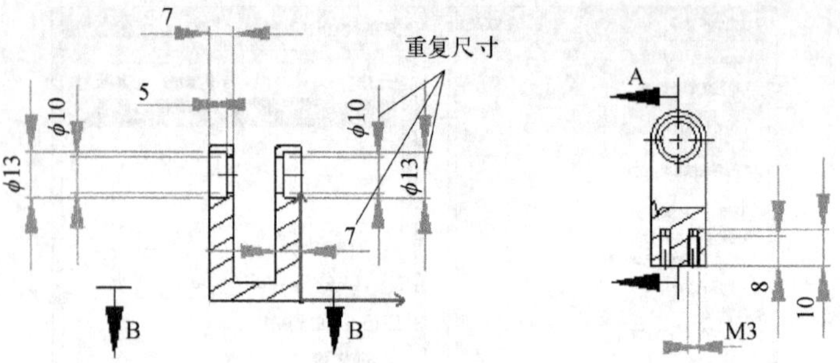

图 3-74　删除重复尺寸

③ 增加尺寸：在工程图工作视图，单击菜单【插入】|〖尺寸标注〗|〖尺寸〗|〖尺寸〗，标注未自动生成的尺寸(图 3-75a)，即完成轴承座零件尺寸标注(图 3-75b)。

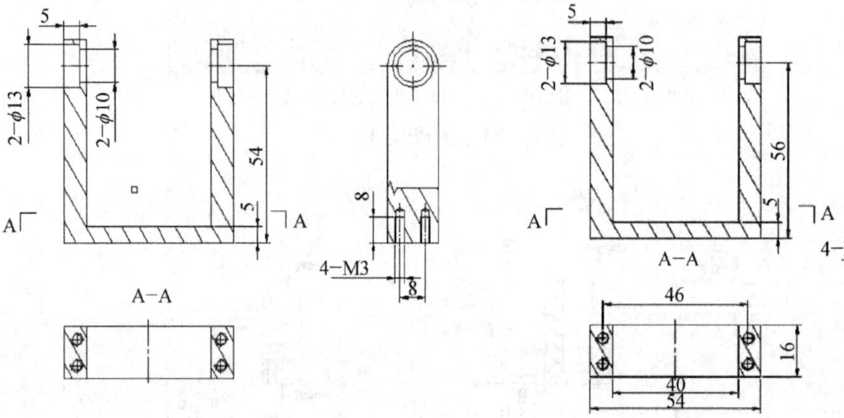

(a) 缺少尺寸的工程图　　(b) 已补充尺寸的工程图

图 3-75　标注未自动生成的尺寸

11) 标注尺寸公差

在工程图工作视图，选中要标注尺寸公差的尺寸并单击鼠标右键，弹出“属性”对话框并选择“公差”项，然后按照图 3-76 所示设置，单击“确定”按钮，完成该尺寸的标注。按照上述方法完成所有尺寸公差的标注，即完成轴承座零件工程图(图 3-77)。

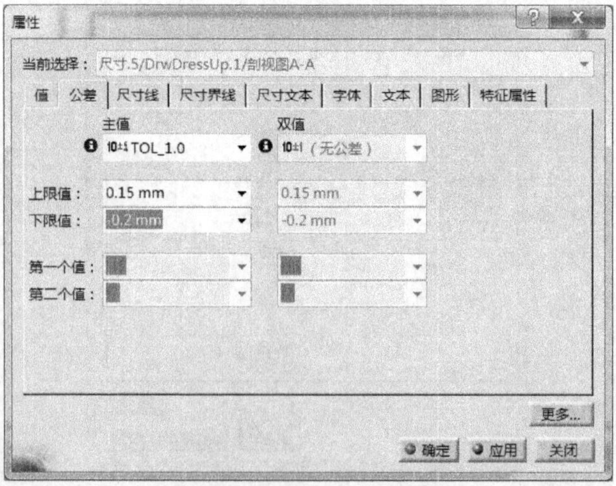

图 3-76　标注尺寸公差

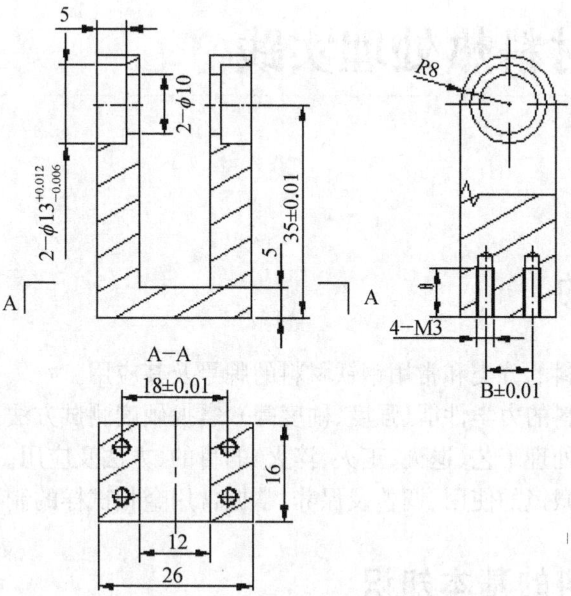

图 3 - 77　轴承座零件工程图

3.6　思考题

1. 简述 CATIA V5 中【草图工具】工具条的功能。
2. 试举例说明 CATIA V5 草图几何约束各种施加方法。
3. CATIA V5 中基于草图的零件特征有哪些?
4. CATIA V5 提供了哪几种装配约束方法?
5. 举例说明 CATIA V5 工程图中剖视图、尺寸标注、公差标注、粗糙度等标注方法。

第四章 材料热处理实践

4.1 实践目的

① 了解工程材料的分类和常用钢铁材料的牌号及其应用。

② 了解金属材料的力学性能(强度、硬度等),掌握硬度测试方法。

③ 了解常用热处理工艺(退火、正火、淬火)的目的、方法及应用。

④ 了解金相显微镜的使用、调整及保养,掌握常用金相试样的制备过程。

4.2 工程材料的基本知识

工程材料通常分为金属和非金属两大类,而热处理材料专指金属材料,金属材料在工程材料中应用最广泛。

4.2.1 金属材料的分类

金属材料分有色金属和黑色金属。正确认识各种金属材料的性能及其在加工过程中的变化,是合理选用材料、确定毛坯成型工艺、合理编制工艺过程、保证产品质量以及提供企业技术经济效益的重要前提。

常用的黑色金属材料分为钢和铸铁两大类。

① 碳钢按质量分为普通质量钢、优质钢、高级优质钢、特级优质钢等;按化学成分分可分为低碳钢($\omega_c \leqslant 0.25\%$)、中碳钢($\omega_c = 0.25\% \sim 0.6\%$)、高碳钢($\omega_c > 0.6\%$)、合金钢(低合金钢、中合金钢、高合金钢)等;按用途分为结构钢(工程结构钢、机器零件用钢等)、工具钢(制造刃具、模具、量具等)、特殊性能钢(不锈钢、耐热钢、耐磨钢、磁钢等)。

② 铸铁可分为白口铸铁、灰口铸铁、可锻铸铁、球墨铸铁、蠕墨铸铁以及特殊性能铸铁等,常用的黑色金属分类如表 4-1 所示。

表 4-1 常用的黑色金属材料

名称	分类	编号方法		用途
		举例	说明	
碳钢	碳素结构钢	Q235-AF	表示屈服点为 235 MPa、质量为 A 级的沸腾钢	一般以型材供应的工程结构件,制造不太重要的机械零件及焊接件
	优质碳素结构钢	45	表示平均 ω_c 为 0.45%的优质碳素结构钢	用于制造曲轴、传动轴、齿轮、连杆等重要零件
	碳素工具钢	T8 T8A	表示平均 ω_c 为 0.8%的碳素工具钢,A 表示高级优质	制造需较高硬度、耐磨性、又能承受一定冲击的工具,如手锤、冲头等
	一般工程铸造碳钢	ZG200-400	表示屈服强度为 200 MPa、抗拉强度为 400 MPa 的碳素铸钢	铸造用钢,低碳铸钢,ZG310-570 为中碳铸钢,ZG340-640 为高碳铸钢

（续 表）

名称	分 类	编号方法		用 途
		举 例	说 明	
铸铁	灰口铸铁	HT200	表示试样直径为 30 mm，平均抗拉强度 200 MPa 的灰口铸铁	承受较大载荷和较重要的零件，如汽缸、齿轮、底座、飞轮、床身等
	可锻铸铁	KTZ450－06	表示平均抗拉强度不小于 450 MPa，延伸率不小于 6% 的珠光体可锻铸铁	制造负荷较高的耐磨损零件，如曲轴、连杆、齿轮、凸轮轴等薄壁小铸件
	球墨铸铁	QT450－10	表示抗拉强度大于 450 MPa，延伸率 10%的球墨铸铁	承受冲击振动的零件如曲轴、蜗杆等
	蠕墨铸铁	RuT340	表示平均抗拉强度大于 450 MPa 的蠕墨铸铁	制造大截面复杂铸件，主要用来代替高强度灰口铸铁、合金铸铁

4.2.2 金属材料的性能

金属材料的性能主要包括使用性能和工艺性能（表 4－2）。使用性能是指在使用过程中金属材料所表现出来的性能，主要包括物理性能、化学性能、力学性能等；工艺性能是物理、化学、力学性能的综合，是指金属材料在各种加工过程中表现出来的性能，按加工方法，可分为铸造性能、锻造性能、焊接性能、热处理性能和切削加工性能等。

表 4－2 金属材料的性能

性能名称			性能内容
使用性能	物理性能		包括密度、熔点、导电性、导热性、磁性等
	化学性能		金属材料抵抗各种介质的侵蚀能力，如抗腐蚀性能等
	力学性能	强 度	指在外力作用下材料抵抗变形和破坏的能力，分为抗拉强度 σ_b、抗压强度 σ_{bc}、抗弯强度 σ_{bb}、抗剪强度 σ_τ，单位均为 MPa
		硬 度	衡量材料软硬程度的指标，较常用的硬度测定方法有布氏硬度（HBS、HBW）、洛氏硬度（HR）和维氏硬度（HV）等
		塑 性	指在外力作用下材料产生永久变形而不发生破坏的能力。常用指标是伸长率 $\delta\%$ 和断面收缩率 $\psi\%$，δ 和 ψ 愈大，材料塑性愈好
		冲击韧度	指材料抵抗冲击力的能力。常把各种材料受到冲击破坏时，消耗能量的数值作为冲击韧度的指标，用 α_k（J/cm^2）表示。冲击韧度值主要取决于塑性、硬度，尤其是温度对冲击韧度值的影响具有更重要的意义
		疲劳强度	指材料在多次交变载荷作用下而不致引起断裂的最大应力
工艺性能			包括热处理工艺、铸造、锻造、焊接、切削加工等性能

金属材料的力学性能是指金属材料在外力作用下表现出来的特性，如强度、塑性、硬度、冲击韧度等，热处理最主要的目标之一就是根据金属材料的使用要求和使用场合改变其力学性能。常见的金属材料力学性能如下：

① 强度：指材料在外力作用下抵抗变形和破坏的能力，以屈服强度 σ_s 和抗拉强度 σ_b 最为常用。

② 塑性：指金属材料在外力作用下产生塑性变形而不破坏的能力，常用延伸率（δ）和断面收缩率（φ）作为材料的塑性指标。

③ 硬度：指材料局部抵抗硬物压入其表面的能力，硬度是评定金属材料力学性能最常用的指标之一；是衡量金属材料软硬程度的一项重要的性能指标。硬度的实质是材料抵抗另一较硬材料压入的能力，既可理解为材料抵抗弹性变形、塑性变形或破坏的能力，也可表述为材料抵抗残余变形和反破坏的能力。硬度不是一个简单的物理概念，而是材料弹性、塑性、强度和韧性等力学性能的综合指标。

④ 冲击韧度是指材料抵抗冲击载荷的能力，金属材料韧性的好坏用冲击韧度值衡量。

4.3 热处理的基本知识

4.3.1 热处理概念

1) 基本概念

热处理定义：将固体金属或合金采用适当的方法进行加热、保温和冷却三个阶段，以获得所需要的组织结构与性能的工艺。

热处理目的：充分发挥材料的内部潜力，改善材料的工艺性能和实用性能，保证零件质量，延长产品的使用寿命。

热处理方法：热处理通常分为退火、正火、淬火、回火、表面淬火和化学热处理等几种主要方法。

热处理分为预热热处理和最终热处理两类。退火、正火常是预热热处理，目的是消除铸、锻件的缺陷和内应力，改善切削加工性能，为最终热处理做组织准备；淬火加回火常作为最终热处理，目的是改善零件的力学性能，从而延长零件的寿命。

温度是热处理生产中一个非常重要的工艺参数。只有对炉温进行准确地测量和控制，才能正确执行热处理工艺，保证产品质量。

常用的热处理工艺简介如表4-3所示。

表4-3 常用的热处理工艺简介

热处理名称	热处理方法	热处理后的组织	应用场合
完全退火	将亚共析钢加热到 Ac_3 以上 30～50℃，保温后随炉冷到 600℃以下，再出炉空气冷却	平衡组织铁素体＋珠光体	用于亚共析钢和合金钢的铸、锻件，目的是细化晶粒，消除应力，软化钢
等温退火	将亚共析钢加热到 Ac_3 以上，共析钢加热到 Ac_1 以上 20～30℃，保温后快速冷却到稍低于 Ar_1 的温度，再进行等温处理使 A 转变为 P 后，然后在空气中冷却	平衡组织铁素体＋珠光体，组织较为均匀	主要用于奥氏体较为稳定的合金工具钢和高合金钢，与完全退火相比，可大大缩短整个退火时间
球化退火	将过共析钢加热到 Ac_1 以上 20～30℃，保温后随炉冷到 700℃左右，再出炉空气冷却	在铁素体基体上均匀分布着球状渗碳体组织	用于共析和过共析成分的碳钢和合金钢，能降低硬度，改善切削加工性能
去应力退火	将钢加热到 500～650℃，保温后随炉冷却	无组织变化	消除铸、锻、焊、机加工件的残余应力
正　火	将钢加热到 Ac_3（或 Accm）以上 30～50℃，保温后在空气中冷却	可细化普通结构钢晶粒；使共析钢获得索氏体组织；对过共析钢，可以消除二次渗碳体网	低、中碳钢的预备热处理；为球化退火作准备；普通结构零件的最终热处理

（续 表）

热处理名称	热处理方法	热处理后的组织	应用场合
淬 火	将钢件加热到 Ac_3 或 Ac_1 以上 30～50℃，保温后在水、油等淬火介质中快速冷却	亚共析钢为细小马氏体组织；过共析钢为马氏体和颗粒状二次渗碳体组织	提高钢件的硬度和耐磨性，是强化钢材最重要的热处理方法
表面淬火	主要有感应加热和火焰加热表面淬火	表层获得硬而耐磨的马氏体组织，心部保持原来塑性、韧性较好的退火、正火或调质状态的组织	表面耐磨，不易产生疲劳破坏，而心部要求有足够的塑性和韧性的工件
高温回火	淬火后，加热到 500℃以上，保温后在空气中冷却。又称调质处理	回火索氏体，由细粒状渗碳体和多边形铁素体组成，硬度 HRC25～35	重要零件如轴、齿轮等
中温回火	淬火后，加热到 350～500℃，保温后在空气中冷却	回火屈氏体，由极细粒状渗碳体和针状铁素体组成，硬度 HRC35～45	各种弹簧类工件
低温回火	淬火后加热到 150～250℃，降低应力和脆性	回火马氏体，高硬度 HRC58～62，耐磨性好	各种工模具及渗碳或表面淬火的工件

2）硬度测试方法

硬度检测是评价金属力学性能最迅速、最经济、最简单的一种试验方法，其主要目的是测定材料的适用性，或为某一使用目的而对材料进行的特殊硬化或软化处理的效果等。通过硬度测试可以反映金属材料在不同的化学成分、组织结构和热处理工艺条件下性能的差异，因此硬度测试广泛地应用于金属性能的检验、监督热处理工艺质量和新材料的研制。

金属硬度检测主要有静态试验和动态试验两类试验方法。① 静态试验方法的试验力施加是缓慢而无冲击的，其硬度测定主要检测压痕深度、压痕投影面积或压痕凹印面积的大小。静态试验方法包括布氏、洛氏、维氏、努氏、韦氏、巴氏等，其中布氏、洛氏、维氏三种试验方法应用最广，是金属硬度检测的主要试验方法。洛氏硬度试验又是应用最多的，被广泛用于产品的检验，据统计目前硬度计 70%是洛氏硬度计。② 动态试验法的试验力施加是动态的和冲击性的，主要包括肖氏和里氏硬度试验法，这种试验法主要用于大型不可移动工件的硬度检测。

3）热处理基本流程

（1）金相试样的制备

① 取样：取样是金相试样制备的第一道工序，取样时要考虑取样的部位、数量、磨面方向和取样方法等几个方面。

② 磨光：磨光是为了获得一个平整的磨面试样，通常分粗磨和细磨两道工序。粗磨是将试样修整平坦，可用锉刀、粗砂纸和砂轮机等粗磨；细磨则是为了消除粗磨留下的磨痕，为抛光工序作准备，分为手工细磨和机械细磨两种方法。

③ 抛光：抛光是为了消除试样细磨时所留下的微细磨痕，获得光亮无痕的镜面。抛光方法有机械抛光、电解抛光和化学抛光等，其中应用最多的是机械抛光。机械抛光是在专用的金相抛光机上进行的。常用金相抛光机是由电动机带动两个抛光盘旋转，通常经过用帆布进行粗抛和丝绒抛光布进行精抛两道工序，最后清洗抛光试样。

④ 浸蚀：抛光后的试样磨面是平整光亮的镜面，置于金相显微镜下观察时，除能看到试样中的缺陷和非金属夹杂物外，一般看不到试样的显微组织，必须经过适当的化学浸蚀后才能显示。化学浸蚀是将抛光好的试样浸入一定的化学试剂(一般为4%的硝酸酒精)溶液中去，或用化学试剂擦拭试样的磨面。试样经适当化学浸蚀后应迅速用水冲洗，以停止浸蚀作用，然后用酒精擦洗，用电吹风吹干后既可进行金相显微镜组织观察。浸蚀过程：试样放入溶液—试样磨面变暗—冲洗浸蚀后的磨面—无水酒精清洗磨面—吹风机吹干磨面。

(2) 铁碳合金的金相平衡组织观察

对制备好的试样用金相显微镜观察平衡状态试样的金相组织，并与金相照片比较，确定材料牌号。平衡状态的显微组织是指合金在极为缓慢的冷却状态下所得到的组织。室温下铁碳合金的组织都由铁素体和渗碳体两个基本相组成，但由于碳质量含量不同，铁素体和渗碳体的相对数量、析出条件以及分布情况均有所不同，从而不同成分的铁碳合金呈现不同的组织形态，主要有以下几种：

① 工业纯铁：室温下为单相铁素体组织，呈白亮色多边形晶粒，块状分布。有时在晶界处可观察到不连续的薄片状三次渗碳体，工业纯铁的铁素体显微组织如图4-1所示。

② 亚共析钢：室温组织为铁素体和珠光体。当碳的质量分数较低时，白色的铁素体包围黑色的珠光体。随着碳质量分数的增加，铁素体量逐渐减少，珠光体量逐渐增多。45号钢的铁素体和珠光体显微组织如图4-2所示。

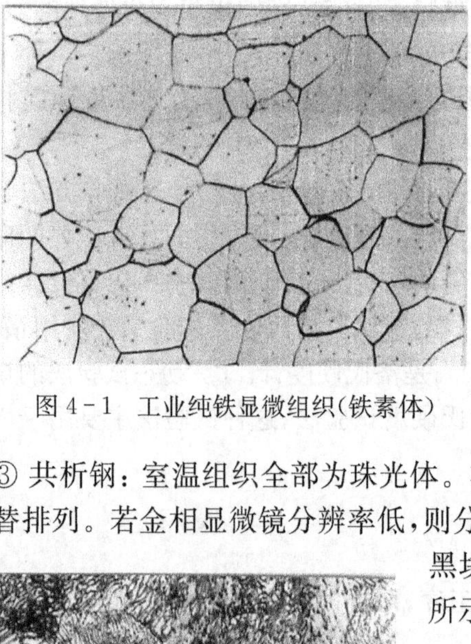

图4-1　工业纯铁显微组织(铁素体)

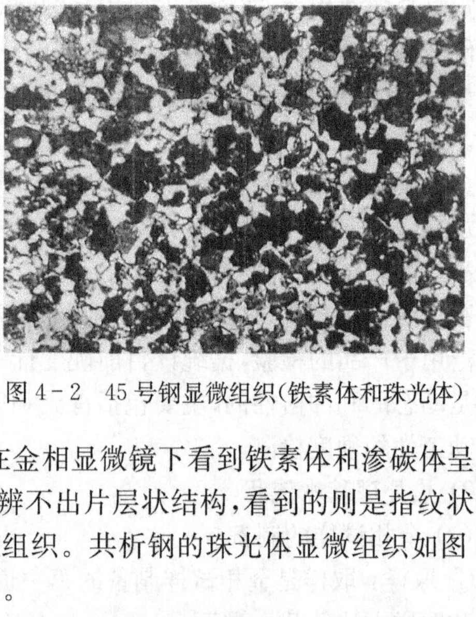

图4-2　45号钢显微组织(铁素体和珠光体)

③ 共析钢：室温组织全部为珠光体。在金相显微镜下看到铁素体和渗碳体呈片层状交替排列。若金相显微镜分辨率低，则分辨不出片层状结构，看到的则是指纹状或暗黑块组织。共析钢的珠光体显微组织如图4-3所示。

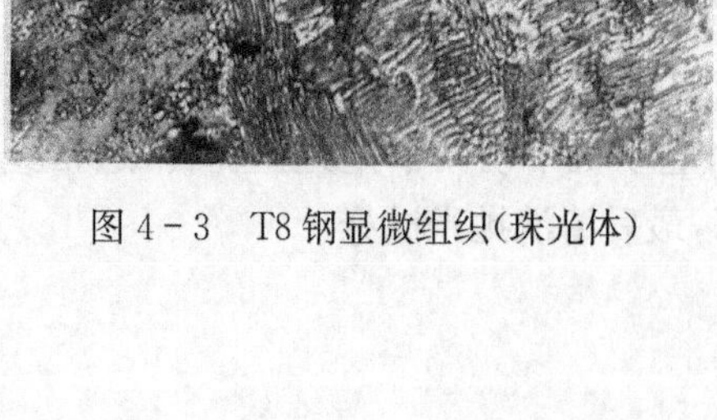

图4-3　T8钢显微组织(珠光体)

④ 过共析钢：室温组织为珠光体和二次渗碳体。经4%硝酸酒精溶液浸蚀后，Fe_3C_{II} 为白色细网状，暗黑色的是珠光体。若采用苦味酸钠溶液浸蚀，渗碳体被染成黑色，铁素体仍保留白色，过共析钢显微组织如图4-4所示。

⑤ 亚共晶白口铁：室温组织为珠光体、二次渗碳体和低温莱氏体。在金相显微镜下，珠光体呈黑色块状或树枝状，莱氏体呈白色基体上散布

黑色麻点和黑色条状。二次渗碳体则分布在珠光体枝晶的边缘，亚共晶白口铁显微组织如图 4-5 所示。

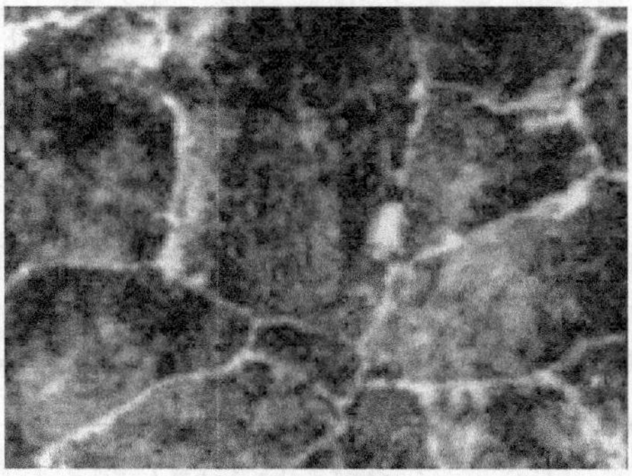

图 4-4 T12 钢显微组织(珠光体和二次渗碳体)

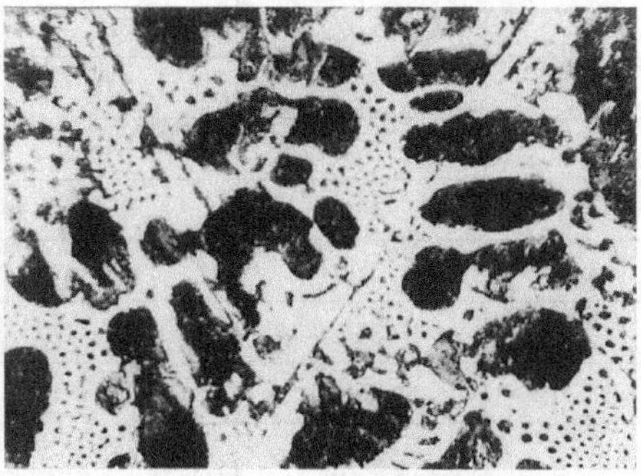

图 4-5 亚共晶白口铁铸态显微组织(珠光体、二次渗碳体和低温莱氏体)

⑥ 共晶白口铁：室温组织为低温莱氏体。金相显微镜下看到的是黑色粒状或条状珠光体散布在白色渗碳体基体上，共晶白口铁显微组织如图 4-6 所示。

⑦ 过共晶白口铁：由先结晶的一次渗碳体与低温莱氏体所组成。金相显微镜下看到的是一次渗碳体呈亮白色条状分布在莱氏体基体上。过共晶白口铁显微组织如图 4-7 所示。

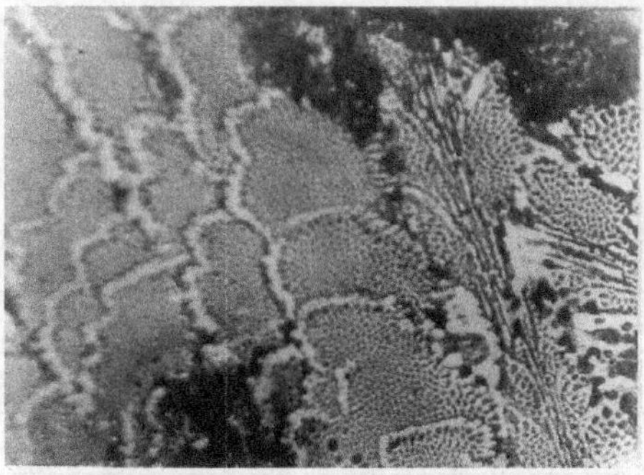

图 4-6 共晶白口铁铸态显微组织(低温莱氏体)

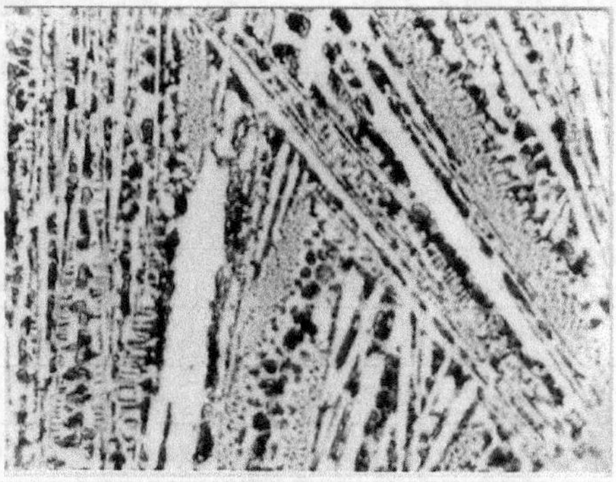

图 4-7 过共晶白口铁铸态显微组织(一次渗碳体与低温莱氏体)

4) 硬度测定

对退火、正火、淬火后的试样用数显洛氏硬度计进行硬度测定，对测出的结果按照表 4-4 换算成其他硬度(如布氏、维氏等)，若没有对应数据，则需对照该表使用插值法进行换算。对常用钢材，通过抗拉强度、洛氏硬度(HR)、布氏硬度(HB)、维氏硬度(HV)的数值均可用插值法进行换算，其关系如下：

$$HRC = 2HRA - 104$$

$$HB = 10HRC (HRC = 40 \sim 60 \text{范围})$$

$$HB = 2HRB$$

表 4-4　部分硬度值对照表

抗拉强度(MPa)	维氏 HV	布氏 HB	洛氏 HR**		
		10/3 000*	HRA	HRB	HRC
137	410	388	71.4		41.8
134	400	379	70.8		40.8
130	390	368	70.3		39.8
127	380	360	69.8	110.0	38.8
123	370	350	69.2		37.7
120	360	341	68.7	109.0	36.6
117	350	331	68.1		35.5
113	340	322	67.8	108.0	34.4
110	330	313	67.0		33.3
106	320	303	66.4	107.0	32.2
103	310	294	65.8		31.0
99	300	284	65.2	105.5	29.8
98	295	280	64.8		29.2
96	290	275	64.5	104.5	28.5
94	285	270	64.2		27.8
92	280	265	63.8	103.5	27.1
91	275	261	63.5		26.4
89	270	256	63.1	102.0	25.6
87	265	252	62.7		24.8
85	260	247	62.4	101.0	24.0
84	255	243	62.0		23.1
82	250	238	61.6	99.5	22.2
80	245	233	61.2		21.3
78	240	228	60.7	98.1	20.3
75	230	219		96.7	18.0
71	220	209		95.0	15.7
68	210	200		93.4	13.4
65	200	190		91.4	11.0
62	190	181		89.5	8.5
59	180	171		87.1	6.0
56	170	162		85.0	3.0
53	160	152		81.7	0.0
50	150	143		78.7	
45	140	133		75.0	
44	130	124		71.2	
40	120	114		66.7	

（续 表）

抗拉强度(MPa)	维氏 HV	布氏 HB	洛氏 HR**		
		10/3 000*	HRA	HRB	HRC
	110	105		62.3	
	100	95		58.2	
	95	90		52.0	
	90	86		48.0	
	85	81		41.0	

* 10/3 000 代表测头直径 10 mm，测试压力 3 000 kg；

** HRA 测试压力 588.4 N，HRB 测试压力 980.7 N，HRC 测试压力 235.4 N。

4.3.2　热处理常用设备

1）热处理炉

热处理的专用设备称为热处理炉，根据热处理方法不同，所用的加热炉也不同。热处理加热电炉有箱式电阻炉、井式电阻炉和盐浴炉等，最常用的是箱式电阻炉。箱式电阻炉按其使用温度的不同，有低温、中温和高温之分，其中以中温箱式电阻炉应用最广，中温箱式电阻炉最高使用温度为 950℃，其结构如图 4－8 所示。

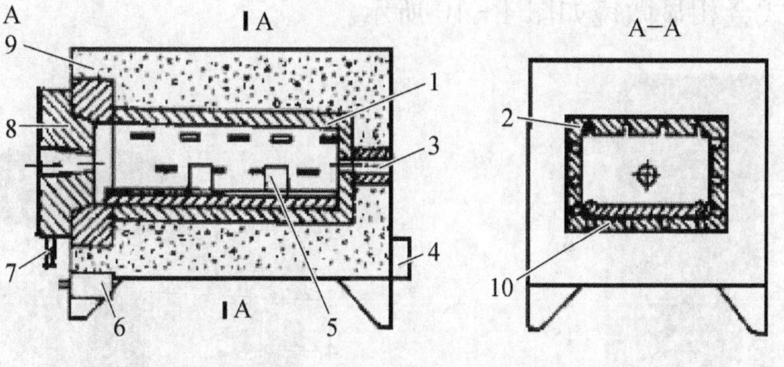

图 4－8　中温箱式电阻炉结构示意图

1. 加热室；2. 电热丝孔；3. 测温孔；4. 接线盒；5. 试样；6. 控制开关；7. 挡铁；8. 炉门；9. 隔热层；10. 炉底板

热处理炉操作注意事项：

① 在炉中放取试样时，应先切断电源，以防触电；

② 炉门开关时，动作要敏捷，以免影响电炉使用寿命；

③ 操作者必须带好防护手套进行放取试样，防止烧伤，放取试样使用的夹钳应擦干，不能有水或油等。

2）硬度计

常用的硬度测量设备包括：洛氏硬度计、布氏硬度计、维氏硬度计、显微硬度计，具体介绍如下。

① 洛氏硬度计：主要用于金属材料热处理后的产品性能检验。用洛氏硬度计可以测量从软到硬的各种不同材料，这是因为它采用了不同的压头和载荷，组成各种不同的洛氏硬度标度，如 HRA、HRB、HRC。

② 布氏硬度计：应用于黑色、有色金属原材料检验，也可测退火、正火后试件硬度。

③ 维氏硬度计：应用于薄板材料及材料表层的硬度测定以及较精确的硬度测定。

④ 显微硬度计：主要应用于测定金属材料的显微组织及各组成相的硬度。

本书重点介绍最常用的洛氏硬度测试法。洛氏硬度计类型较多，外形构造也各不相同，但构造原理及主要部件均相同，如表 4-5 所示。

表 4-5　常用的三种洛氏硬度实验范围

符号	压　头	载荷/kgf(N)	硬度值有效范围	使 用 范 围
HRA	金刚石圆锥 120°	60(588.4)	20～88HRA	测量硬质合金、表面淬火层、渗碳层
HRB	1.587 mm(1/16″)淬火钢球	100(980.7)	20～100HRB	测量有色金属、退火及正火钢
HRC	金刚石圆锥 120°	150(1 471)	20～70HRC	测量淬火钢、调质钢

HRS-150 数显洛氏硬度计如图 4-9 所示。

3）金相显微镜

金相显微镜是专门用于观察金属和矿物等不透明物体金相组织的光学显微镜，主要有台式、立式和卧式三大类，其基本构造大致相同，金相显微镜主要由光学系统、照明系统和机械系统组成。一般放大倍率都选择在 100～1 500 倍以达到研究金属表面微观组织的要求，4X 型台式金相显微镜如图 4-10 所示。

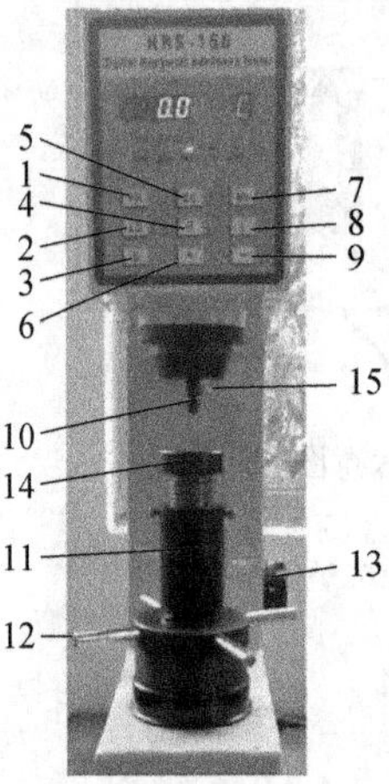

图 4-9　HRS-150 数显洛氏硬度计

1. 打印按钮；2. 设定加载时间按钮；3. 数据变更 0 按钮；4. 平均硬度按钮；5. 修改硬度单位按钮；6. 增加数据按钮；7. 测试点数按钮；8. 数据复位按钮；9. 减少数据按钮；10. 压头；11. 升降螺杆保护帽；12. 手轮；13. 变荷手轮；14. 试台；15. 压头紧固螺钉

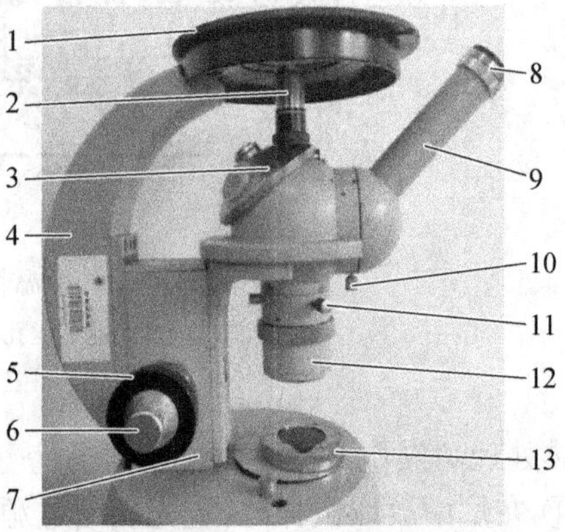

图 4-10　4X 型金相显微镜

1. 载物台；2. 物镜；3. 物镜转换器；4. 传动箱；5. 粗微调焦手轮；6. 微调焦手轮；7. 支架；8. 目镜；9. 目镜筒；10. 固定螺钉；11. 调节螺钉；12. 视场光阑；13. 孔径光阑

4）金相抛光机

金相抛光机主要用于试样抛光，P-2 型金相抛光机是由电动机带动两个抛光盘以 1 350 r/min 的转速旋转(图 4-11)。

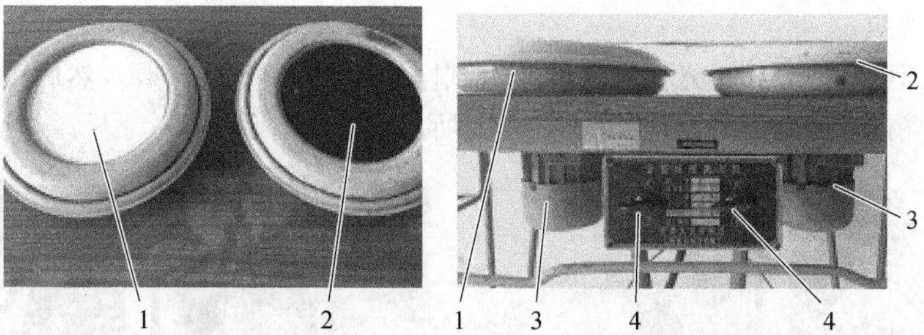

(a) 抛光机俯视图　　(b) 抛光机前视图

图 4-11　P-2 型金相抛光机

1. 粗抛盘；2. 精抛盘；3. 电动机；4. 开关

4.4　热处理实践案例

本案例选取 $\Phi 20\times 25$ mm 圆柱形的 45 号钢为试样(图 4-12)，通过热处理炉、硬度计、金相显微镜、金相抛光机等了解热处理的工艺方法。

图 4-12　45 号钢圆柱形试样

1) 金相试样的制备

(1) 取样

选取一块待检测的 45 号钢金相试样。

(2) 磨光

对试样选用粗砂纸进行粗磨(图 4-13a)，选用金相砂纸进行细磨(图 4-13b)，进行细磨后的试样如图 4-13c 所示。

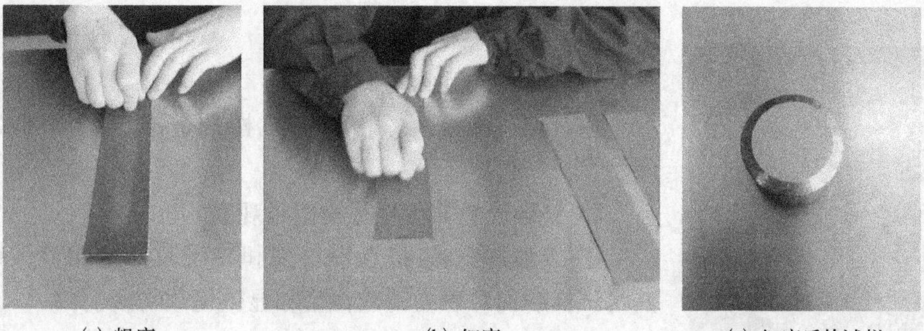

(a) 粗磨　　(b) 细磨　　(c) 细磨后的试样

图 4-13　磨光

(3) 抛光

首先在P-2型金相抛光机上用帆布对试样进行粗抛(图4-14a),然后用丝绒抛光布对试样进行精抛,精抛后的试样如图4-14b所示。

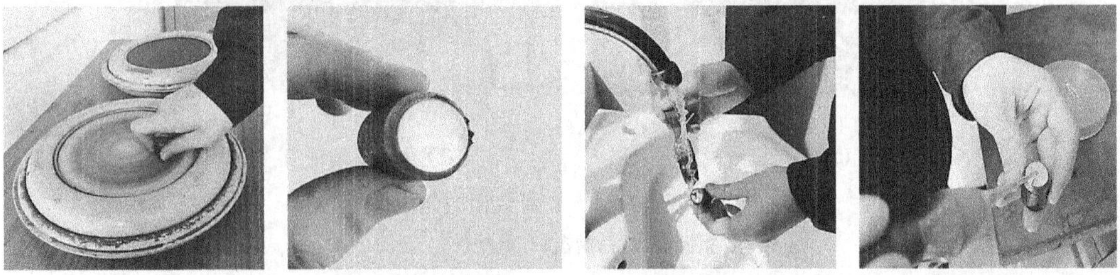

(a) 粗抛、精抛　(b) 精抛后的试样面　(c) 清洗精抛后的试样　(d) 无水酒精清洗样面

图4-14　试样抛光过程

(4) 浸蚀

将抛光好的试样浸入一定的化学试剂(一般为4%的硝酸酒精)溶液中(图4-15),或用化学试剂擦拭试样的磨面。试样经适当化学浸蚀后应迅速用水冲洗,然后用酒精擦洗,用吹风机吹干后即可进行金相显微镜组织观察。

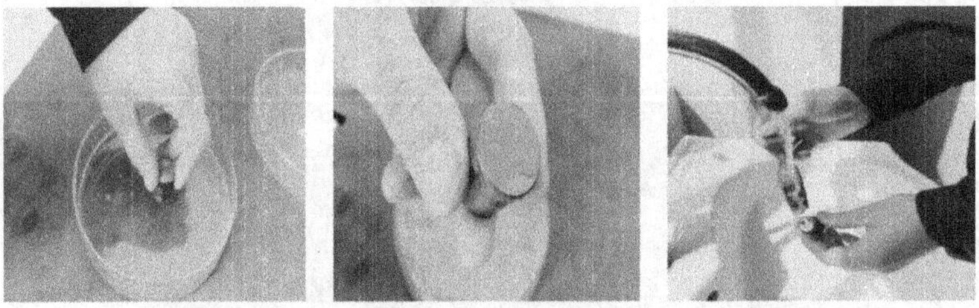

(a) 浸蚀　(b) 磨面变暗　(c) 冲洗磨面

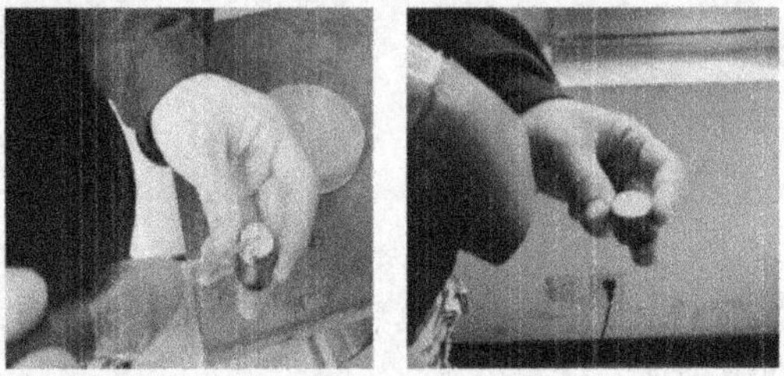

(d) 无水酒精清洗磨面　(e) 吹风机吹干磨面

图4-15　浸蚀处理

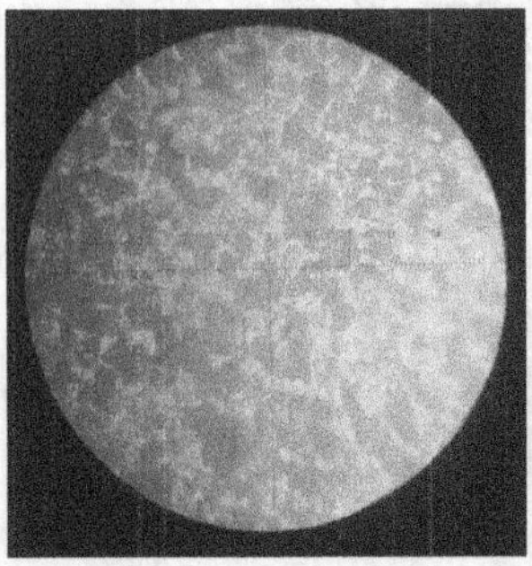

图4-16　试样的金相图

(5) 观察金相组织

用金相显微镜观察浸蚀后试样的金相组织如图4-16所示。

2) 铁碳合金的金相平衡组织观察

① 按观察要求,将选择目镜和物镜装在金相显微镜上,并将试样磨面对着物镜放在金相显微镜载物台上。

② 接通金相显微镜电源。

③ 用手慢旋金相显微镜的粗调焦手轮,视场由暗到亮,

调至看到组织，然后再旋转“微调焦手轮”，直到图像清晰为止。

④ 逐个观察全部试样，并与金相照片比较，确定材料牌号。

3）退火、正火、淬火热处理操作

空炉升温至规定温度后（应提前进行空炉升温），切断电源，将磨制好的试样装炉。关闭炉门，通电升温加热并保温。达到规定保温时间后切断电源，打开炉门，取出试样，按照下面要求进行冷却。

① 淬火：将 45 钢试样按正常淬火温度加热，保温后水冷淬火。

② 正火：将 45 钢加热到 860℃，保温 15 min，然后放入空气中冷却。

③ 退火：将 45 钢试样加热至 860℃，保温 15 min，随炉冷却。

4）热处理后试样硬度测定

分别对退火、正火、淬火后的试样后去掉氧化皮，用 HRS－150 数显洛氏硬度计进行硬度的测定。

以测量淬火钢硬度为例，其操作方法如下。

① 确保试样上下两面磨平整。

② 接通电源，面板指示灯亮（图 4－17a）。

③ 按“SC”按钮，选择 C 标尺（开机时自动显示）。顺时针转动变荷手轮，确定总试验力 1 471 N（图 4－17b），对应总试验力“1 471 N”的指示灯亮。

(a) 显示面板　　(b) 试验载荷手轮

图 4－17　洛氏硬度计操作面板

④ 按“LD”按钮，选择总试验力的保持时间 5 秒，复零。

⑤ 按“No”按钮，选择操作次数为 3 次，复零。

⑥ 按照表 4－5 所示，选择金刚石压头。安装金刚石压头时，用手中指顶住金刚石头部轻轻地朝压头杆孔中推进（图 4－18a），贴紧支承面，将压头柄缺口平面对着螺钉，把压头紧固螺钉略微拧紧，然后将试件放在测试台上。

⑦ 顺时针转动手轮，升降螺杆上升，应使试件慢慢无冲击地与压头接触，直至硬度计显示屏显示“590”时（图 4－18b），此时已施加 98.07 N 的初试验力，这时升降螺杆与旋轮间自动反馈锁合。若螺杆上升速度过快，显示值超过 610 时，蜂鸣器长响，提示操作错误，应下降试台，改换测试点位置再测试。

⑧ 电机转动，自动施加主试验力，当总试验力保持一定时间（5 min）后，电机转动，自动卸除主试验力，保留初试验力，蜂鸣器声响，显示屏的数值即为被测试件的硬度值（图 4－19a）。

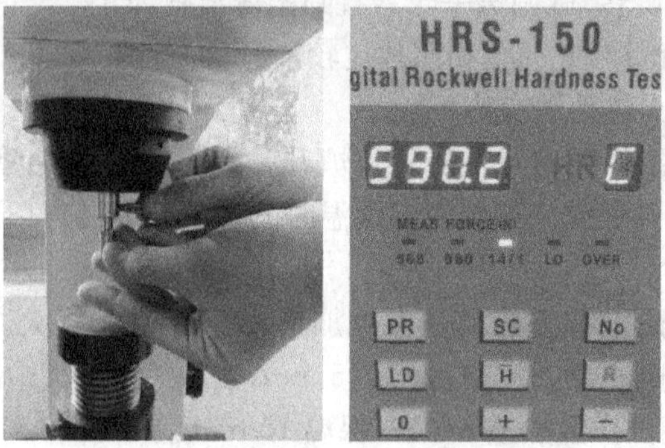

(a) 金刚石压头安装　　(b) 硬度显示

图 4－18　洛氏硬度计金刚石压头安装及硬度显示

(a) 测试中　　(b) 测试结束

图 4－19　洛氏硬度计显示测试结果

⑨ 反向旋转升降螺杆手轮，使工作台下降，更换测试点，重复上述操作，每一试件测试 4 点（第 1 点不记录）。

⑩ 当选择的测试次数操作完成，“OVER”指示灯亮（图 4－19b），操作手轮使试台下降。按面板上的 H 键，数显屏上显示“57.4”，即为硬度测试的平均值 57.4HRC。

⑪ 对于退火钢和正火钢，一般用布氏硬度表示，洛氏硬度计可以进行洛氏硬度和布氏硬度的换算，如 28.5HRC 可换算结果为 275HB。同样，可把此结果转换为维氏硬度 290HV。

4.5　思考题

1. 什么是热处理？常用的热处理工艺有哪些？
2. 淬火的作用是什么？
3. 分析比较退火、正火、淬火状态硬度的区别。
4. 低碳钢和中、高碳钢淬火后硬度误差主要原因是什么？
5. 常用的硬度洛氏、布氏、维氏各适用何种类型的材料测试？

第五章　基础制造技术实践

5.1　液态成形——铸造实践

5.1.1　实践目的

① 了解铸造生产的工艺过程及其特点。

② 了解型砂、型芯砂等造型材料的组成、性能及其制备过程。

③ 了解砂型的结构，熟悉零件、模样、铸件之间的关系，能正确选取分型面和分模面位置。

④ 了解砂型铸造的基本造型方法，熟悉常用的手工造型工具，掌握整模、分模、三箱、挖砂等基本造型工艺的操作过程和简单型芯的制作。

⑤ 了解浇注系统的组成、作用和常见铸件缺陷产生的原因。

5.1.2　铸造概述

铸造是将加热熔化的金属材料浇入制造好的铸型，凝固后获得一定形状、尺寸、成分、组织和性能铸件的成形方法，一般用于毛坯制造。被铸物质多是原为固态但可加热至液态的金属（如铜、铁、铝、锡、铅等），而铸型的材料可以是砂、金属甚至陶瓷。

1）铸造的分类

铸造按照生产方式可以分为砂型铸造和特种铸造。

（1）砂型铸造

砂型铸造是采用型砂紧实成型的铸造方法。型砂来源广泛，价格低廉，且砂型铸造方法适应性强，因而是目前生产中用得最多、最基本的铸造方法，主要分为手工造型和机械造型（图 5－1，表 5－1）。

- 砂型铸造
  - 手工造型
    - 按砂箱分
      - 两箱：基本方法，各种批量，大小件
      - 三箱：手工，单件，小批，两个分型面
      - 地坑：小批，大、中件
      - 脱箱：小件
      - 劈箱：大件，如机床床身
    - 按模型分
      - 整模：最大截面在一端，且为平面
      - 分模：最大截面在中部
      - 活块：有突出部位，难起模，单件，小批
      - 挖砂：分型面为非平面，要求整模\单件\小批
      - 刮板：回转件、轮
      - 假箱：成批，需挖砂的件
  - 机器造型——→震压　微震压实　射砂　抛砂等

图 5－1　砂型铸造分类

表 5-1　砂型铸造方法及应用范围

造型方法	特　点	应用范围
手工造型	用手工完成紧砂、起模、修型。其特点为：① 操作灵活，可按铸件尺寸、形状、批量与现场生产条件灵活地选用具体的造型方法；② 工艺适应性强；③ 生产准备周期短；④ 生产效率低；⑤ 质量稳定性差，铸件尺寸精度、表面质量较差；⑥ 对工人技术要求高，劳动强度大	单件、小批量铸件或难以用造型机械生产的形状复杂的大型铸件
机器造型	采用机器完成全部造型过程，或者至少完成紧砂操作的造型方法。其特点是效率高、铸型和铸件质量好，但投资较大	大量或成批生产的中小铸件

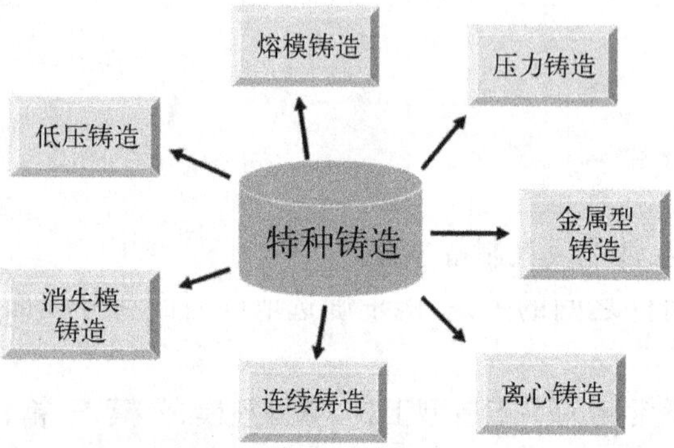

图 5-2　常见的特种铸造方法

(2) 特种铸造

特种铸造是除砂型铸造以外的其他铸造方法，常见的特种铸造方法如图 5-2 所示。特种铸造具有适用性强、灵活性大、经济性好、质量、精度高的特点，得到了广泛的应用。

① 金属型铸造：金属型铸造是指利用金属材料制成铸型，在重力作用下将熔融金属浇注到铸型中制造铸件的一种铸造方法，也称永久型铸造。

② 熔模铸造：在易熔模样（简称熔模）的表面包覆多层耐火材料，然后将模样熔去，制成无分型面的型壳，经焙烧、浇注而获得铸件的方法称为熔模铸造。

③ 压力铸造：熔融金属在高压下高速充型并凝固而获得铸件的方法称为压力铸造，简称压铸。

④ 低压铸造：用较低的压力（0.02～0.06 MPa），使金属液自下而上充填型腔，并在压力下结晶以获得铸件的方法称为低压铸造。

⑤ 离心铸造：离心铸造是指将液态金属浇入高速旋转的铸型，在离心力作用下凝固成形的铸造方法。

⑥ 连续铸造：连续铸造是指将熔融金属连续不断地浇注到被称为结晶器的特殊容器中，凝固的铸件不断从结晶器的另一端被引出，从而获得任意长度的等横截面铸件的铸造方法。

⑦ 消失模铸造：消失模铸造是指用泡沫塑料聚苯乙烯制成带有浇冒系统的模型，覆上涂料，用干砂造型，不需取模，直接浇注的铸造生产方法。

2) 铸造特点

(1) 优点

① 毛坯复杂程度高：无论外形还是内腔都可以相当复杂，是其他方法无法比拟的。

② 适应性广：合金种类（铸铁、铸钢、铸铝、铸铜）、铸件大小（从几克到几百吨）、生产批量（单件到几百万件/年）等几乎不受限制。

③ 生产周期短、成本低：设备简单、操作方便，材料来源广泛、价格低廉，可实行少或无切削加工。

④ 节省金属材料：浇注系统、废品零件等都可重新回炉熔化，材料浪费极少。

(2) 缺点

① 晶粒粗大，力学性能不如锻件高。

② 铸造缺陷多,质量不易控制,废品多。

③ 生产工序多,劳动条件差,劳动强度大。

所以,目前铸造主要用于生产那些形状复杂、受力不大或主要承受静载荷的机械零件,如机床床身、底座、变速箱体等,那些承受冲击载荷、交变载荷的重要零件不能采用铸件而要用锻件。

3) 铸造的应用

铸造生产在机械制造业应用很广泛,铸件所占的比重相当大。例如,机床、内燃机中,铸件占总重量的70%~90%。

4) 铸造相关术语

① 零件:铸件经切削加工制成的金属件。

② 模型(也称模样):由木材、金属或其他材料制成,用来形成铸型型腔的工艺装备。

③ 型芯盒:制造砂芯或其他耐火材料所用的装备。

④ 铸型:用型砂、金属或其他耐火材料制成,包括形成铸件形状的空腔、型芯和浇冒系统的组合整体。

⑤ 型芯:为获得铸件的内孔或局部外形,用芯砂或其他材料制成,安放在型腔内部的铸型组元。

⑥ 型腔:铸型中造型材料所包围的空腔部分。

⑦ 铸件:铸造所获得的零件或毛坯。

5) 模样、型腔、铸件和零件之间的关系

在铸造生产中,用模样制得型腔,将金属液浇入型腔冷却凝固后获得铸件,铸件经切削加工最后成为零件。因此,模样、型腔、铸件和零件四者之间的联系如表5-2所示。

表5-2　模样、型腔、铸件和零件四者之间的关系

	模　样	型　腔	铸　件	零　件
体　积	大	大	小	最小
尺　寸	大于铸件一个收缩率	与模样相同	比零件多一个加工余量	小于铸件一个加工余量
形　状	包括型芯头、活块、外型芯等形状	与铸件形状相反	包括小孔等不铸加工部分	符合零件尺寸和公差要求
凹　凸	凸	凹	凸	凸
空　实	实心	空心	实心	实心

5.1.3　造型材料及常用工具

用砂、陶瓷等造型材料制造出与铸件形状、尺寸相符的铸型的过程称为造型。造型是铸造生产中十分关键的环节。

1) 造型材料的组成

制造砂型、型芯的材料称为型砂和芯砂,统称为造型材料。型(芯)砂由原砂、黏结剂、附加物和水混制而成。

① 原砂:原砂是耐高温材料,是型砂的主体。高质量的型(芯)砂要求 SiO_2 含量高,杂质少,砂粒均匀且呈圆形。一般生产铸钢件时,选用 SiO_2 含量>90%的石英砂;生产铸铁件时,选用 SiO_2 含量>85%的石英-长石砂;而生产铸铜件、铸铝件则选用 SiO_2 含量在80%左右的红砂(黏土砂)。

② 黏结剂：黏结剂主要起黏结作用。常用的黏结剂有普通黏土和膨润土。膨润土比普通黏土黏结力强。如在膨润土中加入少量 Na_2CO_3 进行活化处理，能进一步提高型(芯)砂的强度和透气性。加入适量的水可与黏土形成黏土膜而增加砂粒的黏结作用。对于要求较高的芯砂，常采用特殊黏结剂，如桐油、亚麻仁油、合脂或树脂等。由这种黏结剂配制而成的芯砂称为油砂或树脂砂，具有良好的溃散性。

③ 附加物：指煤粉、锯木屑等。煤粉在液态金属作用下燃烧形成气膜，避免铁液与型腔直接接触，使铸件表面光洁，防止粘砂。加入木屑则能提高型(芯)砂的透气性和退让性。

2）造型材料的性能

经适当配制和混合均匀的型(芯)砂，应具备如下的基本性能：

① 强度：强度指型(芯)砂抵抗外力破坏的能力。足够的强度可保证铸型不致塌箱、掉砂、夹砂和胀大。但强度过高会使铸型透气性、退让性变差，使铸件产生内应力，甚至开裂，因此强度要适中。

② 透气性：透气性是指型(芯)砂孔隙透过气体的能力。浇注时铸型中会产生大量气体，液体金属也会析出气体，若透气性差，气体不能从铸型中顺利排出，会使铸件产生气孔、呛火和浇不足等缺陷。

③ 可塑性：可塑性是指型砂在外力作用下变形，去除外力后仍保持所得到形状的能力。可塑性好，易于得到形状复杂、轮廓清晰的型腔，也便于起模。

④ 耐火性：耐火性是指型(芯)砂经受高温热作用的能力。耐火性差，铸件易产生黏砂缺陷。原砂中 SiO_2 的含量越高耐火性越好。

⑤ 退让性：退让性是指铸件冷凝收缩时，型(芯)砂可被压缩的能力。型砂退让性差，铸件易产生内应力而引起变形和开裂。由于型芯被金属液所包围，故对芯砂的退让性要求比型砂要高。

⑥ 耐用性：耐用性也称复用性或回用性，是指型砂在浇注后能否保持原来的性能，重复使用的能力。耐用性差的型砂，经反复使用后，强度、透气性、可塑性能下降，故需要经常补充较多的新砂来恢复其性能，这将会增加铸件的成本。

型砂的性能一般靠经验来判断。用手捏一把砂感到柔软容易变形，不沾手，掰断时断面不粉碎，说明砂的性能合格。

3）造型常用工具

手工造型常用工具如图 5－3 所示，其作用如下。

(a) 舂砂锤 (b) 通气针 (c) 起模针 (d) 皮老虎 (e) 砂刀 (f) 秋叶 (g) 砂勾 (h) 刮板

图 5－3 手工造型常用工具

① 舂砂锤：用尖头锤舂砂，用平头锤打紧砂箱顶部的砂。

② 通气针：扎砂型通气孔用。

③ 起模针：比通气针粗，用于起模。

④ 皮老虎：用于吹去模型上的分型砂及散落在型腔中的散砂。

⑤ 砂刀：修平面及挖沟槽。

⑥ 秋叶：修凹的曲面使用。

⑦ 砂勾：修凹的底部或侧面，以及勾出砂型中的散砂使用。

⑧ 刮板：用于刮平砂箱表面的型砂。

5.1.4 砂型铸造系统

砂型铸造系统由浇冒系统、上砂型、下砂型、型腔、型芯和出气孔组成，如图 5-4 所示。

(1) 浇冒系统

浇冒系统是为了填充型腔而开设于铸型中的一系列通道，通常由外浇口、直浇口、横浇道、内浇道和冒口组成，如图 5-5 所示。

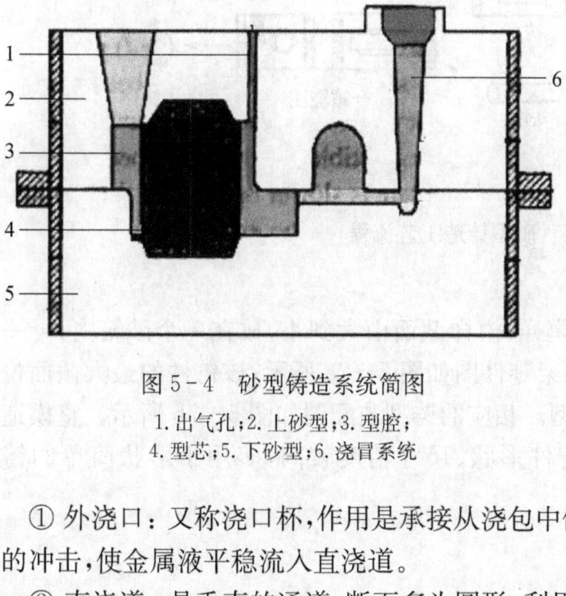

图 5-4 砂型铸造系统简图

1. 出气孔；2. 上砂型；3. 型腔；4. 型芯；5. 下砂型；6. 浇冒系统

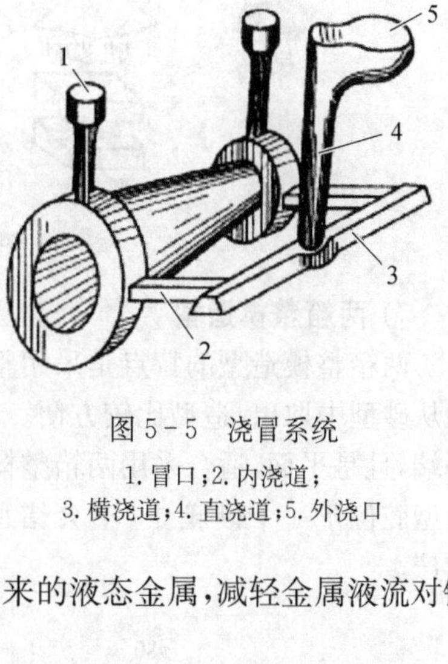

图 5-5 浇冒系统

1. 冒口；2. 内浇道；3. 横浇道；4. 直浇道；5. 外浇口

① 外浇口：又称浇口杯，作用是承接从浇包中倒出来的液态金属，减轻金属液流对铸型的冲击，使金属液平稳流入直浇道。

② 直浇道：是垂直的通道，断面多为圆形，利用直浇口的高度产生一定的静压力，使金属液产生充填压力。直浇口越高，产生的充填力越大，一般直浇口要高出型腔最高处 100～200 mm。

③ 横浇道：是水平通道，可将液体金属导入内浇道，简单小铸件有时可省去不用。横浇道的截面形状多为梯形，其作用是分配金属流入内浇道，阻止熔渣进入型腔内。

④ 内浇道：是金属液直接流入型腔的通道，它与铸件直接相连，可以控制金属液流入型腔的速度和方向。为了利于挡渣和防止冲刷型芯或铸型壁，内浇道倾斜方向与横浇道的夹角大于 90°；另外，内浇道不要正对型芯以免冲坏砂芯。

⑤ 冒口：从金属液浇入铸型到获得铸件，通常会发生体积收缩，从而产生缩孔、缩松等铸造缺陷，设置冒口的主要作用就是补缩，此外，还有出气和集渣的作用。

(2) 上下砂型

用型砂做造型材料制成的铸型组元,上下砂型的结合面被称为分型面。

(3) 型腔

铸型中造型材料所包围的空腔部分,与模样(模型)完全一致,是形成铸件的主要空间。

(4) 型芯

型芯是依据铸件空心处的形状制造,放入型腔中将空心处填满,使金属材料浇不进去,那么就形成了铸件的空心部分,而芯头就是型芯的支承点。

(5) 出气孔

在铸型中,用扎孔针扎出出气孔,以便排气,防止铸件产生气孔缺陷。

5.1.5 砂型铸造工艺及基本造型方法

砂型铸造的基本工艺流程如图 5-6 所示,本书重点介绍三种最基本的砂型铸造方法。

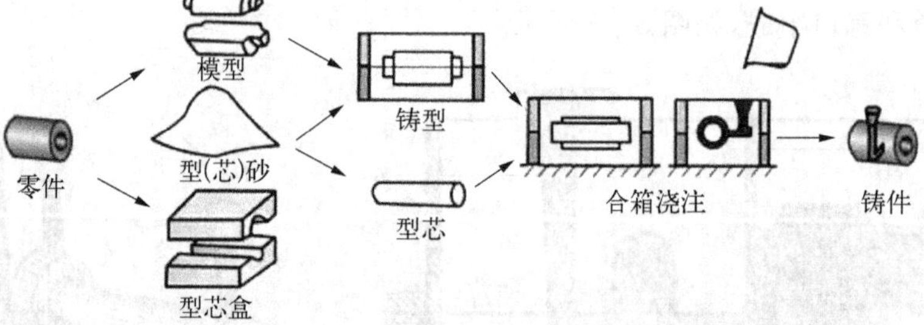

图 5-6 砂型铸造工艺流程

1) 两箱整模造型

两箱整模造型的特点是采用整体模样,模样截面由大到小,放在一个砂箱内,可一次性从砂型中取出,造型比较方便。轴端架零件图如图 5-7a 所示,该铸件的最大截面位于一端,且是平面,适合采用两箱整模造型。相应的铸型装配图如图 5-7b 所示。整模造型的型腔位于一个砂箱中,不会错型,铸件形状、尺寸精度较高,多用于形状简单的铸件生产。

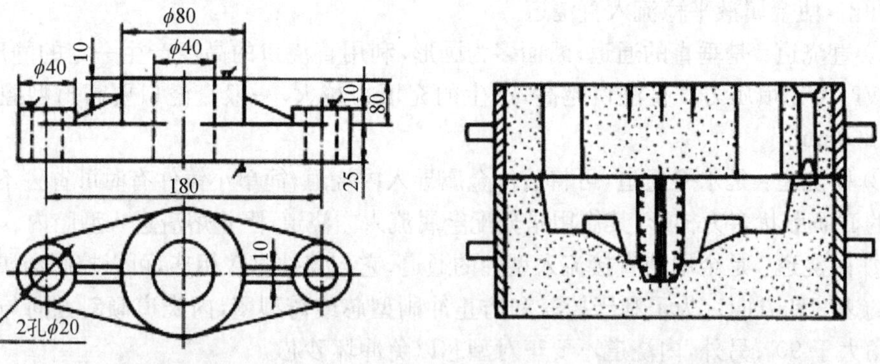

(a) 轴端架零件图　　(b) 轴端架铸型装配图

图 5-7 轴端架两箱整模造型

两箱整模造型的基本工艺过程如图 5-8 所示。

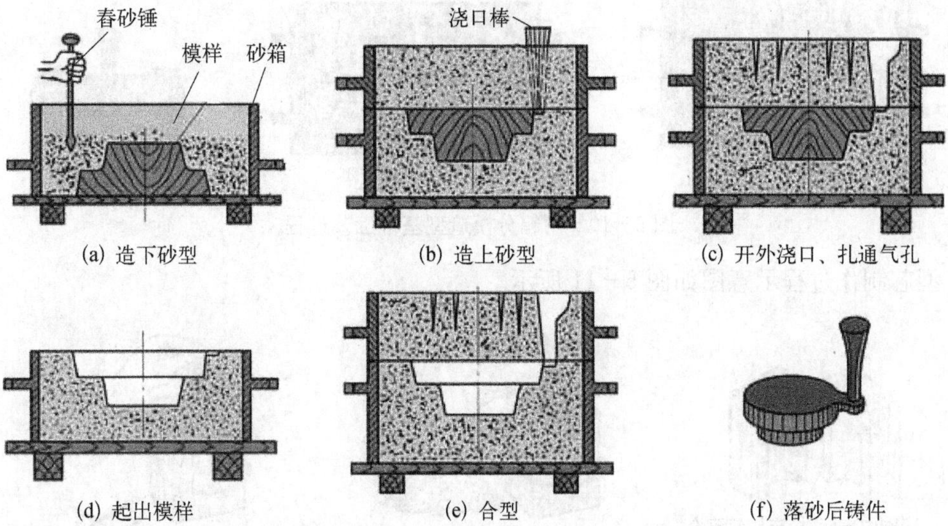

图 5-8　两箱整模造型基本工艺过程

2）两箱分模造型

分模造型的特点就是当铸件截面不是由大到小逐渐递减时，将模样在最大水平截面处分开，使其能在不同的铸型或分型面上顺利起出。最简单的分模造型即为两箱分模造型，套筒零件图如图 5-9a 所示，相应的铸型装配图如图 5-9b 所示。分模造型的型腔位于两个砂箱内，如合型不准易产生错型，影响铸件精度。

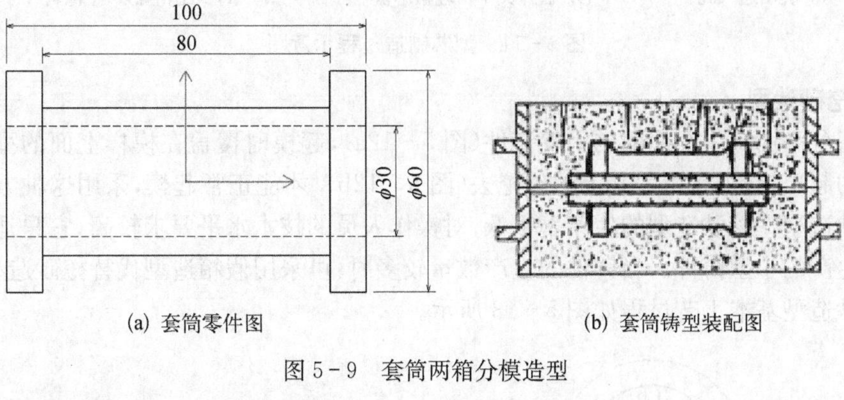

图 5-9　套筒两箱分模造型

两箱分模造型的基本工艺过程如图 5-10 所示。

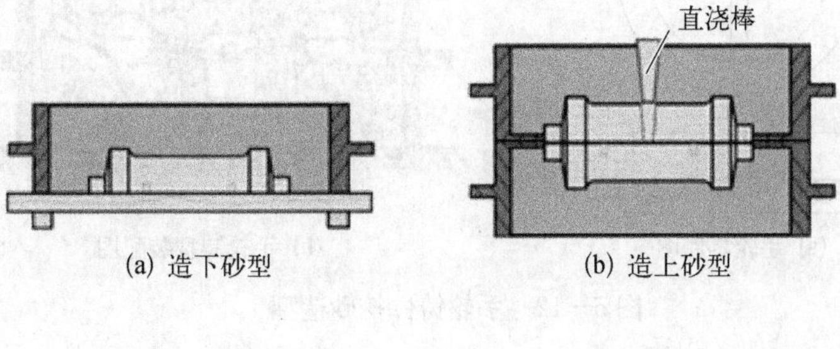

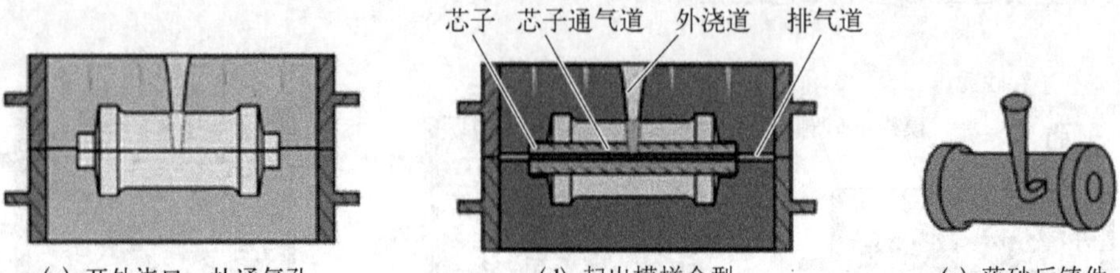

(c) 开外浇口、扎通气孔　(d) 起出模样合型　(e) 落砂后铸件

图 5-10　两箱分模造型基本工艺过程

型芯制作过程示意图如图 5-11 所示。

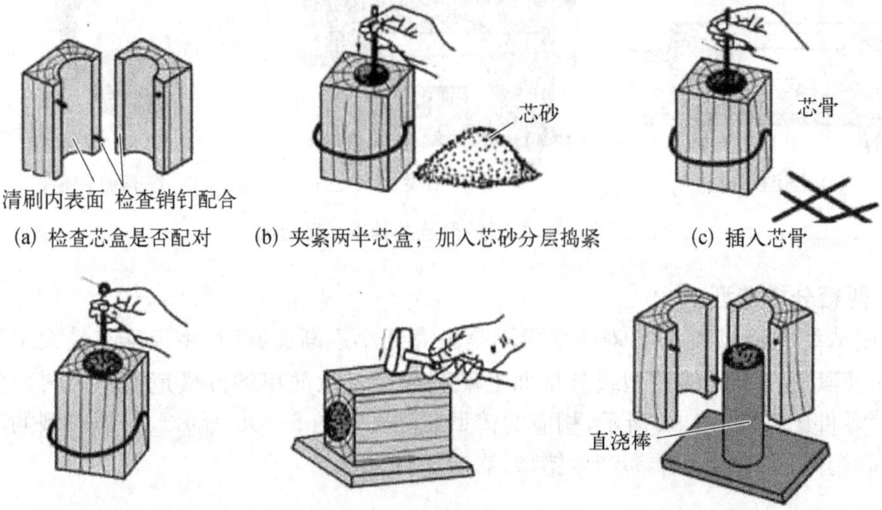

(a) 检查芯盒是否配对　(b) 夹紧两半芯盒，加入芯砂分层捣紧　(c) 插入芯骨

(d) 扎出通气孔　(e) 松开夹子，轻敲芯盒　(f) 取出芯砂，上涂料

图 5-11　型芯制造过程示意图

3）挖砂造型

对于分型面是一个曲面的手轮铸件(图 5-12a)，起模时覆盖在模样上面的型砂将阻碍模样的起出，必须将覆盖其上的砂挖去(图 5-12b)，才能正常起模，采用这种方法造型称为挖砂造型。挖砂造型的生产率很低，对操作人员的技术水平要求较高，它只适用于单件少量生产的小型铸件。当铸件的生产数量较多时，可采用假箱造型代替挖砂造型。

挖砂造型基本工艺过程如图 5-13 所示。

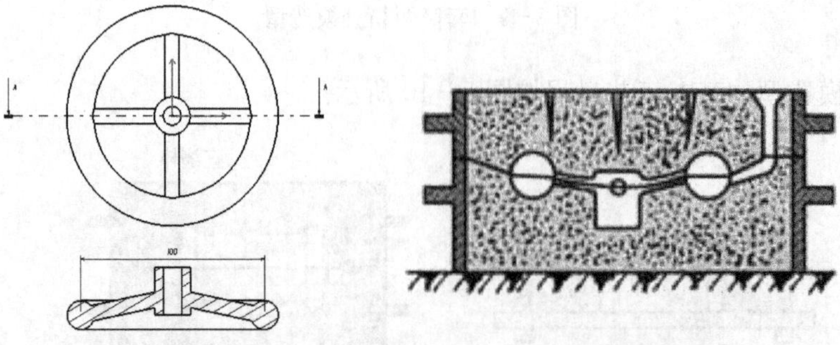

(a) 手轮零件图　(b) 手轮铸型装配图

图 5-12　手轮铸件挖砂造型

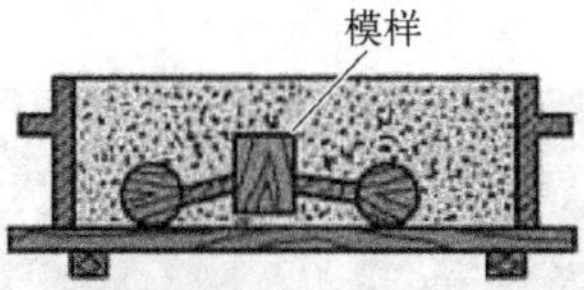

(a) 放置模样，造下砂型

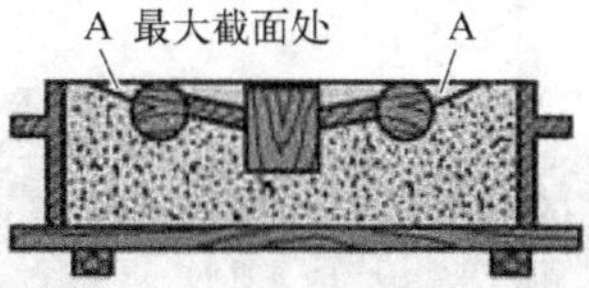

(b) 反转，最大截面处挖出分型面

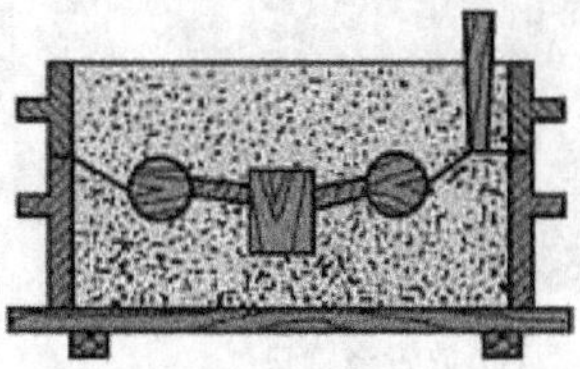

(c) 造上砂型

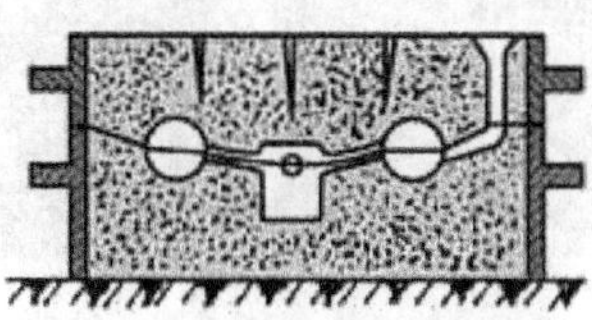

(d) 起出模样合型

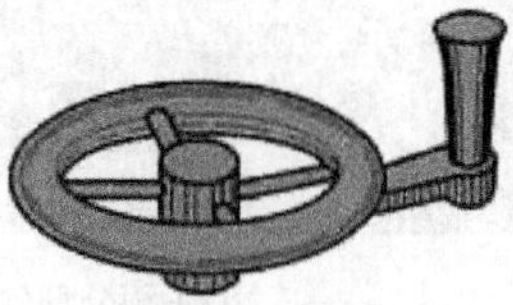

(e) 落砂后铸件

图 5-13 挖砂造型基本工艺过程

5.1.6 铸造实践案例

5.1.6.1 两箱分模造型实践案例

1) 案例分析

以套筒零件为案例(图 5-9),该零件外形的最大截面是平面,位于轮廓的中部;因此,可以将其从最大截面处分成两个部分,分模造型时两半模样分别位于上、下砂箱内,其模样如图 5-14 所示。另因该零件有通孔,因此需要制作型芯。

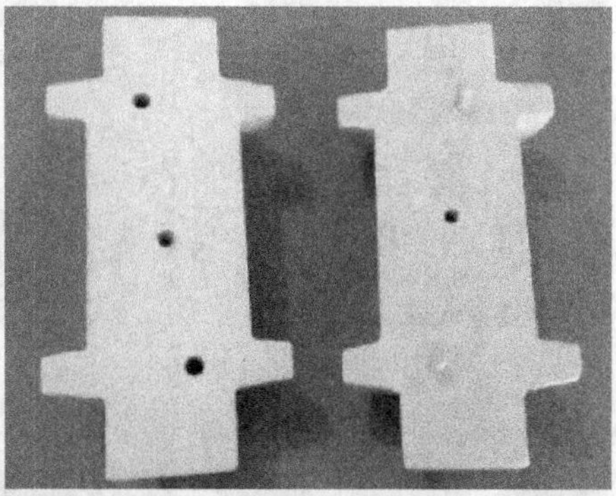

图 5-14 套筒模样

2) 两箱分模造型操作

(1) 型腔制造

型腔制造过程如图 5-15 所示。

(a) 安放模样下半模

(b) 洒面砂并紧实模样周边型砂

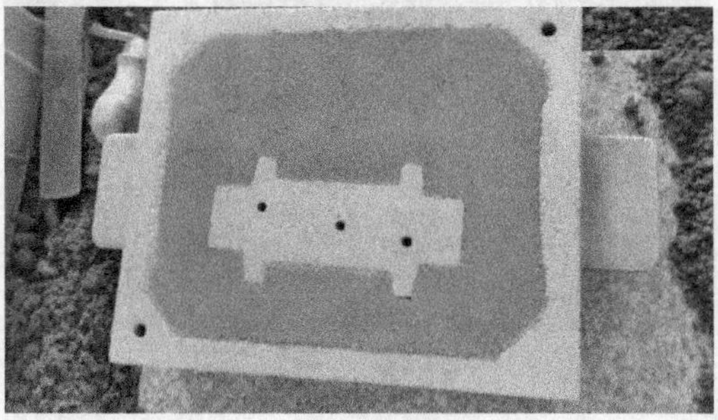

(c) 翻转下砂箱

(d) 放置上砂箱、上半模和横浇道

(e) 洒分型砂

(f) 放置浇冒口

(g) 扎出气孔

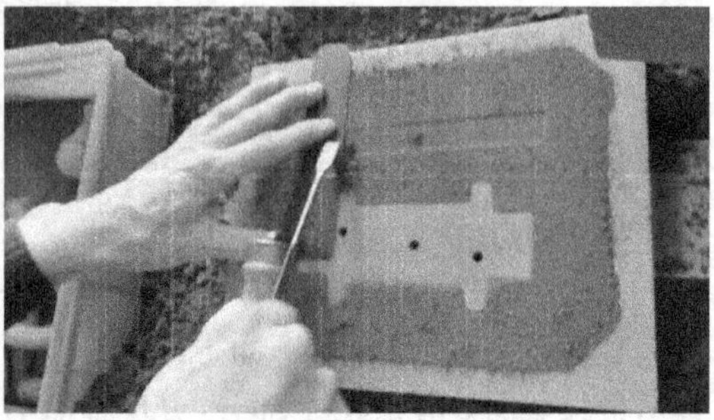

(h) 挖内浇道

(i) 取下半模

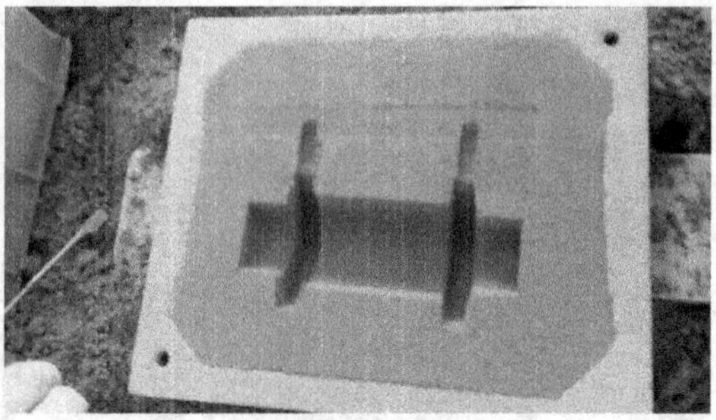

(j) 形成下型腔

(k) 取上半模和横浇道

(l) 形成上型腔

图 5-15　套筒的分模铸造型腔制造过程

(2) 型芯制造

型芯制造过程如图 5－16 所示。

(a) 制作型芯　　(b) 放入型芯

图 5－16　型芯制造过程

(3) 铸件浇注

型腔和型芯制作完成后，进行合箱浇注，铸件浇注过程如图 5－17 所示。

(a) 合模浇注　　(b) 开模取件

图 5－17　铸件浇注过程

5.1.6.2　挖砂造型实践案例

1) 案例分析

以手轮零件为案例(图 5－12)，该零件的最大截面不在端部，模样不便分模，只能将模样做成整模，为起出模样，造型时需要挖去阻碍起模的型砂，其模样如图 5－18 所示。

图 5－18　手轮模样

2) 挖砂造型操作

挖砂造型过程如图 5－19 所示。

(a) 安放模样至模箱

(b) 沿最大轮廓处挖砂

(c) 挖砂后的下模箱

(d) 放置上模箱

(e) 放置浇冒口

(f) 扎出气孔

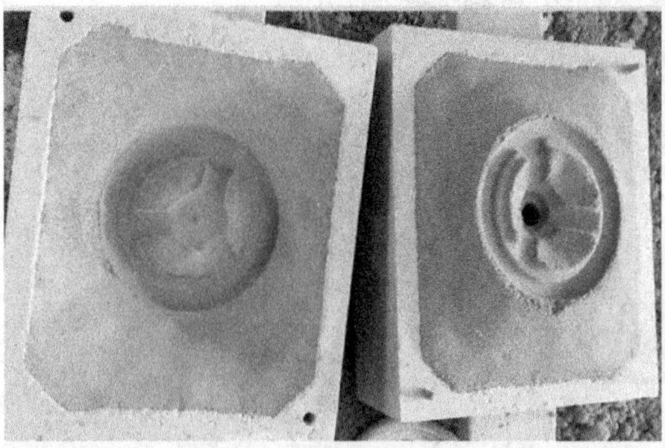

(g) 开模取出模样形成型腔

(h) 带浇注系统的铸件

图 5 - 19　手轮挖砂造型过程

5.2 塑性成形——锻压实践

5.2.1 实践目的

① 了解锻造和冲压生产的工艺过程、特点及应用。
② 了解金属加热的目的、方法，以及锻件冷却方法。
③ 了解锻造和冲压常用的方法和所用设备，以及使用方法。
④ 掌握自由锻基本工序及操作要点，以及熟悉冲压的基本工序等。

5.2.2 锻压概述

锻压是在外力作用下使金属材料产生塑性变形，从而获得具有一定尺寸和形状的毛坯或零件，并改善其内部组织和力学性能的加工方法。

锻压也称为压力加工，主要包括轧制、挤压、拉拔、锻造和冲压等(图 5－20)，其中锻造和冲压是锻压最常见的压力加工方法。

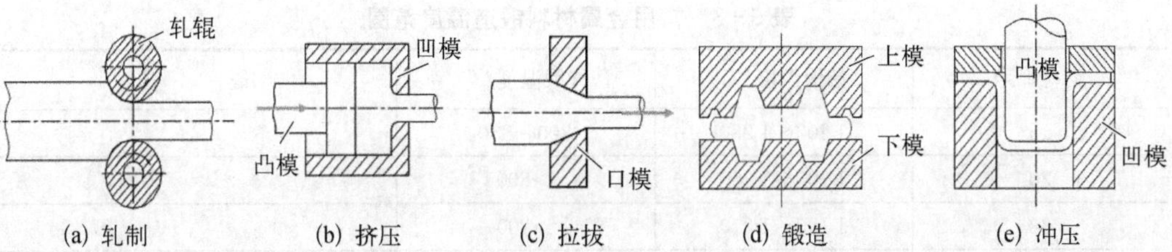

图 5－20　常见锻压方式

上述各种锻压方式均是利用塑性变形的原理使材料成形的。因而用于锻压的材料必须具有良好的塑性，以免锻压时材料产生较大的塑性变形被破坏。常用的锻压材料主要包括低碳钢、铜和铝，以及各种合金等；而铸铁是脆性材料，不能锻压。

锻压在工业生产中占有举足轻重的地位，在航天、航空、汽车、机械、电器等工业领域中得到了广泛的应用。

5.2.2.1 锻造

锻造是利用外力使加热后的金属材料产生塑性变形，改变坯料的尺寸和形状，改善其内部组织和力学性能，获得所需毛坯或零件的加工方法。

锻造的基本方法有自由锻造(简称：自由锻)和模锻，锻造的基本工艺过程主要包括下料、加热、锻造、冷却、清理和检验。

1) 锻造特点

锻造不仅是一种材料成形的加工方法，还是一种改善材料性能的加工方法。与其他方法相比，锻造具有以下特点。

(1) 锻件组织致密、晶粒细化

通过锻造加工使被锻的材料中原有粗大的柱状晶被打碎，缩孔、气孔、微裂纹等缺陷被压合，非金属夹杂物被分散而呈规律性的流线分布。因而锻件的组织致密、晶粒细化、成分均匀，其力学性能得到显著提高。

(2) 材料的利用率高

锻造主要通过坯料体积的重新分配获得所需的形状和尺寸，加工中材料的损耗小，因而采用锻压制坯后再经切削加工获取的零件比直接切削加工要节省大量的金属材料，并减少切削加工工时。

(3) 难以获得形状复杂的产品

由于锻造是在固态下进行的加工，成形较困难，与铸造相比，锻件的形状较为简单。

2) 锻造常用材料及锻造温度范围

(1) 锻造常用材料

锻造常用材料主要包括碳钢、合金钢以及铝合金等。

(2) 锻造温度范围

锻造是在热态下进行压力加工的，需要对坯料进行加热，加热温度对锻件质量有着很大影响，始锻温度过高会产生过热、过烧、脱碳、氧化等缺陷，终锻温度过低致使金属的加工硬化现象严重，变形抗力也会急剧增加，使加工难以进行，如强行锻造，将导致锻件破裂。因此，坯料的加热温度应该控制在一定温度范围内，常用材料的锻造温度范围如表5-3所示，锻造温度是指始锻温度和终锻温度间的温度范围。

表5-3 常用金属材料锻造温度范围

钢材牌号	始锻温度/℃	终锻温度/℃	备　注
15	1 200～1 230	800～850	
20	1 200～1 250	>800	
30	1 190～1 210	>800	
40	1 180～1 200	>800	
45	1 180～1 200	>800	
20Cr	1 200	≥800	锻造加热 1 220℃
40Cr	1 100～1 150	>800	
38CrMoAI	1 050～1 150	900	锻造加热 1 130～1 180℃
20CrMnTi	1 160～1 200	800	锻造加热 1 200～1 240℃
20CrMnMo	1 150～1 120	≥900	锻造加热 1 200～1 240℃
20CrNiMo	1 180	850	锻造加热 1 200℃
65Mn	1 050～1 100	800～850	锻造加热 1 100～1 150℃
GCr15	1 020～1 080	800～850	锻造加热 1 050～1 100℃
T8	1 020～1 080	750～800	锻造加热 1 050～1 100℃
T10	1 020～1 080	750～800	锻造加热 1 050～1 100℃
Cr12	1 080～1100	880～920	锻造加热 1 120～1 140℃
Cr12MoV	1 000～1 060	850～900	锻造加热 1 050～1 100℃
SKD11	1 030～1 080	850～900	锻造加热 1 050～1 120℃
H21(3Cr2W8V)	1 080～1 120	850～900	锻造加热 1 130～1 160℃
5CrNiMo	1 050～1 100	800～850	锻造加热 1 100～1 150℃
5CrMnMo	1 050～1 100	800～850	锻造加热 1 100～1 150℃
H13	1 050～1 100	≥850	

3) 锻件冷却方式

锻件的冷却是保证锻件质量的重要环节，冷却方式选择不当，容易产生裂纹，使锻件报废。因此，不同的材料要选择不同的冷却方式。锻件的冷却方式有以下三种：

① 空冷：锻件均匀地放在干燥的地面上，在无风的空气中冷却。适用于低、中碳钢及合金结构钢的小锻件。注意不可放在水泥地面上(会爆裂)及潮湿或强烈气流的地方，以免产生裂纹。

② 坑冷：锻件放在地坑里或箱中用石灰、砂子或炉渣等覆盖冷却，适用于工具钢、合金钢锻件。

③ 炉冷：锻后锻件放入 500～700℃的加热炉中随炉缓冷，适用于高合金钢锻件。一般出炉温度应低于 150℃。

4) 锻造设备

锻造设备一般分为锻锤和压力机，也可按照用途分为自由锻设备和模锻设备两类。

(1) 锻锤

锻锤是以冲击力使坯料变形。常用的锻锤有空气锤(图 5-21)和蒸汽-空气锤(图 5-22)。锻锤的工作原理：空气锤由自身携带的电动机直接驱动，有两个汽缸，电动机通过曲柄连杆机构，带动压缩缸将空气压缩，压缩空气通过分配阀送入工作汽缸，推动活塞连同锤头作上下运动起锤击作用。锻锤规格是以落下部分的重量表示，常用的空气锤的落下部分重量在 40～1 000 kg，只能锻造 100 kg 以下的小型锻件，常用的蒸汽-空气锤是以利用压力为 0.6～0.9 MPa 蒸汽或压缩空气为动力，蒸汽或压缩空气由单独的锅炉或空气压缩机供应，落下部分重量一般为 1 t 到 16 t，可锻造各种 100 kg 到 1 t 多的中型的自由锻件和中小型模锻件。

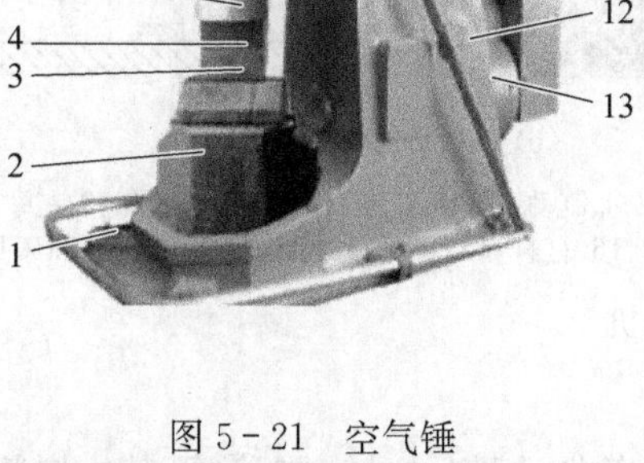

图 5-21 空气锤

1. 踏杆；2. 砧座；3. 砧垫；4. 下砧；5. 上砧；6. 锤杆；7. 工作缸；8. 下旋阀；9. 上旋阀；10. 压缩气缸；11. 手柄；12. 锤身；13. 减速器

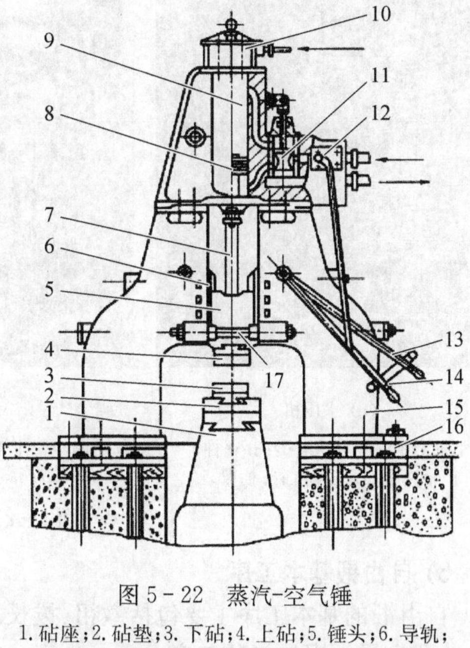

图 5-22 蒸汽-空气锤

1. 砧座；2. 砧垫；3. 下砧；4. 上砧；5. 锤头；6. 导轨；7. 锤杆；8. 活塞；9. 气缸；10. 缓冲缸；11. 滑阀；12. 节气阀；13. 滑阀操纵杆；14. 节气阀操纵杆；15. 立柱；16. 底座；17. 拉杆

空气锤主要由机架、传动机构、压缩缸和工作缸、压缩活塞、落下部分、配气机构和砧座等部分组成。

① 机架：是空气锤的主要部分，用来安装电动机、传动装置、工作机构和操纵机构等。

② 传动机构：将电动机的旋转运动转变成压缩活塞的上下往复运动，主要包括减速器、曲轴、连杆系统等。

③ 压缩缸和工作缸：通过压缩活塞的上下运动产生压缩空气驱动工作活塞上下运动。

④ 落下部分：由工作活塞、锤杆和上砧等组成，锤杆和工作活塞为一整体。

⑤ 配气机构：是空气锤的控制部件，通过配气机构来控制各种动作的实现，由上气道中上旋阀、下气道中的下旋阀、操作手柄或脚踏杠杆组成。

⑥ 砧座：是空气锤的工作部位。

(2) 压力机

压力机主要是依靠静压力使金属坯料变形的压力加工设备。压力机分为液压机和机械式压力机两大类。液压机是以液体产生的静压力使坯料变形，设备规格是以最大压力来表示，液压机有油压机和水压机(图 5-23a)，其公称压力一般为 1 000 kN 至 100 000 kN 以上，油压机用于冷锻，水压机用于热锻。机械式压力机分摩擦压力机(图 5-23b)、热模锻压力机、曲柄压力机、平锻机等，其公称压力小的数千牛，大的可达数十万千牛，国内最大的已达 80 万千牛(8 万 t)，可用于各种中小复杂零件的模锻。机械式压力机是一般用曲柄连杆或肘杆机构、凸轮机构、螺杆机构传动的锻压机械，具有工作平稳、工作精度高、操作条件好、生产率高的特点，易于实现机械化和自动化。而液压机具有加载比较平稳、振动和噪声小，但加工速度较低、效率偏低的特点。

(a) 水压机

1. 工作台；2. 活动横梁；3. 立柱；4. 柱塞；5. 工作缸；6. 横梁

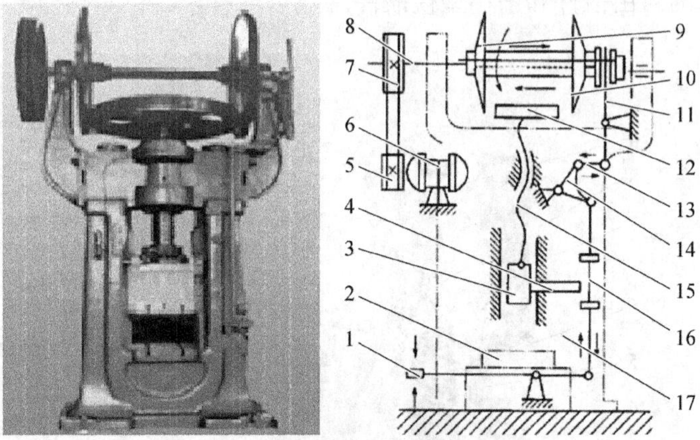

(b) 摩擦压力机

1. 踏板；2. 工作台；3. 滑块；4. 制动挡块；5、7. 皮带轮；6. 电机；8. 轴；9. 左摩擦轮；10. 右摩擦轮；11、13、16. 杠杆；12. 飞轮；14. 摆块；15. 螺杆；17. 床身

图 5-23　压力机

5) 自由锻基本工序

自由锻的基本工序主要包括镦粗、拔长、冲孔、弯曲、切割、扭转、错移等，其中镦粗、拔长、冲孔为最常用的三种工序。

(1) 镦粗

镦粗是使坯料的截面增大，高度减小的工序，主要用于生产盘类锻件，如齿轮坯、凸轮、圆盘等。墩粗的基本方法包括完全镦粗(图 5－24a)、局部镦粗(图 5－24b)和垫环镦粗(图 5－24c)三种，镦粗的基本操作要点：

① 原始坯料的高度 h_0 与直径 d_0 之比，应小于 2.5，否则会镦弯($h_0/d_0 \leqslant 2.5$)。

② 镦粗部分必须加热均匀，否则造成锻件变形不均匀。

③ 镦粗时，锤击力要重，而且要正，否则会出现双鼓形。

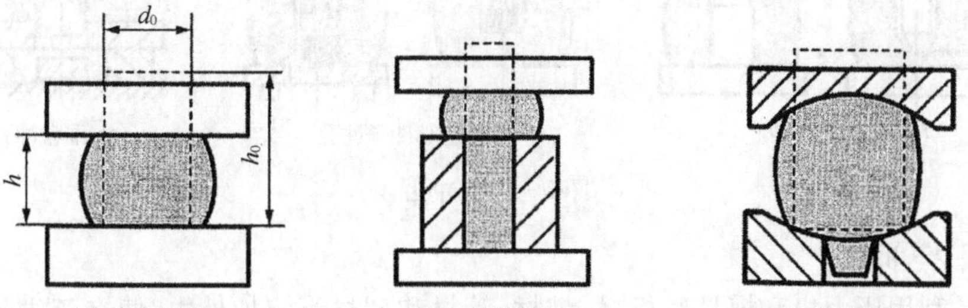

(a) 完全镦粗　(b) 局部镦粗　(c) 垫环镦粗

图 5－24　镦粗

(2) 拔长

拔长是使坯料的截面减小，长度增加的工序(图 5－25)，主要用于生产轴类锻件，如光轴、阶台轴、连杆等。

拔长的基本操作要点：

① 拔长时，坯料应反复作 90°翻转，坯料每次锤打的进给量应为锤宽的 0.4～0.8 倍。

② 芯轴拔长(孔不变，长度拔长)时，将空心坯料套入心轴放在上平下 V 型的铁砧上锻打(图 5－25b)。

③ 只需加入拔长部分，减少金属氧化损耗。

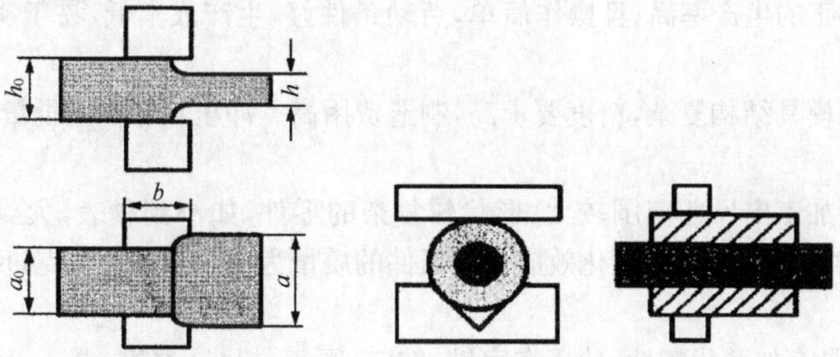

(a) 平砥铁拔长　(b) 芯轴拔长

图 5－25　拔长与扩孔

(3) 冲孔

冲孔是用冲子在坯料上冲出通孔或不通孔的工序(图 5－26)，主要用于齿轮、套筒和圆环等锻件。

基本操作要点：

① 冲孔前，尽量使端面平整。

② 坯料均匀加热到始锻温度，提高塑性和防止冲裂。

③ 应先进行试冲，保证孔位正确。

④ 通孔一般采用双面冲，冲第一面时一般冲到高度余 $\Delta h=(0.15-0.25)h$，翻转坯料，从反面冲通；冲通孔时，直径小于 450 mm 的孔用实心冲子；直径小于 25 mm 的孔不冲；大于 450 mm 的孔，用空心冲子；对薄壁坯料，采用漏盘冲孔(图 5-26c)。

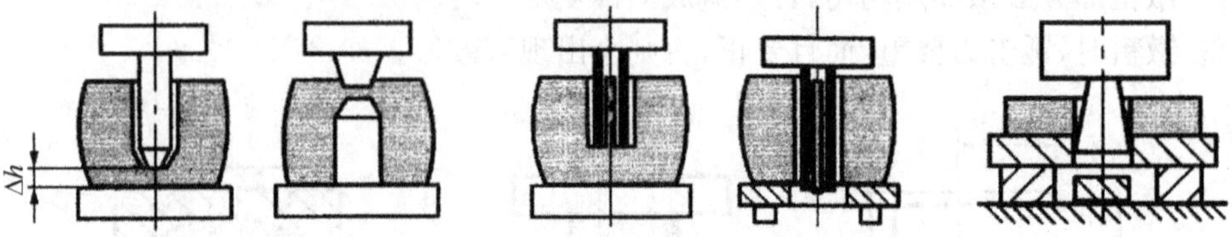

(a) 实心冲子冲孔　(b) 空心冲子冲孔　(c) 漏盘冲孔

图 5-26　冲孔

5.2.2.2　冲压

冲压是利用压力机和模具对板材、带材、管材和型材等施加外力，使之产生分离或变形，从而获得所需的工件(冲压件)的加工方法。

冲压工艺与模具、冲压设备和冲压材料构成冲压加工的三要素，只有它们相互结合才能得出冲压件。按冲压加工温度分为热冲压和冷冲压。热冲压适合变形抗力高，塑性较差的板料加工；冷冲压则在常温下进行板料加工，是薄板常用的冲压方法。由于钢材中有 60%～70%是板材，多数情况下板材无须加热，大部分经过冷冲压制成成品。常见的冲压设备分冲床和剪床。

1) 冲压的特点及应用

① 冲压件的尺寸精度高，表面质量好，互换性好，一般不需切削加工即可直接使用，且质量稳定。

② 可压制形状复杂的零件，且材料的利用率高、消耗少，产品的重量轻、强度和刚度较高。

③ 冲压加工的生产率高，且操作简单，劳动条件好，生产成本低，易于实现机械化和自动化。

④ 冲压用模具结构复杂，精度要求高，制造费用高。冲压只有在大批量生产时，才能显示其优越性。

⑤ 冲压可加工出尺寸范围较大、形状较复杂的零件，如小到秒表，大到汽车覆盖件等，加上冲压时材料的冷变形硬化效应。冲压件的质量为一克至几十千克，尺寸为一毫米至几米。

由于冲压具有如此优越性，冲压在宇航、航空、军工、机械、农机、电子、信息、铁道、邮电、交通、化工、医疗器具、日用电器及轻工等各个领域得到广泛应用。据有关调查统计，自行车、缝纫机、手表里有 80%是冲压件；电视机、收录机、摄像机里有 90%是冲压件。

2) 冲压常用材料

冲压常用材料有金属材料，如低碳钢板、铜板、铝板等，以及非金属材料，如木板、有机玻璃、硬纸板、硬橡胶板等。

3) 冲压设备

常见的冲压设备分为剪床和冲床。

(1) 剪床

剪床也称剪板机，剪床分为平剪和圆盘剪。剪床一般按照剪切宽度和厚度选型，平剪的剪切尺寸一般宽度 2 500～8 000 mm，剪切厚度最大可达 60 mm。平剪是用一个刀片相对另一刀片作往复直线运动剪切板材的机器(图 5-27)。是借于运动的上刀片和固定的下刀片，采用合理的刀片间隙，对各种厚度的金属板材施加剪切力，使板材按所需要的尺寸断裂分离。平剪可看作巨型剪刀，一般用于板料冲压备料工序，将钢板切成冲压过程所需的各种条料。

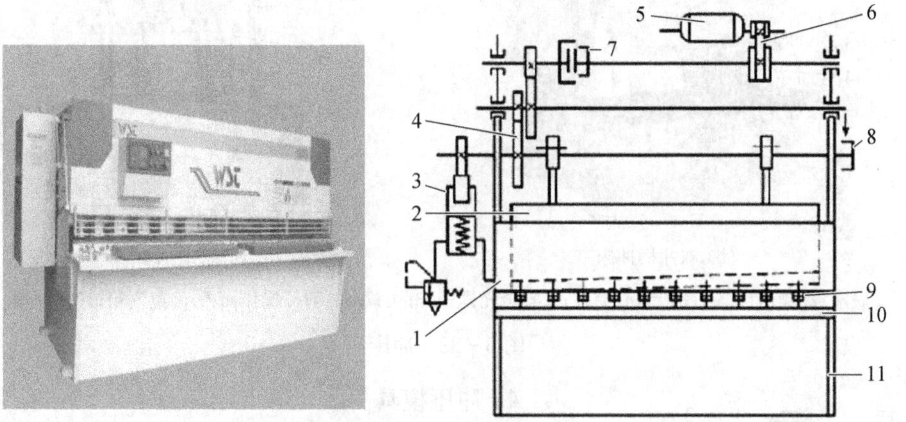

图 5-27　剪床

1. 压料架；2. 上刀架；3. 压料油箱；4. 齿轮减速系统；5. 电机；6. 皮带；7. 离合器；8. 制动器；9. 压料脚；10. 下刀架；11. 机身

(2) 冲床

冲床就是一台冲压式压力机，机械冲床的设计原理是将圆周运动转换为直线运动，由主电动机出力，带动飞轮，经离合器带动齿轮、曲轴(或偏心齿轮)、连杆等运转，变换为滑块的直线运动。常见的冲床结构如图 5-28 所示，分单柱冲床和双曲柄冲床。单柱冲床冲裁力一般介于 10～1 000 kN，双曲柄冲床的冲裁力一般介于 5 000～12 000 kN。油压冲床也叫油压机，它(液压机的一种)是一种通过专用液压油作为工作介质，以液压泵作为动力源，靠泵的作用液压油产生高压，以高压油推支油缸做往复直线运动，完成冲压过程的机械设备(图 5-28c)，油压冲床的结构和液压机类似，一般采用四柱式结构，由主压缸、立柱、工作台、固定横梁、滑动横梁等，其静压力一般介于 1 000～10 000 kN。

(a) 单柱冲床

1. 底座；2. 机架；3. 电控箱；4. 工件灯；5. 飞轮；6. 飞轮罩；7. 电机；8. 制动器；9. 前面板；10. 齿轮罩；11. 齿轮；12. 曲柄机构；13. 滑块；14. 冲模空间；15. 工作台；16. 脚踏开关

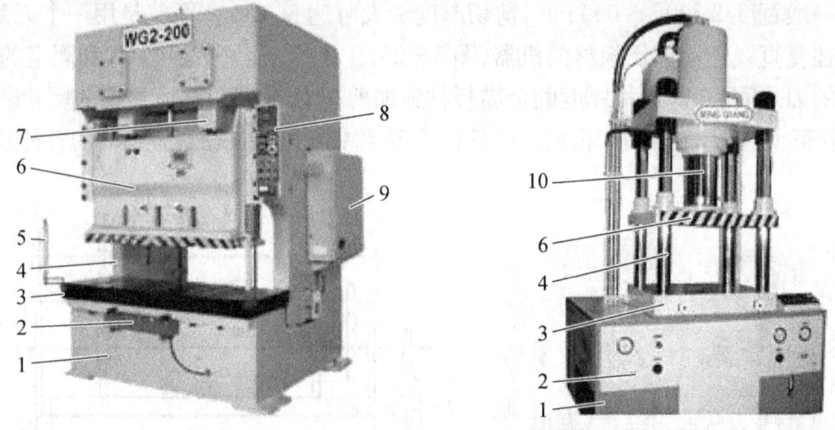

(b) 双曲柄冲床　　　　　　(c) 油压冲床

1. 底座；2. 操作台；3. 工作台；4. 立柱；5. 安全光栅；6. 滑块；7. 曲柄；8. 操作面板；9. 电气箱；10. 工作缸

图 5－28　冲床

4）冲压模具

冲压模具(简称冲模)是冲压生产中必不可少的模具，其典型结构如图 5－29 所示。

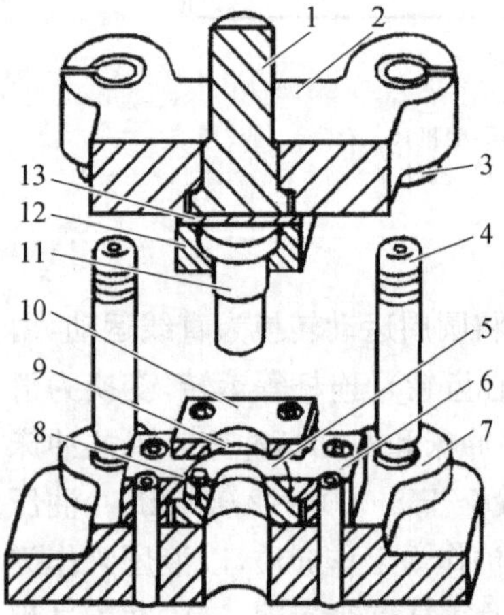

图 5－29　冲模结构

1. 模柄；2. 上模板；3. 导套；4. 导柱；5. 凹模；6. 凹模固定板；7. 下模板；8. 定位销；9. 导料板；10. 卸料板；11. 凸模；12. 凸模固定板；13. 凸模垫板

(1) 冲模的组成

① 工作部分：包括凸模、凹模等，实现分离或变形，完成冲压工序。

② 定位部分：包括导料板、定位销、导料销等，用于控制板料的送进方向、送进距离。

③ 卸料部分：包括卸料板、卸料杆、顶板等，用于冲压后卸取工件或废料。

④ 导向部分：包括导柱、导套等，用于保证上、下模合模准确。

⑤ 模体部分：包括上模板、下模板、模柄等，用于与冲床连接、传递力。

(2) 冲模分类

冲模按照工序的组合程度分为简单冲模(简称：简单模)、连续冲模(简称：连续模)和复合冲模(简称：复合模)。

① 简单模：简单模是在冲床一次行程中只完成一道工序的模具(图 5－30)。凸模 1 用凸模固定板 6 固定在上模板 3 上，上模组件(模柄 5、上模板 3、凸模固定板 6、导套 11、凸模 1)通过模柄 5 与冲床滑块连接。凹模 2 用凹模固定板 7 固定在下模板 4 上。操作时，被加工板料沿两导料板 9 之间送进，碰到挡料销 10 停止，冲下部分落入凹模孔。此时，被加工板料夹住凸模一起返回，被卸料板 8 推下。重复上述动作，完成连续冲压。导柱 12 和导套 11 组成的导向机构可保证凸模、凹模的合模准确性。

简单模结构简单、容易制造、价格低廉、维修方便、生产率低，适用于小批量生产。

② 连续模：连续模是在冲床一次行程中，按着一定顺序，在模具的不同位置上同时完成两道或两道以上冲压工序的模具(图 5－31)。操作时，被加工板料向前送进，送进距离

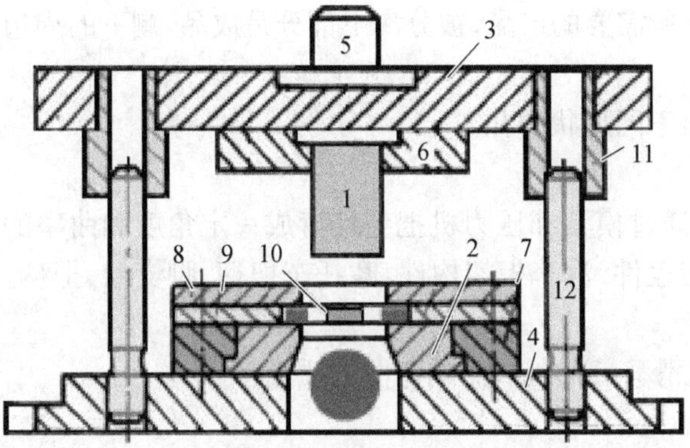

图 5-30　简单模

1. 凸模；2. 凹模；3. 上模板；4. 下模板；5. 模柄；6. 凸模固定板；7. 凹模固定板；8. 卸料板；9. 导料板；10. 挡料销；11. 导套；12. 导柱

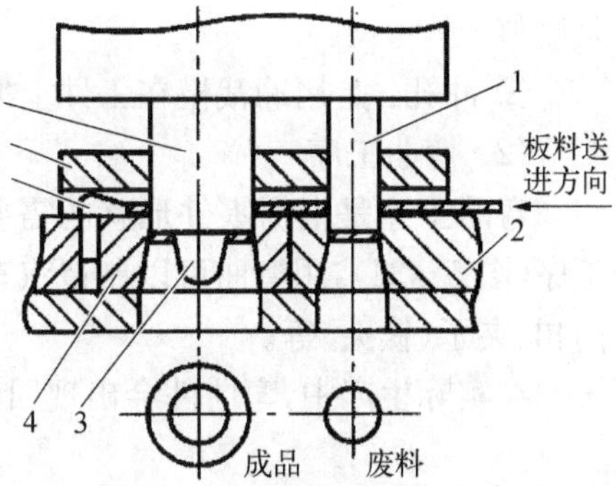

图 5-31　落料冲孔连续模

1. 冲孔凸模；2. 冲孔凹模；3. 导正销；4. 落料凹模；5. 挡料销；6. 卸料板；7. 落料凸模

由挡料销 5 控制。挡料销 5 对准预先冲出的定位孔，上模组件(冲孔凸模 1、落料凸模 7 等)向下运动时，冲孔凸模 1 进行冲孔，落料凸模 7 同时进行落料工序。当上模返程时，卸料板 6 推下废料，如此循环完成连续冲压。

连续模的生产效率高，易于实现自动化，但定位精度要求高、结构复杂、制造成本高。主要用于大批量生产精度要求不高的中、小型零件。

③ 复合模：复合模是在冲床一次行程中，在模具的同一位置上完成两道或两道以上冲压工序的模具(图 5-32)。

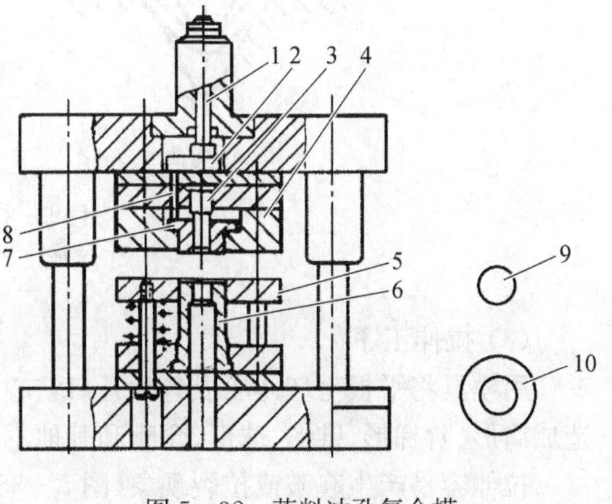

图 5-32　落料冲孔复合模

1. 打料杆；2. 打料板；3. 凸模；4. 凹模；5. 卸料板；6. 凸凹模；7. 推块；8. 推杆；9. 废料；10. 产品

复合模具有生产率高，零件加工精度高，平正性好等优点，但结构复杂，成本高，主要适合批量大、精度高的冲压件的生产。

5) 冲压基本工序

冲压的基本工序主要包括分离、弯曲、拉伸、压筋、翻边等。

(1) 分离工序

分离工序是使坯料的一部分相对另一部分相互分离的工序，如落料、冲孔等(图 5-33)。

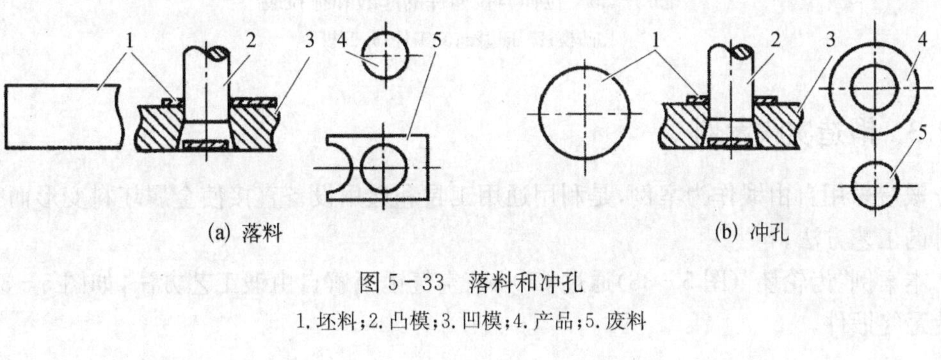

(a) 落料　　(b) 冲孔

图 5-33　落料和冲孔

1. 坯料；2. 凸模；3. 凹模；4. 产品；5. 废料

① 落料：是用冲裁模从坯料上冲下所需要的产品，被分离下部分是成品，剩下的周边是废料。

② 冲孔：是用冲裁模在工件上冲出不同形状的孔。

(2) 弯曲工序

弯曲工序是根据零件形状的需要，通过模具和压力机把毛坯弯成一定角度和曲率的工序(图 5－34)，用弯曲可以制造汽车覆盖件、汽车柜架构件、摩托车把柄、脚支架、把柄、门扣、夹子(铁夹)等。

在实际生产中，弯曲件会出现回弹、滑移、弯裂等，影响弯曲的质量。

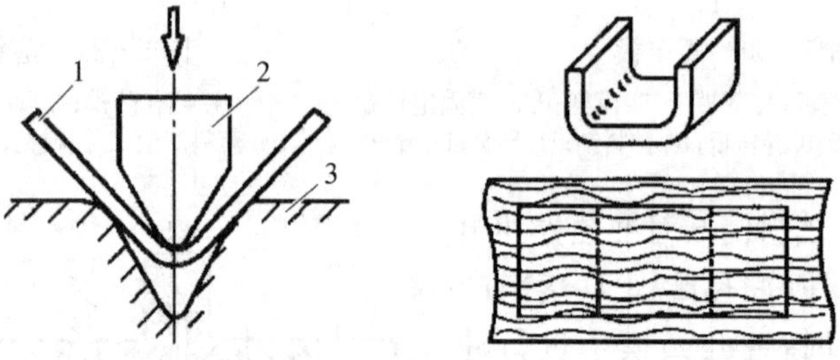

(a) 弯曲　　(b) 弯曲下料方向

图 5－34　弯曲

1. 工件；2. 凸模；3. 凹模

(3) 拉伸工序

用模具将平板毛坯冲压成各种开口空心零件的成形工序(图 5－35a)，用拉深可以制造成筒形、阶梯形、锥形、球形、盒型和其他不规则形状的薄壁零件。

拉伸容易产生起皱或拉裂现象(图 5－35b 和 c)。

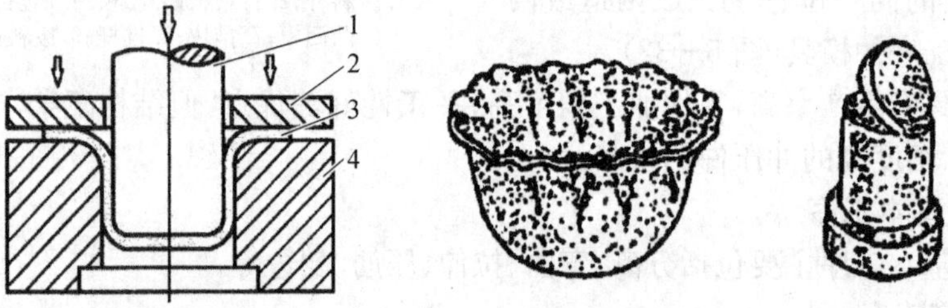

(a) 拉伸模结构　　(b) 拉伸起皱　　(c) 拉裂

图 5－35　拉伸与拉伸件的起皱和拖拉裂

1. 凸模；2. 压边圈；3. 工件；4. 凹模

5.2.3　锻造实践案例

锻造采用自由锻作为案例，是利用通用工具和通用设备直接使金属坯料变形而获得锻件的工艺方法。

本案例“齿轮坯”(图 5－36)通过 650 kN 空气锤了解自由锻工艺方法，如图 5－37 所示为最终锻件。

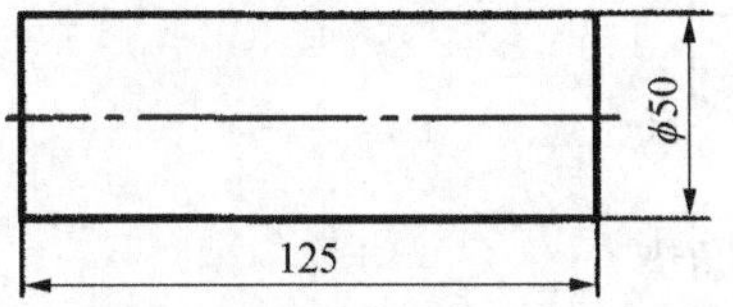

图 5 - 36 齿轮坯料(45 钢)

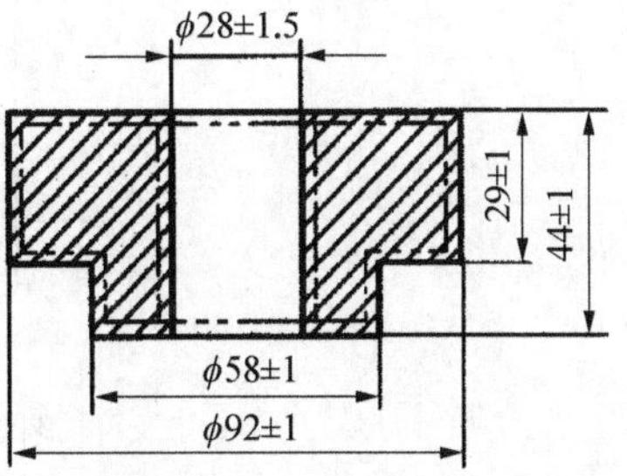

图 5 - 37 锻件图

将齿轮坯料加热到 800～1 200℃的锻造温度，按照如表 5 - 4 所示完成自由锻造。

表 5 - 4 齿轮坯的自由锻流程

序号	工序名称	工 序 名 称	工 具	操 作 要 点
1	局部镦粗	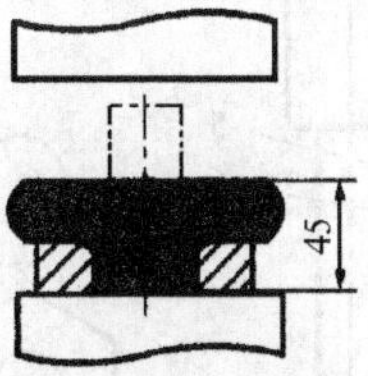	火钳 镦粗漏盘	镦粗后控制高度 45 mm
2	冲孔	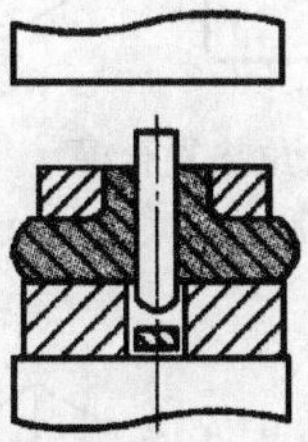	火钳 冲子 冲孔漏盘	注意冲子对中 采用两面冲孔
3	修整外圆	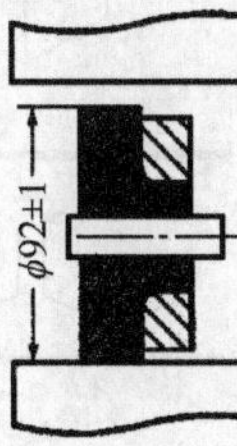	火钳 冲子	边轻打边修整 消除外圆鼓形 控制外圆尺寸 φ92±1 mm
4	修整平面	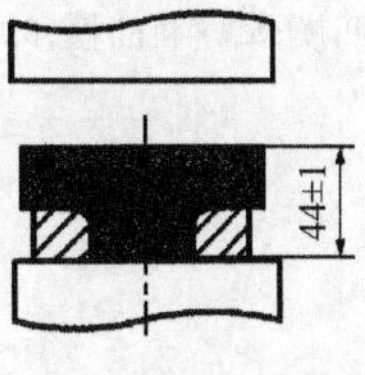	火钳 镦粗漏盘	轻打使锻件高度到 44±1 mm

5.2.4 冲压实践案例

冲压采用复合模作为案例，是利用单柱冲床使金属坯料变形而获得冲压的工艺方法。本案例产品“六角垫”(图 5 - 38)通过单柱冲床和复合模(图 5 - 39)了解冲压工艺方法。

采用复合模从坯料上一次完成落料和冲孔，冲下所需要的六角垫(图 5 - 40)。

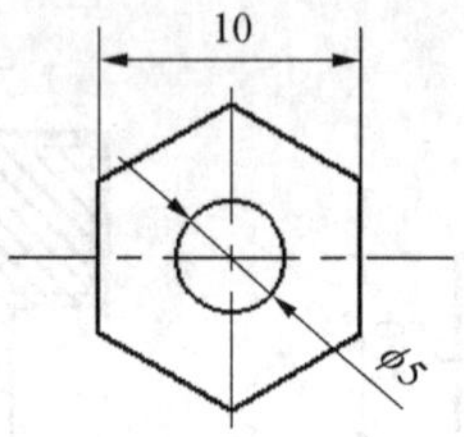

图 5-38　六角垫

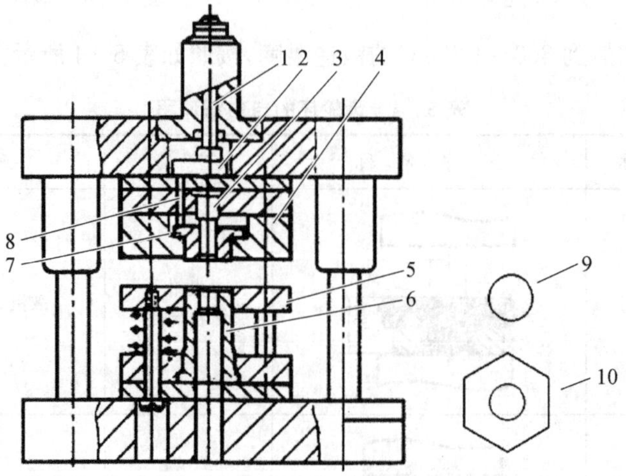

图 5-39　落料冲六角垫复合模

1. 打料杆；2. 打料板；3. 凸模；4. 凹模；5. 卸料板；6. 凸凹模；7. 推块；8. 推杆；9. 废料；10. 产品

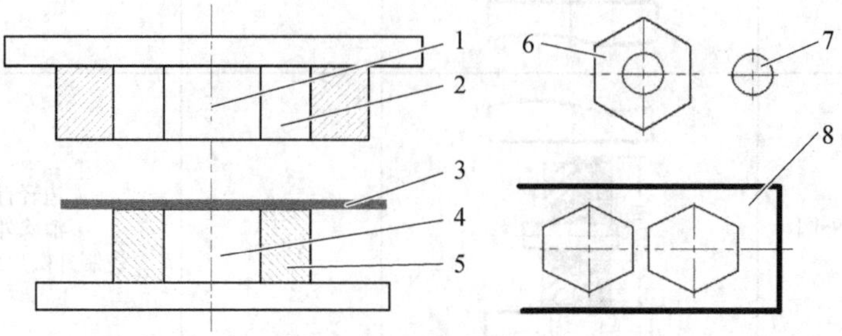

图 5-40　六角垫落料和冲孔

1. 冲孔凸模；2. 落料凹模；3. 坯料；4. 冲孔凹模；5. 落料凸模；6. 产品；7、8. 废料

5.3　连接成形——焊接实践

5.3.1　实践目的

① 了解焊接成形的工艺工程、特点，以及分类与应用。

② 了解手工电弧焊、点焊、二氧化碳保护焊所用设备、工作原理和使用方法。

③ 了解焊接工艺参数、操作方法对焊接质量的影响。

④ 初步掌握手工电弧焊、点焊、二氧化碳气体保护焊的基本操作方法和要领。

5.3.2 焊接概述

焊接是一种通过加热、加压或两者并用的方式，使工件形成永久性连接的制造工艺及技术。常用连接方式有可拆卸连接和不可拆卸连接(永久性连接)，常用的可拆卸连接有螺纹连接和键连接等，常用的不可拆卸连接有铆接、胶接、焊接等。

1）焊接的分类

焊接的种类很多，按其工艺特点可分为熔化焊、压力焊和钎焊三大类，如图 5-41 所示。

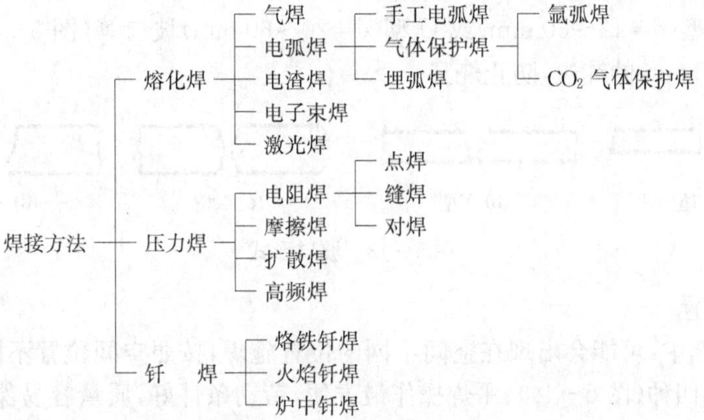

图 5-41　焊接的分类

① 熔化焊：在焊接过程中，将两个焊件接合面局部加热至熔化状态，不加压而完成焊接的方法。常见的熔化焊有气焊、电弧焊、电渣焊、电子束焊、激光焊等。

② 压力焊：在焊接过程中，必须对焊件施加压力(加热或不加热)，使两个焊件接合面原子间产生结合而完成的焊接方法。常见的压力焊有电阻焊、摩擦焊、扩散焊、高频焊等。

③ 钎焊：采用比焊件熔点低的金属材料做钎料，将焊件和钎料加热到高于钎料熔点并低于焊件熔点的温度，利用液态钎料润湿焊件，填充接头间隙并与焊件相互扩散实现联接焊件的焊接方法。常见的钎焊有烙铁钎焊、火焰焊等。

2）焊接的特点

① 两个焊件接头的力学性能与使用性能良好，耐高温高压，且有良好的密封性；

② 构件重量轻，加工灵活方便，省工、省料，制造周期短，成本低；

③ 生产率高，便于实现机械化和自动化。

3）焊接的应用

① 制造桥梁、船体、车辆、屋架、锅炉、管道、大型雕塑等各种金属结构件；

② 生产机床底座、箱体等机械零件或毛坯；

③ 修补铸件、锻件缺陷，以及某些局部损坏的零件。

4）焊接接头形式

根据焊件的空间位置，常用有对接、搭接、角接、丁字接四种接头形式(图 5-42)，其中对接接头是最常见的接头形式，具有受力均匀、承载能力强。

5）坡口形式

为了保证焊缝区焊透，一般根据焊件厚度的不同，常常将焊件接头处加工出一定形状的坡口(图 5-43)。当焊件厚度 $\delta < 6$ mm 时，可以不开坡口而采用留 0～2.5 mm 间隙保

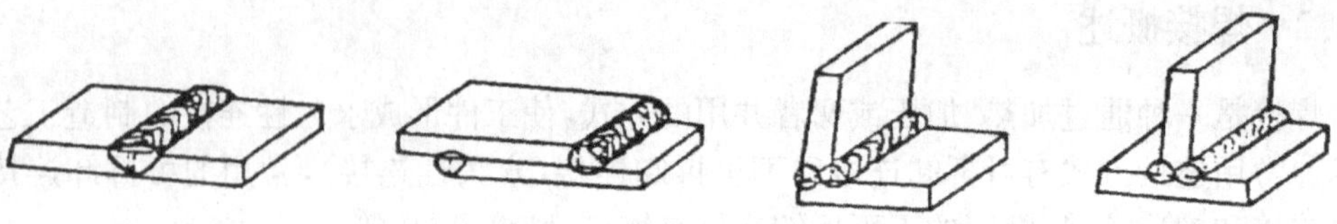

(a) 对接　(b) 搭接　(c) 角接　(d) 丁字接头

图 5-42　焊接接头形式

证焊透(图 5-43a);当 $\delta>6$ mm 时,焊件则根据产品要求和具体情况分别选择 Y 型($\delta=3\sim26$ mm)、X 型($\delta=12\sim60$ mm)或 U 型($\delta=20\sim60$ mm)坡口等(图 5-43b、c、d),坡口的根部要留约 2 mm 的钝边,防止烧穿。

(a) I型　(b) Y型　(c) X型　(d) U型

图 5-43　坡口形式

6) 焊接位置

在实际生产中,可能会出现在空间不同的位置施焊,按照空间位置不同分为平焊、立焊、横焊和仰焊四种(图 5-44);平焊操作最方便,劳动条件好,质量容易保证,生产率高。其他位置施焊,金属液因重力作用容易下流,易出现焊瘤等缺陷,焊缝成形条件较差,一般应尽量选用平焊施焊,避免仰焊。

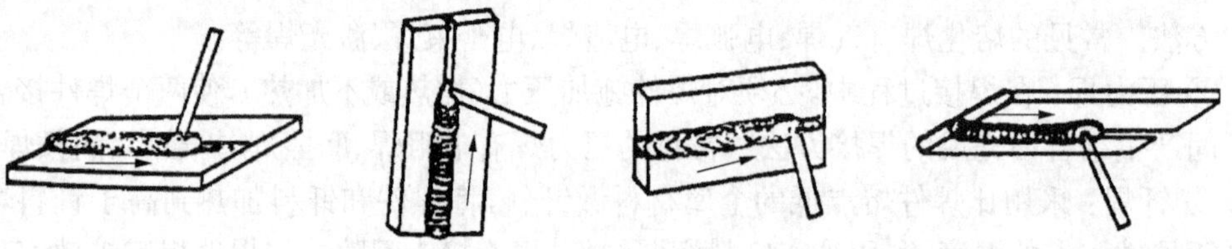

(a) 平焊　(b) 立焊　(c) 横焊　(d) 仰焊

图 5-44　焊接位置

5.3.3　电弧焊

电弧焊是利用电弧产生的热量使两个焊件接合面局部熔化而互相融合的一种熔焊方法,这种焊接使用的电源有直流电和交流电。下面主要介绍手工电弧焊、CO_2 气体保护焊。

5.3.3.1　电弧焊原理

1) 电弧概念

电弧是具有一定电压的两个电极间产生强烈而持续的放电现象,产生电弧的电极是焊条、焊丝,以及焊件等。在焊接时,先通过焊条和焊件瞬间接触所形成的短路引出电弧(称为引弧),这时放出大量的热量和强烈的光,其短路产生的电流是正常焊接电流的 2～5 倍,热量是接触电阻产生的电阻热,从而使接触处的金属温度迅速上升并熔化。

电弧的热量与焊接电流和电弧电压的乘积成正比,电流越大,电弧的热量越大。

2) 焊接过程

当焊接形成电弧后,把焊条(或焊丝)与焊件拉开一段距离(一般 3～4 mm),由于电压的作用形成很强的电场，形成连续燃烧的电弧，电弧热使焊条(或焊丝)与焊件发生熔化形成熔池，随着焊条不断移动，熔池不断产生，原来的熔池不断冷却、凝固形成连续的焊缝，焊接过程如图 5-45 所示。

焊条上的药皮融化后在熔池上形成焊渣，起到对熔池覆盖保护作用，也是对金属的保护。完成对焊件的焊接后，把覆盖在焊缝上的焊渣清理干净，再检查焊接的质量。

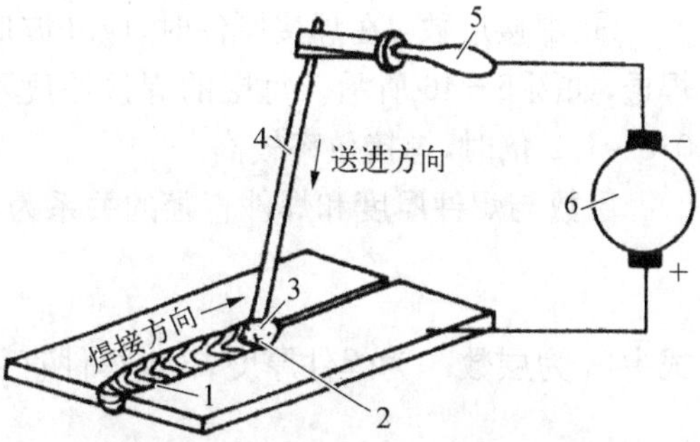

图 5-45 电弧焊的焊接过程示意图

1. 焊缝；2. 熔池；3. 电弧；4. 焊条；5. 焊钳；6. 电焊机

焊缝质量与焊条和焊件质量、焊前的清理、电弧的稳定、焊接的参数、操作的手法、焊后的冷却速度及后处理等因素有关，其中焊接过程中很好地控制熔池是保证高质量焊缝的重要因素。

5.3.3.2 手工电弧焊

手工电弧焊(简称手弧焊)是手工操纵焊条进行的焊接的电弧焊方法，又称为焊条电弧焊。

1) 焊接工艺参数

为了保证焊接的质量，必须选择合适的焊接工艺参数，其主要参数有：焊条直径、焊接电流、焊接速度、电弧长度和焊接层数等。

① 焊条直径：主要取决于焊件厚度，按照国家标准进行选择，影响焊条直径的因素还有焊接位置和焊接层次等。厚的焊件用粗焊条，薄的焊件用细焊条；立焊、横焊和仰焊所用焊条应比平焊的细；多层焊接的第一层用小直径焊条，后几层用大直径焊条($d \leqslant s$)，具体参数如表 5-5 所示。

表 5-5 焊条直径的选用

焊件厚度/mm	2	3	4～7	8～12	≥13
焊条直径/mm	1.6～2.0	2.5～3.2	3.2～4.0	4.0～5.0	4.0～5.8

② 焊接电流：根据焊条直径选择焊接电流。选择焊接电流的总原则：细焊条选小电流，粗焊条选大电流。同时还要考虑焊件厚度、接头型式、焊接位置和环境温度等因素，通过试焊和观察焊条的熔化情况及焊缝成形情况最后确定。焊接电流过小，易引起夹渣和未焊透；焊接电流过大，易产生咬边、烧穿等缺陷。

焊接低碳钢时，焊接电流与焊条直径的经验公式为

$$I = (30 \sim 60)d \tag{5-1}$$

式中，I 为焊接电流；d 为焊条直径。

③ 焊接速度：指焊条沿焊接方向移动的速度，手弧焊的焊接速度完全取决于操作者的经验。为了提高焊接生伸长率，应在保证质量的前提下，常用较大的焊条直径和焊接电流。

④ 电弧长度：是指焊条焊芯端部与熔池之间的距离。电弧过长，电弧燃烧不稳定，易产生焊接缺陷；因此，在实际操作时，一般采用短电弧，要求电弧长度不超过焊条直径。

⑤ 焊接层数：在焊接厚件时，应开坡口，采用多层焊或多层多道焊，以保证焊缝根部焊透，如图 5-46 所示。每层的焊接厚度不超过 4～5 mm，当每层厚度等于焊条直径的 0.8～1.2 倍时，焊接效率较高。

层数与焊件厚度和焊件直径的关系为：

$$n = s/d \tag{5-2}$$

式中，n 为层数；s 为焊件厚度；d 为焊件直径。

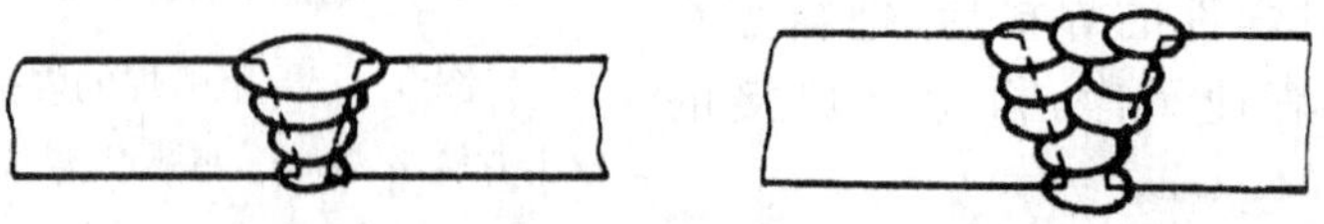

(a) 多层焊　　(b) 多层多道焊

图 5-46　厚板的多层焊与多层多道焊

2) 焊条

焊条是供焊条电弧焊焊接过程中使用的涂有药皮的熔化电极，由焊芯和涂在焊芯外部的药皮两部分组成；焊芯是一根具有一定直径和长度的金属丝，既是焊接电极，也是填充焊缝的金属，药皮是保证电弧容易引燃并稳定电弧，保护熔池金属不被氧化，提高焊接的力学性能，提高焊缝的质量。

(1) 焊条分类

焊条按用途可分为碳钢焊条、低合金钢焊条、不锈钢焊条、铸铁焊条、铜焊条等十大类。按药皮类型可分为钛钙型、低氢型等九大类。按熔渣的化学性质分为酸性焊条和碱性焊条两大类。

① 酸性焊条：能交直流两用，焊接工艺性较好。但焊缝金属冲击韧度较差，适于焊接一般低碳钢结构。

② 碱性焊条：一般需用直流电源(反接法)，焊接工艺性较差，对水分、铁锈敏感，使用时必须严格烘干。但焊缝金属抗裂性较好，适于焊接重要结构。

(2) 焊条型号与牌号

① 焊条型号：按照国家标准(GB/T 5117-1995)，焊条型号由四部分组成：第一部分为字母“E”表示焊条；第二部分为“E”后面的前两位数字，表示熔敷金属的最小抗拉强度；第三部分为“E”后面的第三位数字表示焊条的焊接位置，“0”及“1”表示焊条适用于全位置焊接(平、立、仰、横)，“2”表示焊条适用于平焊及平角焊，“4”表示焊条适用于向下立焊；“E”后面的第三位和第四位数字组合表示焊接电流种类及药皮类型；第四部分为第四位数字后，附加“R”，表示耐吸潮焊条，附加“M”表示耐吸潮和力学性能有特殊规定的焊条，附加“-1”表示冲击性能有特殊规定的焊条，如图 5-47 所示为 E4303 型号焊条型号的含义描述。

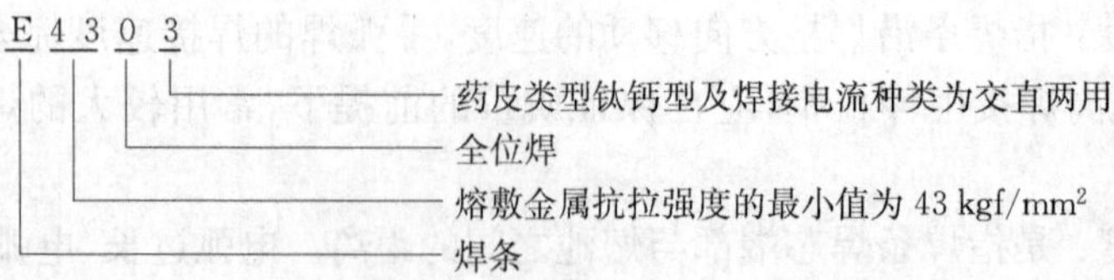

图 5-47　焊条型号的含义描述

② 焊条牌号：焊条牌号末位数字的含义：末位数字 0～5 为酸性焊条，6～9 为碱性焊条。具体含义：0 为不规定药皮类型，不规定适用电流类型；1 为氧化钛型药皮，交直流两用；2 为氧化钛钙型药皮，交直流两用；3 为钛钙型药皮，交直流两用；4 为氧化铁型药皮，交直流两用；5 为高纤维素型药皮，交直流两用；6 为低氢钾型药皮，交直流两用；7 为低氢钠型药皮，交直流两用；8 为石墨型药皮，交直流两用；9 为盐基型药皮，直流专用。

焊条型号是国家标准规定的，其含义包括药皮类型、合金类型、强度、适用焊接电源等等，其分类很细。焊条牌号是生产企业制定的相对比较通用的叫法，其牌号的描述如图 5-48 所示。焊条牌号和焊条型号是焊条两种不同的表达方式，其相互之间有对应关系，如焊条型号 E4303 对应焊条牌号 J422。

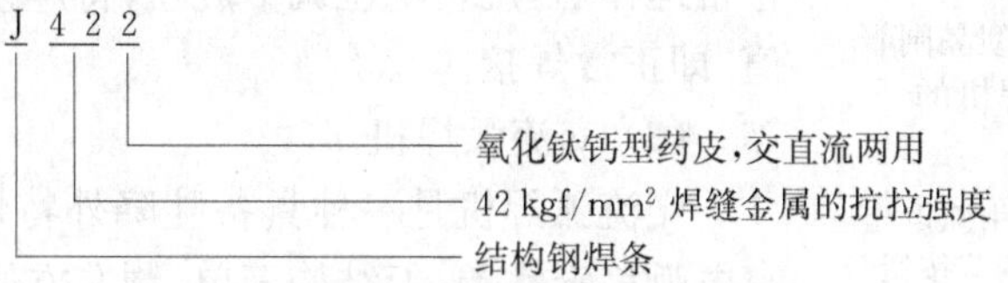

图 5-48 焊条型号的含义描述

(3) 焊条选择

① 焊接低碳钢和低合金钢时，按“等强度”原则选用焊条，即选用熔敷金属抗拉强度最低值等于或接近于焊件钢材抗拉强度的焊条。

② 焊接不锈钢、耐热钢时，按“同成分”原则选用焊条，即选用焊缝金属化学成分与焊件钢材成分相同或相近的焊条。

③ 焊接受力复杂或承受动载的焊件以及压力容器等，应选用抗裂性好的相同强度等级的碱性焊条。

3) 电弧焊设备

手弧焊的主要设备是弧焊机，按照焊接使用的电源不同分为直流弧焊机和交流弧焊机。

(1) 弧焊机型号

我国弧焊机的型号常用 ZX5-□□□表示(图 5-49)。

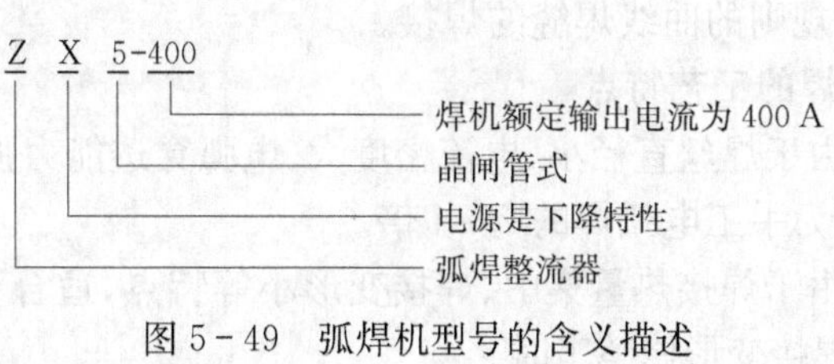

图 5-49 弧焊机型号的含义描述

(2) 直流弧焊机

① 直流弧焊机的特点：具有引弧容易、电弧稳定、穿透力强、飞溅少等。

② 直流弧焊机的分类：直流弧焊机分为旋转式与整流式两种形式。整流式弧焊机按其调节装置作用原理的不同可分为硅整流式弧焊机和晶闸管整流式弧焊机等。旋转式直流弧焊机由焊接发电机和三相感应电动机组成，其感应电动机以电能作为动力，驱动焊接发电机，得到焊接电流。整流式弧焊机由于没有旋转部分，因而具有噪声小、空载能耗小、效率高、成本低、制造和维护容易等优点，故应用十分广泛。

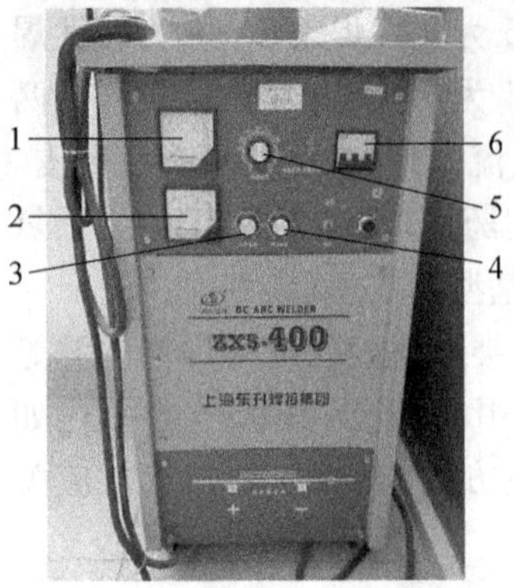

图 5-50　ZX5-400 型晶闸管整流式弧焊机的控制面板

1. 电压表；2. 电流表；3. 引弧电流调节按钮；4. 推力电流调节按钮；5. 焊接电流旋钮；6. 电源开关

③ 晶闸管整流式弧焊机基本组成及基本操作：晶闸管整流式弧焊机主要由焊接变压器、晶闸管整流器、控制及调节系统等组成，以晶闸管整流来获得弧焊机所需要的外特性，具有良好的网络补偿效果，以及外特性和动特性容易控制的特点；拥有电弧稳定、噪声小、空载损耗小、体积小、质量小、成本低、功率因数高、省电、调节性能好，以及便于实现自动化焊接的优点，因而被广泛使用。

ZX5-400 型晶闸管整流式弧焊机的控制面板如图 5-50 所示，其操作过程如下：按下电源按钮接通电源，待正常运作后，旋转电位调节旋钮，将焊接电流调到所需要数值，即正常焊接。

(3) 交流弧焊机

交流弧焊机是一种具备陡降外特性的降压变压器，具有电弧稳定性差，但结构简单、制造方便、成本低廉、使用可靠和维修方便等特点，是焊接低碳钢焊件最常用的焊接设备。由于交流弧焊机常用交流电，因而其输出端无正、负极之分，焊接时不会产生磁偏吹，但不能使用低氢钠塑、高纤维素钠等药皮的焊条焊接。

5.3.3.3　二氧化碳气体保护焊

二氧化碳气体保护焊（又称 CO_2 气体保护焊）是采用 CO_2 气体来保护熔池的焊接方法。

1) CO_2 气体保护焊分类

这种焊接方法是用可熔化的焊丝作为电极，其分类主要是按照焊丝进行分类。按照焊丝的不同，CO_2 气体保护焊分为实芯焊丝和药芯焊丝两种 CO_2 气体保护焊。按照焊丝直径的不同，CO_2 气体保护焊分为细丝 CO_2 气体保护焊（焊丝直径≤1.6 mm）及粗丝 CO_2 气体保护焊（焊丝直径>1.6 mm）；细丝 CO_2 气体保护焊的工艺比较成熟，应用最为广泛。按照操作的自动化程度，CO_2 气体保护焊分为半自动焊和自动焊两种：半自动 CO_2 焊具有焊条电弧焊的机动性，适用于各种焊缝的焊接，是应用最多的；自动 CO_2 焊主要用于较长的直缝、环缝以及某些规则的曲线焊缝的焊接。

2) CO_2 气体保护焊的工艺特点

① 生产效率高：由于焊丝直径小、电流密度大、电弧穿透能力强、熔深大、焊丝熔化率高等特点，其生产效率为手工电弧焊的 2～4 倍。

② 焊接变形小：由于焊接热量集中、焊接变形小等特点，适合于薄板结构的焊接，焊接后可以节省大量的焊接变形修整工时。

③ 能耗少：CO_2 气体保护焊和手弧焊相比，厚度为 3 μm 的低碳钢板对接焊缝，前者电能消耗为后者的 70%左右。厚度为 25 mm 的低碳钢板对接焊缝，前者电能消耗为后者的 40%左右。因此，CO_2 气体保护焊是较好的节能焊接方法。

④ 适用范围广：适合全位置焊接，钢板厚度最薄可焊到 1 mm，厚板可采用多层多道焊，厚度不受限制。

⑤ 抗锈能力强：其焊缝含氢量低、抗裂性好，是一种低氢焊接方法。

⑥ 机动灵活，操作简便：不但具有自动送丝系统，焊接后不需要清渣，而且具有手弧

焊的灵活性，适合各种位置的焊接，便于实现焊接过程的自动化。

⑦ 焊接成本低：CO_2气体是酿造厂和化工厂等的副产品，其来源广，价格低。

⑧ 明弧操作：焊接过程中是明弧，便于监视和控制熔池及电弧，电弧跟踪性强。

⑨ 焊接飞溅大：焊接飞溅是这种工艺较为突出的不足之处。随着药芯焊丝CO_2气体保护焊工艺的应用，已经大大地减小了焊接飞溅。

⑩ 弧光强：CO_2气体保护焊焊接过程中，弧光很强，要求操作者加强焊接防护。

3) CO_2 气体保护焊的应用

目前，CO_2气体保护焊已经广泛用在造船、汽车、机车、桥梁、工程机械、农业机械等生产部门。CO_2气体保护焊主要用于焊接低碳钢和部分低合金结构钢，也用于不锈钢焊接、铸钢件的补焊和耐磨件的堆焊等。不适合焊接非铁金属和高合金钢。

4) CO_2 气体保护焊设备

(1) CO_2气体保护焊机型号

CO_2气体保护焊机型号的含义如图 5-51 所示。

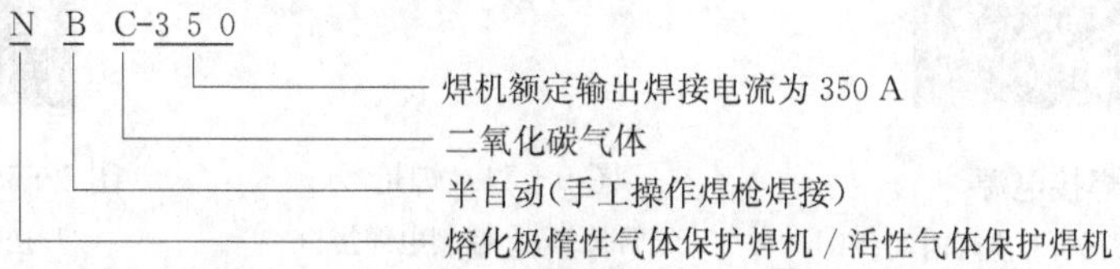

图 5-51 CO_2气体保护焊机型号的含义描述

(2) CO_2气体保护焊机的组成及功能描述

主要由焊接电源、焊枪、送丝系统、供气系统、控制系统等组成，如图 5-52 所示。

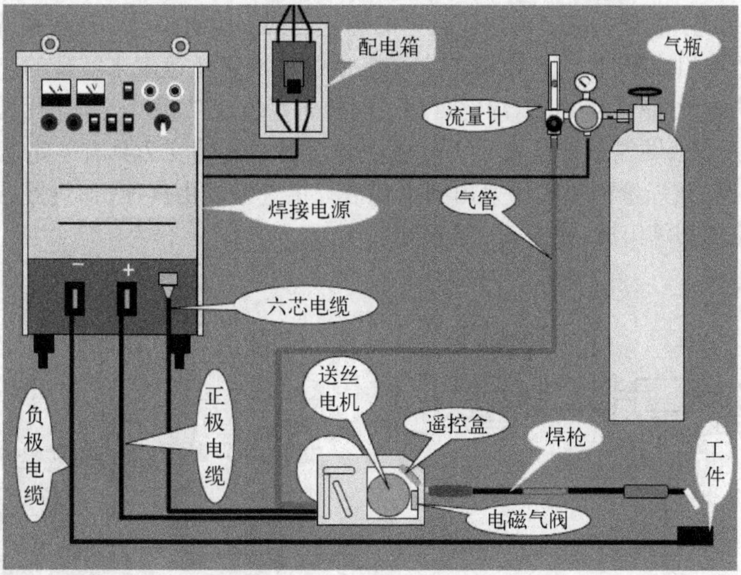

图 5-52 CO_2气体保护焊机的组成

① 焊接电源：焊接电源是为CO_2气体保护焊提供焊接使用的电流和电压。为确保焊接过程的稳定，CO_2气体保护焊是采用具有平特性的直流弧焊电源。目前，使用的弧焊电源有直流弧焊发电机和硅整流弧焊电源两类；硅整流弧焊电源是根据调压方式分为变压

器抽头式、自饱和滋放大器式、晶闸管式及自称变玉器式等，其型号主要有 ZPG－200 型、ZPG5－300 型等，其中变压器抽头式弧焊电源适用于细丝 CO_2 气体保护焊，而自饱和磁放大器式弧焊电源比较适用于粗丝 CO_2 气体保护焊。除上述 CO_2 弧焊电源外，出现了一种新型的弧焊电源——脉冲电源，其优点是：当焊接参数选择恰当时，可获得可控的熔滴过渡，飞溅少、焊缝成形良好，特别适合薄板和全位置焊接。

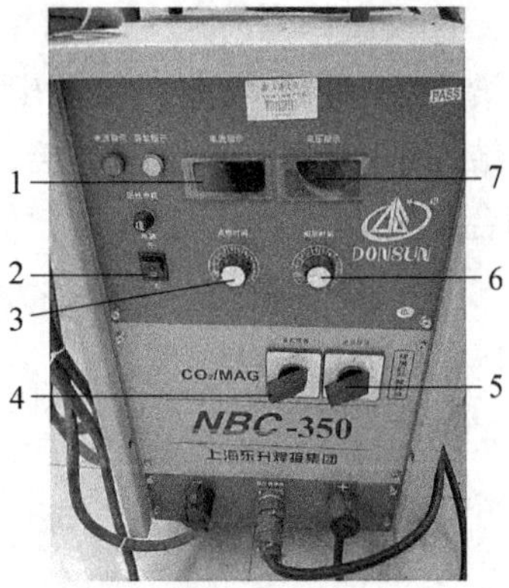

图 5－53　焊接电源

1. 电流指示；2. 电源开关；3. 点焊时间；4. 电压粗调；5. 电压细调；6. 间歇时间；7. 电压指示

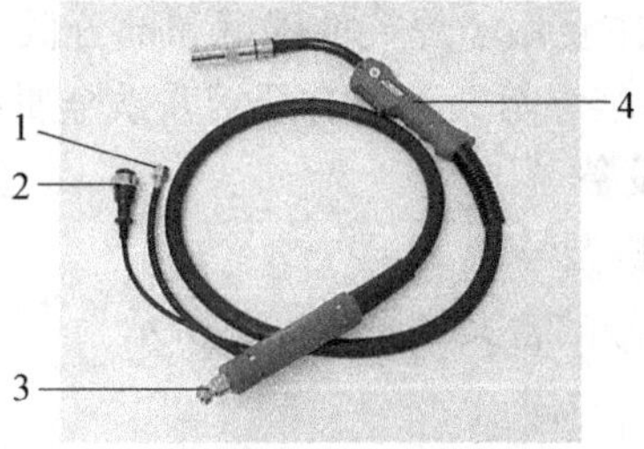

图 5－54　焊枪

1. 气管接口；2. 控制电缆接口；3. 焊丝接口；4. 焊枪开关

图 5－55　推式送丝系统

1. 送丝速度调节钮；2. 二氧化碳焊丝

② 焊枪：焊枪是为 CO_2 气体保护焊输出 CO_2 气体和焊丝的，其主要作用是向熔池及电弧区输送保护良好的气流及稳定可靠地向焊丝供电，并将焊丝准确地送入熔池。

③ 送丝系统：送丝系统是将焊丝盘中的焊丝送到焊枪出口处。送丝系统是 CO_2 气体保护焊机的重要组成部件，焊接电流的大小是通过改变送丝速度来实现的。常用的推式送丝系统是由送丝机构、调速器、焊丝盘和送丝软管等组成，如图 5－55 所示。

④ 供气系统：供气系统是将 CO_2 气瓶内的液态 CO_2 转变为具有一定流量的 CO_2 气体，并经过管路，从焊枪的喷嘴中射出到电弧区。供气系统由气瓶、加热器、干燥器、气体减压表和电磁气阀等组成，如图 5－56 所示。

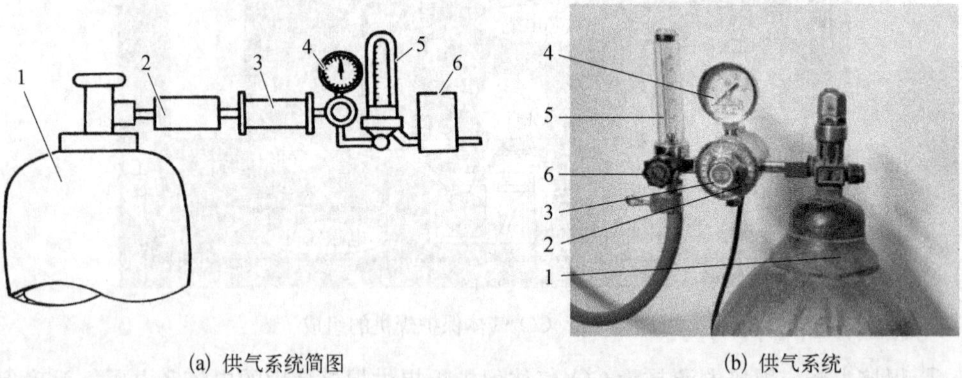

(a) 供气系统简图　　(b) 供气系统

1. 气瓶；2. 加热器；3. 干燥器；4. 气体减压表；5. 气体流量计；6. 电磁气阀

图 5－56　供气系统

⑤ 控制系统：控制系统是确保 CO_2 气体保护焊的焊接质量、连续生产和提高生产率的重要部分，其主要作用包括引弧、熄弧、送丝控制、焊接参数调节、CO_2 气体加热和送气控制。

5.3.4 电阻焊

电阻焊是利用电流通过焊件接触面间所产生的电阻热，将焊件局部加热到熔化状态，再在压力作用下形成焊接接头的焊接方法。电阻焊是压力焊的主要焊接方法。

5.3.4.1 电阻焊的基本概念

1）电阻焊的分类

电阻焊按照焊接接头形式分为点焊、缝焊和对焊，如图 5－57 所示。在电阻焊前，清理焊件表面，保证焊接的质量。

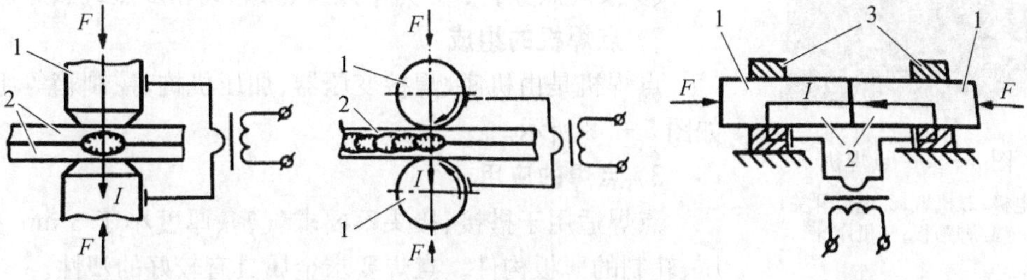

(a) 点焊　　(b) 缝焊　　(c) 对焊

图 5－57　电阻焊的基本类型

1. 电极；2. 工件；3. 极夹具

① 点焊：点焊是将焊件装配成搭接接头后，压紧在两电极之间，利用电阻热加热到局部熔化状态，形成焊点的一种电阻焊方法。点焊用于焊接 4 mm 以下的薄板搭接和钢筋，广泛用于飞机、汽车等低碳钢产品的焊接。

② 缝焊：缝焊是焊件在圆盘之间受压通电，随圆盘转动而形成一系列的点焊组成焊缝的一种电阻焊方法。缝焊是点焊的一种演变，不同之处是缝焊用盘状电极，点焊用柱状电极。点焊适用于焊接 3 mm 以下的薄板搭接，主要用于容器、暖气片、油箱和管道等有密封要求的产品焊接。

③ 对焊：对焊是将两个焊件的端面相互接触，通过通电和加压后，使接触面焊合的一种电阻焊方法。根据焊接工艺过程不同，可分为电阻对焊和闪光对焊，主要区别是加压和通电方式不同，电阻对焊是先施加压力后通电，闪光对焊是先通电后加压。对焊主要用于管道、钢轨、车轮圈、刀具等的焊接，不仅能焊接同种金属，也能焊接铝钢、铝铜等异种金属。

2）电阻焊的特点

① 由于加热时间短，焊接应力和应变小，不许校正和热处理。

② 无需填充金属材料，焊接成本低。

③ 操作简单、劳动环境好、生产效率高。

5.3.4.2 点焊

点焊工艺过程分为三个阶段：焊件在电极间预先加压，将焊接部位加热到熔化状态，焊接部位在电极压力作用下冷却。点焊要求焊件有较好的塑性。

1）点焊机的分类及组成

点焊机的分类方法很多，主要有安装方式、焊接电流波形、用途、加压机构传动方式、活动电极的移动方式和焊点数目等。

① 按安装方式：分为固定式、移动式和轻便式（悬挂式）点焊机。

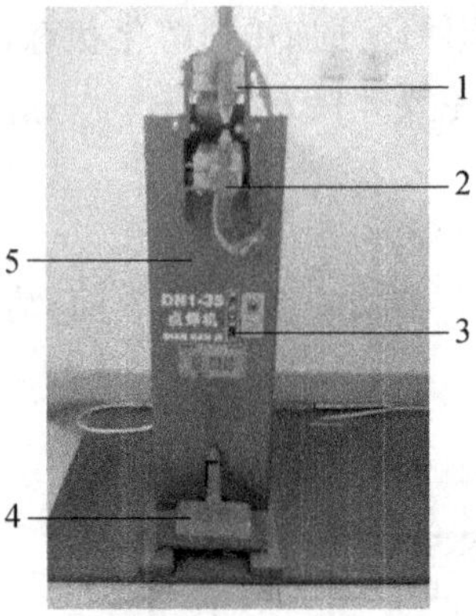

图 5－58　点焊机

1. 电极；2. 机臂；3. 电源开关；4. 脚踏板；5. 机座

② 按焊接电流波形：分为交流型、低频型、电容储能型、直流型点焊机。

③ 按用途：分为通用型、专用型和特殊型点焊机。

④ 按加压机构传动方式：分为脚踏式、电动凸轮式、气压式、液压式和复合式等点焊机。

⑤ 按活动电极的移动方式：分为垂直行程式、圆弧行程式点焊机。

⑥ 按焊点数目：分为单点式、双点式和多点式点焊机。

2）点焊机的组成

点焊机是由机座、焊接变压器、加压机构、控制箱等组成，如图 5－58 所示。

3）点焊的应用

点焊适用于搭接、接头不要求气密、厚度小于 3 mm 的冲压、轧制的薄板构件。点焊要求金属具有较好的塑性。

5.3.5　手工电弧焊实践案例

本案例是对低碳钢板（图 5－59）进行的焊接。焊接接头形式：对接；坡口形式：Y形；焊接位置：平焊；通过 ZX5－400 弧焊机了解手工电弧焊的工艺方法。

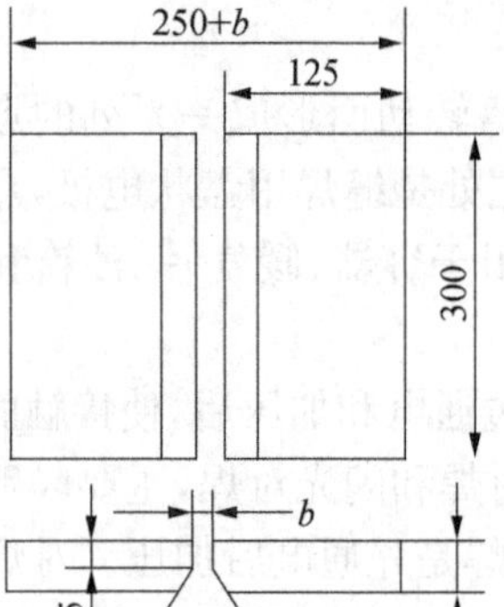

图 5－59　钢板焊接二维图

图 5－60　ZX5－400 弧焊机电流参数的调整

1）焊前准备

选择 3.2 mm 的 E4303 焊条，打开电源开关，接通电源，待正常运作后，旋转焊接电流旋钮使焊接电流至 100 A，如图 5－60 所示。

2）焊前定位及引弧

将两块低碳钢板按照反变形放置在平台上，并相互固定，如图 5－61 所示。

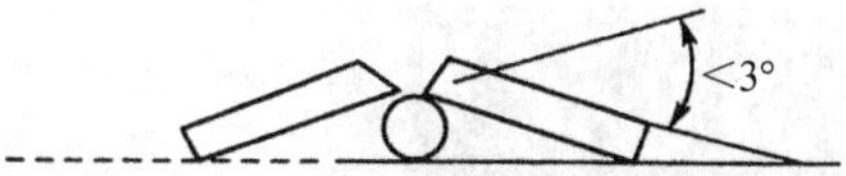

图 5-61 低碳钢板放置位置图

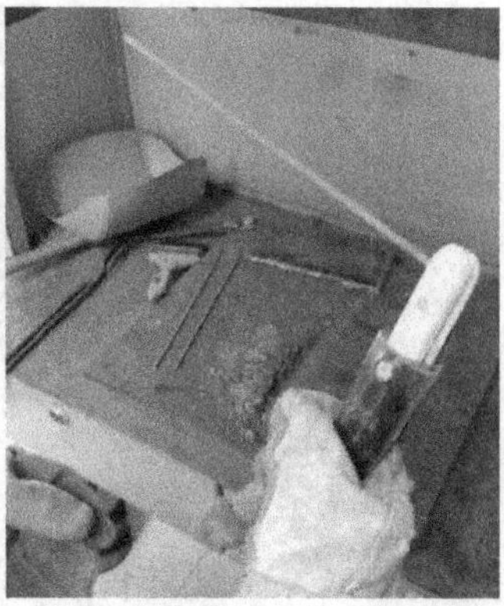

图 5-62 焊条安装在焊钳上的方法

装配好低碳钢板后，将焊条安装在焊钳上，如图 5-62 所示。

3) 焊接操作

① 定位焊接：在低碳钢板两端进行引弧(图 5-63)同时定位焊接(简称定位焊)，定位焊焊缝长度一般在 10～15 mm。

② 焊接：定位焊结束，检查定位情况，先引弧然后开始焊接打底层 1，然后焊接填充层 2 和 3，最后焊接盖面层 4，焊缝层次及分布如图 5-64 所示。焊接次序与焊接速度如表 5-6 所示。注意：在焊接时要注意防护用具的佩戴，如点焊手套、点焊防护衣、电焊面罩等。

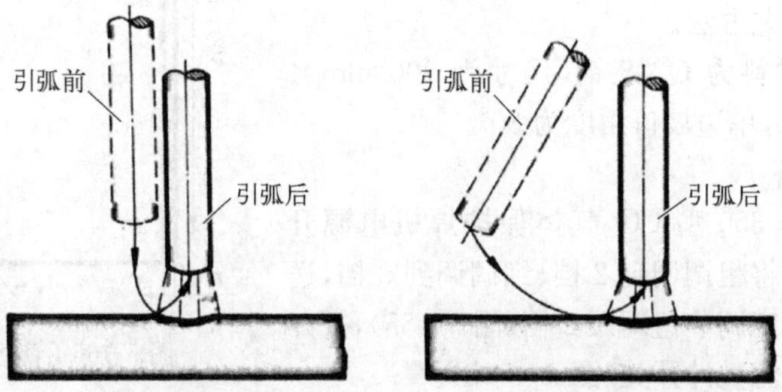

图 5-63 引弧方法

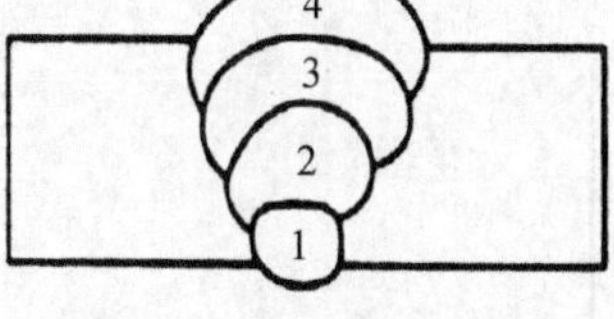

图 5-64 焊缝层次分布

1. 打底层；2、3. 填充层；4. 盖面层

表 5-6 低碳钢板焊接的次序

低碳钢板厚度/mm	焊缝次序	焊条直径/mm	焊接电流/A	焊接速度/(mm/min)	备 注
12	1	3.2	100～110	60～70	打底层
12	2	3.2	95～105	130～150	填充层
12	3	3.2	95～105	130～150	填充层
12	4	3.2	100～110	100～110	盖面层

4) 焊缝清理

焊接结束后，用敲渣锤清除焊缝中的焊渣，用钢丝刷进一步将焊渣、焊接飞溅物等清除干净，并检查焊接的质量，焊接结束。

最终焊接成品如图 5-65 所示。

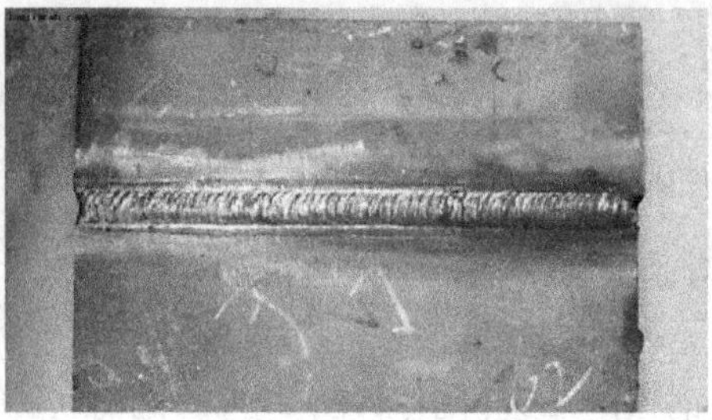

图 5-65 焊接件

5.3.6 CO_2 气体保护焊实践案例

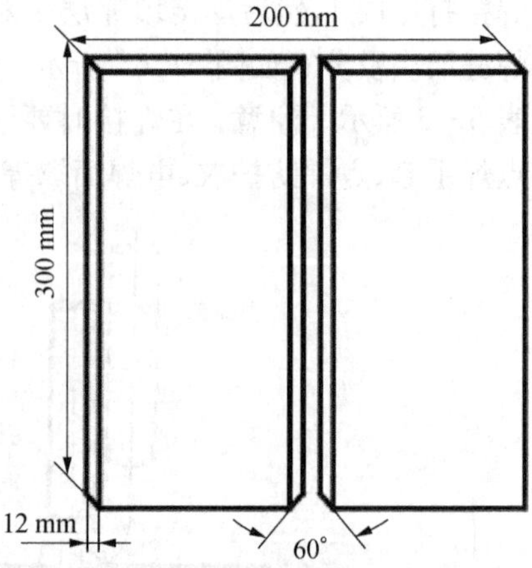

图 5-66 薄板焊接二维图

本案例是对低碳钢板(图 5-66)进行焊接。焊接接头形式：对接；坡口形式：Y 形；焊接位置：立焊；通过 NBC-350 型 CO_2 气体保护焊机了解二氧化碳保护焊的工艺方法。

低碳钢板材料为 Q235 钢，尺寸为 300 mm×200 mm×12 mm，单边坡口角度为 30°。

1) 焊前准备

打开 NBC-350 型 CO_2 气体保护焊机电源开关，并调整电压，将粗调调到 2 档、细调调到 3 档，送丝系统的送丝速度调节钮调入 2 档(图 5-55)，打开气瓶阀门与气体流量计开关(图 5-56b)。

2) 装配与定位焊

装配与定位焊要求如图 5-67 所示，对接向上立焊反变形如图 5-68 所示。

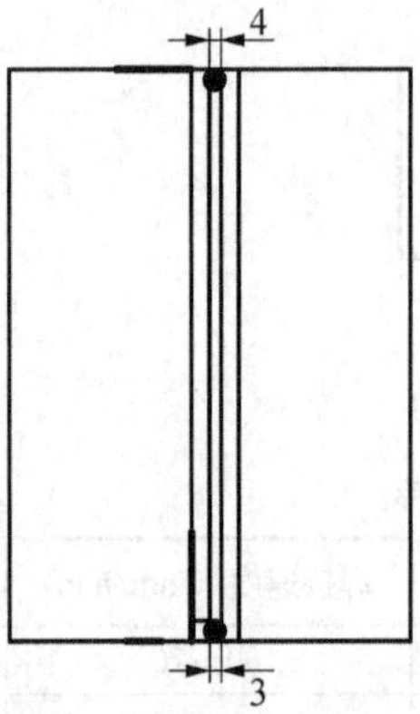

图5-67 装配与定位焊要求

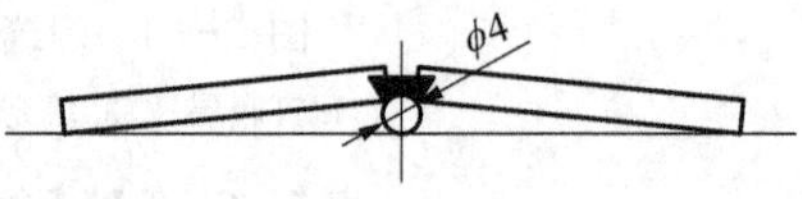

图 5-68 对接向上立焊反变形

3) 焊接操作

焊枪角度与焊法采用立焊，从下往上焊 3 层，平板对接立焊的焊枪角度如图 5-69 所示。

依次焊接打底层，然后焊接填充层，最后焊接盖面层，焊渣、焊接飞溅物等清除干净，并检查焊接的质量，完成整个焊缝的焊接，如图 5-70 所示。

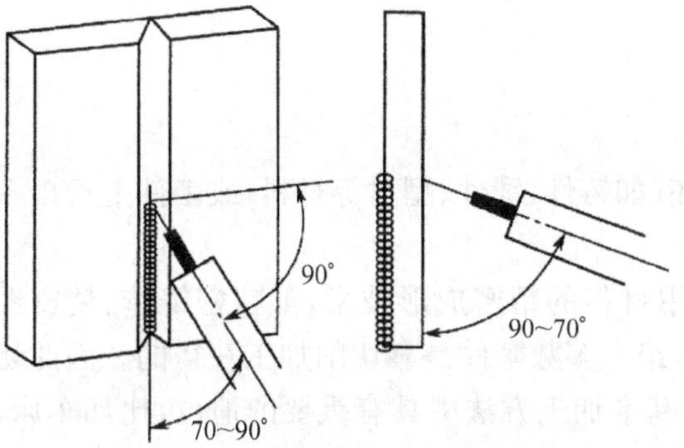

图 5－69　平板对接立焊的焊枪角度

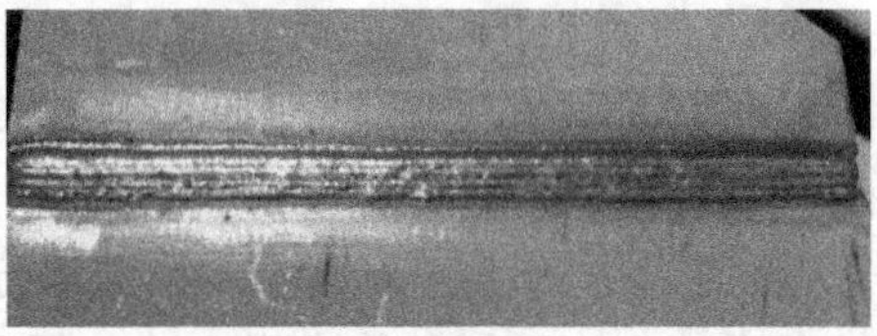

图 5－70　CO_2气体保护焊焊接完成示意图

5.3.7　点焊实践案例

本案例使用 DN1－35 点焊机对铁丝加工成工艺品，了解点焊加工流程。

1）焊前准备

用老虎钳把所需铁丝剪断(图 5－71)，打开点焊机电源开关(图 5－58)。

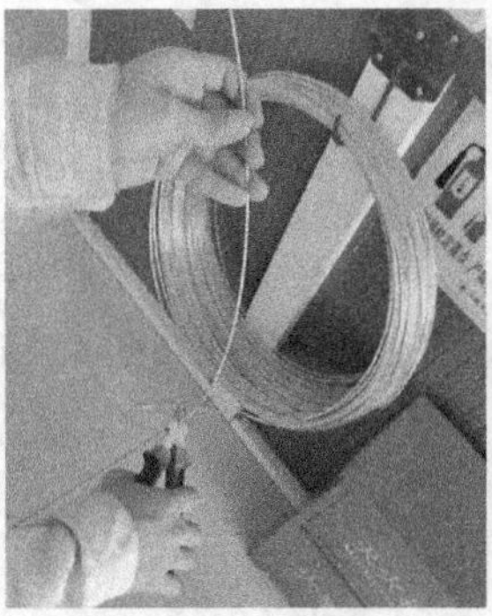

图 5－71　下料

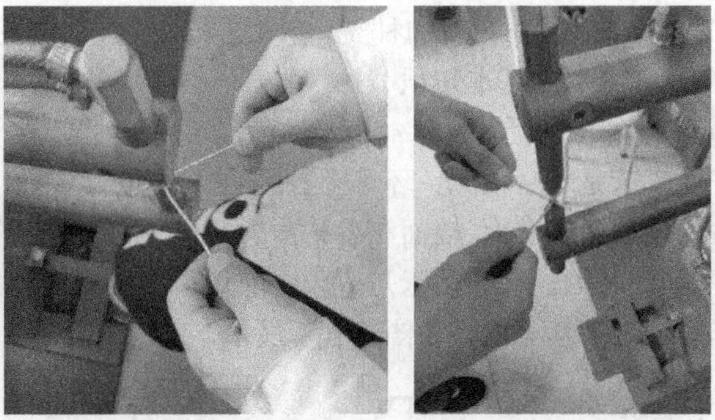

(a) 铁丝固定的俯视图　(b) 铁丝固定的俯视图

图 5－72　点焊固定操作示意图

2）点焊操作

将铁丝放置在点焊机下电极上，轻踩脚踏板产生火花后迅速放开脚踏板，实现点焊固定(图 5－72)。依次点焊所需的焊点，直至全部点焊结束。

3）焊后处理

用老虎钳将多余的材料剪掉(图 5－73)，完成作品制作。

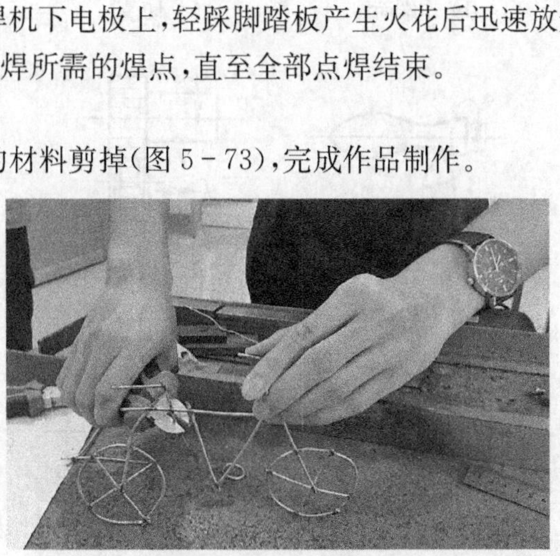

图 5－73　点焊后处理

5.4 普通切削加工技术

切削加工是指利用切削加工工具从毛坯(如铸件、锻件、型材等材料)或工件上切出多余材料已获得合格的零件加工过程。

目前为止,机器上的零件,除少部分是用材料的精密成形技术,如精密铸造、精密锻造、粉末冶金、3D 打印等成形方法获得以外,绝大多数零件是靠切削加工获得的。因此切削加工是目前机械制造的主要手段,在各种基本加工方法中具有重要的地位,比如车床、铣床、刨床、磨床等。

5.4.1 普通车削实践

5.4.1.1 实践目的

① 了解切削运动,车削用量等切削加工基本概念,掌握车削用量计算和调整。

② 熟悉卧式车床的主要结构,手柄的作用和调整,正确安装工件及刀具。

③ 掌握外圆、端面、台阶、圆弧、圆锥加工方法及游标卡尺等量具的使用。

④ 一般了解常用车刀的种类、结构组成,及螺纹、内孔加工方法。

5.4.1.2 车削基本知识

1) 车削加工范围

普通车床是能对轴、盘、环等多种类型工件进行多种工序加工的卧式机床,常用于加工工件的内外回转表面、端面和各种内外螺纹,采用相应的刀具和附件,还可进行钻孔、扩孔、攻丝和滚花等。普通车床是车床中应用最广泛的一种。

车削加工的基本内容如图 5 - 74 所示。

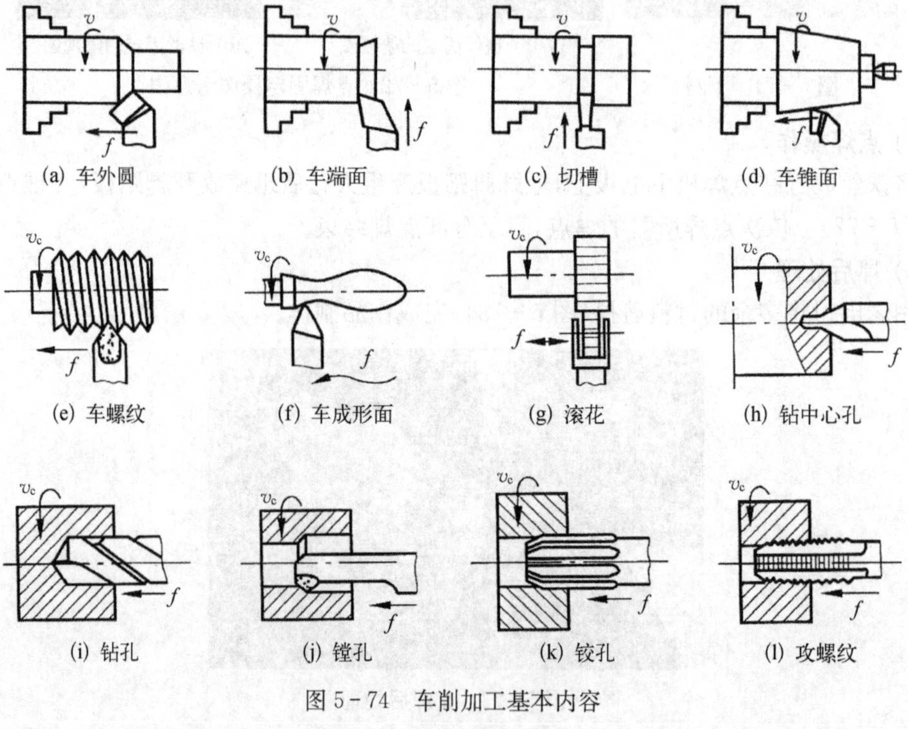

图 5 - 74　车削加工基本内容

2）车削加工工艺特点

① 加工精度较高：连续加工时，切削力变化小，切削过程平稳。

② 生产率较高：通常情况下，刀具与工件表面始终接触，无冲击现象，可采用较大的背吃刀量和较快的切削速度。

③ 刀具形状简单，制造成本低。

5.4.1.3　车刀种类及用途

车刀可分为外圆车刀、切断刀、切槽刀、螺纹刀、成形车刀等，如图 5－75 所示。

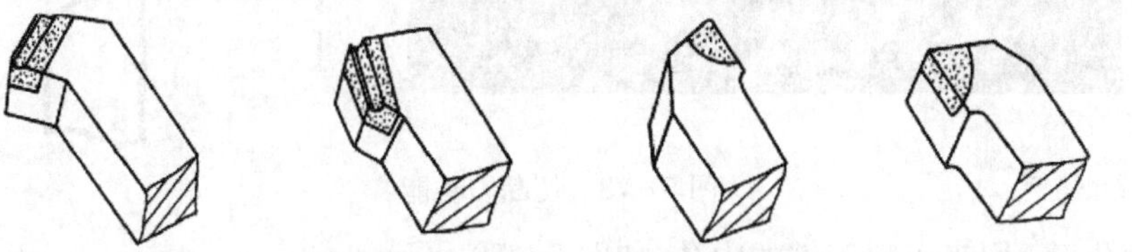

(a) 45°端面刀　(b) 75°外圆车刀　(c) 90°外圆左车刀　(d) 90°外圆右车刀

(e) 镗孔刀　(f) 切断刀　(g) 螺纹车刀　(h) 成形车刀

图 5－75　车刀用途分类

① 90°车刀：用来车削工件的外圆、台阶和端面，如图 5－76 所示。

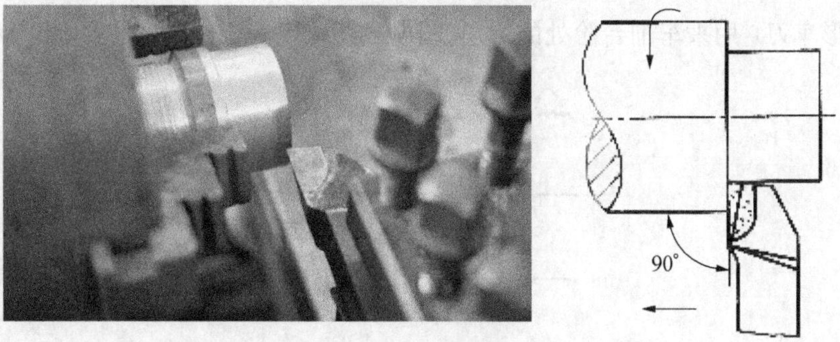

图 5－76　90°车刀功能

② 45°车刀：用来车削工件的外圆、端面和倒角，如图 5－77 所示。

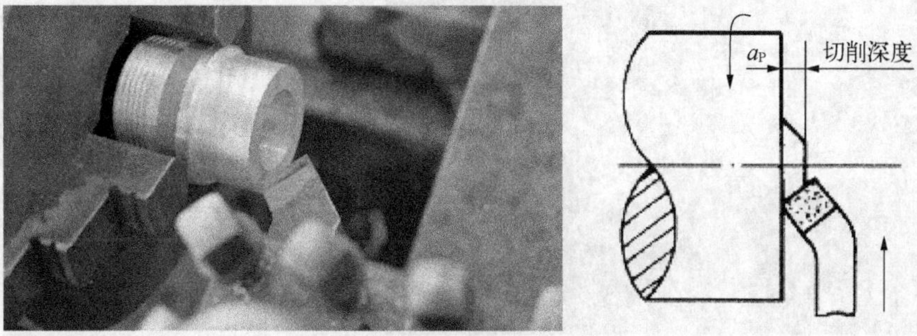

图 5－77　45°车刀功能

③ 切断刀：用来切断工件或在工件上切出的沟槽，如图 5－78 所示。

图 5－78　切断刀功能

④ 镗孔刀：用来车削工件的内孔，如图 5－79 所示。

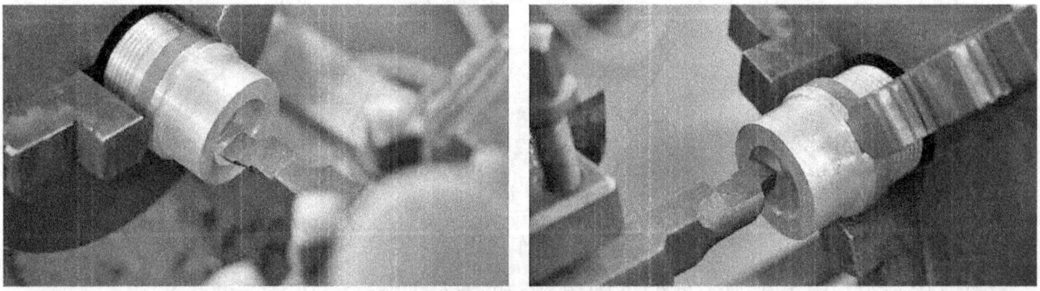

图 5－79　镗孔刀功能

⑤ 成形车刀：用来车削台阶处的圆角、圆槽或特殊形状工件，如图 5－80 所示。

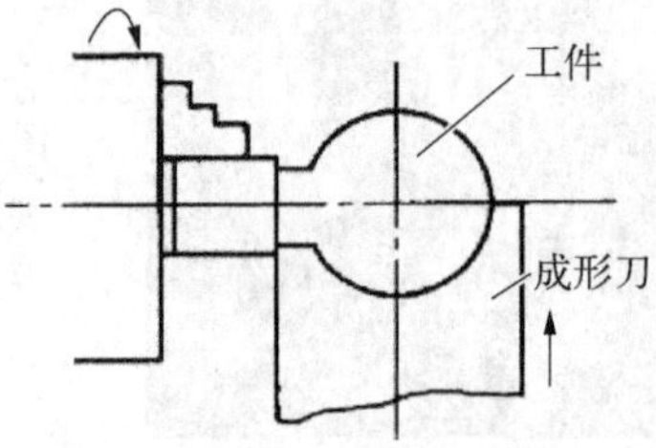

图 5－80　成形刀功能

⑥ 螺纹车刀：用来车削螺纹，如图 5－81 所示。

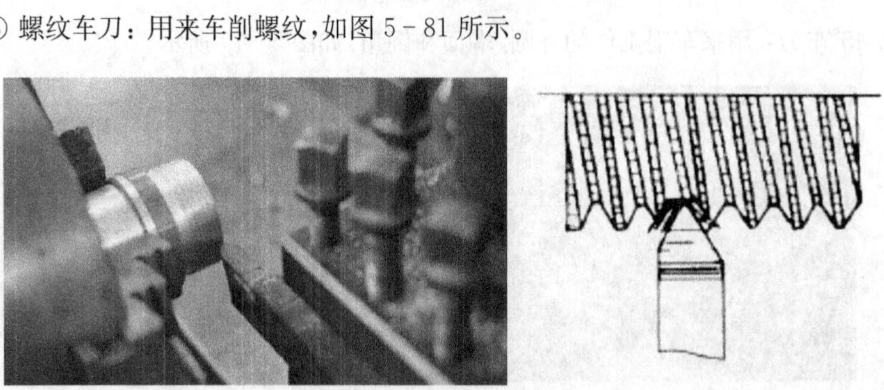

图 5－81　螺纹刀功能

5.4.1.4 车床

1) 车床分类

按用途和结构的不同，车床主要分为卧式车床、立式车床、仿形车床和专用车床。

① 卧式车床：主轴转速和进给量的调整范围大，能加工工件的内外表面、端面和内外螺纹。由工人工操作，生产效率低，适用于单件、小批生产和修配车间，如图 5－82a 所示。

② 立式车床：立式车床的主轴垂直于水平面，工件装夹在水平的回转工作台上，刀架在横梁或立柱上移动。适于加工大且重而难于在普通车床上安装的工件，如图 5－82b 所示。

③ 仿形车床：能仿照样板或样件的形状尺寸，自动完成工件的加工循环，适用于形状较复杂工件的小批和成批生产，生产率比普通车床高 10～15 倍，如图 5－82c 所示。

④ 专用车床：用于加工某类工件的特定表面的车床，如曲轴车床、凸轮轴车床、车轮车床、车轴车床、轧辊车床和钢锭车床等，如图 5－82d 所示。

(a) 卧式车床　(b) 立式车床

(c) 仿形车床　(d) 专用车床

图 5－82　车床类型

2) 车床结构

车床由床身、床头箱、变速箱、进给箱、光杠、丝杠、溜板箱、刀架和尾架等部分组成。以 C616－1 车床为例，车床结构如图 5－83 所示。

① 变速箱：由电动机带动变速箱内的齿轮轴转动，通过改变变速箱内的啮合位置，得到不同的转速，然后通过皮带轮传动把运动传给主轴。

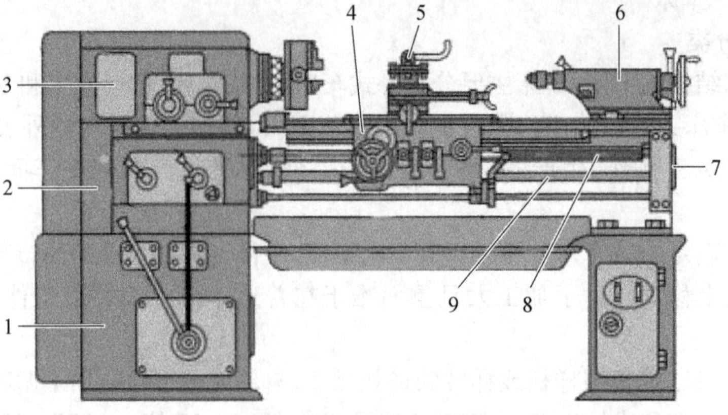

图 5-83　车床结构

1. 变速箱；2. 进给箱；3. 主轴箱；4. 溜板箱；5. 刀架；6. 尾架；7. 床身；8. 丝杠；9. 光杠

② 进给箱：又称走刀箱，内装进给运动的变速齿轮，可调整进给量和螺距，并将运动传至光杠或丝杠。

③ 床头箱(主轴箱)：用以支承主轴并使之旋转。主轴为空心结构，其前端外锥面安装三爪卡盘等附件来夹持工件，前端内锥面用来安装顶尖，细长孔可穿入长棒料。

④ 溜板箱：又称拖板箱，与刀架相连，是车床进给运动的操纵箱。它可将光杠传来的旋转运动变为车刀的纵向或横向的直线进给运动；可将丝杠传来的旋转运动，通过"对开螺母"变为车刀的纵向移动，用以车削螺纹。

⑤ 刀架：用来夹持车刀并使其作纵向、横向或斜向进给运动。

⑥ 尾架：安装在床身导轨上。在尾架的套筒内安装顶尖，可以用来支承工件；也可安装钻头、铰刀等刀具，在工件上进行孔加工；将尾架偏移，可以用来车削圆锥体。

⑦ 床身：是车床的基础零件，用来支承和安装车床的各部件，保证其相对位置，如床头箱、进给箱、溜板箱等。床身具有足够的刚度和强度，床身表面精度很高，以保证各部件之间有正确的相对位置。床身上有四条平行的导轨，供大拖板(刀架)和尾架相对于床头箱进行正确的移动，为了保持床身表面精度，在操作车床中应注意维护保养。

⑧、⑨ 丝杠、光杠：将进给箱的运动传给溜板箱。光杠用于车削端面外圆等光滑表面；而丝杠用于车削螺纹。

特别注意：

① 机床未完全停止时严禁变换主轴转速，否则发生严重的主轴箱内齿轮打齿现象甚至发生机床事故。

② 开车前要检查各手柄是否处于正确位置。纵向和横向手柄进退方向不能摇错，尤其是快速进退刀时要千万注意，否则会发生工件报废和安全事故。

③ C616-1 车床的横向进给手动手柄每转一格时，刀具横向吃刀为 0.02 mm，其圆柱体直径方向切削量为 0.04 mm。

3) 车床型号

车床型号是按照 GB/T 15375-1994 规定表示的，车床组别代号及含义如表 5-7 所示，车床系别代号及含义如表 5-8 所示。以 C616-1 车床为例其型号含义如下：

C 6 1 6 -1

- -1：表示第一次改造顺序号
- 16：机床中心高 160 mm
- 6：机床组别代号，卧式车床
- C：机床类型代号，车床类

表 5－7　车床组别代号及含义

组别代号	铣床组名称	组别代号	铣床组名称
0	仪表车床	5	立式车床
1	单独自动，半自动车床	6	落地及卧式车床
2	多轴自动，半自动车床	7	仿形及多刀车床
3	回轮，转塔车床	8	轮、轴、辊、锭及铲齿车床
4	曲轴及凸轮轴车床	9	其他车床

表 5－8　车床系别代号及含义

系别代号	铣床组名称	系别代号	铣床组名称
0	落地车床	3	轴车床
1	卧式车床	4	卡盘车床
2	马鞍车床	5	球面车床

5.4.1.5　车床常用附件

车床常常根据所加工零件的不同形状、数量等选用不同的安装方法和附件，常用的附件有卡盘、顶尖、中心架、跟刀架、心轴等，这些附件用来支撑及装夹工件。

1）卡盘

卡盘主要用于在机床上固定和定心，主要分为三爪卡盘和四爪卡盘。

① 三爪卡盘：又称自定心卡盘，是车床最为常用的装夹方式，装夹方便，适合安装形状规则的中小型零件，如图 5－84 所示。

② 四爪卡盘：其四个爪分别通过转动螺杆实现单动，可根据加工要求，利用划针盘校正，夹紧力大，适合挟持较大的圆柱形或不规则的工件，如图 5－85 所示。

图 5－84　三爪卡盘安装

图 5－85　四爪卡盘安装

2）顶尖

在加工较长或同轴度要求较高的轴类零件时，常采用“一夹一顶”、“双顶尖”的装夹方法，工件安装牢固，能承受较大的切削力。

① 一夹一顶：前端用卡盘夹紧带动工件旋转，后端用顶尖顶住支撑工件，如图 5－86a 所示。

② 双顶尖：前端安装在主轴锥孔内与主轴一起旋转，后顶尖安装在尾架中顶住支撑工件，如图 5－86b 所示。

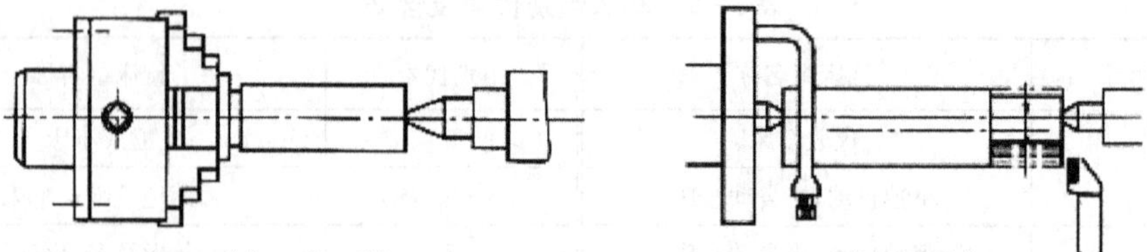

(a) 一夹一顶　　(b) 双顶尖

图 5－86　顶尖装夹方法

3）中心架及跟刀架

① 中心架：在车削长度大于直径 25 倍的细长轴时，用中心架来支撑工件，增加刚性。当工件可以分段切削时可把中心架放置在工件中心，在中心架支撑爪处添加润滑油，车削前应将工件的轴心调整到与机床主轴的轴心同轴，如图 5－87 所示。

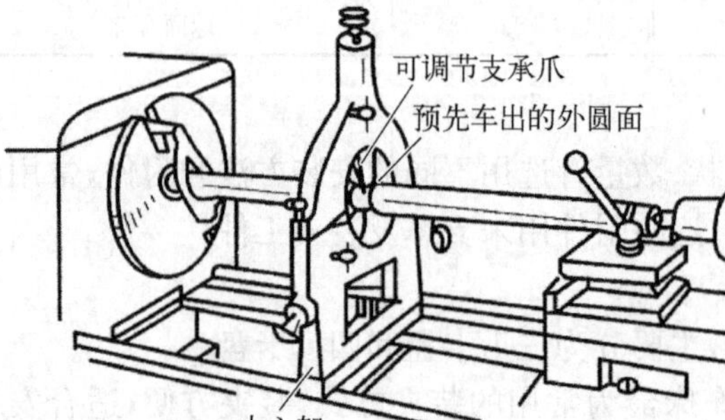

图 5－87　中心架

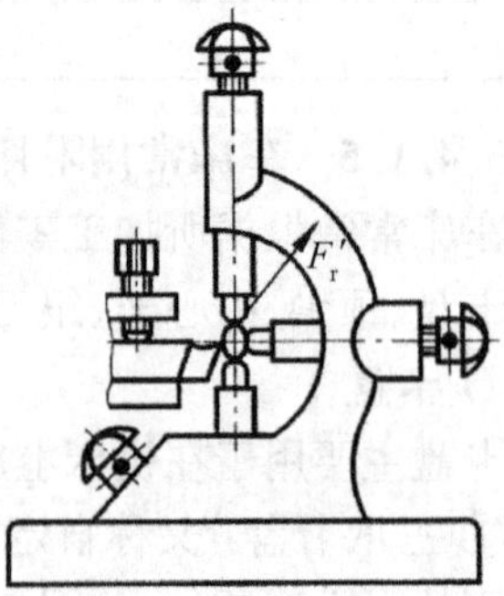

图 5－88　跟刀架

② 跟刀架：对于不适合掉头的细长轴，无法用中心架支撑工件，可采用跟刀架进行车削，跟刀架固定在床鞍上随车刀移动，抵消径向切削力，车削时稳定不易产生震动，如图 5－88 所示。

5.4.1.6　车削用量

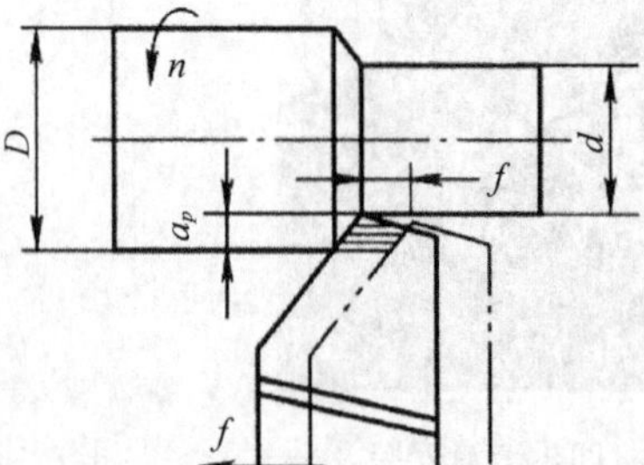

图 5－89　车削用量示意图

v_c. 切削速度；f. 进给量；a_p. 背吃刀量

车削用量主要包括切削速度 v_c、进给量 f 和背吃刀量 a_p(图 5－89)。在加工中，车削用量的选用是否合适直接影响工件加工质量、刀具的磨损和寿命、机床的动力消耗及生产率。因此，必须合理地选择车削用量。

1）切削速度 v_c(m/min 或 m/s)

切削速度指切削加工时刀具切削刃上的某一点相对于待加工表面在主运动方向上的瞬时速度，即切削刃选定点相对于工件的主运动的瞬时速度(线速度)。通常选定点为线速度最大的点。车外圆时的切削速度为

$$v_c = \pi D n / 1\,000 \tag{5-3}$$

式中，D 为工件待加工表面的直径(mm)；n 为工件转速(r/min)。

2) 进给量 f(mm/r)

进给量指刀具在进给运动方向上相对工件的位移量，可用刀具或工件每转或每行程的位移量来表述和度量。车削外圆时的进给量为工件每转一转刀具沿进给运动方向所移动的距离。

3) 背吃刀量(吃刀深度) a_p(mm)

背吃刀量指工件已加工表面和待加工表面间的垂直距离。车外圆时的背吃刀量为

$$a_p = \frac{d_w - d_m}{2} \tag{5-4}$$

式中，d_w 为工件待加工表面的直径(mm)，d_m 为工件已加工表面的直径(mm)。

4) 车削用量选择原则

(1) 粗车车削用量选择

选用原则：粗车时主要以提高效率为主，应尽快把工件上的多余材料切除，原则上应选大的车削用量，但又不能将车削用量三要素同时增大。一般优先选用大的背吃刀量，再选择进给量，最后选择一个合适的切削速度。这是因为在车削用量三要素中，对车刀寿命影响最大的是切削速度，其次是进给量，影响最小的是背吃刀量。粗车车削用量选择如下：

① 首先选择一个尽量大的背吃刀量，最好将粗加工余量一次切完。当余量过大或工艺系统刚性差时，可分两次切除余量，第一次切除余量的 2/3～3/4；第二次切除余量的 1/4～1/3。为了保证加工质量，应留少量精加工余量，一般取 0.2～0.5 mm。

② 然后在工件质量要求能够得到保证时，为提高生产效率，可选择较高的进给速度。一般在 100～200 mm/min 范围内选取；在切断或用高速钢刀具加工时，进给速度一般在 20～50 mm/min 范围内选取；当加工精度和表面粗糙度要求高时，进给速度一般在 20～50 mm/min 范围内选取。

③ 最后选择一个合理的切削速度。对于高速钢车刀切削速度一般不超过 30 m/min；在精加工时，硬质合金刀具的切削速度可达到 100 m/min 以上。再根据切削速度计算工件转速，计算后取与车床铭牌上相近的、较低挡的车床主轴转速。

(2) 精车车削用量选择

选用原则：精车时，工件的加工余量不大，加工精度要求较高，表面粗糙度值要求较小，应以提高加工质量作为选择车削用量的主要依据，然后尽可能提高生产率。

选用步骤：半精加工、精加工的背吃刀量较小，原则上应一次进给切除全部余量。若工件表面粗糙度值要求较小，一次进给无法保证表面质量时，可分两次进给，但最后一次进给的背吃刀量不得小于 0.1 mm。选择切削速度时可根据刀具材料确定：用硬质合金车刀，选用较高的切削速度，一般 $v_c > 80$ m/min；用高速钢车刀，选用较低的切削速度，一般 $v_c < 5$ m/min。

5.4.1.7　车刀安装

在车削加工中，车刀必须正确牢固安装在刀架上。车刀安装直接影响工件的加工质量，因此在车刀安装注意以下几点。

(1) 车刀刀尖与工件轴心等高

车刀在安装时(图 5-90),左侧的刀尖必须严格对准工件的旋转中心(图 5-90d),否则在车削平面至中心时会留有凸头或造成车刀刀尖碎裂。

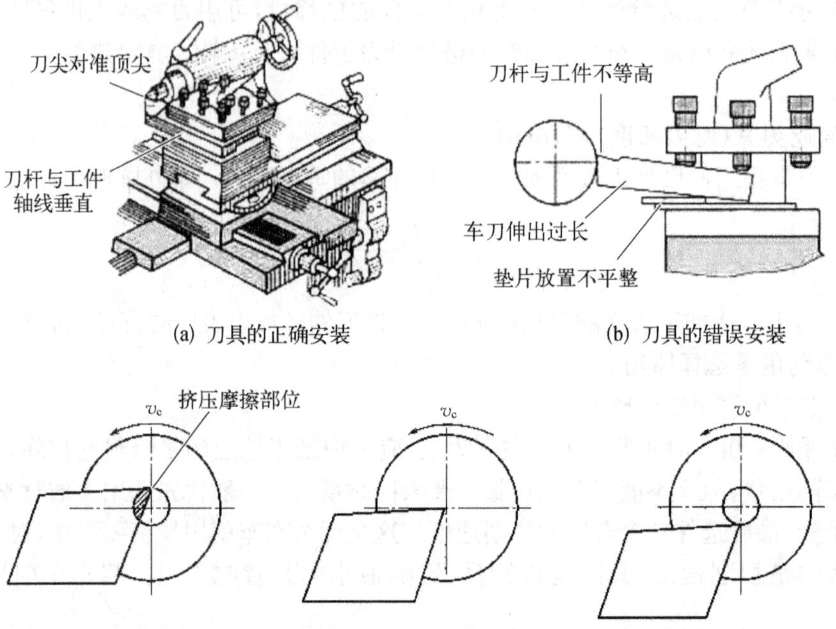

(a) 刀具的正确安装　(b) 刀具的错误安装

(c) 刀尖过高　(d) 刀尖等高　(e) 刀尖过低

图 5-90　刀具安装

(2) 车刀刀杆伸出长度要合理

刀尖伸出的长度约为刀杆厚度的 1～1.5 倍,伸出过长,刚性变差,车削时容易引起震动。

5.4.1.8　车削方法

1) 车外圆

外圆加工是车削加工中最为普遍及基础的一道加工工序,常用加工刀具为 90°外圆车刀,首先手动横向进给背吃刀量,再自动纵向进给车削外圆表面,如图 5-91 所示。在车削过程中会产生三个面,分别为已加工表面、过度表面和待加工表面,如图 5-92 所示。

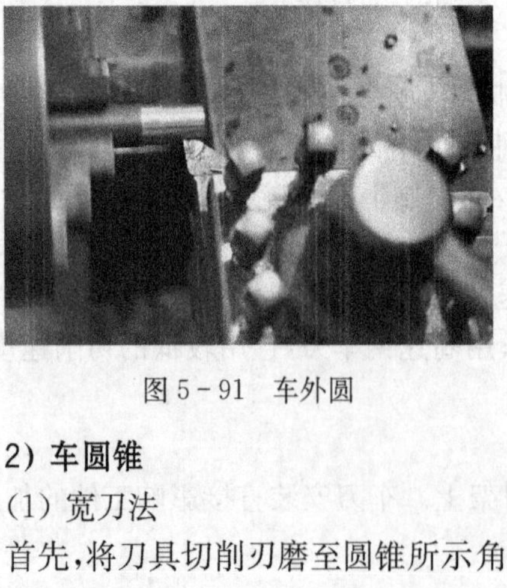

图 5-91　车外圆

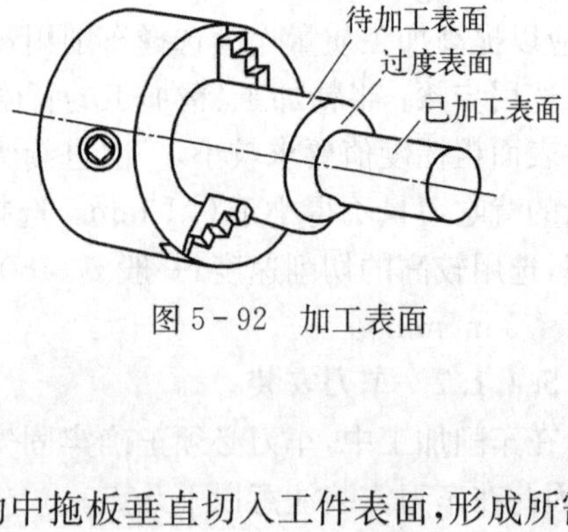

图 5-92　加工表面

2) 车圆锥

(1) 宽刀法

首先,将刀具切削刃磨至圆锥所示角度,转动中拖板垂直切入工件表面,形成所需要的圆锥面，如图 5－93 所示。此方法适合锥面较短的工件，否则容易引起震动，产生波纹。

(2) 转动小拖板

将小拖板旋转至与车床主轴线形成所车圆锥角度，大小应该等于加工零件的圆锥半角值，操作方便，但只能手动进给，表面质量不理想，如图 5－94 所示。

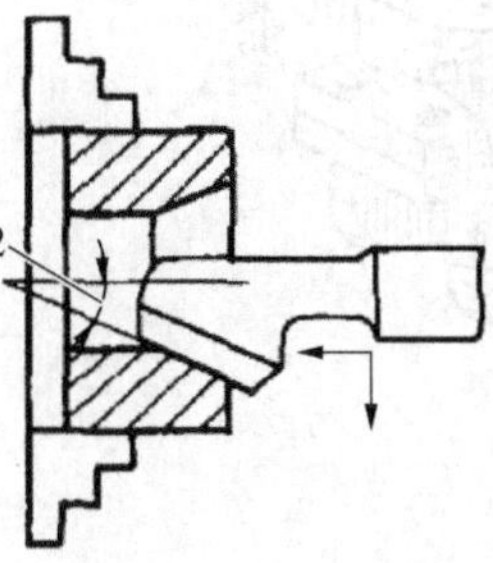

图 5－93　宽刀法

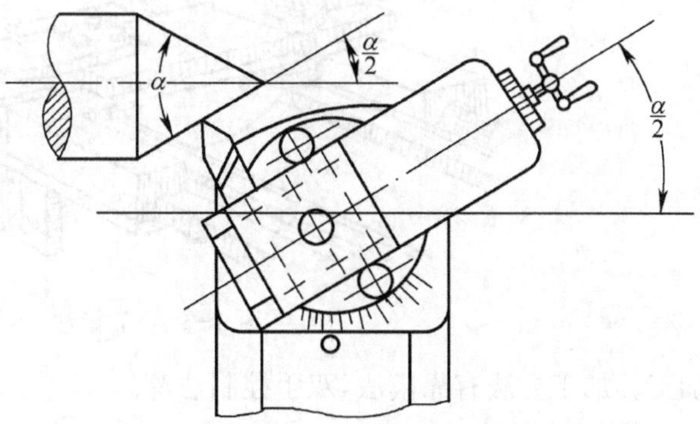

图 5－94　转动小拖板法

角度计算：

$$\tan\alpha/2 = C/2 = (D-d)/2L \quad (5-5)$$

式中，$\alpha/2$ 为圆锥半角；C 为锥度；D 为最大圆锥直径(mm)；d 为最小圆锥直径(mm)；L 为最大圆锥直径与最小圆锥直径之间的轴向距离(mm)。

(3) 偏移尾座法

工件装夹在两顶尖之间，将尾座上部向前或向后偏移一定距离 S，使工件回转轴线与车床线夹角等于工件的半锥角，车刀自动进给，加工方便，表面质量较好，如图 5－95 所示。适用锥度较小，精度不高的锥体。

$$S \approx L_0 \tan\frac{\alpha}{2} = L_0\,\frac{D-d}{2L} \quad (5-6)$$

根据式(5－5)，式(5－6)可表示成

$$S = \frac{C}{2}L_0 \quad (5-7)$$

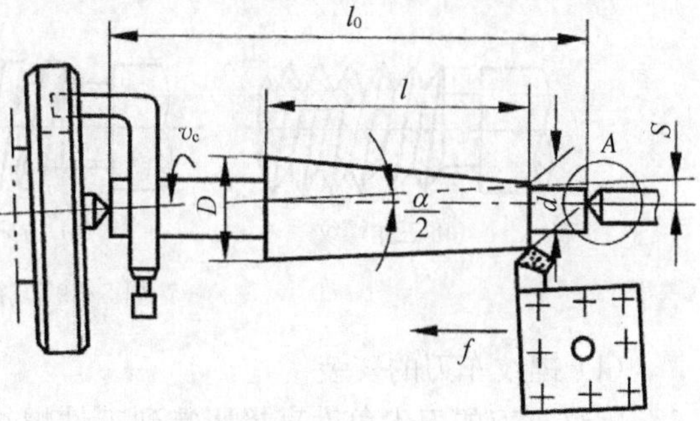

图 5－95　偏移尾座法

式中，S 为尾座偏移量(mm)；D 为圆锥大端直径(mm)；d 为圆锥小端直径(mm)；L 为圆锥大端直径与小端直径处的轴向距离(即圆锥长度)(mm)；L_0 为工件全长(mm)；C 为锥度。

(4) 靠模法

将靠模板安装在尾座上并调整固定在水平位置，滚轮支架同时作为刀架。车削时刀具同时做横向和纵向进给。适用于精度高及批量较大的工件，如图 5－96 所示。

3) 车球面

球面加工受到自身机床结构、精度等的限制，一般只用于修配，批量小且精度不高的

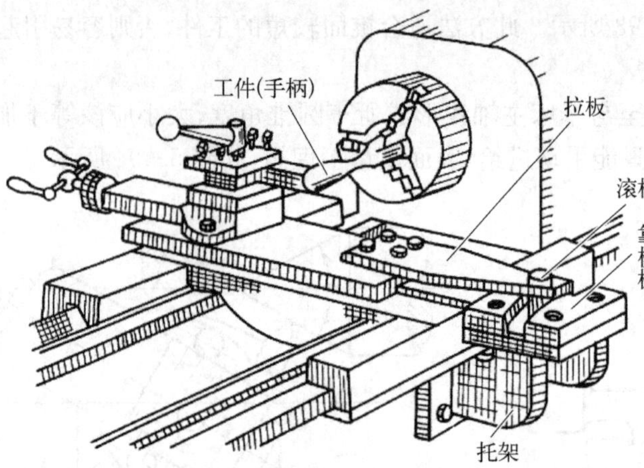

图 5-96　靠模法

工件加工。加工方法有靠模法，双手控制法等。

(1) 靠模法

通用增加一个曲面模型样板，与刀架轴向走刀轴承连接，限制走刀路径，依照样板加工，精度较低。

(2) 双手控制法

双手控制法也称人工法，即一只手控制小拖板，另一只手控制中拖板，两只手同时转动，通过手感控制车刀进刀量和走刀量，最终加工出球面。此方法对操作人员要求较高，加工精度完全靠经验及手感，加工速度慢，表面质量低。

4) 车螺纹

零件之间的连接经常能看到采用螺纹的形式，螺纹也是常见的车削加工内容之一，按牙型可分为三角螺纹、方牙螺纹、梯形螺纹(图 5-97)。

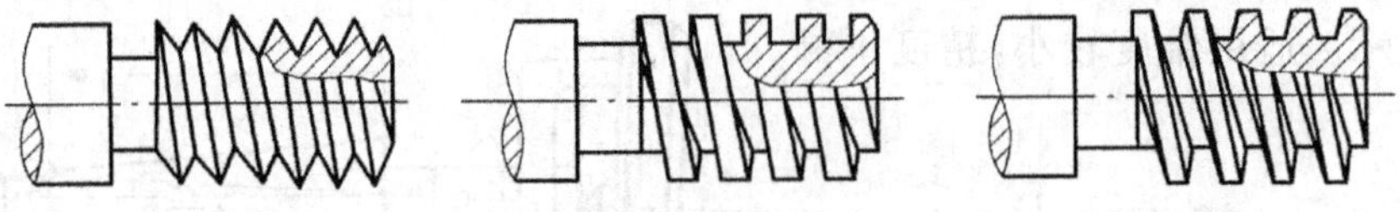
(a) 三角螺纹　(b) 方牙螺纹　(c) 梯形螺纹

图 5-97　螺纹类型

(1) 螺纹车刀的安装

螺纹车刀的刀尖角度直接影响到工件螺纹牙形角，一般公制螺纹牙形角度为 60°，安装螺纹车刀时，刀尖应与工件轴线等高，否则会影响螺纹的截面形状，并且刀尖角平分线应与工件轴线垂直，否则加工出的螺纹牙形会偏左或偏右，造成无法使用的情况，为了方便安装可采用相对应的螺纹角度样板(图 5-98)。

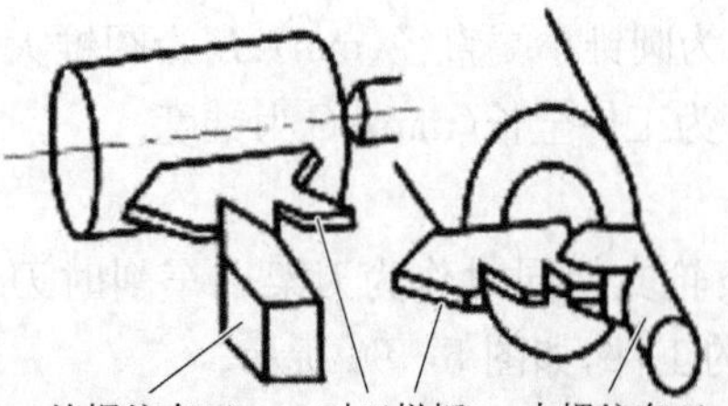

图 5-98　螺纹样板对刀

(2) 车螺纹步骤

① 车螺纹外圆直径应比标注直径尺寸小 0.1 mm，端面倒角。

② 在螺纹长度末尾处刻线或割槽，作为退刀参考。

③ 调整车床，切换丝杠带动刀架。改变进给箱手

柄位置，使其主轴旋转一圈得到刀具纵向移动距离等于螺距大小。

④ 开车，使刀具轻接触工件外圆，记下中拖板读数，停车，如图 5-99a 所示。

⑤ 合上开合螺母，开车在工件表面车出一条螺旋线，横向退刀，停车，如图 5-99b 所示。

⑥ 主轴反转倒车，使刀具移动到工件最右端，停车，用尺检验螺距是否正确，如图 5-99c 所示。

⑦ 转动中拖板调整背吃刀量，开车切削加工，如图 5-99d 所示。

⑧ 螺纹刀将要移动到终点时，横向快速退出车刀，主轴反转移动到工件最右端，如图 5-99e 所示。

⑨ 再次横向进刀，开车切削，往复⑦⑧步骤直至螺纹深度达到要求且加工完毕。

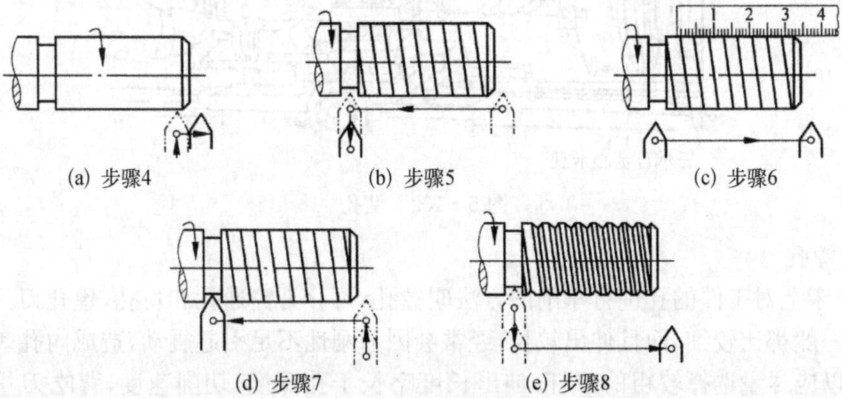

(a) 步骤4　(b) 步骤5　(c) 步骤6

(d) 步骤7　(e) 步骤8

图 5-99　车螺纹步骤

5）割槽和切断

零件加工中，经常需要按图纸要求割断或切割出凹槽。

(1) 直进法

垂直于工件轴线方向，旋转中拖板进给切割工件，此方法加工效率高，对车床刚度，车刀刃磨有较高要求，适用加工较小宽度的沟槽，若沟槽较宽，切割阻力会很大，会产生震动，轻则影响工件表面质量，重则刀具折断，如图 5-100 所示。

(2) 左右借刀法

刀具在工件轴线方向来回往复运动，并伴随垂直进给，直至切出完整沟槽宽度或切断。此方法适用车床刚度较差，沟槽宽度较宽，无法一次加工成型的情况，如图 5-101 所示。

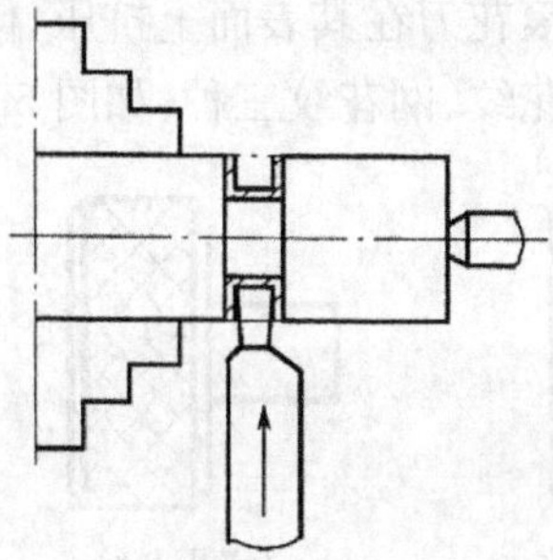
图 5-100　直进法

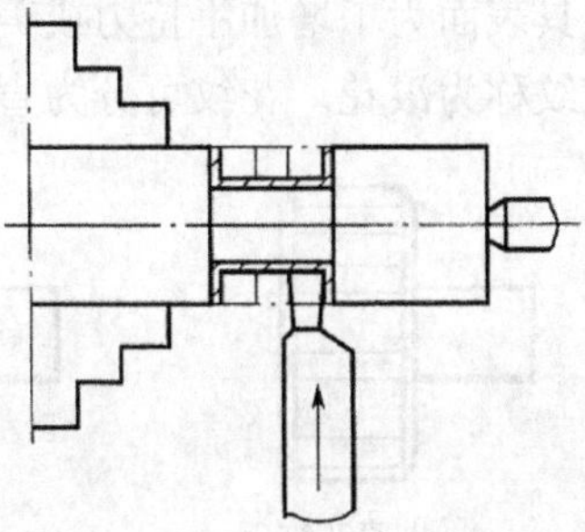
图 5-101　左右借刀法

6）钻孔和镗孔

孔的加工方法有很多，钻孔，镗孔是最典型及常用的方法。

（1）钻孔

用钻头在实体工件上钻出孔状，即叫钻孔。车床上钻孔如图 5－102 所示，将工件安装在三爪卡盘上，钻头安装在尾架上，开车工件旋转，移动尾架使钻头接近工件，调整钻头钻入深度，锁紧尾架，摇动尾架进给手柄使钻头慢慢进入工件内部，留意排屑是否顺畅，该过程保证冷却液不断。钻孔精度较低，表面粗糙，适用于精度要求不高的场合，属于孔的粗加工。

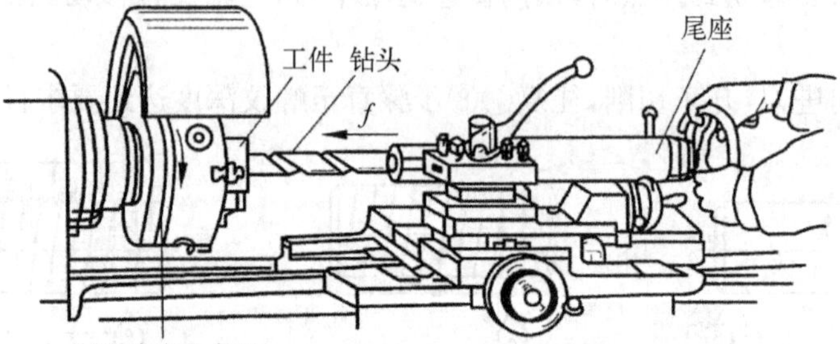

图 5－102　钻孔

（2）镗孔

在车床上对工件的孔进行车削的方法叫镗孔，可分为镗通孔和盲孔，镗孔刀刀杆应小于孔径，一般都比较细，而且伸出较长，经常会因为刚性不足引起震动，造成内孔表面呈花纹状，所以应尽量选择较粗的刀杆，伸出长度略长于孔深度，切削速度，背吃刀量要小一些。镗盲孔时，由于内部不易观察，排削相对困难，所以要格外留心，如图 5－103 所示。

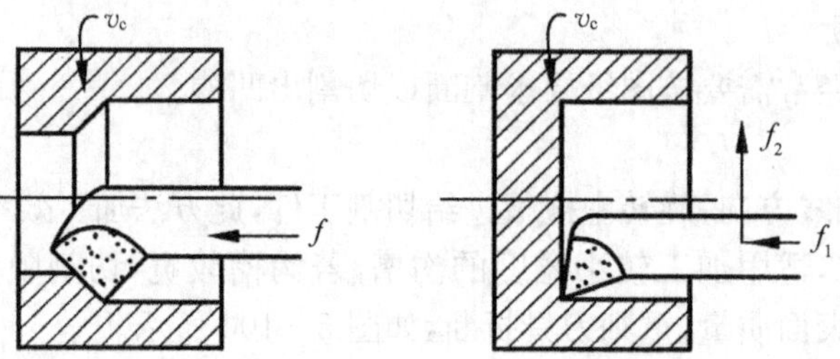

(a) 镗通孔　(b) 镗盲孔

图 5－103　镗孔

7）滚花

在一些工具表面为了增加手持力或美观，会用滚花刀在其表面上挤压，使其产生塑性变形而产生花纹称为滚花。花纹可分为直花纹、斜花纹、网花纹三种，如图 5－104 所示。

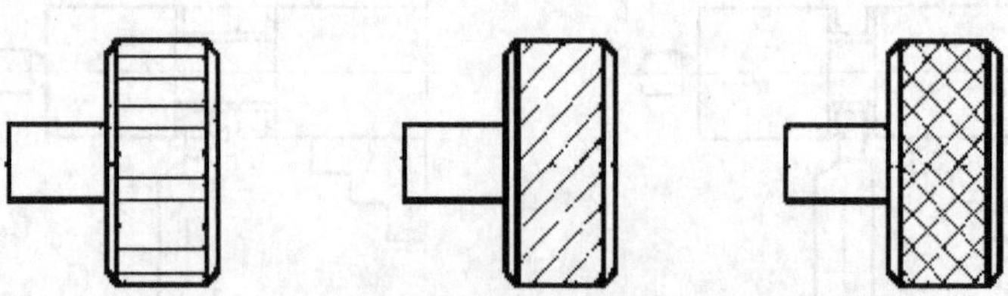
(a) 直花纹　(b) 斜花纹　(c) 网花纹

图 5－104　滚花

滚花方法：滚花刀的安装应与工件轴线等高，滚轮与轴线平行，开始滚压时，挤压力要大，使工件表面产生比较深的花纹，这样就可以避免产生乱纹，为了减轻刚开始的径向力，可以把滚花刀往左倾斜一点，与工件表面形成一个很小的夹角，当停车检查符合要求后，再纵向进给加工一至两次即可完成，如图 5 - 105 所示。

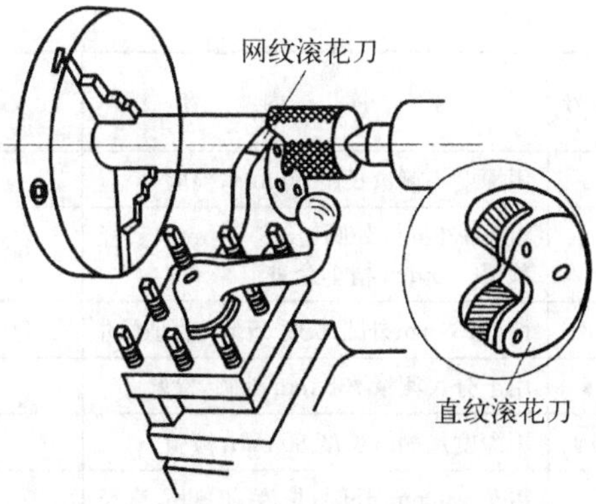

图 5 - 105　滚花方法

5.4.1.9　车削实践案例

本案例是车削一个轴类零件(图 5 - 106)，材料 45＃钢，规格 $\phi55\times118$，未注倒角为 $1\times45°$，锐边倒钝。

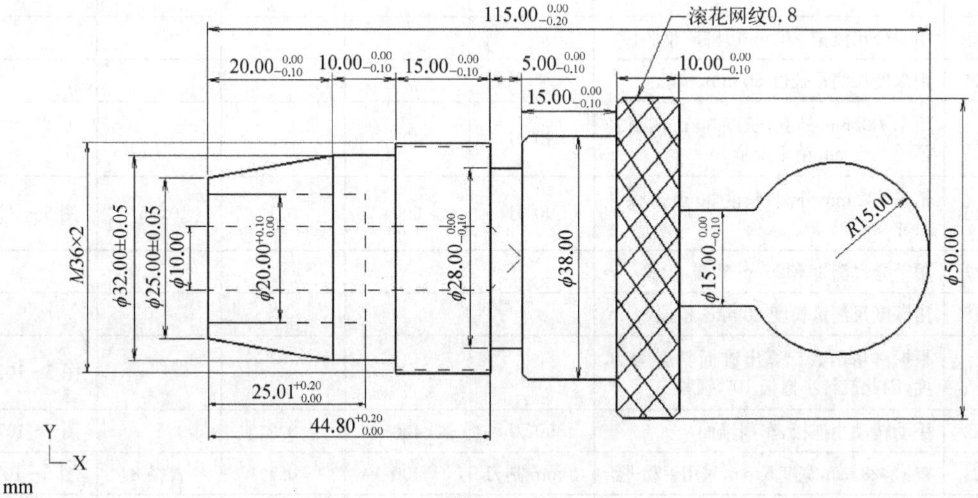

图 5 - 106　轴类零件

1) 案例分析

该零件集合了车床加工的各种常用特征，如外圆、锥度、槽、成形面、孔，滚花等，应依照先基面后其他、先粗车后精车的原则进行加工。该零件需要两次装夹，先加工左边台阶、锥面、槽、螺纹、内孔，然后再夹住台阶加工右边的球形面，最后检验尺寸，具体的工艺过程如表 5 - 9 所示。

表 5 - 9　轴类零件工艺过程

序号	工　序　内　容	刀具	转速/r	进给量/(mm/r)	背吃刀量/mm	工序图
1	夹持工件伸出长度大于 80 mm					图 5 - 107a
2	车端面，光出平面	45°刀	600	0.1	0.5	图 5 - 107b
3	粗车 $\phi50$ mm 外圆，长度 80 mm，直径预留 0.5 mm 精车余量	90°刀	400	0.2	2	
4	精车 $\phi50$ mm 外圆，长度 80 mm，保证尺寸	90°刀	600	0.1	0.25	图 5 - 107c
5	用千分尺测量 $\phi50$ mm 外圆，检验					

（续 表）

序号	工 序 内 容	刀具	转速/r	进给量/(mm/r)	背吃刀量/mm	工序图
6	用深度尺测量长度 80 mm，检验					
7	粗车 ϕ38 mm 外圆，长度 65 mm，直径预留 0.5 mm 精车余量	90°刀	400	0.2	2	
8	精车 ϕ38 mm 外圆，长度 65 mm，保证尺寸	90°刀	600	0.1	0.25	图 5-107d
9	用千分尺测量 ϕ38 mm 外圆，检验					
10	用深度尺测量长度 80 mm，检验					
11	粗车 ϕ36 mm 外圆，长度 50 mm，直径预留 0.5 mm 精车余量	90°刀	400	0.2	1	
12	精车 ϕ36 mm 外圆，长度 50 mm，保证尺寸	90°刀	600	0.1	0.25	图 5-107e
13	用千分尺测量 ϕ36 mm 外圆，检验					
14	用深度尺测量长度 50 mm，检验					
15	粗车 ϕ32 mm 外圆，长度 30 mm，直径预留 0.5 mm 精车余量	90°刀	400	0.2	2	
16	精车 ϕ32 mm 外圆，长度 30 mm，保证尺寸	90°刀	600	0.1	0.25	图 5-107f
17	用千分尺测量 ϕ32 mm 外圆，检验					
18	用深度尺测量长度 30 mm，检验					
19	根据三角函数计算出锥面斜度为 10 度，因此旋转小拖板 10°，锁紧					图 5-107g
20	手动转动小拖板，车削锥面	90°刀	400	0.2	1	图 5-107h
21	割槽 ϕ28 mm，宽度 5 mm，采用手动进给	3 mm 割刀	400	0.1	直径 8	图 5-107i
22	车直径 36 mm，螺距 2 mm 三角螺纹	60°螺纹刀	300		0.5	图 5-107j
23	用螺纹环规检验					
24	10 mm 钻头钻深度为 50 mm 孔	10 mm 钻头	500	0.1		图 5-107k
25	粗车镗孔 ϕ20 mm，深度 25 mm，直径预留 0.5 mm 精车余量	镗刀	400	0.2	1	
26	精车镗孔 ϕ20 mm，深度 25 mm，保证尺寸	镗刀	500	0.1	0.25	图 5-107l
27	卡尺测量内孔尺寸，检验					
28	滚花，手动进给	0.8×0.8 mm 滚花刀			0.8	图 5-107m
29	夹住 ϕ38 mm 外圆，放入卡盘夹持					
30	车端面，控制总长 115 mm	45°刀	600	0.2	0.5	
31	车 ϕ32 mm 外圆，长度 40 mm	90°刀	600	0.2	2	图 5-107n
32	割槽 ϕ15 mm，宽度 12 mm，手动进给	4 mm 割刀	400	0.1	直径 17	图 5-107o
33	采用双手控制法车削球形面	圆弧刀	500	0.1		图 5-107p
34	用圆弧样板检验					
35	完成					图 5-107q

实际加工过程如图 5-107 所示。

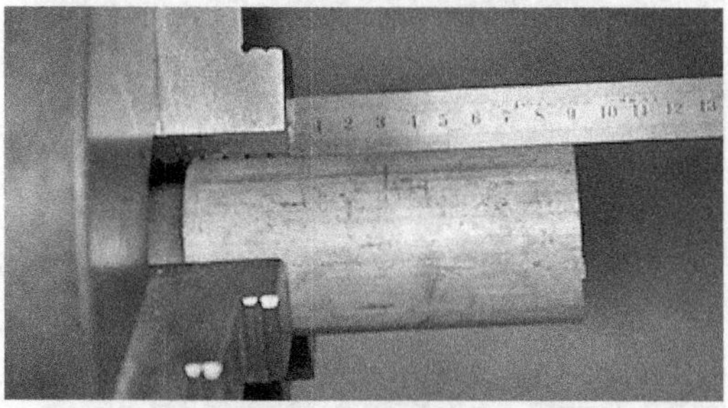

(a) 工序 1

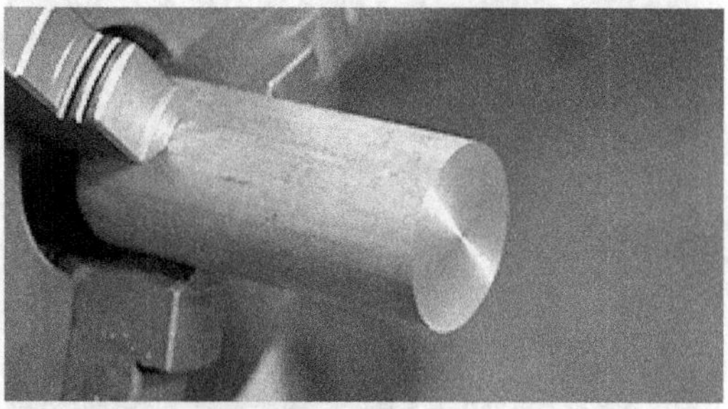

(b) 工序 2

(c) 工序 4

(d) 工序 8

(e) 工序 12

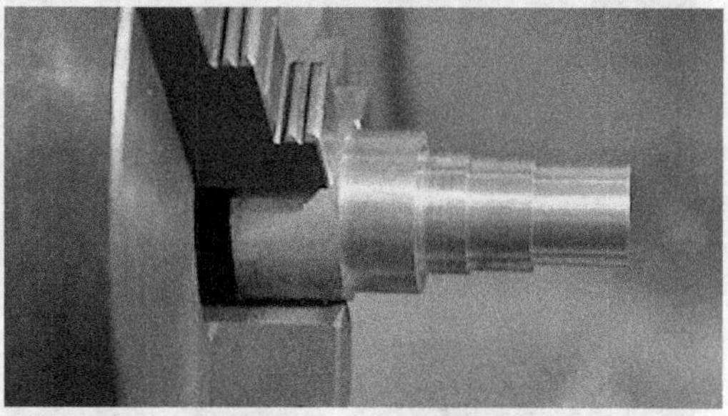

(f) 工序 16

(g) 工序 19

(h) 工序 20

(i) 工序 21

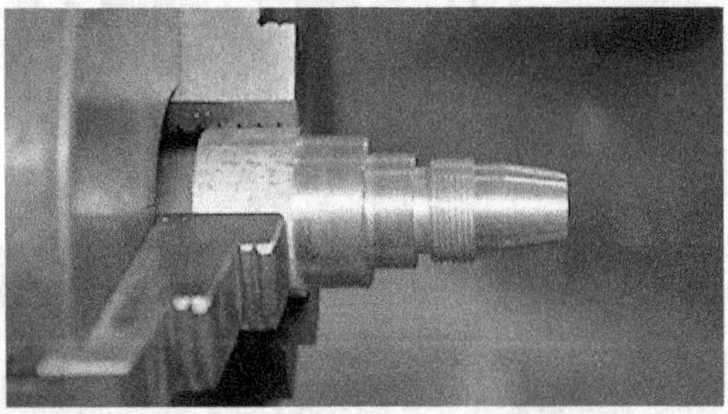

(j) 工序 24

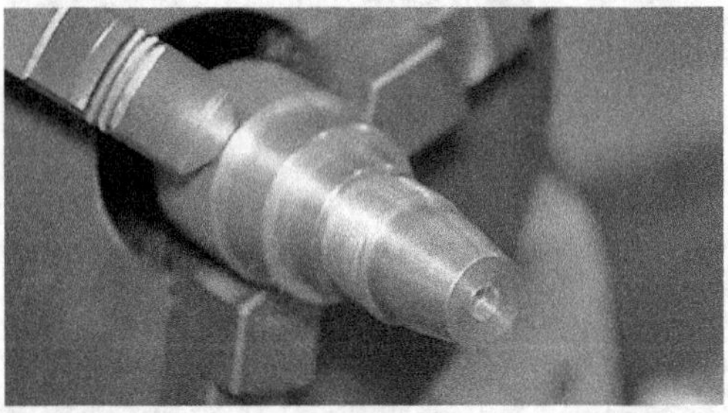

(k) 工序 26

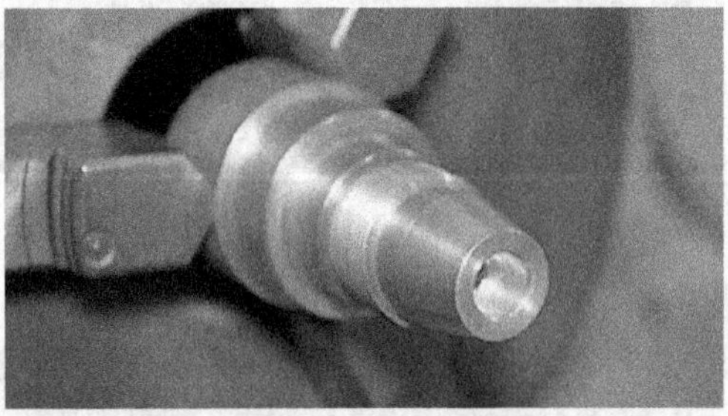

(l) 工序 28

(m) 工序 31

(n) 工序 32

(o) 工序 33

(p) 工序 34

(q) 成品图

图 5-107　轴类零件车削过程

2) 质量检验

轴类零件的质量检验结果如表 5-10 所示。

表 5-10 轴类零件的质量检验结果

序号	图纸尺寸/mm	测量尺寸/mm	采用的测量工具	结果分析
1	$\Phi 38^{+0.05}_{-0}$	38.02	25～50 千分尺	合格
2	$15^{+0}_{-0.1}$	14.9	0～150 游标卡尺	合格
3	$\Phi 32^{+0.05}_{-0}$	32.01	25～50 千分尺	合格
4	$10^{+0}_{-0.1}$	10	0～150 游标卡尺	合格
5	$\Phi 25^{+0.05}_{-0}$	25.03	25～50 千分尺	合格
6	$20^{+0}_{-0.1}$	19.93	0～150 游标卡尺	合格
7	$\Phi 28^{+0.05}_{-0}$	28.01	25～50 千分尺	合格
8	$5^{+0}_{-0.1}$	4.9	0～150 游标卡尺	合格
9	$M36\times2$		螺纹环规	合格
10	$\Phi 10$	10.1	0～150 游标卡尺	合格
11	$25^{+0.2}_{-0}$	25.14	0～150 游标卡尺	合格
12	$\Phi 20^{+0.1}_{-0}$	20.08	0～150 游标卡尺	合格
13	$44.8^{+0.2}_{-0}$	45	0～150 游标卡尺	合格
14	$\Phi 15^{+0}_{-0.1}$	14.97	0～150 游标卡尺	合格
15	球 $R15$		$R15$ 圆弧样板	合格

5.4.2 普通铣削实践

5.4.2.1 实践目的

① 了解铣削加工的加工范围及工艺特点。

② 了解常用铣床的结构、运动和用途，了解铣床常用刀具和附件的用途。

③ 掌握铣削加工的加工方法，掌握分度头的运用和加工。

④ 掌握在铣床上正确安装工件、刀具的方法，并完成对平面、沟槽等的铣削加工。

5.4.2.2 铣削基本知识

铣削是在铣床上用铣刀对工件进行切削加工的方法，是机械加工最常用的切削加工方法之一。铣削加工精度一般为 IT9～IT97，表面粗糙度 Ra 为 6.3～1.6 μm。

1) 铣削加工范围

铣削加工是以铣刀旋转为主运动，工件为进给运动的切削加工方法。

在铣床上使用不同的铣刀完成平面(水平面、垂直平面、斜面)、台阶、沟槽(直角沟槽、V 形槽、T 形槽、燕尾槽等)和切断等加工(图 5-108)。此外，在铣床上使用分度装置还可加工需周向等分的花键、齿轮和螺旋槽等，还可以进行钻孔和铣孔等加工。

2) 铣削加工工艺特点

① 断续加工：相比较于车削加工，有切削冲击，因而需要考虑刀具承受冲击载荷的问题。

② 开放式加工：其切削过程为开放式，排屑比较容易。

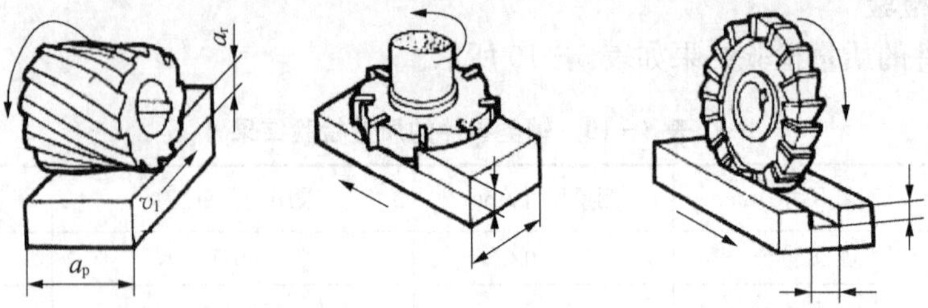

(a) 铣平面　　(b) 铣平面　　(c) 铣方形槽

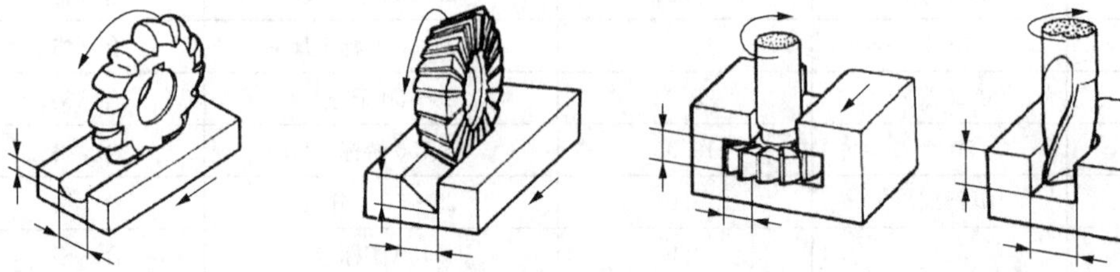

(d) 铣半圆槽　　(e) 铣不称V形槽　　(f) 铣T形槽　　(g) 铣沟槽

图 5－108　铣削加工范围

③ 生产率较高：其为多齿工作，旋转运动有利于高速铣削。

④ 刀齿散热条件较好。

⑤ 容易产生振动。

5.4.2.3　铣刀种类及用途

铣刀是用于铣削加工且具有一个或多个刀齿的旋转刀具。工作时各刀齿依次间歇地切去工件的余量。铣刀按照安装方式分为带孔铣刀和带柄铣刀，带柄铣刀按照柄的形状又分为直柄铣刀和锥柄铣刀。铣刀常用材料主要有高速工具钢，硬质合金钢等。

1) 带孔铣刀

带孔铣刀常用有圆柱铣刀、角铣刀、三面刃铣刀、锯片铣刀等，一般用于卧式铣床。

① 圆柱铣刀(图 5－109a)：刀齿分布在铣刀的圆周上，按齿形分为直齿和螺旋齿两种，按齿数分粗齿和细齿两种。粗齿铣刀齿数少，刀齿强度高，容屑空间大，适用于粗加工；细齿铣刀适用于精加工。

② 三面刃铣刀(图 5－109b)：用于加工各种沟槽和台阶面，其两侧面和圆周上均有刀齿。

③ 角度铣刀(图 5－109c)：用于铣削一定角度的沟槽，有单角和双角铣刀两种。

④ 锯片铣刀(图 5－109d)：用于加工深槽和切断工件，其圆周上有较多的刀齿。为了减少铣切时的摩擦，刀齿两侧有15′～1°的副偏角。

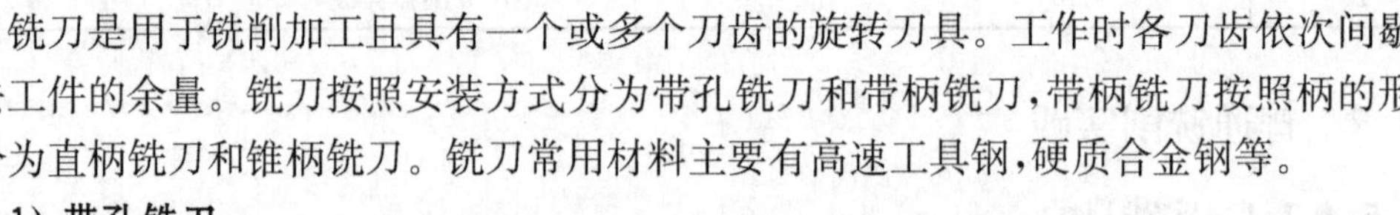

(a) 圆柱铣刀　　(b) 三面刃铣刀　　(c) 角度铣刀　　(d) 锯片铣刀

图 5－109　带孔铣刀种类

2) **带柄铣刀**

带柄铣刀常用有立铣刀、键槽铣刀、T形铣刀、V形铣刀、燕尾槽铣刀等，多用于立式铣床。

① 立铣刀(图5-110a)：用于加工沟槽和台阶面等，刀齿在圆周和端面上，工作时不能沿轴向进给。当立铣刀上有通过中心的端齿时，可轴向进给。

② 键槽铣刀(图5-110b)：用于铣削键槽。

③ T形铣刀(图5-110c)：用来铣T形槽。

④ 燕尾槽铣刀(图5-110d)：用于铣燕尾形槽。

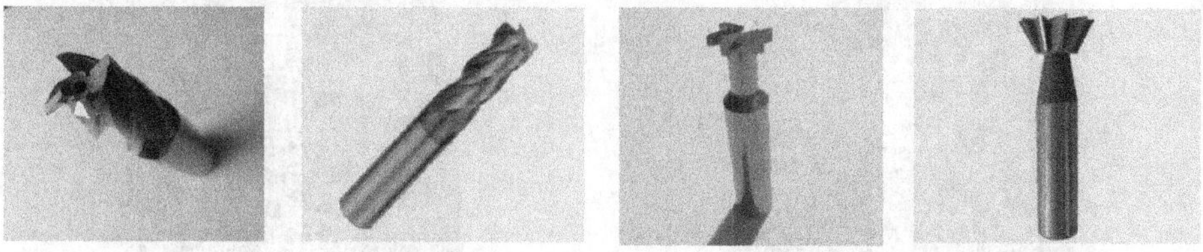

(a) 立铣刀　(b) 键槽铣刀　(c) T形铣刀　(d) 燕尾槽铣刀

图5-110　带柄铣刀种类

5.4.2.4　铣床

1) **铣床分类**

按照铣床的结构特征分为卧式铣床、立式铣床和工具铣床等。

① 立式铣床：所用铣刀相对灵活，可用立铣刀、燕尾槽铣刀、钻头等，可铣键槽、平面、镗孔等，适用范围较广，如图5-111a所示。

② 卧式铣床：主要可使用挂架增强刀具(主要是三面刃铣刀、锯片铣刀等)强度，可铣槽、平面、切断等，如图5-111b所示。

③ 工具铣床：可以进行镗、铣、钻、插等切削加工，用于加工各种刀具、夹具、冲模、压模等中小型模具及其他复杂零件，借助多种特殊附件可以加工圆弧、齿条、齿轮、花键等零件，如图5-111c所示。

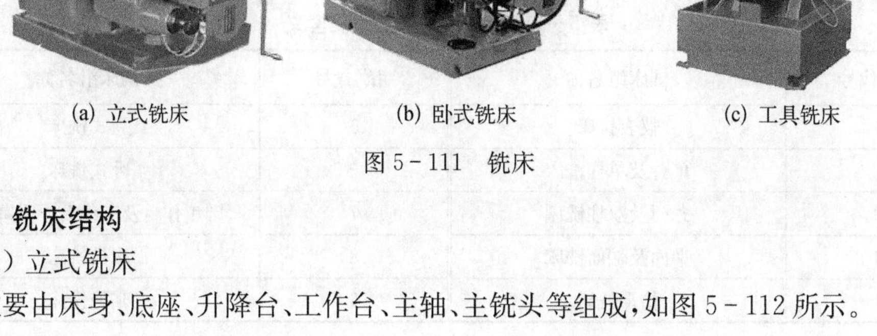

(a) 立式铣床　(b) 卧式铣床　(c) 工具铣床

图5-111　铣床

2) **铣床结构**

(1) 立式铣床

主要由床身、底座、升降台、工作台、主轴、主铣头等组成，如图5-112所示。

床身：机床的主体，机床大部分部件都安装在床身上。

底座：整部机床的支承部件，具有足够的刚性和强度。

升降台：带动工作台沿床身前侧垂直导轨作上下移动。

工作台：安装工件和带动工件横向或纵向移动。

主轴：前端带锥孔的空心轴，用于安装铣刀，并带动铣刀旋转。

主铣头：支撑主铣头，可左右倾斜一定角度(±45°)。

图 5-112　立式铣床

1. 床身；2. 底座；3. 升降台；
4. 工作台；5. 主轴；6. 主铣头

图 5-113　卧式铣床

1. 床身；2. 底座；3. 升降台；
4. 工作台；5. 主轴；6. 横梁

(2) 卧式铣床

主要由床身、底座、升降台、工作台、主轴、横梁等组成(图 5-113)，其横梁用于支持安装铣刀的长刀轴外端，可沿床身顶部导轨移动，并可以调整伸出长度，以适应安装各种不同长度的铣刀刀轴。其他部分结构与立式铣床相似。

3) 铣床型号

铣床编号是按照 GB/T 15375-1994 的规定表示，如表 5-11 所示为铣床组别代号及含义，如表 5-12 所示为铣床系别代号及含义。

X5032 立式铣床型号含义：

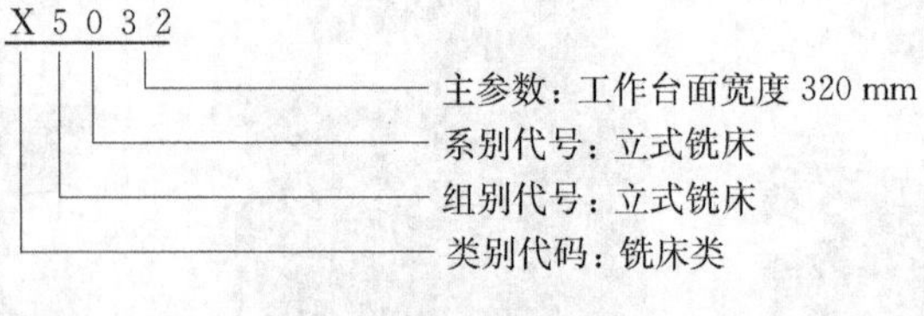

表 5-11　铣床组别代号及含义

组别代号	铣床组名称	组别代号	铣床组名称
0	仪表铣床	5	立式铣床
1	单臂及单柱铣床	6	卧式铣床
2	龙门及双柱铣床	7	圆工作台及工作台不升降铣床
3	平面及端面铣床	8	工具铣床
4	仿形铣床	9	其他铣床

表 5－12　铣床系别代号及含义

系别代号	铣床组名称	系别代号	铣床组名称
0	立式铣床	5	转塔铣床
1	立式镗铣床	6	立式滑枕铣床
2	摇臂铣床	7	万能滑枕铣床
3	万能摇臂铣床	8	圆弧铣床
4	摇臂镗铣床		

5.4.2.5　铣床常用附件

铣床常用附件主要有分度头、装夹工具等。

1）分度头

分度头是铣床的重要附件，用于完成多边形、齿轮、花键槽等需要将圆周分成任意等份的工件。

(1) 分度头结构及组成

分度头主要由主轴、本体、分度盘、分度手柄、支座等组成(图 5－114)。

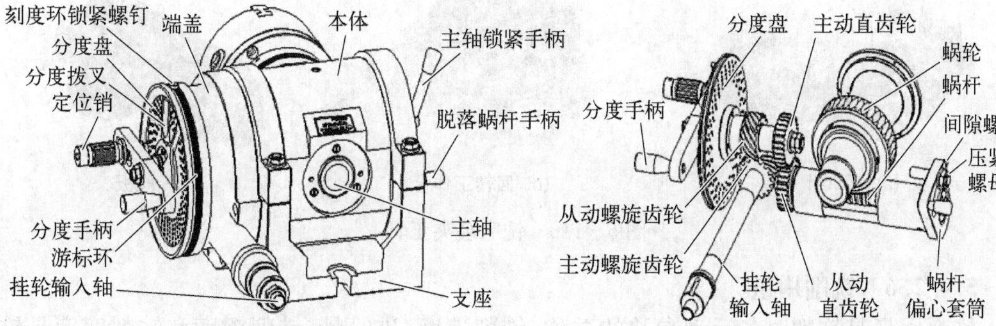

图 5－114　分度头及传动原理

(2) 简单分度法

常用分度头分度有直接分度法、简单分度法、角度分度法和差分分度法等。分度时拔出定位销，转动分度手柄，通过 1∶40 蜗轮蜗杆传动使主轴转动(即分度手柄转一圈，主轴转 1/40 圈)，如果将工件在圆周上分 Z 等分，每一次分度时手柄转过的圈数为

$$1(Z:n) = 1:40$$

$$n = 40/Z \tag{5-8}$$

分度头一般配有两块分度盘。第一块分度盘的正面各圈孔数：24、25、28、30、34、37；反面为 38、39、41、42、43；第二块分度盘正面各圈孔数：46、47、49、51、53、54，反面分别为 57、58、59、62、66。

例如，铣削一个 $Z=17$ 的齿轮，每分一个齿，由式(5－8)，手柄转过的转数为

$$n = \frac{40}{Z} = \frac{40}{17} = 2\,\frac{6}{17} \tag{5-9}$$

由式(5－9)可知，每分度一次，手柄需要转过 2 整圈再多转过 6/17 圈，这 6/17 圈是通过分度盘来控制的。操作方法如下：分度盘固定不动，按照上面给出的两块分度盘各圈孔数

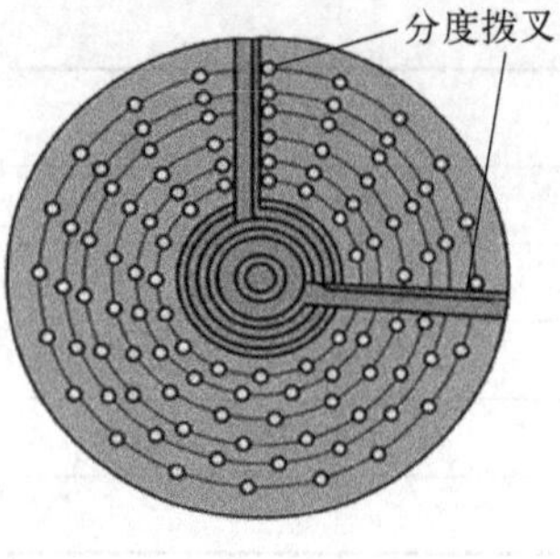

图 5-115　分度拨叉的定位作用

选择孔数为 17 倍数的 34 或 51 孔数，若选用 34 孔数，即 6/17=12/34，将分度盘上的定位销拔出，分度手柄转过二圈再在 34 的孔圈上转过 12 个孔距。为了保证分度手柄转过的孔数可靠，可调整分度盘上分度拨叉之间的夹角，使之等于欲分的孔间距数，这样依次分可保证准确无误，如图 5-115 所示。

2) 装夹工具

铣床常用的装夹工具有平口钳、回转工作台、压板等。

① 平口钳：又称机用虎钳，是一种通用夹具，将其固定在机床工作台上用来夹持工件进行铣削加工，常用于安装小型工件，如图 5-116a 所示。

② 回转工作台：回转工作台可用 T 型螺栓固定在铣床工作台上。主要用于对工件进行圆弧面、圆弧槽的铣削加工，如图 5-116b 所示。

③ 压板：是对形状较大或不便于用平口钳夹紧的工件的一种常用夹具，如图 5-116c 所示。

(a) 平口钳　(b) 回转工作台　(c) 压板

图 5-116　铣床装夹工具

5.4.2.6 铣削用量

铣削用量是铣削时各运动参数的总称，铣削速度、进给量、铣削深度和铣削宽度是铣削用量四要素(图 5-117)。

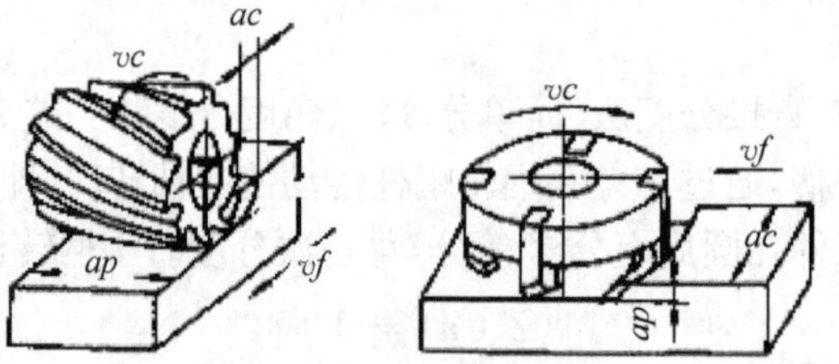

图 5-117　铣削用量

① 铣削速度 v_c(m/min)：铣刀在最大直径处的线速度，即为

$$v_c = \pi D n / 1\,000 \tag{5-10}$$

式中，D 为铣刀切削刃直径(mm)；n 为铣刀转速(mm/r)。

② 进给量 f：有进给速度、每转进给量、每转进给量三种表示方法。进给速度 V_f(mm/min)为每分钟工件相对铣刀沿进给方向移动的距离；每转进给量 f(mm/r)为铣刀每转一圈，工件相对铣刀沿进给方向移动的距离；每齿进给量 f_z(mm/z)为铣刀每转 1 个齿，工件相对铣刀沿进给方向移动的距离。

三种进给量之间关系：

$$V_f = f \times n = f_z \times Z \times n \tag{5-11}$$

③ 铣削深度 a_p(mm)：沿铣刀轴线方向上切削层的厚度。

④ 铣削宽度 a_e(mm)：沿垂直于铣刀轴线方向上切削层的宽度。

5.4.2.7 铣削方法

1) 周铣和端铣

铣削按照铣削方式分为周铣和端铣两种加工方法。

① 周铣：利用分布在铣刀圆柱面上的切削刃来形成平面(或表面)的铣削方法，如图 5-118a 所示。

② 端铣：是指利用分布在铣刀端面上的端面切削刃来形成平面的铣削方法如图 5-118b 所示。

③ 端铣与周铣比较：a. 端铣的刀轴比较短，铣刀直径比较大；b. 工作时端铣同时参加切削的刀齿较多，铣削时较平稳；c. 端铣的铣削用量可适当增大，切削刃磨损较慢，能一次铣出较宽的平面；d. 端铣铣削深度一般不及周铣；e. 在相同的铣削用量条件下，一般端铣比周铣获得的表面粗糙度值要大。

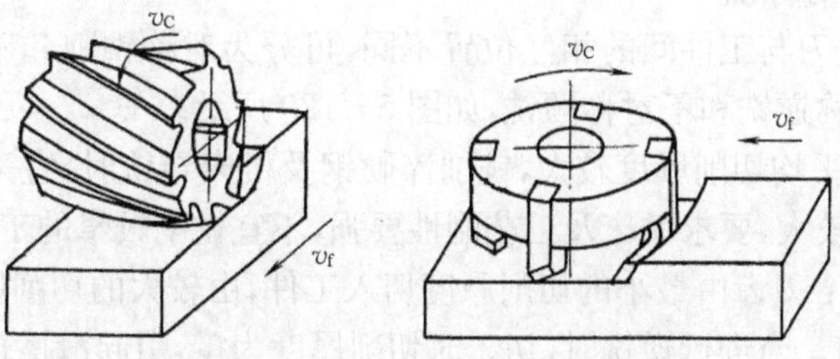

(a) 周铣　　(b) 端铣

图 5-118　周铣和端铣

2) 顺铣和逆铣

铣削按照周铣分为顺铣和逆铣两种加工方法。

① 顺铣：铣刀旋转方向与工件进给方向相同，铣削时每齿切削厚度从最大逐渐减小到零，如图 5-119a 所示。

② 逆铣：铣刀旋转方向与工件进给方向相反，铣削时每齿切削厚度从零逐渐到最大而后切出，如图 5-119b 所示。

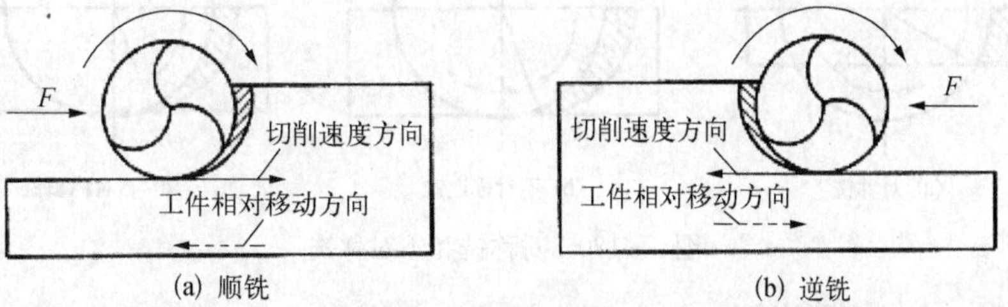

(a) 顺铣　　(b) 逆铣

图 5-119　顺铣和逆铣

(3) 顺铣和逆铣对比

① 切削厚度的变化：逆铣时，每个刀齿的切削厚度由零逐渐增至最大。但切削刃并

非绝对锋利，铣刀刃口处总有圆弧存在，刀齿不能立刻切入工件，而是在已加工表面上挤压滑行，使该表面的硬化现象严重，影响表面质量，也使刀齿的磨损加剧。

顺铣时，刀齿的切削厚度是从最大逐渐减少到零，刀齿切入工件时的冲击力较大，尤其工件待加工表面是毛坯或有硬皮时更加明显。

② 切削力方向的影响：顺铣时，作用于工件上的垂直切削分力始终压下工件，这对工件的夹紧有利。逆铣时，切削分力向上，有将工件抬起的趋势，易引起振动，影响工件的夹紧。特别是铣削薄壁和刚度差工件时影响更大。

③ 铣床工作台螺纹传动间隙的影响：顺铣时，工件受到纵向分力与进给运动方向相同，而一般主运动的速度大于进给速度，因此纵向分力有使接触的螺纹传动面分离的趋势，当铣刀切到材料上的硬点或因切削厚度变化等原因影响时，引起纵向分力增大，超过工作台进给的摩擦阻力，使得螺纹传动推动的运动形式变成了由铣刀带动工作台窜动的运动形式，引起了进给量突然增加。这种窜动现象不但会引起“扎刀”，还会损坏加工表面，严重时还会使刀齿折断或使工件夹具移位，甚至损坏铣床。

逆铣时，工件受到纵向分力与进给运动方向相反，螺纹传动的工作面始终接触，由螺纹传动推动工作台运动。因此，在不能消除螺纹传动间隙的铣床上，只适用逆铣，不适用顺铣。

3）对称铣和不对称铣

在铣削时，因铣刀与工件间的相互位置不同，可分为对称铣削和不对称铣削，不对称铣削又可分为不对称逆铣和不对称顺铣，如图 5－120 所示。

① 对称铣削：平均切削厚度较大，铣削淬硬钢及机床导轨时，宜采用这种铣削方式。对称铣削时的振动较大，要求铣床及工艺刚性要强，不宜铣削较窄的工件。

② 不对称逆铣：刀齿由最小的切削厚度切入工件，由较大的切削厚度切出，所以切入时振动小，工作平衡。当进行逆铣时，切入时切削厚度为零，引起滑擦现象，因而刀齿磨损快，加工表面质量较差；当加工碳钢及高强度低合金钢时，宜采用该类铣削方式。

③ 不对称顺铣：刀齿由较大的切削厚度切入工件，而以较小的切削厚度切出。在加工不锈钢等变形系数较大，且对加工产生强烈的塑性变形的材料时，宜选用这种铣削方式。

④ 不对称铣顺铣和不对称铣逆铣：a. 不对称顺铣时，刀齿切入工件时的振动比不对称逆铣大；b. 工作台螺纹传动的间隙会引起工作台窜动。

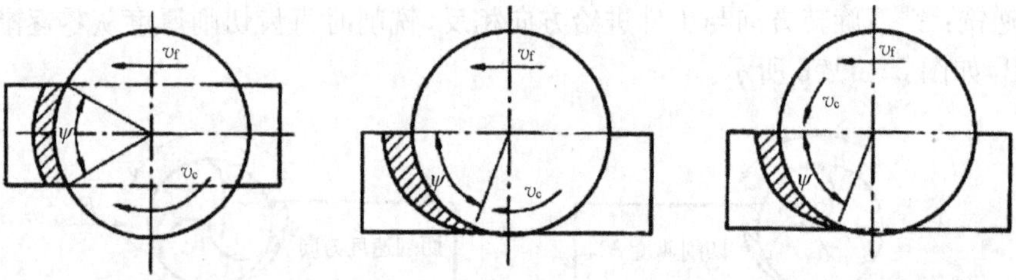

(a) 对称铣　(b) 不对称逆铣　(c) 不对称顺铣

图 5－120　对称铣和不对称铣

5.4.2.8　立铣实践案例

1）案例分析

本案例是用 Φ20 mm 圆钢（材料：45 号钢）铣削一个等边八边形柱体的零件（图 5－121），需要使用分度头、卡盘等铣削附件，并且采用 X5032 立式铣床完成铣削加工。

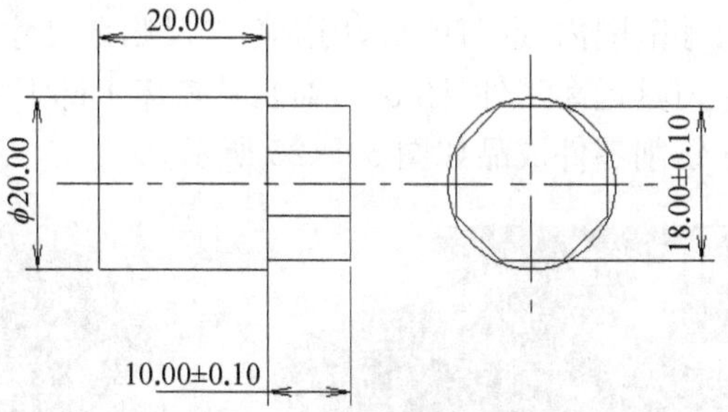

图 5-121　八边形零件图

在铣削前，首先对 Φ20 mm 圆钢的两个端面进行车床加工。

根据式(5-8)可知，$n=40/8=5$，即每次分度手柄转五圈。

2) 立铣案例操作过程

表 5-13　八边形零件的工艺过程卡

上海大学		机械加工工艺过程卡片		产品名称	八边形柱体
材料牌号		45#			
工步	名称	工　步　内　容	设　备	工装夹具	刀具和加工参数
1	装夹	装夹零件伸出长度 15 mm	X5032	分度头、卡盘	
2	粗铣	使用分度头等分，依次对八边形进行粗加工，将八边形尺寸预留余量至 18.5 mm，八边形深度尺寸预留至 9.5 mm	X5032	分度头、卡盘	Φ18 立铣刀 $n=350$ n/min，$V_f=44$ mm/min
3	精铣	使用 0～150 游标卡尺测量确定粗铣尺寸，再次加工将八边形尺寸加工至 18±0.1 mm 以内，深度尺寸加工至 10±0.1 mm 以内	X5032	分度头、卡盘	Φ18 立铣刀 $n=440$ n/min，$V_f=35$ mm/min
4		拆卸零件，倒锐角去毛刺	X5032		

① 首先将卡盘和分度头安装在 X5032 立式铣床，将 Φ18 mm 的立铣刀安装在主轴上，然后将 Φ20 mm 圆钢安装在卡盘上，如图 5-122 所示。

图 5-122　零件装夹

② 选择铣削用量：按照所加工零件及所用材料，选择铣刀材料为高速钢，$V_c=20\sim25$ m/min、$f=0.1$ mm/r，根据式(5-10)，$n=350\sim440$ n/min，$V_f=35\sim44$ mm/min。

粗加工：选用 $n=350$ n/min，$V_f=44$ mm/min。

精加工：选用 $n=440$ n/min，$V_f=35$ mm/min。

③ 按主轴“启动”按钮(图 5-123)启动铣床使主轴旋转，让立铣刀底平面接触工件表面。

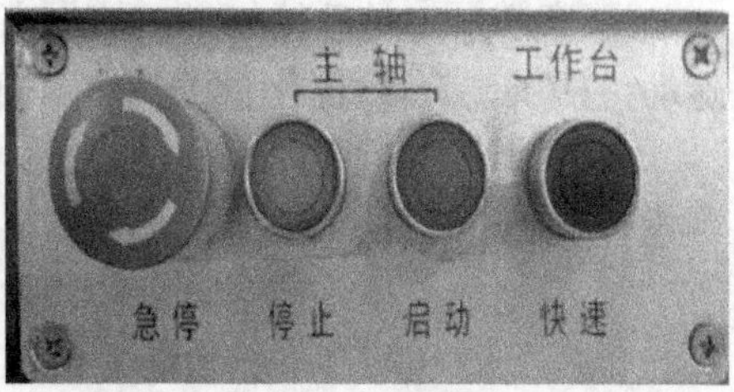

图 5-123　铣床按钮

④ 粗加工：按照分度原理，依次对八个面进行粗加工，将尺寸预留余量至 18.5 mm，八边形深度尺寸预留至 9.5 mm，退刀停机，用游标卡尺测量尺寸，粗加工完成。

⑤ 精加工：将八边形零件尺寸加工至如图

5-121所示的零件图尺寸范围内,退刀停机,用游标卡尺测量尺寸,精加工完成。

⑥ 取下合格零件：刀具远离工件(图5-124),从铣床上卸下零件。

⑦ 倒锐角去毛刺：铣削零件成品如图5-125所示。

图5-124 零件加工完成

图5-125 零件图

3) 质量检验

六边形零件的质量检验结果如表5-14所示。

表5-14 六边形零件的质量检验结果

序 号	图纸尺寸	测量尺寸	采用的测量工具	结果分析
1	18±0.1 mm	17.98 mm	0～150游标卡尺	合 格
2	10±0.1 mm	10.02 mm	0～150游标卡尺	合 格

5.4.3 普通磨削实践

5.4.3.1 实践目的

① 了解磨削特点、磨削运动、砂轮特性等磨削加工基本知识。

② 了解数控磨床和普通磨床的区别,熟悉普通外圆磨床的结构组成及功用。

③ 掌握普通磨外圆、平面的基本磨削方法及应用场合。

④ 掌握砂轮平衡的方法。

5.4.3.2 磨削概述

1) 磨削的定义

磨削是在磨床上用砂轮或其他磨具以较高的线速度,对一个已加工成型的工件表面进行切削的加工方法,使零件的加工表面达到图纸要求的精度及表面粗糙度。它是机械零件精密加工的主要方法之一。

2) 磨削加工的特点

① 磨削加工是砂轮相对工件作高速旋转运动,高速旋转砂轮运动为主运动,其他的运动包括工件旋转、工作台的横向纵向运动都为进给运动。

② 磨削加工范围广泛,可加工不同的材料,包括较高硬度的材料,如高碳钢、高速钢、硬质合金等。

③ 磨削加工是一种多刃、微刀的切削加工。磨削所用的砂轮每平方厘米表面的磨粒数为60～1 400颗,每个磨粒的尖角相当于一个锋利的刀齿,因此砂轮可看作是具有很多微小刀齿的铣刀,单位时间内参加切削的磨粒数极多。而且每一磨粒切削厚度可小到数

微米，故可获得高的精度和低的表面粗糙度。

④ 不宜加工较软的有色金属。对一般有色金属零件，由于材料塑性较好，砂轮会很快被有色金属碎屑堵塞，使磨削无法进行，并划伤有色金属已加工表面。

⑤ 磨削时，背吃刀量较小，在一次行程中所能切除的金属层极薄，因此加工余量不能太大，一般要求工件在磨削之前先进行半精加工。

3）常用磨床的种类和加工范围

（1）磨床的种类

磨床的种类很多，有外圆磨床、内圆磨床、平面磨床、导轨磨床、工具磨床、专业化磨床、精密磨床、砂带磨床及其他磨床。

（2）磨床的应用范围

① 外圆磨床：常用的外圆磨床分为普通外圆磨床和万能外圆磨床，如图 5-126a 所示。在普通外圆磨床上可磨削工件的外圆柱面和外圆锥面；万能外圆磨床还可磨削内圆柱面、内圆锥面及端平面。

② 内圆磨床：内圆磨床主要用于磨削圆柱孔、圆锥孔及端面，如图 5-126b 所示。

③ 平面磨床：平面磨床主要是利用砂轮的周边或端面对工件平面进行磨削，如图 5-126c 所示。

④ 花键磨削、螺纹磨削、齿形磨削等特殊零件的磨削，主要配合各种形状的砂轮，进行相应的切削运动，如图 5-126d、e、f 所示。

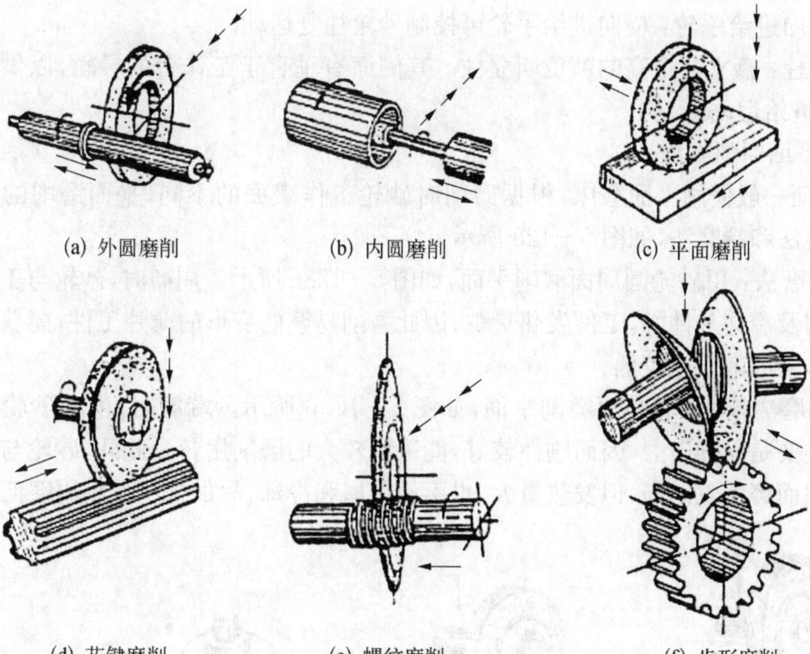

(a) 外圆磨削　(b) 内圆磨削　(c) 平面磨削

(d) 花键磨削　(e) 螺纹磨削　(f) 齿形磨削

图 5-126　磨削加工范围

4）普通平面磨床与平面磨削

下面介绍平面磨床的基本情况，以及平面磨削的方法。

（1）平面磨床的型号

以型号为 M7120A 的平面磨床为例，型号意义如下：

M 7 1 20 A

- A：重大改进的序号(在原基础上,经过一次改进)
- 20：主参数代号(工作台宽 200 mm)
- 1：代表卧轴距台平面磨床
- 7：代表平面磨床
- M：机床类型代号(磨床)

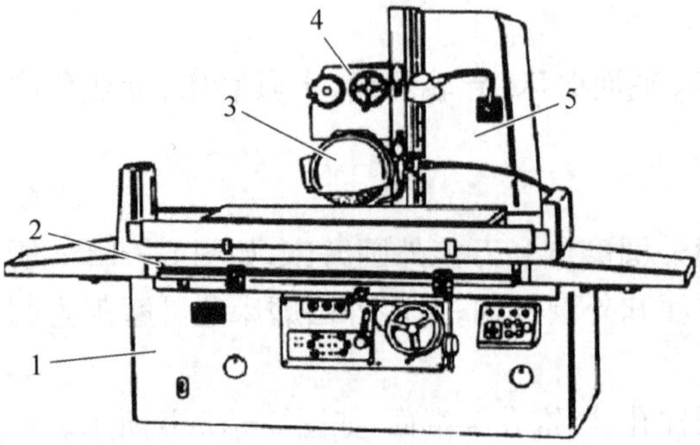

图 5-127 平面磨床

1. 床身;2. 工作台;3. 砂轮架;4. 横向进给手轮;5. 立柱

(2) 平面磨床的结构组成

平面磨床的机构如图 5-127 所示,各组成部分功能如下。

① 床身:床身是机床的主要部分,用来安装机器的各个部件,床身中间储存了机械油,以供液压系统传动用。

② 工作台:工作台主要用于安装工件直线往复运动,工作台上安放了电磁吸盘,作为夹具来夹紧工件,以免工件飞出去,工作台上有两块挡块,用来调整磨削长度。

③ 砂轮架:砂轮架可带动旋转的砂轮沿着立柱垂直进给切深和砂轮架本身燕尾导轨作水平方向移动。

④ 横向进给手轮:横向进给手轮可控制砂轮往复运动。

⑤ 立柱:矗立的最高的部位叫立柱。其侧面有垂直于工作台的导轨,以供砂轮架作上下垂直进给运动。

(3) 平面磨削方法

磨平面一般使用平面磨床,根据磨削时砂轮工作表面的不同,平面磨削的方式有两种,即周磨法和端磨法,如图 5-128 所示。

① 周磨法:用砂轮圆周面磨削平面,如图 5-128a 所示。周磨时,砂轮与工件接触面积小,排屑及冷却条件好,工件发热量少,因此磨削易翘曲变形的薄片工件,能获得较好的加工质量,但磨削效率较低。

② 端磨法:用砂轮端面磨削平面,如图 5-128b 所示。端磨时,由于砂轮轴伸出较短,而且主要是受轴向力,因而刚性较好,能采用较大的磨削用量。此外,砂轮与工件接触面积大,因而磨削效率高,但发热量大,也不易排屑和冷却,故加工质量较周磨低。

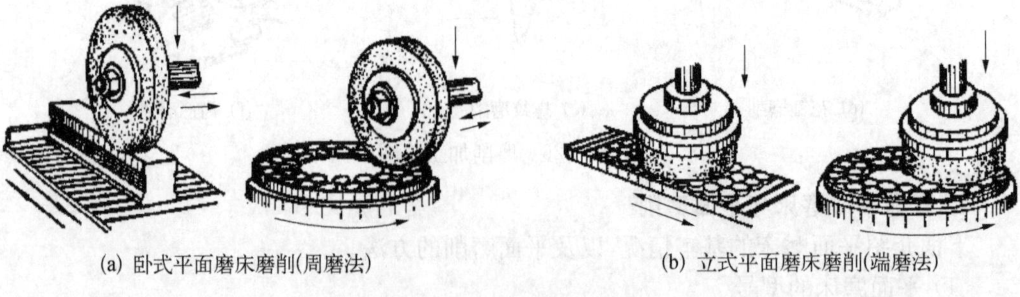

(a) 卧式平面磨床磨削(周磨法)　　(b) 立式平面磨床磨削(端磨法)

图 5-128 平面的周磨和端磨

5）万能外圆磨床及其外圆磨削

（1）万能外圆磨床的型号

以型号为 M1432A 的外圆磨床为例，其型号意义如下：

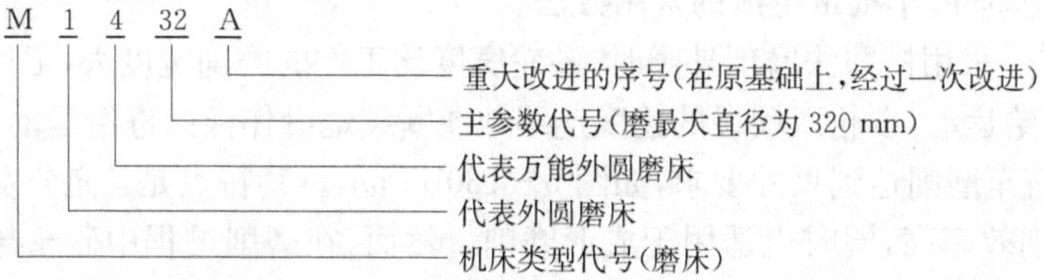

（2）万能外圆磨床结构组成

万能外圆磨床的结构如图 5－129 所示，由床身、工作台、头架、尾架和砂轮架等部分组成。与普通外圆磨床相比，其结构上的特点是增加了内圆磨头，同时它的头架和砂轮架上都装有可回转一定角度的转盘，用来磨削短的、任意锥度的内、外圆锥面。

① 床身：床身主要用于安装磨床各部件，上部有工作台和砂轮架，内部有液压传动系统。

② 工作台：工作台有两层，下工作台沿床身导轨作纵向往复运动，上工作台相对下工作台能作一定角度的偏转，以便磨削外圆锥面。

③ 头架：头架上装有主轴，主轴端部可安装顶尖、拨盘或卡盘，以便安装工件。主轴由单独的电动机带动旋转，使工件获得不同的转速。头架体可绕垂直轴在底座上回转0～90°。用以磨削锥角大、长度短的锥面。

④ 砂轮架：用于安装砂轮，并由单独的电动机带动砂轮旋转。砂轮架可在床身后部的导轨上作横向移动，还可绕垂直轴旋转±30°，用以磨削锥角大的圆锥面。

⑤ 内圆磨头：内圆磨头上有主轴，可安装砂轮，由单独的电动机带动旋转，用以磨削内圆表面。它可绕支架回转，使用时翻下，不用时翻向砂轮架上方。

⑥ 尾座：尾座的套筒内有顶尖，用来支承工件的另一端。

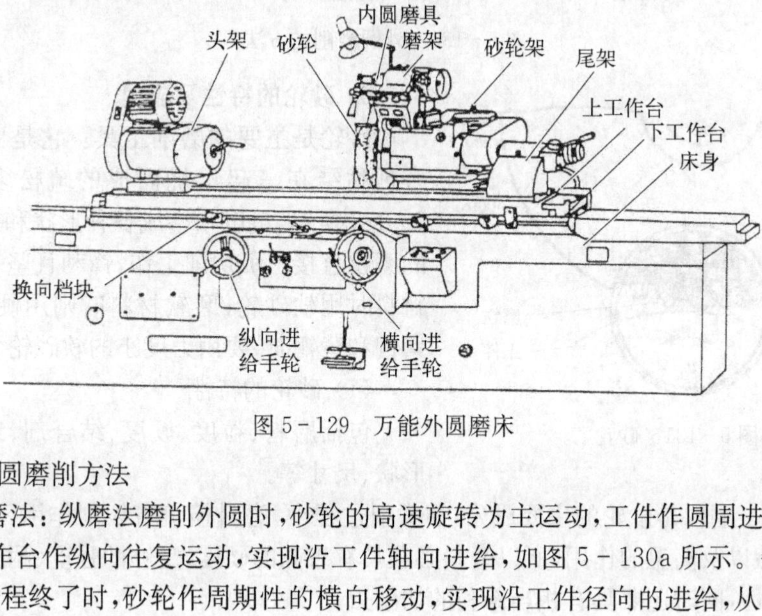

图 5－129　万能外圆磨床

（3）外圆磨削方法

① 纵磨法：纵磨法磨削外圆时，砂轮的高速旋转为主运动，工件作圆周进给运动的同时，还随工作台作纵向往复运动，实现沿工件轴向进给，如图 5－130a 所示。每单次行程或每往复行程终了时，砂轮作周期性的横向移动，实现沿工件径向的进给，从而逐渐磨去

工件径向的全部留磨余量。磨削到尺寸后，进行无横向进给的光磨过程，直至火花消失为止。由于纵磨法每次的径向进给量少，磨削力小，散热条件好，充分提高了工件的磨削精度和表面质量，能满足较高的加工质量要求，但磨削效率较低。纵磨法磨削外圆适合磨削较大的工件，是单件、小批量生产的常用方法。

② 横磨法：采用横磨法磨削外圆时，砂轮宽度比工件的磨削宽度大，工件不需作纵向(工件轴向)进给运动，砂轮以缓慢的速度连续地或断续地沿作横向进给运动，实现对工件的径向进给，直至磨削达到尺寸要求，如图 5-130b 所示。其特点是：充分发挥了砂轮的切削能力，磨削效率高，同时也适用于成形磨削。然而，在磨削过程中砂轮与工件接触面积大，使得磨削力增大，工件易发生变形和烧伤。另外，砂轮形状误差直接影响工件几何形状精度，磨削精度较低，表面粗糙度值较大。因而必须使用功率大，刚性好的磨床，磨削的同时必须给予充分的切削液以达到降温的目的。使用横磨法，要求工艺系统刚性要好，工件宜短不宜长。大批量零件要提高生产效率，通常采用这种磨削方法。

③ 深磨法：深磨法是一种比较先进的方法，生产率高，磨削余量一般为 0.1～0.35 mm. 用这种方法可一次走刀将整个余量磨完，如图 5-130c 所示。磨削时，进给量较小，一般取纵进给量为 1～2 mm/r，约为“纵磨法”的 15%，加工工时约为纵磨法的 30%～75%。因此，磨削精度和表面质量比横磨质量要好。深磨法只适用于大批量生产加工中，且被加工工件表面两端要有较大距离，允许砂轮切入和切出。

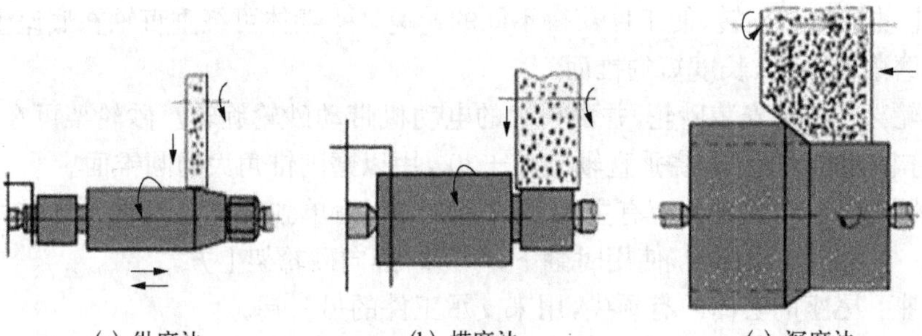

(a) 纵磨法　(b) 横磨法　(c) 深磨法

图 5-130　外圆磨削的方法

6) 砂轮的特性及应用

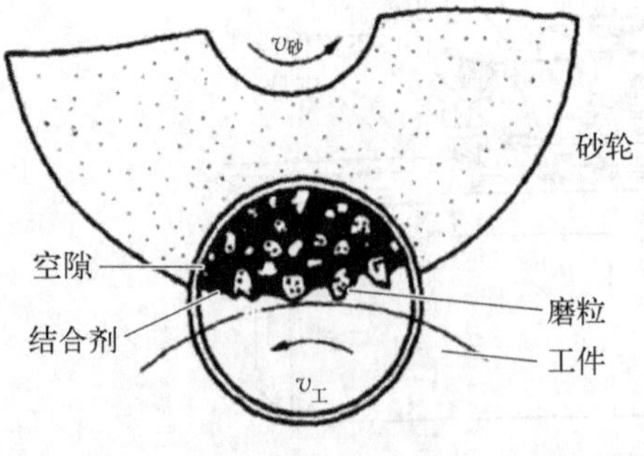

图 5-131　砂轮

砂轮是主要的磨削工具。它是由磨料和黏合剂黏结在一起焙烧而成的疏松多孔体如图 5-131 所示，可以粘结成各种形状和尺寸。砂轮的磨粒直接担负切削工作，锋利且坚韧。加工硬材料时用软砂轮；磨软材料时则用硬砂轮；磨削紫铜和黄铜时，要用力度小的软砂轮。

(1) 砂轮的特性

包括磨料、粒度、硬度、结合剂、组织、强度、形状、尺寸等。

① 磨料：磨料是砂轮的主要成分，在磨削过程中，磨料担负着切削作用，经受着剧烈的挤压、摩擦以及高温的作用，所以磨料必须具有很高的硬度，足够的强度、耐热性以及一定程度的韧性，同时还要具有相当锋利的切削刃。

磨料有天然磨料和人造磨料两大类。目前制造磨具除采用天然金刚石外，主要是各种人造磨料，品种有棕刚玉、白刚玉、单晶刚玉、铬刚玉、锆刚玉、黑碳化硅、绿色碳化硅、碳化硼等十一种。最常用的主要磨料有氧化物系(刚玉类)和碳化物系两大类。

② 砂轮的粒度：磨料的颗粒有粗细之分，用粒度表示。粒度号大的磨粒细，反之则粗。粗磨及磨软材料时选用粒度号小的粗砂轮，精磨选用粒度号大的细砂轮。

③ 砂轮的硬度：砂轮硬度是指砂轮表面的磨粒黏结的牢固程度，或是其磨粒脱落的难易程度。即磨料粘得越牢、越不易脱落，砂轮的硬度越高。

(2) 砂轮的平衡

一块新的砂轮是不能直接安装到机床上使用的，砂轮必须进行平衡，因为砂轮的中心如果不在旋转轴线上，便会产生不平衡现象，不平衡现象的砂轮高速旋转时，使主轴产生振动或摆动，使砂轮撞击工件，从而在工件表面上产生振痕，这样不但加工表面质量差，而且主轴轴承的磨损加快，甚至会造成砂轮破裂，为了使砂轮精确而平稳的工作，砂轮必须经过平衡，一般直径大于 125 mm 的砂轮，都要经过平衡，磨削表面要求越高，砂轮直径越大和圆周速度越高，更应仔细平衡。

① 砂轮不平衡的原因：造成砂轮不平衡的原因有：砂轮各部密度不均匀；砂轮两端不平行；砂轮外圆与内圆不同轴；砂轮几何形状不对称；砂轮安装时偏心等。

② 平衡砂轮的原理与步骤：平衡砂轮的基本原理是砂轮重心与它的旋转轴线相重合，目前工作中主要采用在平衡架上进行平衡，如图 5-132 所示。

静平衡砂轮的方法和步骤如下：

a) 将已装好法兰盘的砂轮装上平衡心轴，放在已调好水平(包括纵向和横向)的平衡架上，应使平衡心轴轴线与平衡架圆柱导轨轴线垂直。

b) 在平衡前，将三块平衡块依次给予编号，以 120°间隔均匀对称布置在砂轮法兰盘上，随手旋紧紧固螺钉防止平衡块滑动。

c) 转砂轮，使任意一平衡块(例如平衡块 1)位于最高点，若砂轮左右转动时只调整平衡块 1 的位置，直到砂轮静止(此时平衡块 2、3 不动)

d) 将砂轮转过 120°，使平衡块 2 处于最高点，用同样的方法调整平衡块 2 的位置，使砂轮平衡。

e) 待平衡块 1、2 调整完毕后，再将平衡块 3 转至最高点，调整平衡(此时，已平衡好的两平衡块位置保持不动)。这种方法优点比较简单，能缩短平衡时间，当平衡块多时，要按顺时针方向按照顺序依次调整，并注意各自在平衡时，前者应保持已平衡好的位置不动。要求精确平衡的砂轮，当初次平衡后，仍需按同一方向，由平衡块 1 做起，作一次检查，以消除前几次的少许误差。

f) 安装新砂轮时，通常在修整前和修整后要进行平衡，修整前的第一次平衡，要求可低一些，只作一般平衡，以维护机床精度，减少砂轮对修整工具的撞击和提高砂轮寿命。待砂轮修整后再开约 10 min 的空车，把砂轮上的冷却液甩掉，然后拆下来作第二次精细平衡，以保证磨削加工质量，砂轮在使用过程中磨钝或者表面形成不平衡，此时只需用金刚石对砂轮进行修整，修整砂轮时，要加冷却液，有利于冲走修整砂轮时脱落下来的磨粒铁屑和粉层。

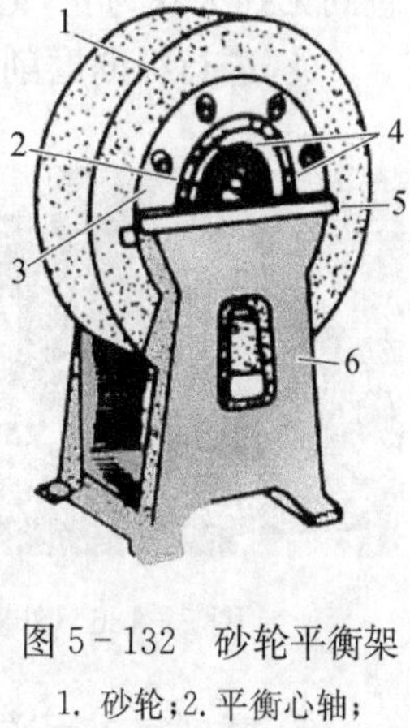

图 5-132 砂轮平衡架

1. 砂轮；2. 平衡心轴；3. 法兰盘；4. 平衡块；5. 平行导轨；6. 平衡支架

5.4.3.3 外圆磨削实践案例

1) 案例分析

本案例是一个典型的圆柱体零件(图 5-133),其外圆尺寸公差是±0.02 mm,并且标注有 $Ra0.8$ 的粗糙度要求,普通车床很难达到该要求,所以使用外圆磨床进行磨削,并且采用双顶尖的装夹和纵磨法的方式,以保证其图纸要求。

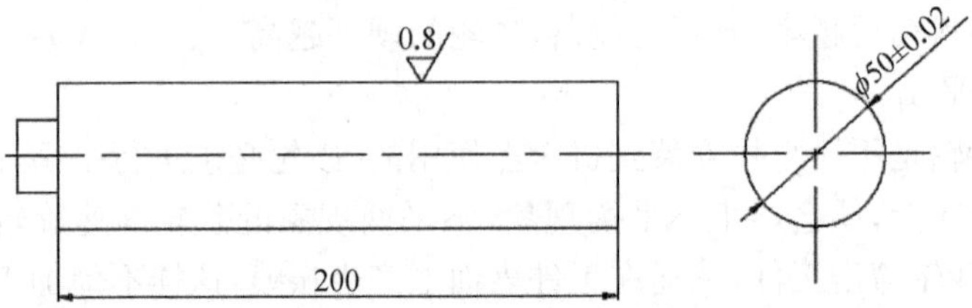

图 5-133 外圆磨零件图纸

2) 外圆磨削案例操作过程

① 先利用双顶尖将零件安装在机床上,如图 5-134 所示。

② 在电机操作面板上按“液压开”按钮(图 5-135),在确保砂轮远离工件的状态下依次点击“砂轮启动”、“砂轮前进”按钮,此时砂轮会高速旋转并靠近工件。

图 5-134 工件安装

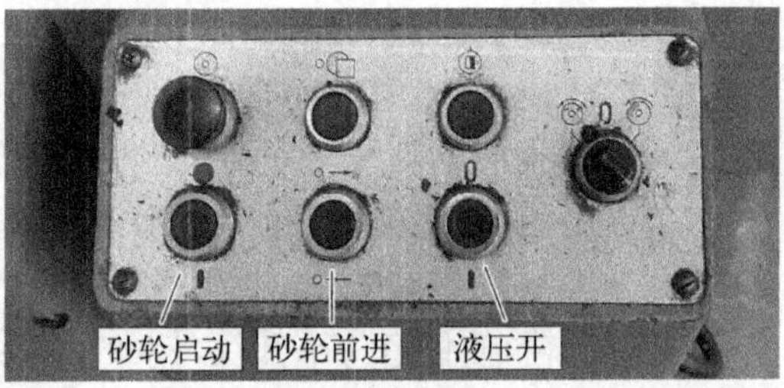

图 5-135 外圆磨床电机操作面板

③ 缓慢的顺时针摇动砂轮进给(图 5-136),每一格 0.01 mm,慢慢地碰触工件对刀,直到见到火花为止,记住当前刻度。

④ 进行纵向磨削(图 5-137),直到磨到图纸尺寸要求为止。

图 5-136 外圆磨床控制手柄

图 5-137 零件磨削过程

⑤ 磨削完成后逆时针退出砂轮,按红色“停止”按钮,等砂轮停止转动后将工件取下,完成零件的加工,如图 5-138 所示。

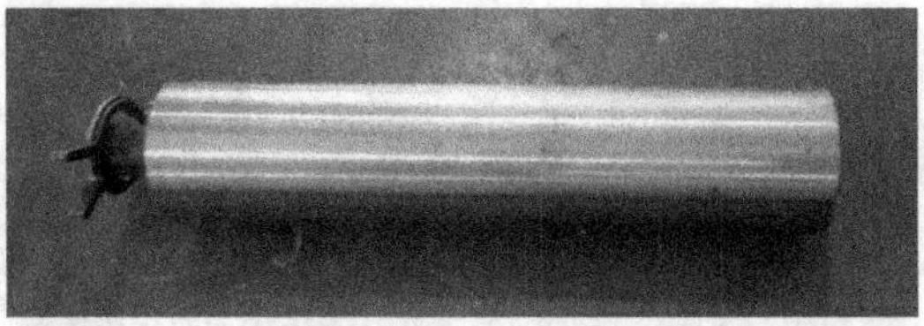

图 5-138　完成磨削的零件

3）零件表面粗度检测

参照光洁度标准量块，根据外圆磨的技术数据（表 5-15），对零件进行比对，如图 5-139 所示。判断磨削后的零件能够达到“▽ 7”的级别，达到了图纸所标注的 0.8 粗糙度要求。

表 5-15　外圆磨技术数据

数据＼级别	▽ 3	▽ 4	▽ 5	▽ 6	▽ 7	▽ 8	▽ 9	▽ 10
*R*a	20～13	10～6.7	5～3.3	2.5～1.67	1.25～0.8	0.63～0.4	0.32～0.2	0.16～0.1

图 5-139　零件参照量块对比图

5.4.3.4　平面磨床磨削案例

1）案例分析

案例零件是一个长方体零件，如图 5-140 所示，其图纸标注的尺寸厚度公差为 ±0.05 mm，粗糙度要求为 *R*a0.8，为了能更好地保证其平行度，所以选择用平面磨床加工，装夹工具采用电磁吸盘。

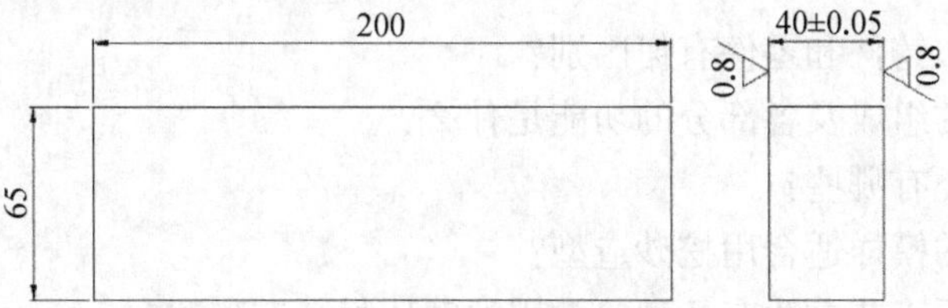

图 5-140　平面磨床案例图纸

2）平面磨削案例操作过程

① 检查零件磨削余量，先把工作台面擦干净，将零件直接放在机床台面上（图 5-141）。

② 在电机操作面板上按“液压启动”按钮（图 5-142）。机床各部位液压功能全开，随后顺时针拧动“电磁吸盘开关”，此时工件会被工作台面完全吸住。在确保砂轮远离工件的状态下依次点击“砂轮启动”、“砂轮前进”按钮，此时砂轮会高速旋转并靠近工件。

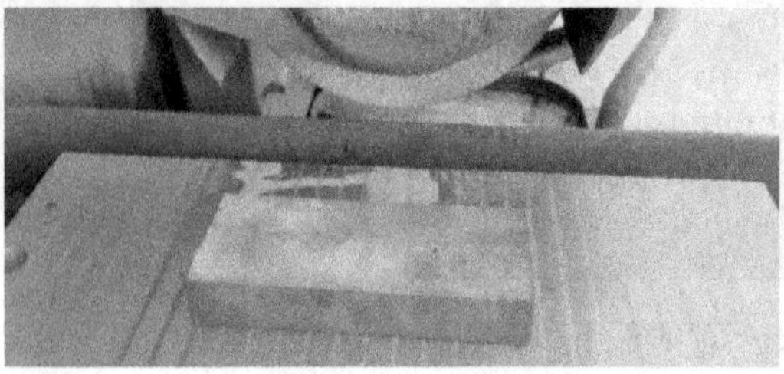

图 5-141　零件安装

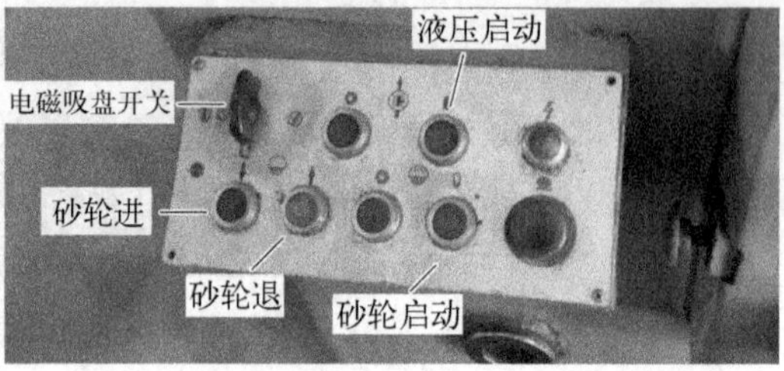

图 5-142　平面磨床电机面板

图 5-143　平面磨床控制手柄

③ 缓慢地顺时针摇动砂轮进(图 5-143),每一格 0.01 mm,慢慢地碰触工件对刀,直到见到火花为止,记住当前刻度。

④ 打开冷却液(图 5-144),根据预先测得磨削余量进行磨削。

⑤ 关闭电磁吸盘,将工件从磨床上卸下,用千分尺测量零件的尺寸,达到零件图纸要求,用锉刀去毛边,完成零件磨削(图 5-145)。

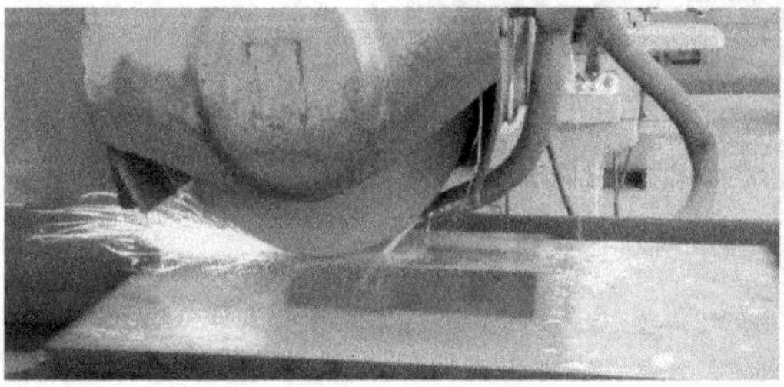

图 5-144　零件磨削中

图 5-145　加工完成的零件

5.5　思考题

1. 模样、型腔、铸件和零件有何区别?
2. 铸造系统的组成及各部分的功能是什么?
3. 铸造的种类有哪些?
4. 什么特点的模样适合用挖砂造型?
5. 常用的锻压工艺方法有几种? 常用的锻压材料有哪些?
6. 锻造温度是否越高越好? 为什么?
7. 金属坯料在锻造前加热的作用是什么? 锻件的冷却有几种方法?
8. 锻锤、压力机锻造各有什么特点?
9. 冲压常用哪些加工设备?
10. 简单模、复合模和连续模的区别。
11. 与铸造、焊接相比,锻造有哪些独特优点?

12. 焊接接头有哪些形式？
13. CO_2 气体保护焊有哪些特点？
14. 焊条牌号为J507是属于酸性焊条吗？
15. 普通车床是由哪些结构部件组成的，它们都起到什么作用？
16. 车削加工有哪些常用的装夹方式，各适用于哪些场合？
17. 车削加工能完成哪些常用的加工内容？
18. 在车削锥面时可采用哪些加工方法，各自有什么特点？
19. 粗加工与精加工各自应如何合理的选用加工用量？
20. 立式铣床的主要结构有哪些？
21. 八边形零件的分度计算。
22. 铣削四要素是什么？
23. 顺铣和逆铣的利弊各是什么？
24. 铣床的加工范围有哪些？
25. 在对零件磨削前，砂轮的选择应该考虑哪些因素？
26. 在原有的机床结构基础上，外圆磨床和平面磨床还能扩展出哪些装夹方法？
27. 磨削加工时精度和表面粗糙度一般可达到什么范围？

第六章　先进制造技术实践

6.1　数控加工实践

数控技术是20世纪中期发展起来的机床控制技术，是一门综合了计算机、自动控制、机械制造等交叉学科的技术，数字控制(numerical control，NC)是利用数字化信号对机床的运动及加工过程进行控制的一种自动化技术，数字控制简称数控。

数控机床就是将机床加工过程中的各种操作步骤和刀具与工件之间的相对位移量以指令代码的形式来表示(程序编制)，通过计算机将这些数值数据传送到数控系统，然后由数控系统将经处理后的指令发给伺服机构，最后由伺服机构来控制铣床的各部分执行元件，从而实现对零件的加工。

6.1.1　数控加工技术概述

6.1.1.1　数控加工基本概念

① 数控系统：数控系统是指能逻辑处理特定代码程序，并将其译码，从而使机床运动并加工零件的程序控制系统。

② 数控加工：控制系统对以数字和字符编码方式记录的信息进行处理后，向机床进给系统等发出命令，按其命令对加工所需的各种动作进行自动控制，从而完成工件加工。

③ 数控机床：数控机床是采用了数控系统的机床或实现了数控加工的一种设备。

④ 数控机床与普通机床的区别：普通机床的运动是通过人脑发出指令，由人的手操作有关手柄、按钮来控制机床运动；而数控机床是通过计算机发出指令直接控制机床的各种动作。当改变加工内容时，只需相应改变加工指令，因此数控机床有很好的柔性。

6.1.1.2　数控机床的组成及工作原理

1）数控机床的组成

数控机床一般由计算机数控系统(computerized numerical control system，CNC)、伺服机构和机械系统三大部分组成。其中，CNC是数据输入和数据处理；伺服机构是根据数据进行位移和位移精度处理；机械系统是完成各种切削加工的机械部件，通常包括机床身、立柱、主轴、进给机构等。

2）数控机床的工作原理及过程

数控机床的工作原理如图6-1所示，基本工作过程如下：

① 根据图纸上的零件形状、尺寸和技术条件进行工艺分析，并进行程序设计。

② 按照数控装置所能识别的代码(数字、字母、符号)编制加工程序单。

③ 将程序存储在某种存储介质上(控制介质)，如纸带、磁带或磁盘等。

④ 将控制介质装入数控装置内，通过输入装置将加工程序输入数控装置内部。

⑤ 数控装置按输入信号进行一系列的运算和控制处理，并将结果以脉冲形式送往机床的伺服机构（如步进电机、伺服电机等）。

⑥ 伺服机构带动各自的机床运动部件，按程序规定的加工程序、速度和位移量等进行自动加工。

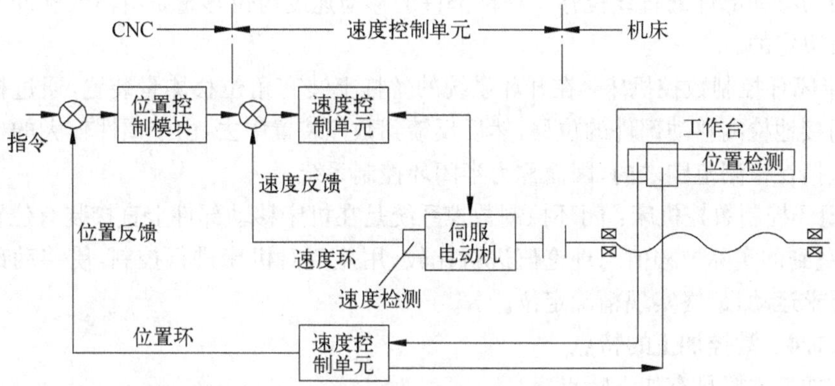

图 6-1　数控机床的工作原理

6.1.1.3　数控机床的分类

1）按加工方法分类

① 金属切削类：指车、铣、镗、铰、钻、磨、刨等各种切削工艺的数控机床。主要分为数控机床（数控车床、数控铣床、数控磨床等）和加工中心（镗铣类加工中心、车削中心、钻削中心等）。

② 金属成形类：指采用挤、冲、压、拉等成形工艺的数控机床，常用的有数控压力机、数控折弯机、数控弯管机、数控旋压机等。

③ 特种加工类：指采用电能、热能、光能、化学能及特殊机械能等能量达到去除或增加材料的加工方法。主要有数控电火花线切割机、数控电火花成形机、数控火焰切割机、数控激光加工机等。

④ 测量、绘图类：指将被测量物体与结构形状、尺寸大小的图样进行比较。主要有三坐标测量仪、数控对刀仪、数控绘图仪等。

2）按控制系统的特点分类

① 点位控制数控机床：又称点对点控制，只能控制刀具从一点移动到另一点的准确定位，至于点与点之间的移动的轨迹（路径和方向）并不严格要求，各坐标轴之间的运动是不相关的。这类机床主要有数控钻床、数控镗床、数控冲床等。

② 直线控制数控机床：不仅要实现由一个位置到另一个位置的精确移动定位，而且能实现平行坐标轴方向的直线切削加工运动。点位直线数控机床虽然扩大了点位控制数控机床的工艺范围，但它的应用仍然受到了很大的限制。这类数控机床主要有简易数控车床、数控铣床、数控镗床等。

③ 轮廓控制数控机床：对两个或两个以上坐标轴同时进行切削加工控制，不仅能控制机床移动部件的起点与终点坐标，而且要控制整个加工过程中每一点的速度和位移，也就是说，要控制刀具移动轨迹，将工件加工成一定的轮廓形状。这类数控机床主要有数控车床、数控铣床、数控磨床、加工中心。

3）按伺服控制方式分类

① 开环控制数控机床：开环控制系统是指不带反馈装置，通常使用步进电动机作为执行机构。输入的数据经过数控系统的运算，发出指令脉冲，通过环形分配器和驱动电路，使步进电动机转过相应的步距角，再经过齿轮减速装置带动丝杠旋转，通过丝杠螺母机构转换为移动部件的直线位移。移动部件的移动速度与位移量是由输入脉冲的频率和脉冲数所决定的。

② 半闭环控制数控机床：在开环系统的丝杠上装有角位移测量装置，通过检测丝杠的转角间接地检测移动部件的位移，然后反馈到数控装置中去，由于惯性较大的机床移动部件不包括在检测范围之内，因而称为半闭环控制系统。

③ 闭环控制数控机床：闭环控制数控系统是在机床移动部件上直接装有位置检测装置，将测量到的实际位移值与理论值进行比较，用差值对机床进行控制，使移动部件按照实际的要求运动，最终实现精确定位。

6.1.1.4 数控加工的特点

数控加工主要具有如下特点。

（1）加工精度高、质量稳定

数控机床的机械传动系统和结构都有较高的精度、刚度和热稳定性。而且机床的加工精度不受零件复杂程度的影响，零件加工的精度和质量由机床保证，完全消除了操作者的人为误差。所以数控机床的加工精度高，而且同一批零件加工尺寸的一致性好，加工质量稳定。

（2）加工生产效率高

数控机床结构刚度好、功率大、能自动进行切削加工，所以能选择较大的、合理的切削用量，并自动连续完成整个切削加工过程，能大大缩短机动时间。在数控机床上加工零件，只需使用通用夹具，又可免去划线等工作，所以能大大缩短加工准备时间。又因为数控机床定位精度高，可省去加工过程中对零件的中间检测时间，所以数控机床的生产效率高。

（3）减轻劳动强度，改善劳动条件

数控机床的加工，除了装卸零件，操作键盘、观察机床运行外，其他的机床动作都是按加工程序要求自动连续地进行切削加工，操纵者不需要进行繁重的重复手工操作。可以根据加工零件的要求而变换，所以它的适应性和灵活性很强，可以加工普通机床无法加工的形状复杂的零件，加工柔性好。

（4）有利于生产管理

数控机床加工能准确计算零件的加工工时，并有效地简化刀、夹、量具和半成品的管理工作。加工程序是用数字信息的标准代码输入，有利于计算机联接，构成由计算机控制和管理的生产系统。

6.1.1.5 数控系统及编程方法

1）数控系统

目前，数控机床常用的控制系统主要有 FANUC、SIEMENS、OKUMA、MITSUBISHI、MAZAK、华中数控、广州数控等系统，其代码相近，但系统也有不同之处。常用数控系统编程代码如表 6－1 所示。

表 6-1 部分常用数控系统编程代码

功能＼数控系统	SINUMERIK	FANUC0i-MD	MITSUBISHI	OKUMA OSP-U10M
坐标平面选择	G15～G19	G17,G18,G19	G17,G18,G19	G17,G18,G19
刀具长度补偿		G43,G44		G53～G59
刀具半径补偿	G41,G42,G40	G41,G42,G40	G41,G42,G40	G41,G42,G40
固定循环 子程序调用	G81～G89 Ln	G73～G89 M98 Pn	G70～G89	G73～G89 CALL On
辅 助 功 能				
程序停	M00	M00	M00	M00
程序选择停	M01	M01	M01	M01
程序结束	M02(M30)	M02(M30)	M02(M30)	M02(M30)
主轴正反转	M03,M04	M03,M04	M03,M04	M03,M04
主轴停	M05	M05	M05	M05
换 刀	M06	M06	M06	M06
冷却开、关	M08,M09	M08,M09	M08,M09	M08,M09

2) 编程方法

数控机床要实现根据工件图纸要求进行工作,就必须为控制系统提供可以识别的指令,这些指令就称为程序,制作程序的过程称为数控编程。数控编程分为手工编程和自动编程。

(1) 手工编程

编写加工程序的全过程是手工完成的,其步骤:分析图纸⟶确定工艺过程⟶计算刀具轨迹的坐标值⟶编写零件加工程序⟶将程序写入数控机床⟶程序校验⟶首件试切。适用于简单结构的单件小批量工件,而对于加工部位较多、形状复杂(如空间自由曲线、曲面等)、工序较长、计算繁琐的工件,手工编程效率较低,加之较大的坐标值的计算量,特别是轮廓曲面的繁琐复杂的数学运算,使得手工编程的差错率很高。

(2) 自动编程

借助计算机编写数控加工程序,其自动编程效率高、程序正确性好,适用于编写复杂零件、大批量加工的零件加工程序,常用的自动编程软件主要有 CATIA、UG NX、PRO/E、Master CAM 等。

6.1.1.6 机床坐标系和工作坐标系

用数控机床加工工件时,刀具和工件之间的相对运动都需在确定的坐标系中进行。

1) 机床坐标系及机床原点

机床坐标系是机床上的固有坐标系,是用来确定工件、刀具等在机床中的位置,机床坐标系的方位是参考机床上的一些基准确定的,在加工过程中不可改变,在出厂时已经设定好,数控机床的坐标系已经标准化,按照右手笛卡尔直角坐标系(图 6-2)确定,大拇指为 X 轴正向,食指为 Y 轴正向,中指为 Z 轴正向。

在确定机床坐标轴时,首先确定 Z 轴,然后确定 X、Y 轴,同时规定刀具远离工件的方向为正方向,靠近工件的方向为负方向。

① Z 轴确定:与机床主轴平行的为 Z 轴。

② X 轴确定：与机床导轨面平行的为 X 轴，且垂直于 Z 轴，X 轴是水平方向。

③ Y 轴确定：按照右手笛卡尔直角坐标系确定 Y 轴及 Y 轴正方向。

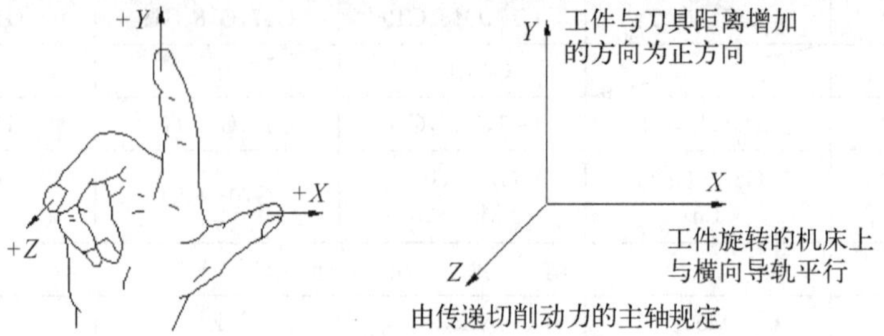

图 6-2　右手笛卡尔直角坐标系

机床坐标系原点是机床坐标系的零点，原点位置则由机床生产厂家设定，是其他所有坐标系（如工件坐标系、机床参考点）的基准点，其位置在各坐标轴的正向最大极限处。

立式数控铣床的机床原点及各轴轴向如图 6-3 所示。卧式数控车床一般取机床卡盘端面与主轴中心线的交点处为机床原点，如图 6-4 所示。

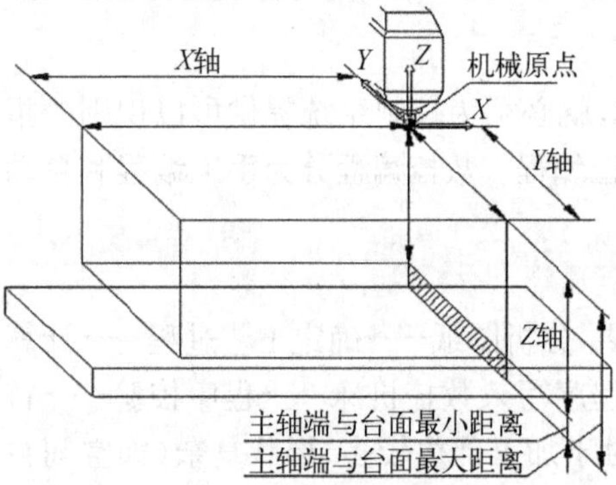

图 6-3　立式数控铣床的机床坐标系

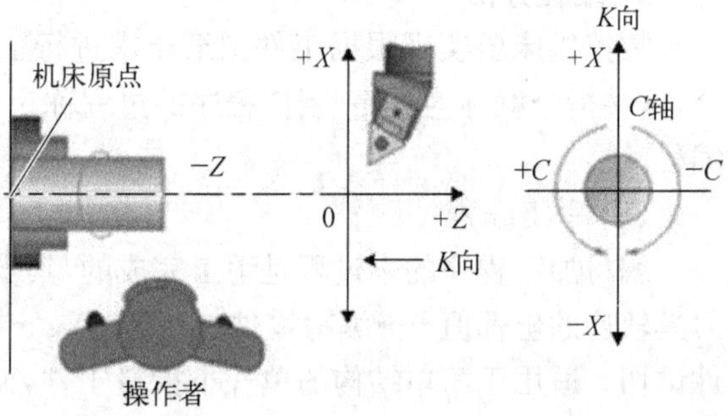

图 6-4　卧式数控车床的机床坐标系

2) 工作坐标系（工件坐标系）

工作坐标系是编写数控程序时使用的坐标系，又称工件坐标系或编程坐标系，由于工件与刀具是一对相对运动的物体，为使编程方便，一律假定工件不动，全部用刀具运动的坐标系来编程。在实际编程时，正号可以省略，负号不能省且须紧跟在字母之后。

工作坐标系是人为设定的，而且建立工件坐标系是数控机床加工前的必不可少的一步。工作坐标系的原点简称工件原点，要求必须被包容在机床坐标系内，即工件放在机床坐标系内；在零件设计时有设计基准，在零件加工时有工艺基准，规则要求尽可能将设计基准与工艺基准统一，该基准点就是工件原点，以工件原点为坐标原点而建立的坐标系为工件坐标系，工件坐标系各坐标轴方向应与机床坐标系一致。

6.1.1.7　数控机床基本程序指令

一个完整的数控程序由若干程序段构成，程序段是由一个或若干个程序字组成（表 6-2），程序字由地址符和带符号或不带符号的数字组成，主要地址符如表 6-3 所示。

表 6-2 程序段格式

N-	G-	X-	Y-	Z-	F-	S-	T-	M-
程序段顺序号	准备功能	坐标数据			进给功能	主轴功能	刀具功能	辅助功能

表 6-3 主要地址符

功　能	地 址	含　义
程序号	O	程序号
顺序号	N	顺序号
准备功能	G	指定加工方式(直线、弧线等)
进给功能	F	指定加工的速度
辅助功能	M	指定辅助功能的内容
刀具功能	T	指定使用刀具号(T1、T2)
主轴功能	S	指定转速范围(S800)
刀具半径补偿功能	D	指定调取偏移数据号(D01、D02)

不同的数控系统,完成相同的功能所使用的指令有所不同,本书以 FANUC 0i 系统为例介绍数控编程的方法,并主要介绍常用的指令功能。

1) 数控程序组成

一个完整的数控程序开头是程序号,中间是程序内容,结束是程序结束指令,即由程序号、程序内容、程序结束三个部分组成,其中程序内容是数控程序核心。

(1) 程序号

程序号是以字母"O"后面 4 位数字(不能全为 0)组成,在程序中单独占一行,例如:O1234。由于程序号是加工程序的识别标记,因此同一机床中的程序号不能重复。

(2) 程序内容

程序内容由若干个程序段组成,程序段由程序段顺序号(又称顺序号)N 和程序组成,最后是符号";"(程序段结束符),如"N100 G90 G17 G54;"。

数控系统是按照程序段排列顺序逐段执行,顺序号是对程序校对和检查修改,以及作为条件转向的目标,顺序号可以省略。

(3) 程序结束

程序结束利用程序结束指令(M30),位于程序最后,单独用一行,代表零件加工程序结束运行。

2) 数控程序基本指令

数控机床的 NC 编程代码都可以分成准备功能、辅助功能、主轴功能、刀具功能以及进给功能等。

(1) 准备功能(G 功能)

G 功能又称 G 代码、G 指令,用来规定刀具和工件的相对运动轨迹、机床坐标系、插补坐标平面、刀具补偿、坐标偏置等各种加工操作,程序中 X、Y、Z、R 中的数据整数需要加小数点,没有小数点的整数机床默认小数点提前 3 位,如:20 实际表示 0.02,常用准备功能指令如表 6-4 所示。

表 6-4 常用准备功能指令

指令代码	指令功能	指令格式
G00	快速定位	G00 *XYZ*(*X*、*Y*、*Z* 为终点坐标值)
G01	直线插补	G01 *XYZF*(*X*、*Y*、*Z* 为终点坐标值 *F* 进给速度)
G02,G03	顺时针、逆时针圆弧插补	G02(G03)*XYRF*(*X*、*Y* 为终点坐标值 *R* 为半径值)
G41,G42,G40	左补偿,右补偿,取消补偿	G01 G41(G42)*XYDF*(*X*,*Y* 为终点坐标值;*D* 为刀具补偿号码号) …… G40(取消补偿)
G90	绝对坐标指令	G90 G01 *XYZF*(*X*,*Y*,*Z* 坐标值计算以坐标系零点为基准)
G91	相对坐标指令	G91 G01 *XYZF*(*X*,*Y*,*Z* 坐标值计算以前一点坐标为基准)
G54	设定工件坐标系	
G17	*XY* 平面选择	
G18	*XZ* 平面选择	
G19	*YZ* 平面选择	

(2) 辅助功能(M 功能)

M 功能又称 M 代码、M 指令,用来控制机床各种辅助动作及开关状态,如主轴的转与停、冷却液的开与关等。程序的每一个语句中 M 代码只能出现一次。辅助功能的常用指令如表 6-5 所示。

表 6-5 辅助功能的常用指令

指令代码	指令功能	指令代码	指令功能	指令代码	指令功能
M00	程序停止	M04	主轴反转	M09	冷却液关
M01	选择停止	M05	主轴停止	M30	程序结束
M02	程序结束	M06	换刀指令		
M03	主轴正转	M08	冷却液开		

(3) 进给功能(F 功能)

进给功能表示进给速度,用字母 F 和其后面的若干位数字来表示,公制单位为 mm/min,英制单位为 in/min。例如:F150,表示进给速度为 150 mm/min。

(4) 刀具功能(T 功能)

表示选刀功能,用字母 T 和其后数字表示。换刀要用 M06 来实现,例如 M06T5,表示将准备第 5 号刀具。

(5) 主轴功能(S 功能)

表示主轴转速,用字母 S 和其后面的数字表示,单位为 r/min,例如 S200,表示主轴转速为 200 r/min。

(6) 刀具半径补偿功能(D 功能)

表示刀具半径补偿号,可用 D1~D99 表示。假设将当前刀具半径补偿数据存入 16 号存储地点里,当后续使用 G41 或 G42 指令时,需要调用半径补偿,则使用 G01 G41(G42)……D16。

6.1.2 数控车削实践

6.1.2.1 实践目的

① 了解数控技术在车削加工中的作用。

② 了解数控车床的运动、控制方式及主要单元的名称和作用。

③ 了解数控车床的基本类型和主要结构组成。

④ 了解手工编程和自动编程的区别，掌握手工编程指令。

⑤ 能完成简单零件的加工程序编制，独立完成程序输入、模拟走刀和车削加工。

6.1.2.2 数控车床概述

1) 数控车床功能

数控车床主要用于直线圆柱、斜线圆柱、圆弧和各种螺纹、槽、蜗杆等复杂的轴类和盘套类回转工件，具有直线插补、圆弧插补各种补偿功能，并在复杂零件的批量生产中发挥了良好的经济效果。

2) 数控车床结构

数控车床由数控装置、床身、主轴箱、旋转刀架、尾座、液压开关、数控操作面板、卡盘、排屑器、防护门等部分组成，如图 6-5 所示。

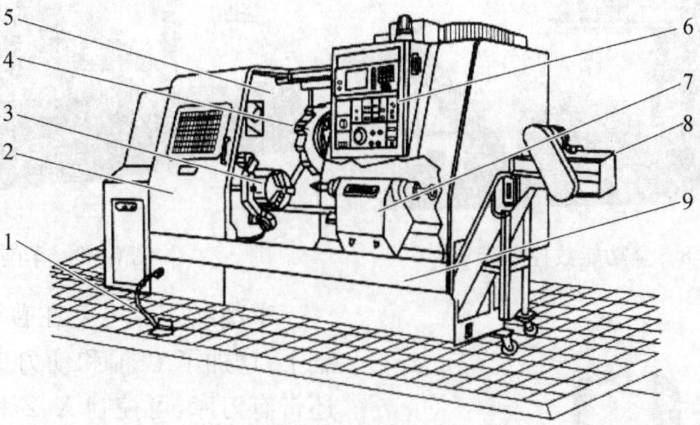

图 6-5 数控车床

1. 液压开关；2. 防护门；3. 卡盘；4. 旋转刀架；5. 主轴箱；6. 数控操作面板；7. 尾座；8. 排削器；9. 床身

3) 数控车床分类

数控车床按照主轴可分为立式数控车床和卧式数控车床两种类型。

① 卧式数控车床用于轴向尺寸较长或小型盘类零件的车削加工，按功能可进一步分为经济型数控车床、全功能数控车床、普通数控车床和车削加工中心。

经济型数控车床：采用步进电动机和单片机对普通车床的车削进给系统进行改造后形成的简易型数控车床。成本较低，自动化程度和功能都比较差，车削加工精度也不高，适用于要求不高的回转类零件的车削加工，CAK4085di 数控车床属经济型数控车床(图 6-6)是采用 FANUC-0i 系统，其操作面板如图 6-7 所示。

全功能数控车床：根据车削加工要求在结构上进行专门设计，配备通用数控系统而形成的数控车床。数控系统功能强、自动化程度和加工精度也比较高，适用于一般回转类零件的车削加工。这种数控车床可同时控制两个坐标轴，即 X 轴和 Z 轴(图 6-8)。

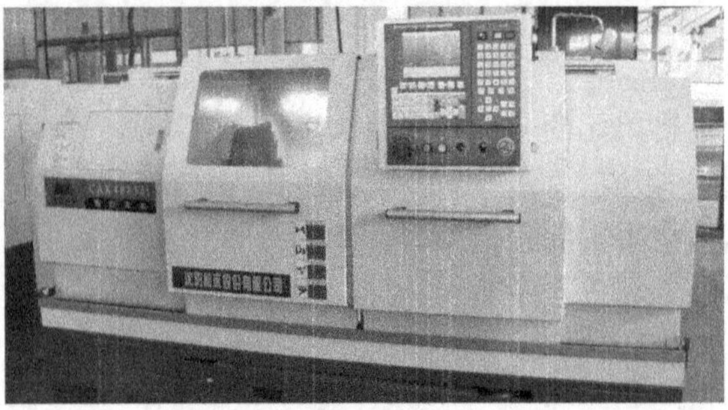

图 6-6　CAK4085di 数控车床

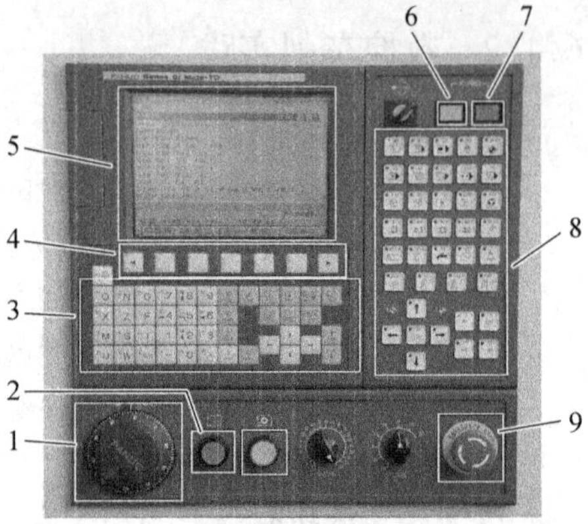

图 6-7　CAK4085i 数控车床的操作面板

1. 手轮；2. MDI 键盘；3. 功能键；4. 显示器；
5. 开机；6. 关机；7. 控制面板；8. 急停；9. 循环

图 6-8　全功能数控车床

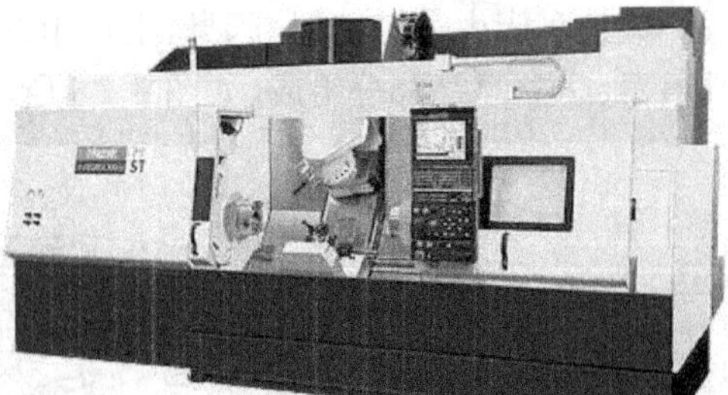

图 6-9　车削中心

车削加工中心：在普通数控车床的基础上，增加了 C 轴和动力头，更高级的机床还带有刀库，可控制 X、Z 和 C 三个坐标轴，联动控制轴可以是(X、Z)、(X、C)或(Z、C)。由于增加了 C 轴和铣削动力头，这种数控车床的加工功能大大增强，除可以进行一般车削外，还可以进行径向和轴向铣削、曲面铣削、中心线不在零件回转中心的孔和径向孔的钻削等加工，如图 6-9 所示。

② 立式数控车床用于回转直径较大的盘类零件车削加工，如图 6-10 所示。

图 6-10　立式数控车床

4) 数控车床加工步骤

(1) 分析零件图

根据零件图分析零件的形状、基准面、尺寸公差和粗糙度要求，以及加工面的种类、零件的材料、热处理等技术要求。

(2) 工艺分析

根据图纸要求，确定装夹方法，加工内容顺序，确定基准面，合理选择刀具。

(3) 装夹方法

工件的装夹方法直接影响产品的加工精度和加工效率，工件安装尽可能利用通用夹具，必要时也要设计制造专用夹具。

(4) 设定坐标系

通常数控车床工件坐标系原点应选择在工件右端面与回转中心的交点处。

(5) 加工工艺确定

在该阶段要确定加工的顺序和步骤，一般分粗加工、半精加工、精加工阶段。粗加工一般留 1 mm 余量，要使机床和刀具在能力允许的范围内用尽可能短的时间完成。半精加工，一般留 0.1 mm 的加工余量。精加工直接形成产品的最终尺寸精度和表面粗糙度，对于要求较高的表面，要分别进行加工。

(6) 刀具选择

确定使用的刀具，粗、精加工用的刀具要分开，所采用的刀具要满足加工质量和效率的要求。

(7) 数控程序编制

首先进行数学处理，根据零件的几何尺寸、刀具的加工路线和设定的编程坐标系来计算刀具运动轨迹坐标值。对于加工由圆弧和直线组成的简单轮廓的零件，只需计算出相邻几何元素的交点或切点坐标值即可。对于自由曲线、曲面等加工要借助计算机辅助编程来完成。

(8) 加工操作

加工程序编制完成以后，在加工以前要进行程序试运行，以便检验程序是否正确，然后操作机床进行加工。

6.1.2.3 数控车削编程指令

除第 6.1.1 节中给出的数控机床基本程序指令外，还有一些数控车床常用的编程指令，如表 6-6 所示。

表 6-6 常用车削加工代码指令

代码	指令功能	指令格式	指令说明
G28	自动返回参考点	G28 X_ Z_	X, Z 为工件坐标系坐标值
G32	螺纹切削	G32 X_ Z_ F_	X, Z 螺纹终点坐标，F 螺纹导程
G40	刀尖半径补偿取消	G00(或 G01) G40 X_ Z_	X, Z 为工件坐标系坐标值
G41	刀尖半径左补偿	G00(或 G01) G41 X_ Z_	X, Z 为工件坐标系坐标值
G42	刀尖半径右补偿	G00(或 G01) G42 X_ Z_	X, Z 为工件坐标系坐标值
G70	精加工循环	G70 P_ Q_	P 为精加工路径开始程序号，Q 为精加工路径结束程序号
G71	粗加工循环	G71 U_ R_ G71 P_ Q_ U_ W_ F_	U 为切削深度(半径值)，R 为退刀量，P 为路径开始程序号，Q 为路径结束程序号，U 为 X 方向精加工余量(直径值)，W 为 Z 方向精加工余量
G72	粗加工端面循环	G72 W_ R_ G72 P_ Q_ U_ W_ F_	W 为背吃刀量(轴向值)，其他同 G71
G73	仿形粗车循环	G73 U_W_ R_ G73 P_ Q_ U_ W_ F_	U 为 X 方向总退刀量(半径值)，W 为 Z 方向总退刀量，R 为切削次数，其他同 G71

（续　表）

代码	指令功能	指　令　格　式	指　令　说　明
G76	螺纹切削复合循环	G00 X α_1 Z β_1 G76 $Pm\gamma\theta$ QΔd_{min} RΔc G76 X α_2 Z β_2 RI Ph QΔd Fl	α_1、β_1 螺纹切削循环起点坐标 m 精加工重复次数　γ 螺纹根部倒角 θ 螺纹刀尖角度　Δd_{min} 最小背吃刀量 Δc 精加工余量　α_2 螺纹底径 β_2 螺纹切削 Z 方向终点坐标　I 螺纹半径差 h 螺纹牙高　Δd 第一次切削深度 l 螺纹导程
G92	螺纹切削固定循环	G92 X_Z_R_F_	X、Z 螺纹终点坐标 R 螺纹起点与终点半径差 F 螺纹导程
G96	恒速切削控制	G96 S_	系统执行 G96 指令后，S 后面数值为切削速度
G97	取消恒速切削控制	G97 S_	系统执行 G97 指令后，S 后面数值为主轴转速
G98	每分钟进给	G98	系统执行 G98 指令后，遇到 F 指令时，进给速度单位为 mm/min
G99	每转进给	G99	系统执行 G99 指令后，遇到 F 指令时，进给速度单位为 mm/r
T	刀具指令	T_ _ _ _	前两位为刀具号，后两位为刀具补偿号

6.1.2.4　数控车削手工编程

1）案例分析

以轴类零件（图 6-11）为例，其材料为 Φ20 mm 圆钢（材料：45# 钢），使用 CAK4085di 数控车床，采用数控车削加工手工编程。

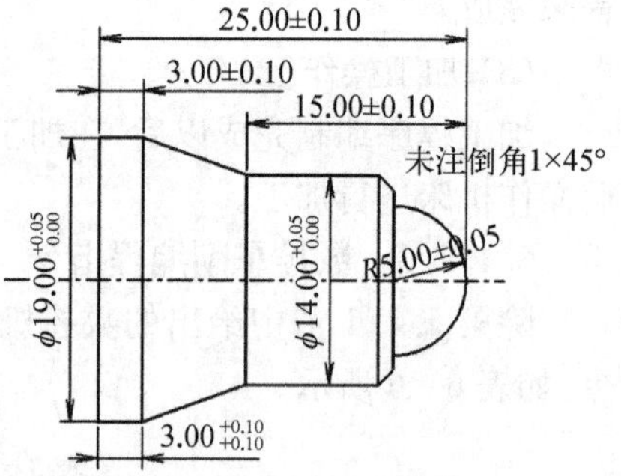

图 6-11　轴类零件图

2）工艺分析

此零件需加工的内容为外轮廓，外轮廓由圆弧、倒角、台阶，圆锥面组成。为了保证零件精度，首先采用 G71 指令粗加工循环，其次采用 G70 指令精加工，最后切断。

① 装夹方法：采用通用三爪卡盘，夹住棒料，伸出大于 30 mm。

② 坐标系建立：工件坐标原点设定在工件右端球面与轴线的交点，此坐标系也是编程原点。

③ 刀具选择：外圆粗车 90°车刀 T01，外圆精车 90°车刀 T02，切断零件使用一把切断刀 T03。

3）数车程序手工编程

轴类零件（图 6-11）的数车手工编程程序如表 6-7 所示。

表 6-7　程序说明

数　车　程　序	解　　释
O0001；	程序名
N10　G99；	每转进给量 mm/r
N20　T0101；	调用 1 号粗加工外圆车刀 1 号补偿

（续 表）

数 车 程 序	解　　释
N30　M03　S1000	主轴正转 每分钟 1 000 转
N40　G00　X150.　Z150.	快速直线移动到 X150,Z150　安全换刀点位置
N50　G00　X22.　Z2.	快速直线移动到在 X22,Z2　加工起点位置
N60　G01　Z0.　F0.1	每转 0.1 mm 直线移动到 Z0 位置
N70　G01　X0.　F0.1;	每转 0.1 mm 直线移动到 X0 位置 车端面
N80　G00 X22.　Z2.	快速直线移动到 X22,Z2 位置
N90　G71　U1.　R1.;	粗加工轮廓循环 每刀进给 1 mm 退刀 1 mm
N100　G71　P110　Q180　U0.5 W0.1 F0.2;	每转 0.2 mm 切削速度粗加工循环，开始程序号 N110，结束程序号 N180，*X* 方向余量 0.5 mm，*Z* 方向余量 0.1 mm
N110　G01　X0.;	循环开始 直线移动到 X0
N120　Z0.;	直线移动到 Z0　点 *A* 位置
N130　G03　X10.　Z-5.　R5.;	逆时针圆弧　点 *B* 位置
N140　G01　X12.;	直线移动　点 *C* 位置
N150　X14.　Z-6.;	直线移动　点 *D* 位置
N160　Z-15.;	直线移动　点 *E* 位置
N170　X19.　Z-22.;	直线移动　点 *F* 位置
N180　G01　Z-25.	直线移动　点 *G* 位置
N190　G00　X150.　Z150.	循环结束 快速移动到 X150 Z150 换刀点位置
N200　M05	主轴停止
N210　T0202	调用 2 号精加工车刀 2 号补偿
N220　M03 S1200	主轴正转 每分钟 1 200 转
N230　G70　P110　Q180　F0.1;	每转 0.1 mm 切削速度，精加工外圆 从 N110 起始 到 N180 结束
N240　G00　X150.　Z150.;	快速移动到 X150,Z150 安全换刀点
N250　M05	主轴停止
N260　T0303;	调用 3 号割刀刀具 3 号补偿
N270　M03　S600	主轴正转 每分钟 600 转
N280　G00　X22.;	快速移动到 X22
N290　Z-28.;	快速移动到 Z-28
N300　G01　X0.　F0.05;	每转 0.05 mm 割到 X0 位置
N310　G00　X150.	快速移动到 X150
N320　G00　Z150.;	快速移动到 Z150 安全换刀点
N330　M05;	主轴停止
N340　M30;	程序结束 返回程序头

4) 数车程序输入

① 开机：打开数控车床主电源开关，机床启动。

② 在控制面板上(图 6-7)，按下“编辑”按钮进入“编辑”界面，在 MDI 键盘区上输入数车程序，其显示如图 6-12 所示。

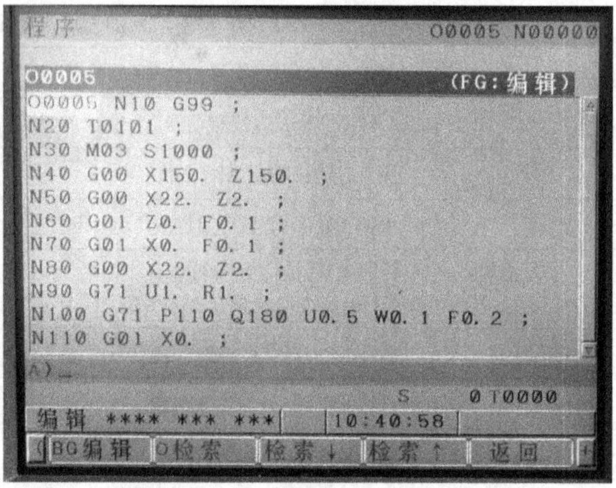

图 6-12　输入数车程序显示

5) 模拟程序轨迹

在控制面板上按下“自动”按钮，再按“空运行”按钮和“机床锁定”按钮，然后在 MDI 键盘区上，按“图形”按钮，最后按“启动”按钮，即开始数控程序加工轨迹模拟(图 6-13)。

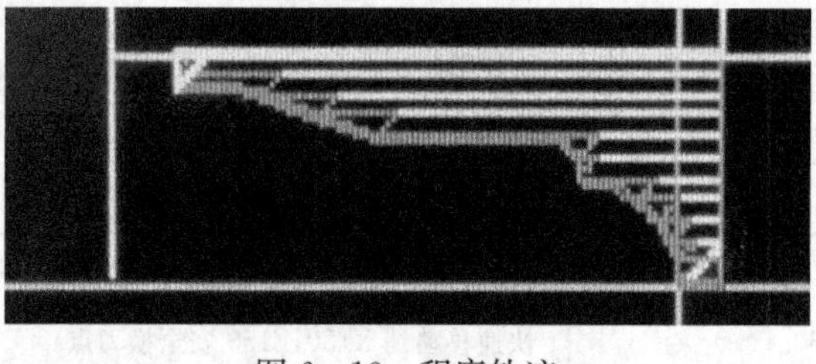

图 6-13　程序轨迹

6.1.2.5　数控车削实践案例

(1) 案例分析

见第 6.1.2 节，本文采用 CATIA 软件进行自动编程。

(2) 打开图形文件

单击菜单【文件】|〖打开〗，弹出“打开文件”对话框，选择待加工零件的图形文件打开。

(3) 进入车削加工界面

单击菜单【开始】|〖加工〗|〖车床加工〗，弹出“车床加工”界面，如图 6-14 所示。

(4) 指定机床种类

单击特征树所有项目前方“+”，使其命令状态全部展开，双击“加工设定”，弹出“零件加工动作”对话框(图 6-15)，单击“机床”按钮，弹出“加工编辑器”对话框(图 6-16)，单击“卧式车床”按钮选择“卧式车床”后，单击“确定”按钮。

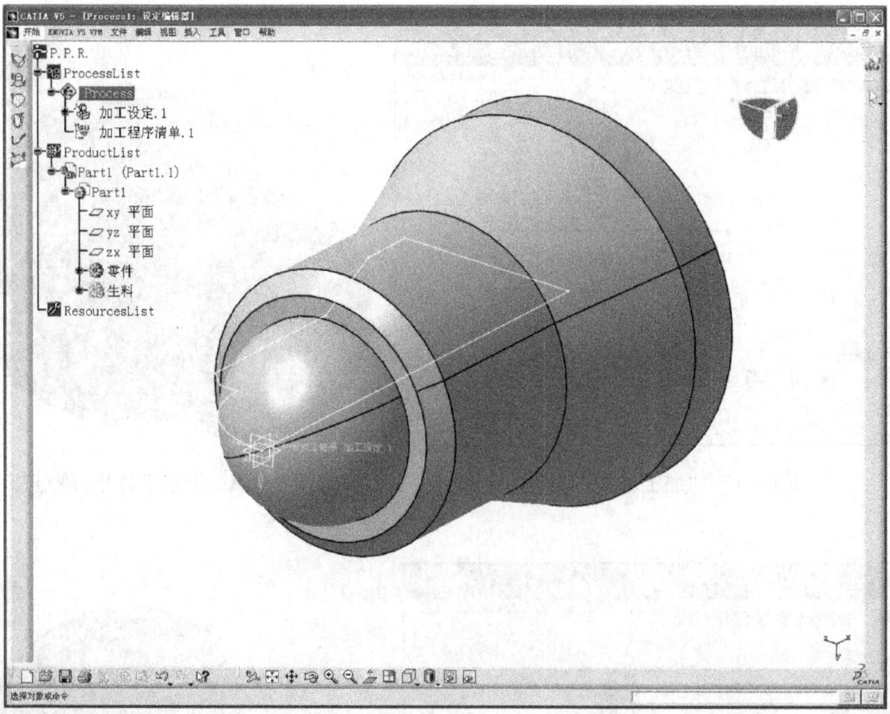

图 6-14　车床加工界面

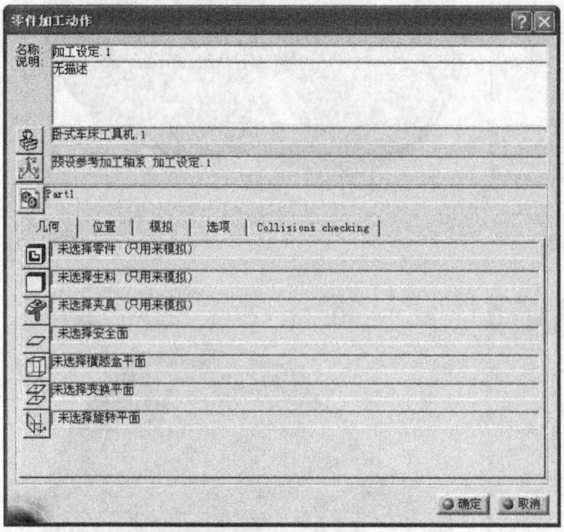

图 6-15　“零件加工动作”对话框

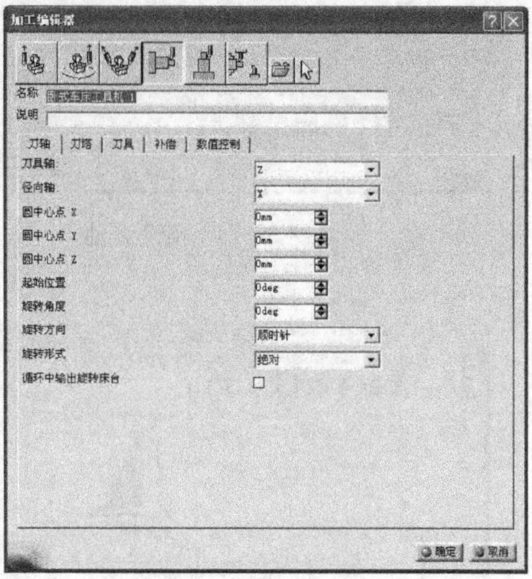

图 6-16　“加工编辑器”对话框

(5) 设定工件坐标系

在“零件加工动作”对话框中，单击“参考加工轴系”按钮，弹出“预设参考加工轴系，加工设定”对话框，单击坐标系中的红色圆点（图 6-17），选择零件图形的工件坐标原点（图 6-18）。单击 Z 轴（图 6-19）后，选择零件图形 Z 轴（图 6-20）。单击 X 轴（图 6-21）后，选择零件图形 X 轴（图 6-22）。请注意在零件图形上选择轴要注意箭头方向，箭头方向应该远离图形。

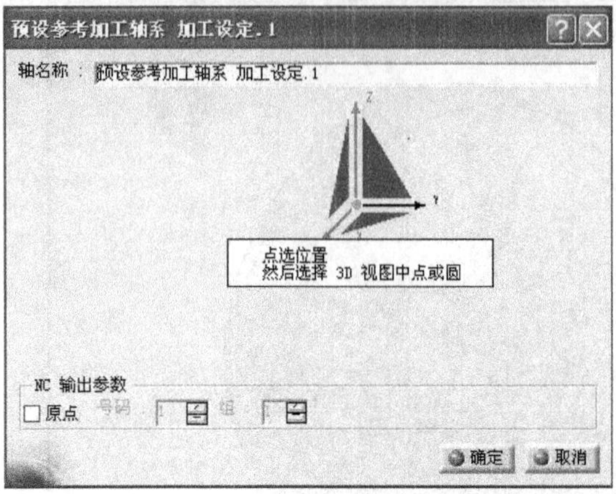

图 6-17 “加工轴系”对话框

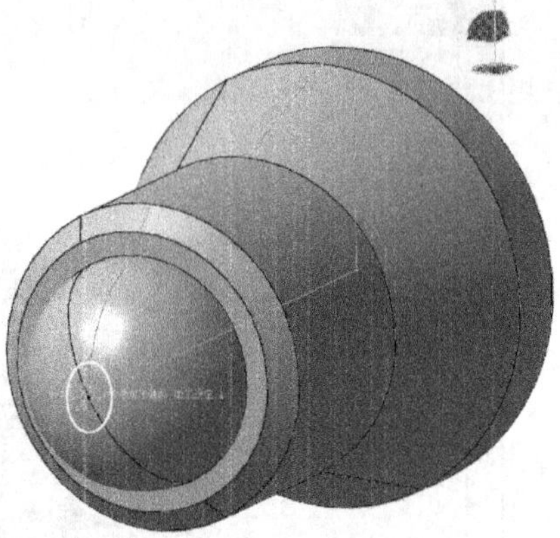

图 6-18 设定工件坐标原点

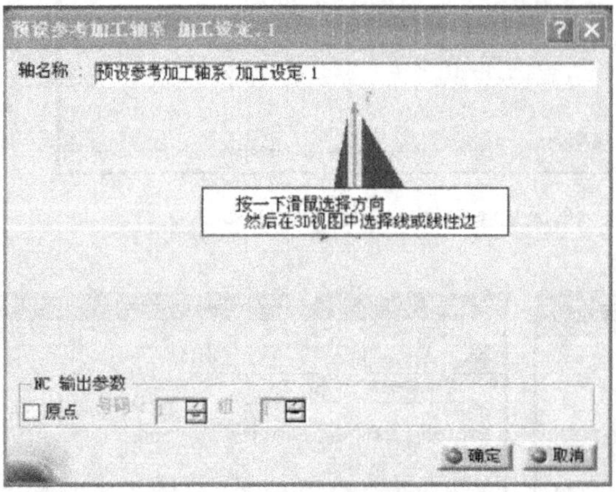

图 6-19 预设 Z 轴

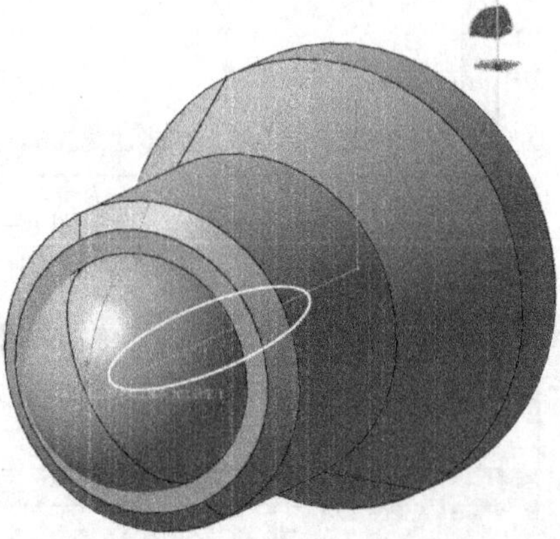

图 6-20 设定工件 Z 轴

图 6-21 预设 X 轴

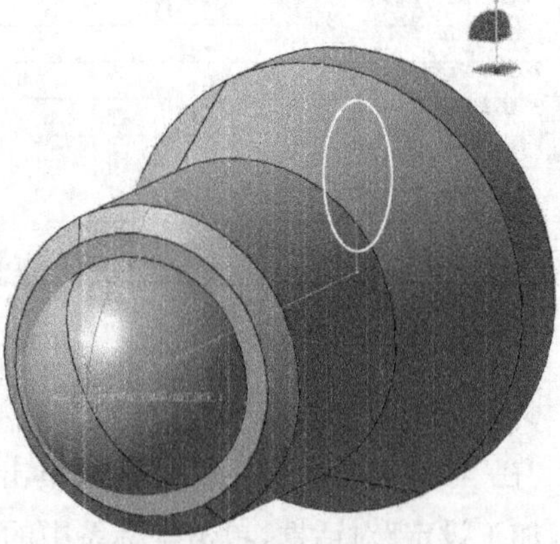

图 6-22 设定工件 X 轴

(6) 指定零件

“零件加工动作”对话框,单击“零件”按钮,跳回车床加工界面,双击特征树中的零件项目,如图 6-23 所示。

(7) 指定零件坯料

“零件加工动作”对话框,单击“生料”按钮,跳回车床加工界面,双击特征树中的生料项目,如图 6-24 所示。

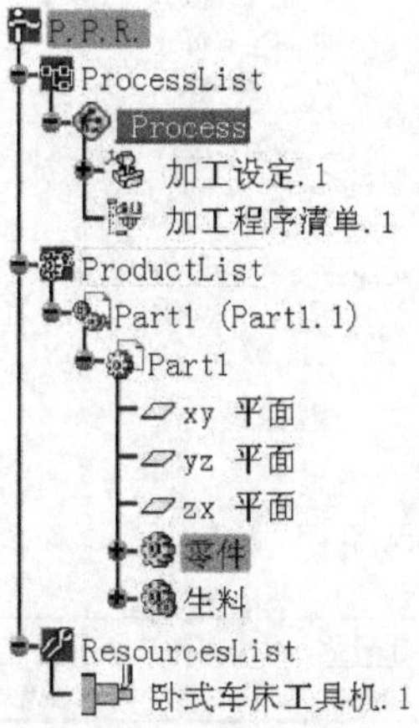

图 6-23　零件特征树

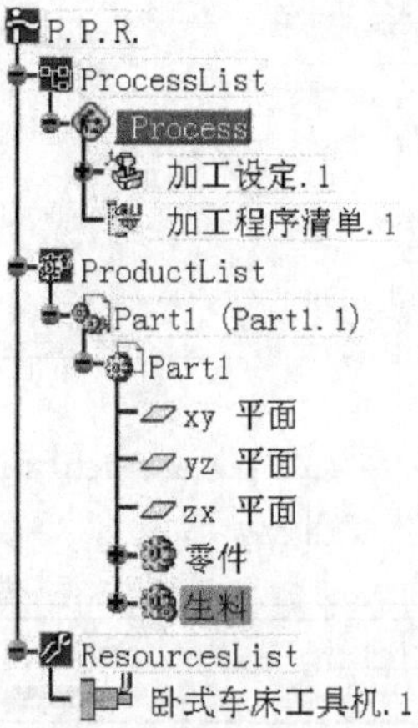

图 6-24　生料特征树

(8) 设定加工参数

单击菜单“制造程序”|【插入】|〖加工动作〗|〖粗车〗,弹出“粗车”对话框,单击“轮廓”选项卡,分别选择零件与生料的图形截面(图 6-25)。单击“方式”选项卡,最大加工深度设定为 1 mm,加工零件断面轮廓设定为“每一次”,勾选凹槽加工(图 6-26)。单击“刀具”选项卡,选择菱形刀片(图 6-27)。单击“切削要素”选项卡,去除

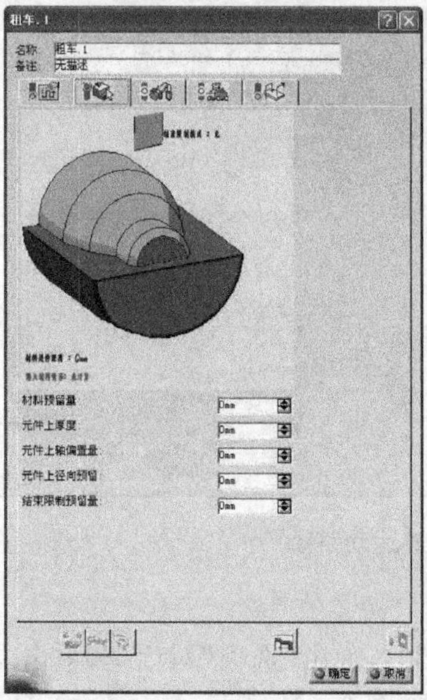

图 6-25　粗车外轮廓

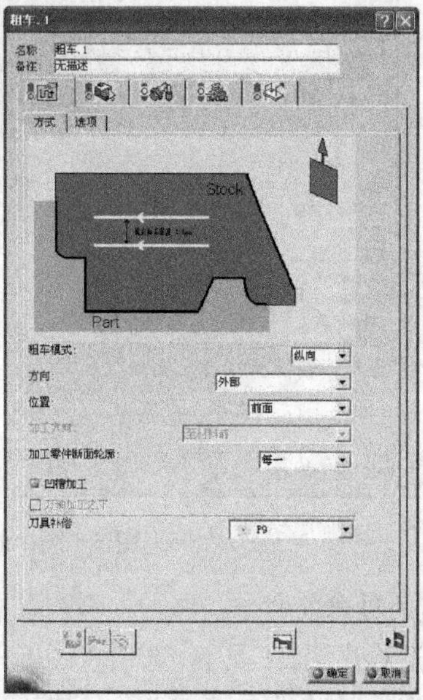

图 6-26　粗车方式对话框

勾选“由刀具进给和转速自动计算”选项，进给参数设定为 0.1 mm，加工转数为 1 000（图 6－28）。单击“播放路径”按钮 |〖确定〗，仿真结果如图 6－29 所示。

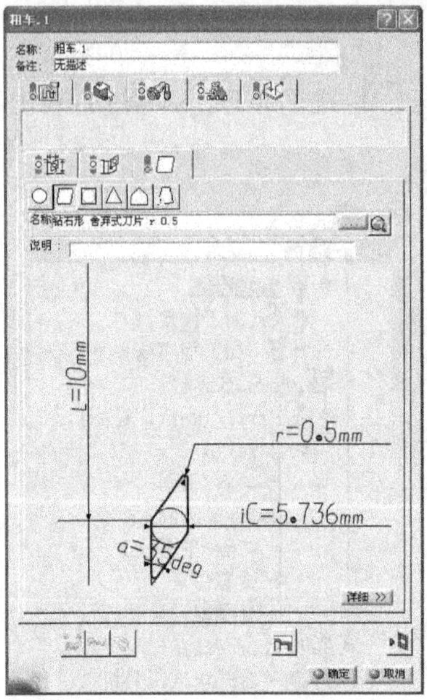

图 6－27　刀具设定对话框

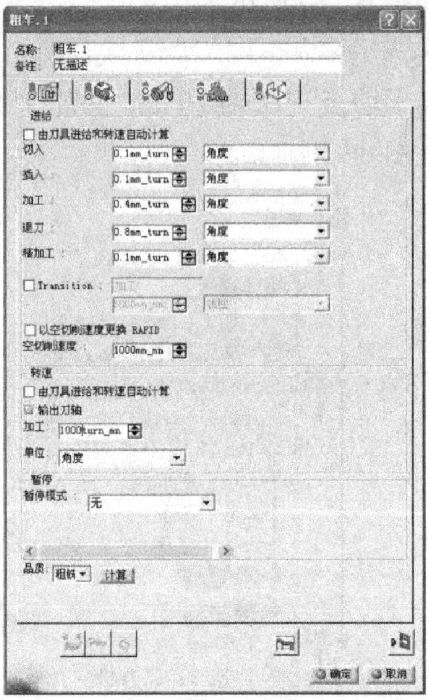

图 6－28　切削要素对话框

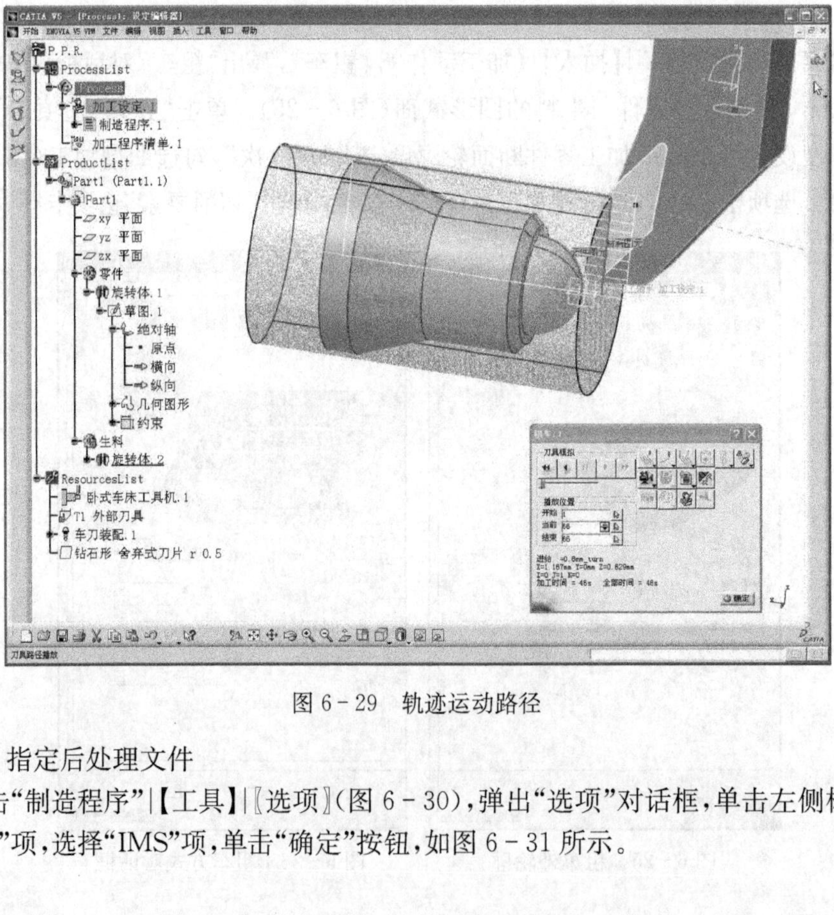

图 6－29　轨迹运动路径

（9）指定后处理文件

单击“制造程序”|【工具】|〖选项〗（图 6－30），弹出“选项”对话框，单击左侧树状图中的“加工”项，选择“IMS”项，单击“确定”按钮，如图 6－31 所示。

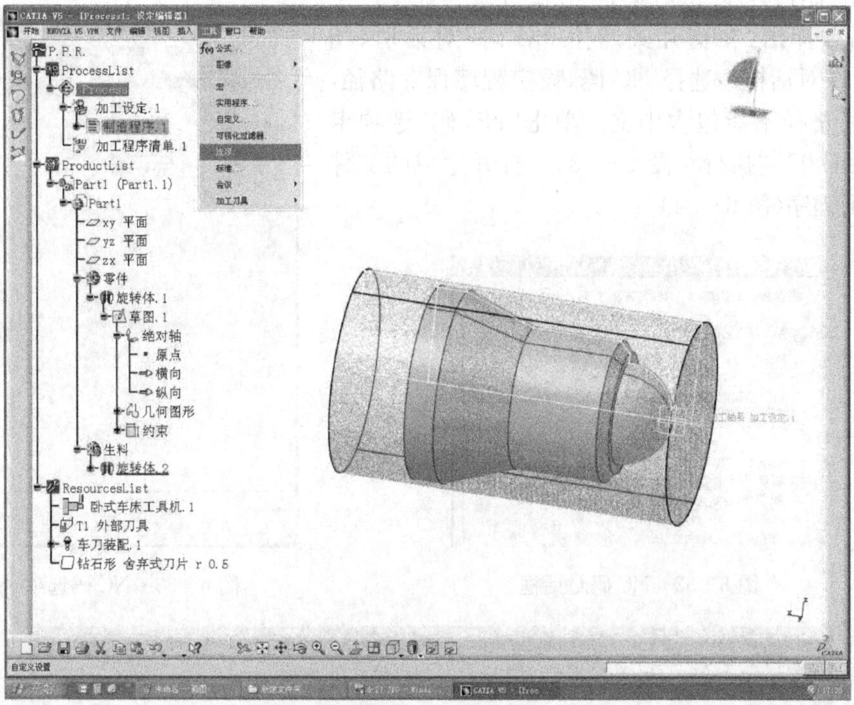

图 6-30　选项位置

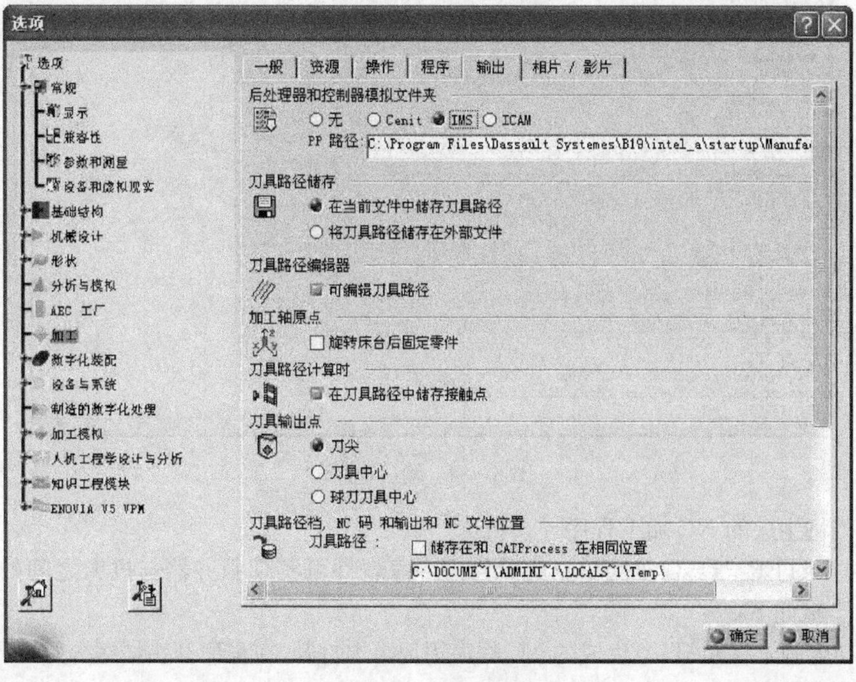

图 6-31　选项对话框

(10) 输出NC加工代码

右击“制造程序”|【对象】|〖在交互式作业中产生NC代码〗,弹出“在交互式产生 NC 码”对话框(图6-32)。在对话框中选择NC码,设定程序保存路径,注意文件路径不能包含中文。单击“NC码”选项卡|“FANUC 0”|“执行”(图6-33)。打开生成的文件即可看到程序(图6-34)。

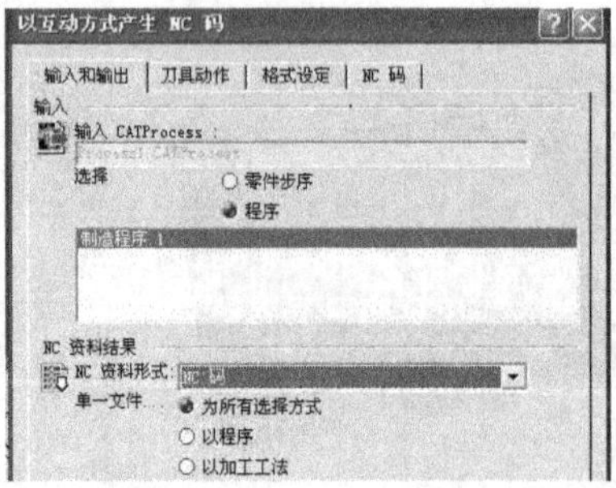

图6-32 NC码对话框

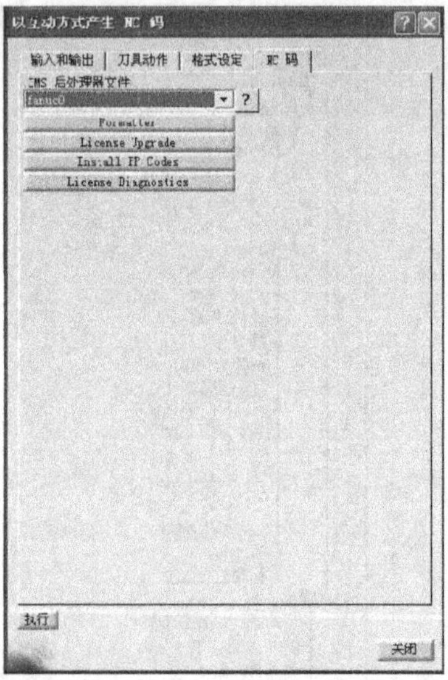

图6-33 NC码选项卡

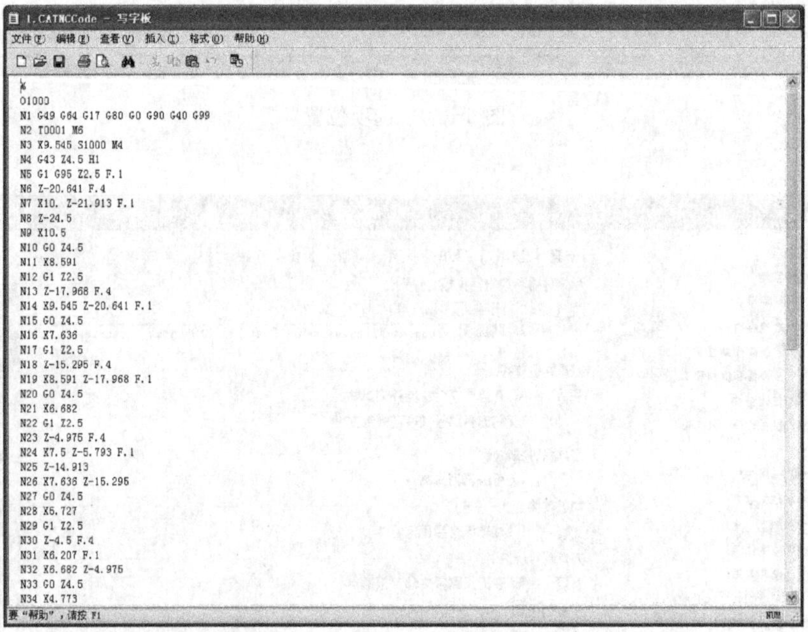

图6-34 输出程序

(11) 将生成的NC加工程序导入机床

通过INTER-DNC车间信息集成管理专家软件可实现服务器与机床之间的无线数据传输,步骤如下:

① 在电脑上将CATIA生成的NC程序用记事本打开,在程序开头结尾分别加入“%”。

② 将文件存入服务器。

③ 在机床操作面板上建立通信指令,即可看到服务器上等待的程序。

④ 在机床操作面板上建立调入指令,完成调入。

(12) 车削加工

在控制面板上，按下“自动”按钮，再按“启动”按钮，即开始数控程序加工，最终车削加工产品如图 6－35 所示。

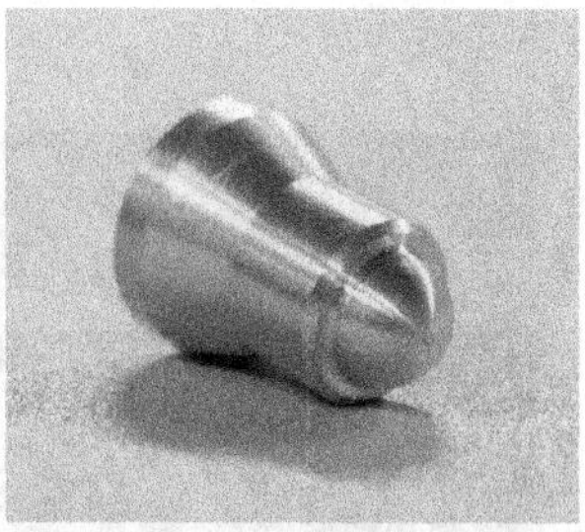
图 6－35 零件成品图

6.1.3 数控铣削实践

6.1.3.1 实践目的

① 了解数控铣床的应用和加工步骤。

② 了解数控铣床的运动、控制方式及主要控制元件的名称和作用。

③ 了解数控铣床的基本类型和主要结构组成。

④ 掌握数控铣床基础编程方法。

⑤ 用 CATIA 软件对设计的零件进行后处理并自动生成程序。

⑥ 初步掌握简单平面零件的数控铣削加工程序的编制以及机床面板的操作。

6.1.3.2 数控铣床概述

1) 数控铣床功能

数控铣床可以进行直线、斜线、曲线轮廓等加工，还可以加工凸轮、样板、模具、螺旋槽等复杂型面的工件，也可以进行钻削、镗削等。

2) 数控铣床结构

数控铣床由主轴箱、铣刀、立柱、工作台面、床身、数控操作面板、工件等部分组成，如图 6－36 所示。

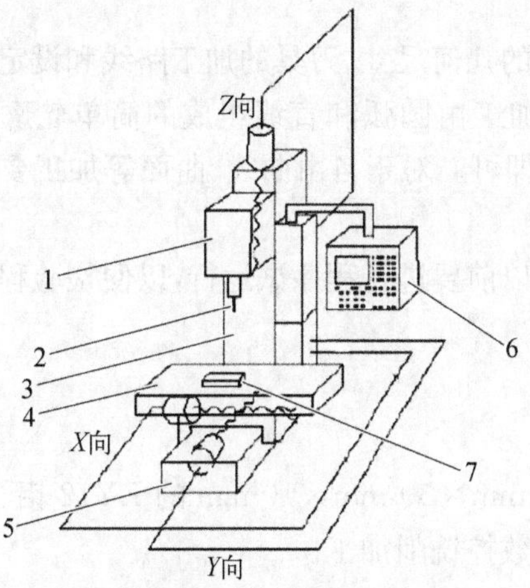

图 6－36 数控铣床

1. 主轴箱；2. 铣刀；3. 立柱；4. 工作台面；
5. 床身；6. 数控操作面板；7. 工件

图 6－37 XK714D 数控铣床

XK714D 数控铣床(图 6－37)是采用配置 FANUC－0i 系统，其控制面板如图 6－38、图 6－39 所示。

3) 数控铣削加工步骤

① 分析零件图根据零件图分析零件的形状、基准面、尺寸公差和粗糙度要求，以及加工面的种类、零件的材料、热处理等技术要求。

图 6-38　XK714D 的操作面板

1. 进给倍率；2. 主轴倍率；3. 紧急停止；
4. 程序保护开关；5. 操作按钮

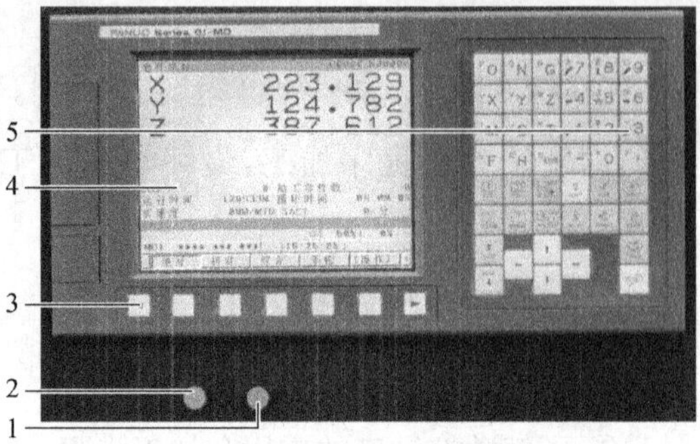

图 6-39　XK714D 的 NC 操作面板

1. 关机按钮；2. 开机按钮；3. 功能键；
4. 显示屏；5. MDI 按键

② 数控机床的选择：根据零件形状和加工的内容及范围，确定该零件是否适宜在数控机床上加工，在哪类设备上加工，确定使用机床的种类。

③ 工件的装夹方法：工件的装夹方法直接影响产品的加工精度和加工效率，工件安装尽可能利用通用夹具，必要时也要设计制造专用夹具。

④ 加工工艺确定：在该阶段要确定加工的顺序和步骤，一般分粗加工、半精加工、精加工阶段。粗加工一般留 1 mm 余量，要使机床和刀具在能力允许的范围内用尽可能短的时间完成。半精加工，一般留 0.1 mm 的加工余量。精加工直接形成产品的最终尺寸精度和表面粗糙度，对于要求较高的表面，要分别进行加工。

⑤ 刀具的选择：确定使用的刀具，粗、精加工用的刀具要分开，所采用的刀具要满足加工质量和效率的要求。

⑥ 程序编制：首先进行数学处理，根据零件的几何尺寸、刀具的加工路线和设定的编程坐标系来计算刀具运动轨迹的坐标值。对于加工由圆弧和直线组成的简单轮廓的零件，只需计算相邻几何元素的交点或切点坐标值即可。对于自由曲线、曲面等加工要借助计算机辅助编程来完成。

⑦ 加工操作：加工程序编制完成后，在加工以前要进行程序试运行，以便检验程序是否正确，然后操作机床进行加工。

6.1.3.3　数控铣削手工编程

1）案例分析

以“盖板”零件(图 6-40)为例，其材料为 30 mm×50 mm×10 mm 的 LY12 铝合金，使用 XK714D 数控铣床，采用手工编程方式完成数控铣削加工。

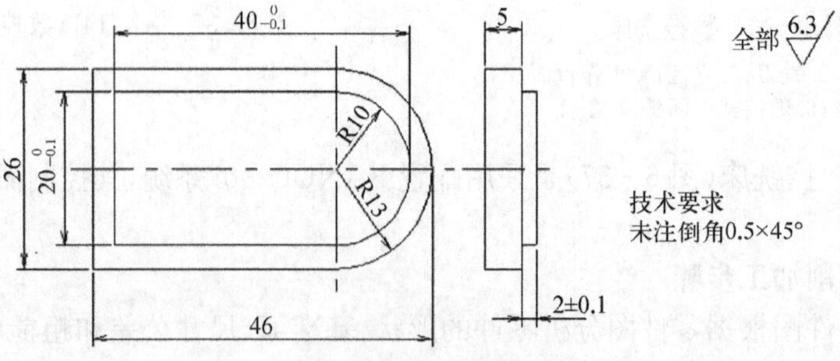

图 6-40　盖板零件图

2) 工艺分析

盖板零件的加工工艺过程如表 6-8 所示。

表 6-8 盖板零件的工艺过程

工序	工序名称	工　序　内　容	设备	工装夹具	刀具及加工参数
1	装　夹	装夹零件 10 mm，厚度伸出 8 mm	XK714D	平口钳	
2	粗　铣	粗铣盖板外形，将盖板公差尺寸预留余量至 20.5 mm、40.5 mm，盖板深度尺寸预留至 1.8 mm	XK714D	平口钳	Φ20 立铣刀 n=800 n/min， V_f=80 mm/min
3	精　铣	使用 0～150 游标卡尺测量确定粗铣尺寸，再次加工盖板外形，将盖板公差尺寸加工至 19.9～20 mm 和 39.9～40 mm 以内，深度尺寸加工至 2±0.1 mm 以内	XK714D	平口钳	Φ20 立铣刀 n=1 000 n/min， V_f=50 mm/min
4	数　铣	拆卸零件，翻身平口钳装夹，加工多余厚度 3 mm，控制厚度尺寸 5 mm	XK714D	平口钳	Φ20 立铣刀 n=800 n/min， V_f=80 mm/min
5		拆卸零件，倒锐角去毛刺	XK714D		

3) 数铣程序手工编制

根据工艺过程，盖板零件的数铣手工编制的程序如表 6-9 所示。

表 6-9 程序说明

数 控 程 序	解　　释
O0001;	程序名
G90 G54 G17;	G90 绝对坐标指令，G54 调取工件坐标系，G17 选择 X-Y 坐标平面
M03 S800;	主轴正转、每分钟 800 转
G00 X-23. Y-33.;	快速移动到该坐标
G00 Z50.;	快速移动到该坐标
G00 Z5.;	快速移动到该坐标
G01 Z-2. F80;	直线插补指令、设置加工深度 2 mm
G01 G41 X0 Y-10. D01;	左补偿、直线插补移动到该坐标、刀具补偿编号 1
G01 X0 Y10.;	直线插补移动到该坐标
G01 X30. Y10.;	直线插补移动到该坐标
G02 X30. Y-10. R10.;	圆弧插补移动到该坐标
G01 X0 Y-10.;	直线插补移动到该坐标
G00 Z5.;	快速移动到该坐标
G40;	取消补偿
G00 X-23. Y-33.;	快速移动到该坐标
G01 Z-7. F80;	直线插补指令、设置加工深度 7 mm
G01 G41 X-3. Y-13. D01;	左补偿、直线插补移动到该坐标、刀具补偿编号 1
G01 X-3. Y13.;	直线插补移动到该坐标
G01 X30. Y13.;	直线插补移动到该坐标

(续　表)

数控程序	解　释
G02 X30. Y-13. R13.;	圆弧插补移动到该坐标
G01 X-3. Y-13.;	直线插补移动到该坐标
G00 Z5.;	快速移动到该坐标
G40;	取消补偿
G00 Z50.;	快速移动到该坐标
M05;	主轴停
M30;	程序结束

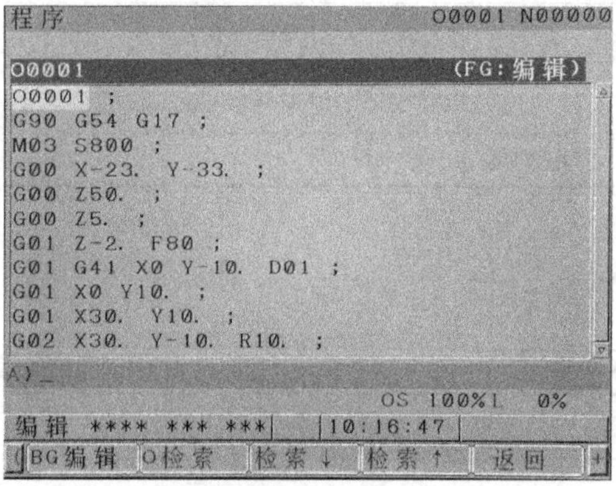

图 6-41　输入数铣程序界面显示

4) 数铣程序输入

① 开机：打开数控铣床主电源开关(图 6-39)，机床启动。

② 在操作面板上(图 6-38)，按“编辑”按钮进入“编辑”界面，在编辑界面上输入数铣程序，其显示如图 6-41 所示。

5) 加工仿真

在操作面板上，按“自动”按钮，再按“空运行”按钮和“辅助功能锁定”按钮，然后在 NC 操作面上(图 6-39)，按“图形参数”按钮，出现“图形参数”界面(图 6-42)，按“图形”按钮，最后按“启动”按钮，即开始数控加工仿真(图 6-43)。

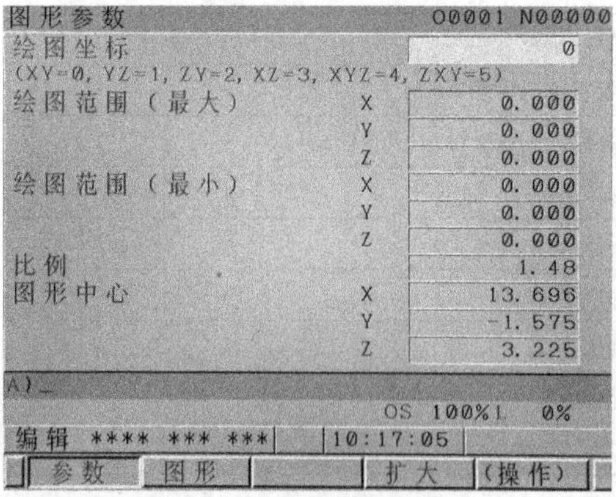

图 6-42　图形参数界面

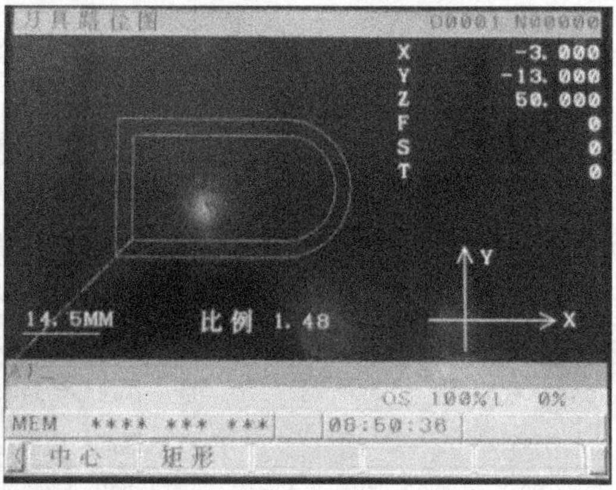

图 6-43　数控加工仿真

6) 参数修改

刀具直径 20 mm，程序使用 G41 偏移指令，根据刀具和工艺修改 D01 中的数据，粗加工为 10.25，精加工为 9.99，如图 6-44 所示。

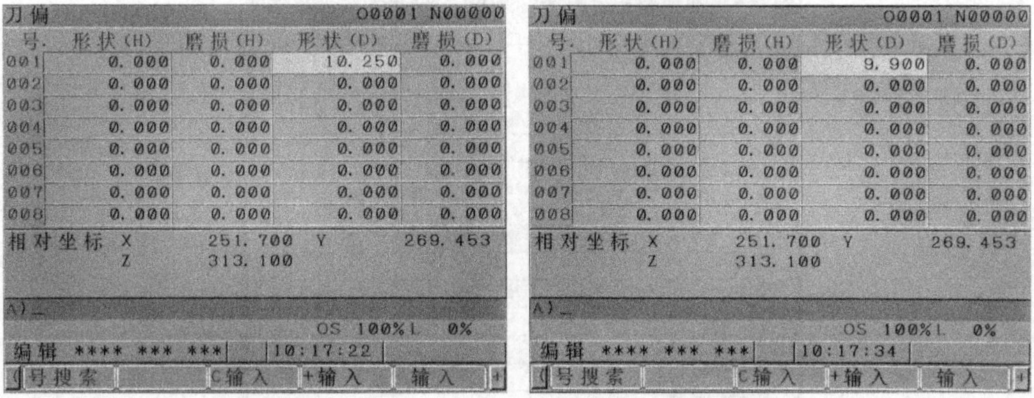

图 6-44　D01 参数修改界面

6.1.3.4　数控铣床实践案例

1) 案例分析

见第 6.1.3 节，本文采用 CATIA 软件进行自动编程。

2) 打开图形文件

单击菜单【文件】|〖打开〗，弹出“打开文件”对话框，打开三维零件：shuxi.CATPart，如图 6-45 所示。

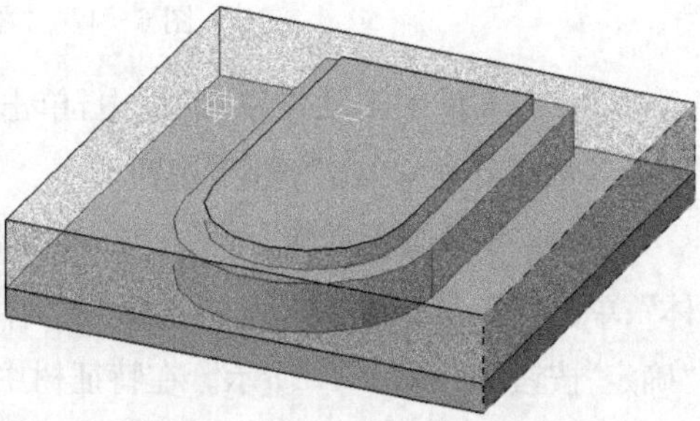

图 6-45　打开“盖板”文件

3) 进入铣削加工界面

① 单击【开始】|〖加工〗|〖二轴半加工〗，进入“加工”界面(图 6-46)。在特征树中选择“加工设定”，弹出“零件加工动作”对话框(图 6-47)。

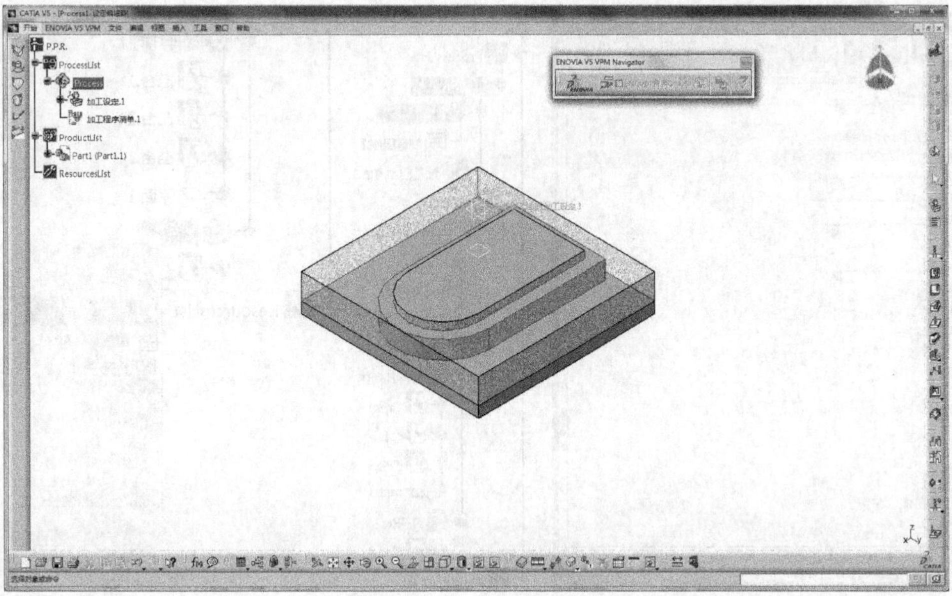

图 6-46　“加工”界面

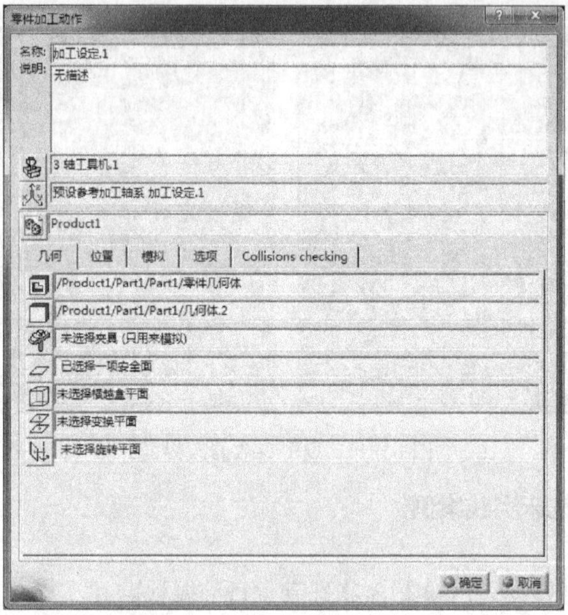

图 6-47 “零件加工动作”对话框

② 在“零件加工动作”对话框中，单击图标，弹出“加工编辑器”对话框(图 6-48)，选择 3 轴工作机，单击“确定”按钮。

③ 在“零件加工动作”对话框中，单击图标，再在特征树(图 6-49)选择“零件几何体”；单击图标，再在特征树选择“几何体 2”；单击图标，再在特征树选择“平面”，单击“确定”按钮，如图 6-47 所示。在特征树中选择“几何体 2”，右键设置为“隐藏”(图 6-50)。

④ 在特征树选择“制造程序”，单击“加工动作”工具栏的图标 (图 6-51)，弹出“外形铣削”对话框(图 6-52)。

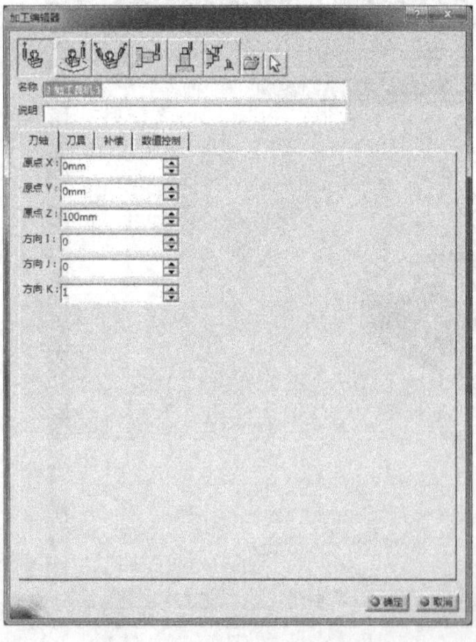

图 6-48 “加工编辑器”对话框

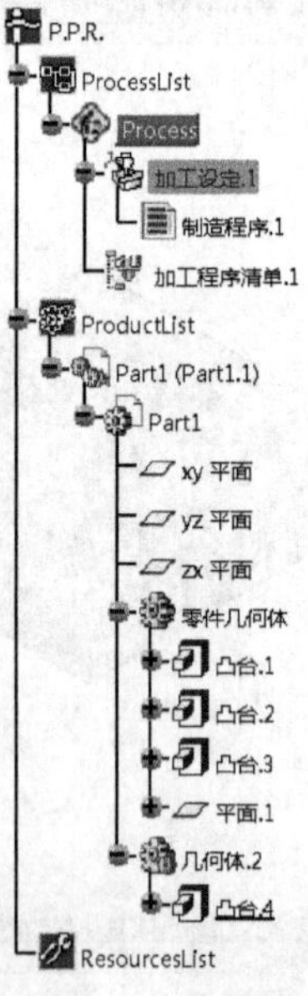

图 6-49 特征树

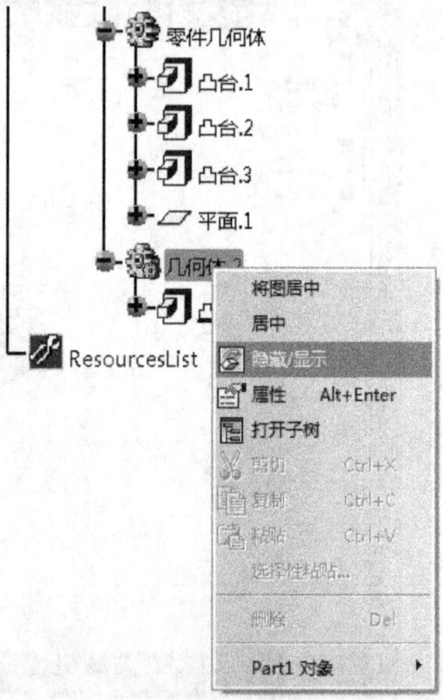

图 6-50 “几何体 2”隐藏

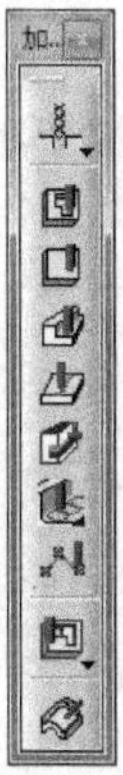

图 6-51 “加工动作”工具栏

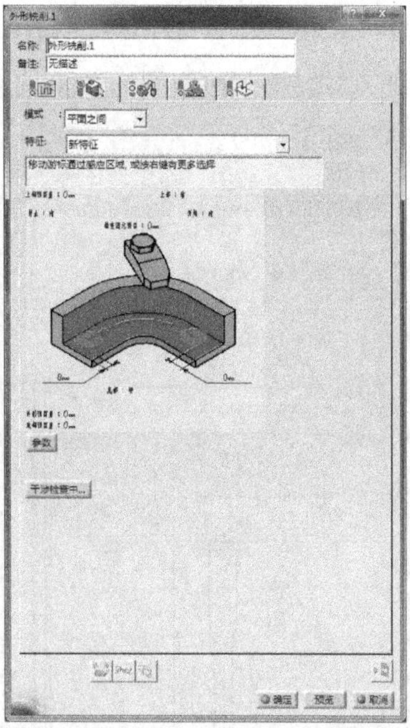

图 6-52 “外形铣削”对话框

⑤ 在“加工”界面上,分别选择所要加工零件的轮廓(图 6-53)和加工深度(图 6-54)。

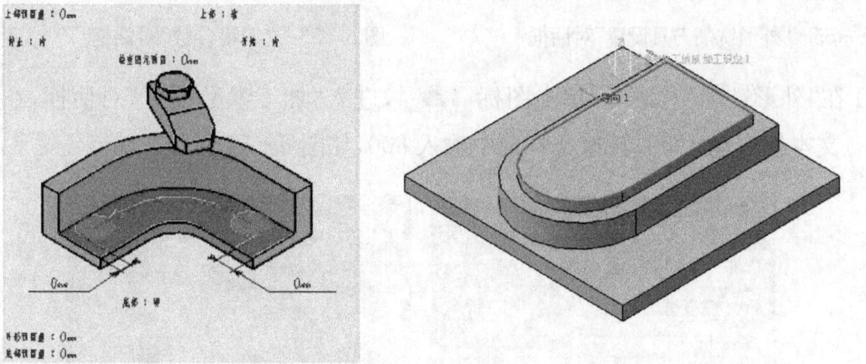

图 6-53 轮廓选择

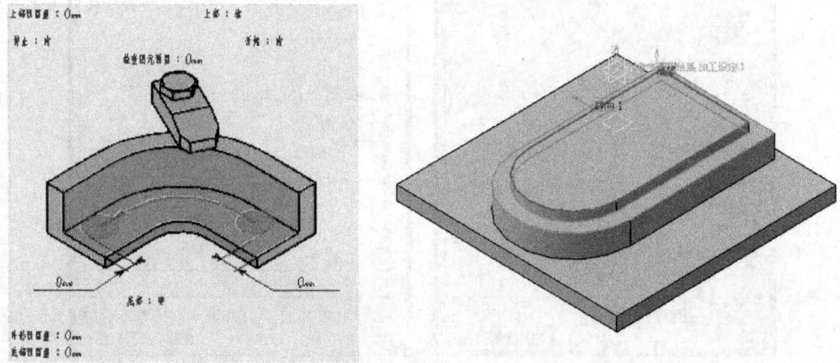

图 6-54 加工深度

⑥ 在"外形铣削"对话框,单击图标 ,进入"外形铣削 1"对话框(图 6－55),单击第二把刀"端铣刀"按钮 ,单击按钮 ,将直径设置为"10 mm",刀具圆角设置为"0 mm"(图 6－56)。

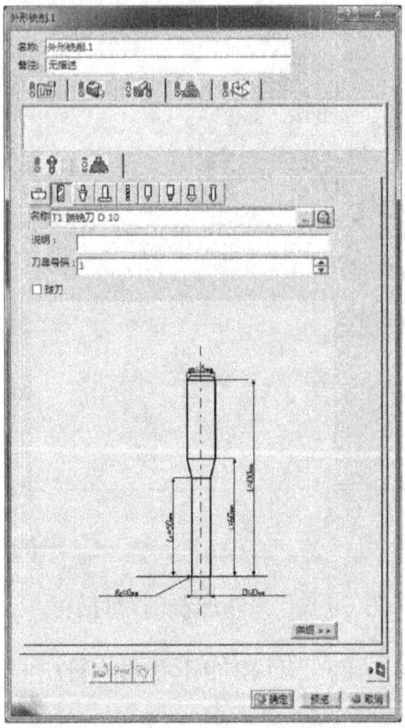

图 6－55 "外形铣削刀具设置"对话框

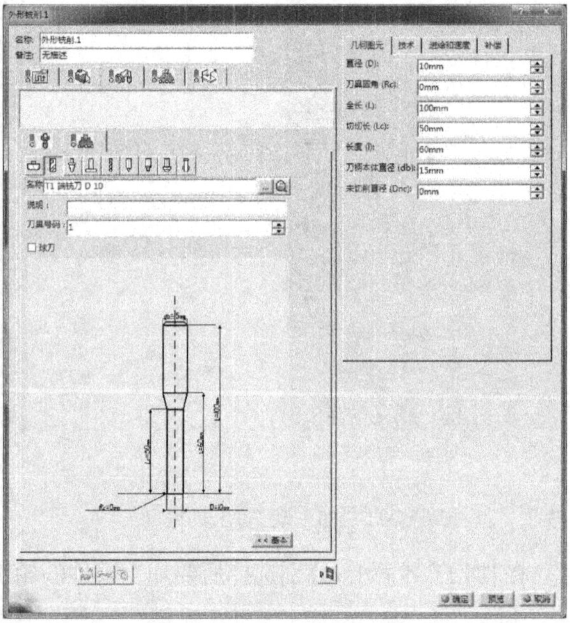

图 6－56 "编辑参数"对话框

⑦ 在"外形铣削"对话框,单击图标 ,进入"加工参数设定"对话框,在进刀、加工、退刀文本框中输入 80,转速文本框中输入 800,如图 6－57 所示。

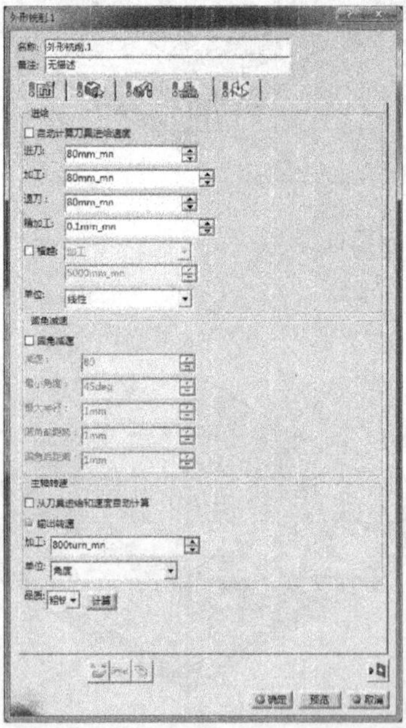

图 6－57 "加工参数设定"对话框

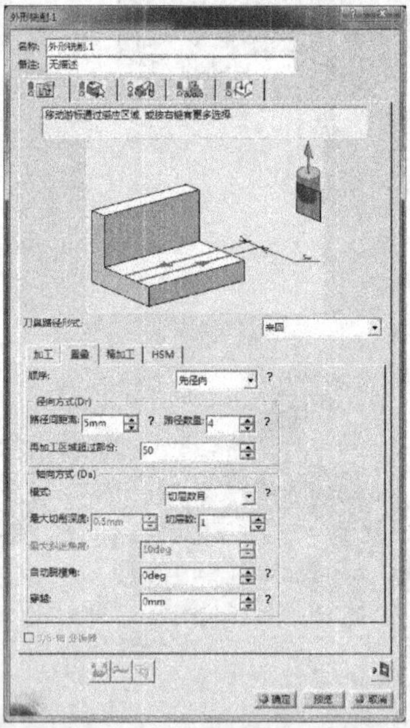

图 6－58 "外形铣削"对话框

⑧ 在“外形铣削”对话框，单击图标 ，选择“重叠”选项，在“径向方式”的“路径间距离”框改为“5 mm”，“路径数量”改为“4”，并单击右下角图标 (图 6－58)，进入“生成刀具路径”界面，查看生成刀具路径(图 6－59)，单击“确定”按钮(图 6－58)。

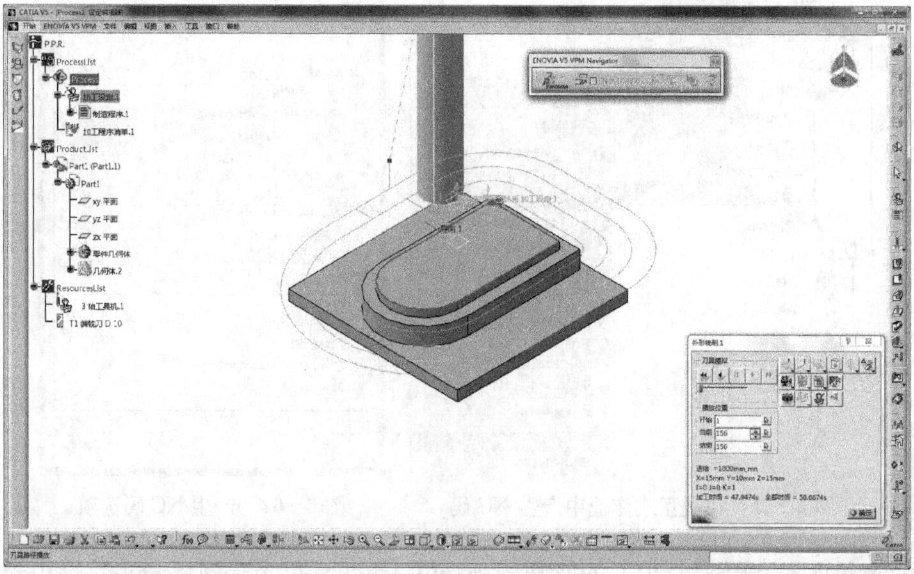

图 6－59　“生成刀具路径”界面

⑨ 按照②～⑧步骤，完成第二个轮廓设置，如图 6－60 所示。

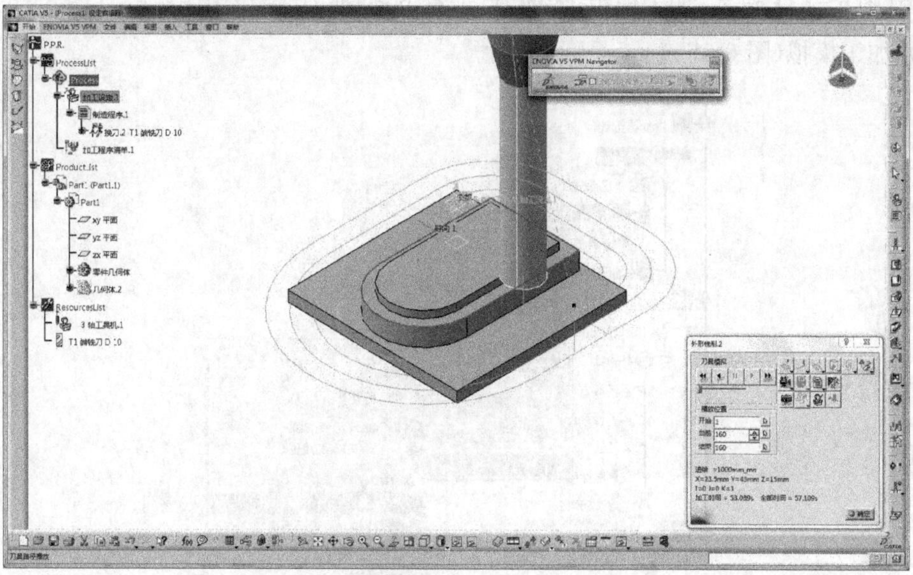

图 6－60　第二轮廓完成图

⑩ 右键单击特征树 “制造程序”，选择“制造程序对象-在交互式作业中产生 NC 码”下拉式菜单(图 6－61)，弹出“以互动方式产生 NC 码”对话框，在“NC 资料形式”中选择“NC 码”选项(图 6－62)，在“输出文件”框输入“SHUXI. NC”。

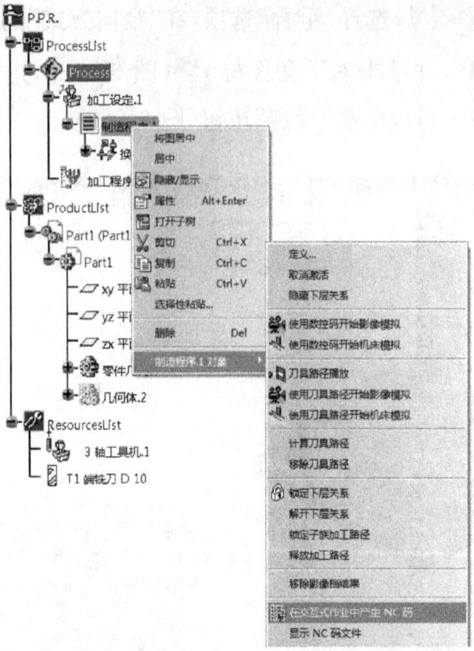

图 6-61 在交互式作业中产生 NC 码

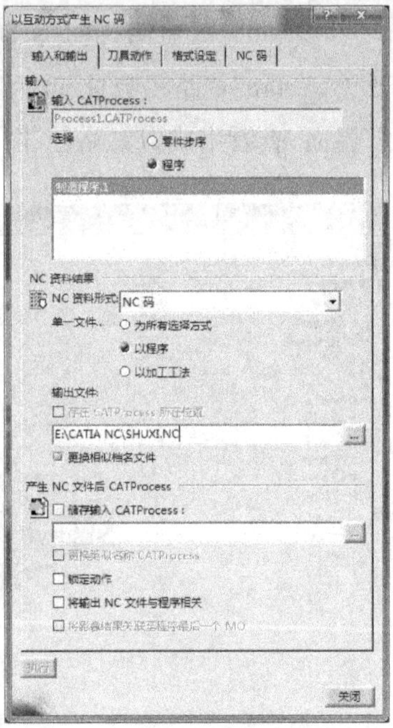

图 6-62 产生 NC 码选项

⑪ 单击图标 NC 码，IMS 后处理器文件选“FANUC0i”，单击图标 执行，导出文件。

4）数铣加工模拟

右键单击特征树“制造程序”，选择“制造程序对象-使用刀具路径开始影像模拟”下拉式菜单(图 6-63)，进入“加工模拟”界面，点击右下角“换刀”窗口中图标 ▶ (图 6-64)，自动开始加工模拟(图 6-65)。

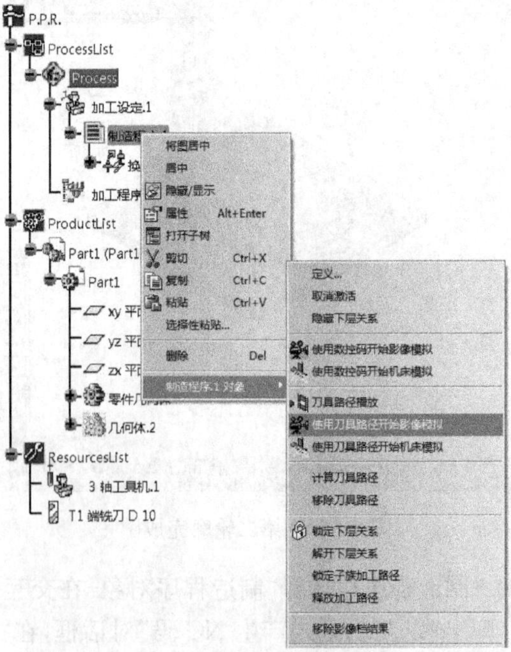

图 6-63 影像模拟选项

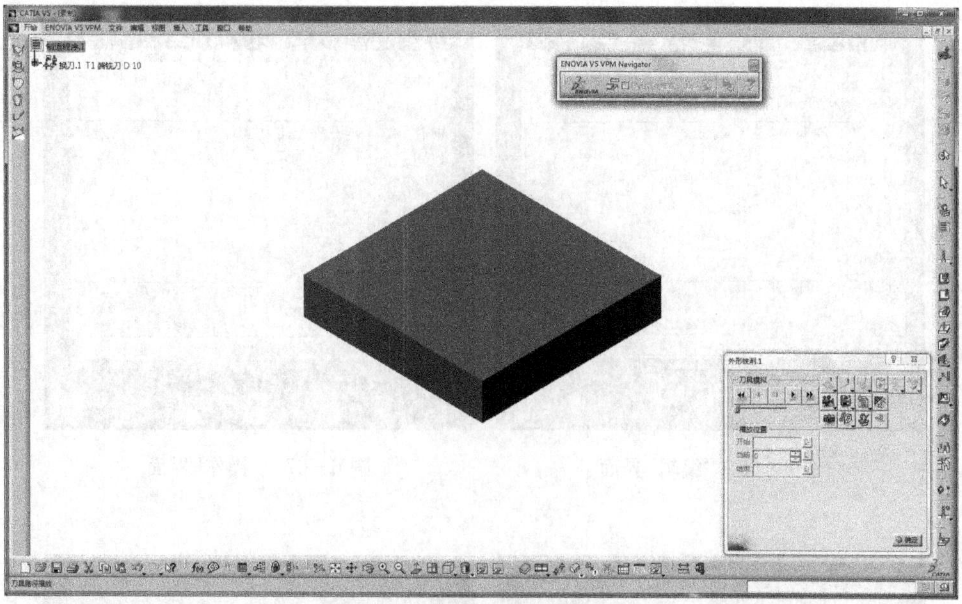

图 6-64 “加工模拟”窗口

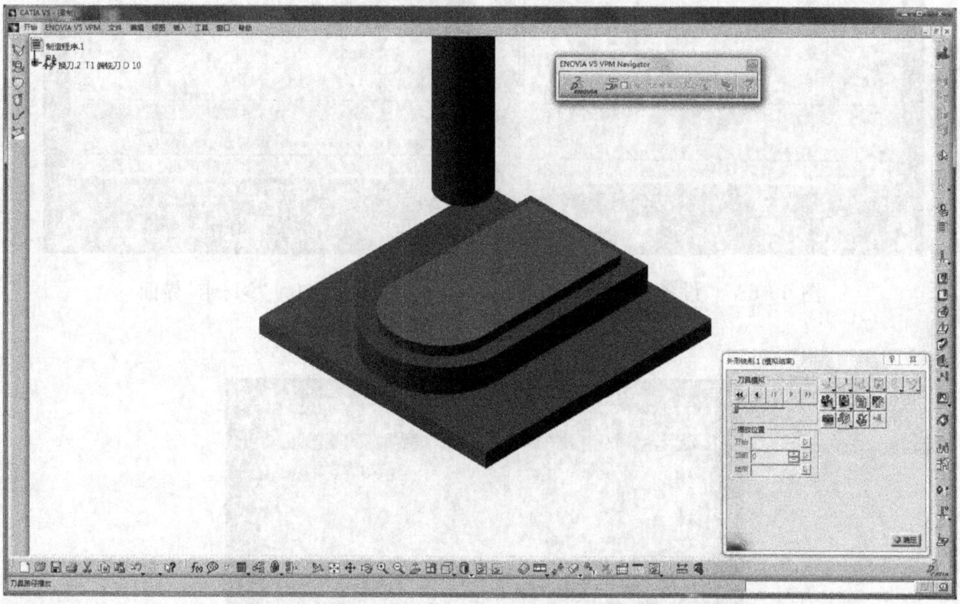

图 6-65 加工模拟完成

5) 铣削加工

① 开机：打开数控铣床主电源开关，机床启动，如图 6-39 所示。

② 先将 CATIA 导出程序文件“SHUXI. NC”的文件名修改成 O0001，存入 CF 卡中，在操作面板中(图 6-38)，按“编辑”按钮 进入“编辑”界面，按“列表”按钮，按“操作”(图 6-66)，按“设备”按钮(图 6-67)，按“M-卡”按钮(图 6-68)，进入“M-卡”界面，输入“O0001”，按“执行”按钮(图 6-69)将程序导入数控铣床，如图 6-70 所示。

图 6-66 “编辑”界面

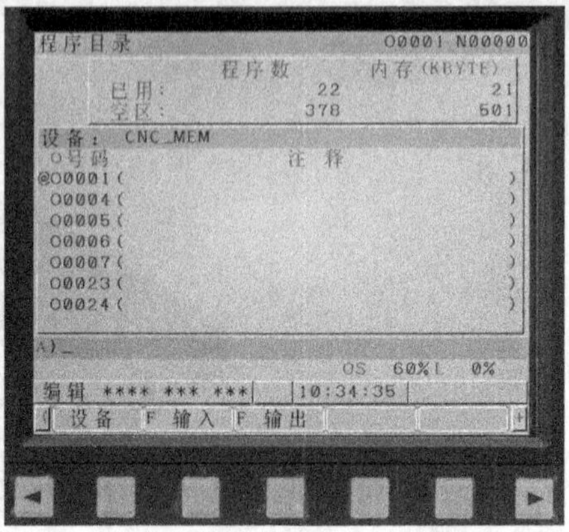

图 6-67 “操作”界面

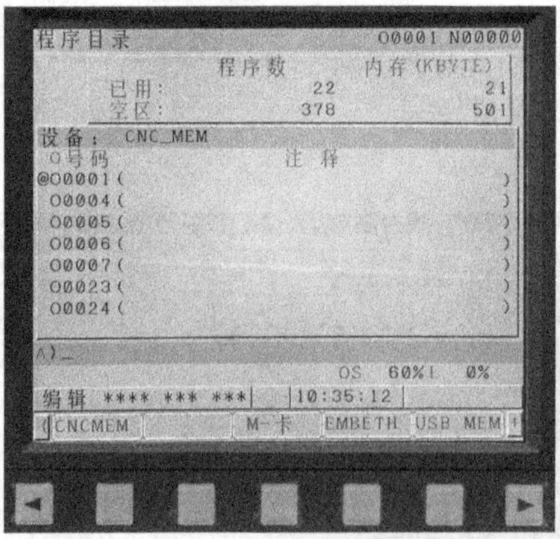

图 6-68 “设备”界面

图 6-69 “M-卡”界面

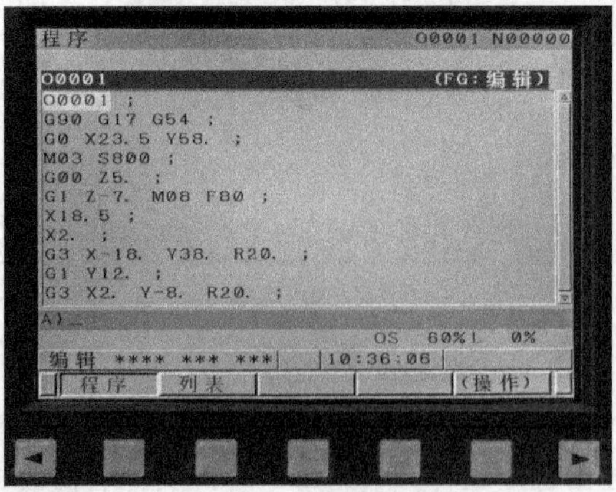

图 6-70 导入程序界面

③ 在数控铣床的主轴端装上刀柄及刀具(10 mm 键槽铣刀),保证刀具装夹牢固,如图 6-71 所示。

④ 用平口钳装夹工件(30 mm×50 mm×10 mm),保证工件装夹牢固,如图 6-72 所示。

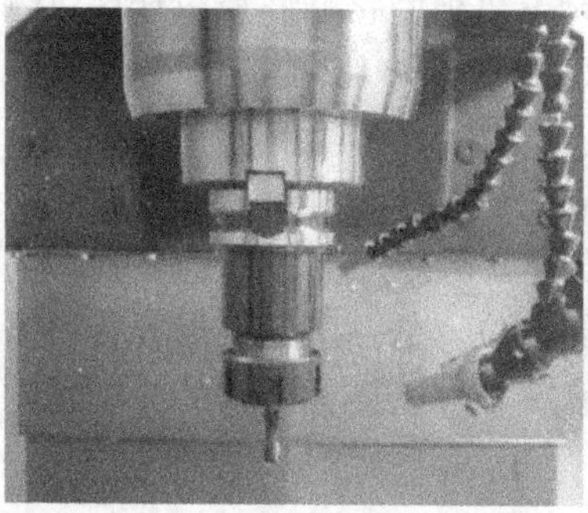

图 6-71　安装刀具

图 6-72　工件安装

⑤ 进行加工,如图 6-73 所示。加工完成,如图 6-74 所示。

⑥ 将零件翻转,加工 3 mm 余量。

⑦ 零件加工完成,如图 6-75 所示。

图 6-73　铣削加工

图 6-74　加工完成

图 6-75　盖板零件成品图

6) 关机

加工结束,取下零件,关闭机床电源,清洁机床。

6.1.4　数控磨削实践

6.1.4.1　实践目的

① 了解磨削特点、磨削运动、砂轮特性等磨削加工基本知识(见普通磨削实践部分)。

② 了解数控磨床和普通磨床的区别,熟悉数控外圆磨床的结构组成及功用。

③ 掌握型数控外圆磨床基本磨削方法。

6.1.4.2　数控磨床概述

1) 数控磨床的发展

随着我国工业的高速发展,对机械零件的加工精度及表面粗糙度的要求日益提高,磨削加工的地位变得越来越重要。然而,目前传统的磨削加工方式已经不能适应生产的需要，而国内磨床的数控化率普遍不高，磨床数控系统大都依赖进口。因此，将数控技术应用到外圆磨床上，开发出适合于专机应用的磨床数控系统，对实现普通外圆磨床的数控化改造，提高我国机床的现代化水平，具有非常重要的意义。

由于磨床精度高、砂轮形状繁多、磨削工艺多种多样，因而，数控磨床主要为模块化的编程方法，系统内部设定了很多种磨削刀具路径，包括砂轮的修整与补偿，这样操作简便、提高了磨削加工的生产效率，也大大降低了故障率，满足了实际生产的需要。

2）数控磨床的种类

磨削方式方面可分为外圆磨削、数控车床内圆磨削、无心磨削、平面磨削、成形磨削、齿轮磨削、螺纹磨削、工具磨削、普通车床曲面磨削等。与之相应的数控磨削方法随着数控技术的发展在磨削加工中越来越占有重要的地位。数控磨床能加工普通磨床上不能加工的一些特殊零件，如特殊曲线的轴类零件，有三个以上坐标要求的异型零件、模具等，因此它适应的加工零件范围广。

3）数控磨床的加工特点

① 重复性投产的零件：使用数控磨床的工序准备工时占有较高的比例，例如工艺分析准备、编制程序、零件首件调整试磨等，这些综合工时的总和往往是零件单件加工工时的几十倍到上百倍，但这些数控磨床的工作内容，如专用工夹具、工艺文件、程序等都可以保存起来反复使用，所以一旦零件在数控磨床上试制成功再重复投产时，生产周期大大减少，成本大大减少，能取得更好的经济效益。

② 适用于生产中、小批量关键性零件：数控磨床能在计算机控制下实现高精度、高质量、高效率的磨削加工。它比专用磨床加工节省了许多专用工艺装备，具有很强的柔性制造能力，能排除复杂加工的长工艺流程中许多人为的干扰因素，加工零件精度一致性和互换性好，加工效率高，能获得较好的经济效益。

③ 能充分发挥工序集中的工艺特点：数控磨床加工零件时砂轮切削工件的情况与对应的非数控磨床是完全一样的，但它可进行一些有加工精度要求的复合加工，如在磨削范围方面，普通磨床主要用于磨削圆柱面、圆锥面或阶梯轴肩的端面，数控外圆磨床除此外，还可磨削圆环面（包括凸面和凹面），以及以上各种形式的复杂的组合表面。

④ 零件综合加工能力的平衡：作为单台数控磨床很难完成一个零件的全部加工内容，需要和其他设备的加工工序转接配合，因而有生产节拍和车间生产能力平衡的要求。所以要考虑充分发挥数控磨床的加工特点，又要合理地在别的加工设备上安排配套平衡工序。

⑤ 特殊零件的加工：有一些零件虽然加工批量很小，但形状复杂、质量高，要求互换性好，这在非数控磨床上无法达到上述要求，只能安排到数控磨床上加工，例如抛物线、摆线凸轮以及特殊型面的反射镜镜面等。

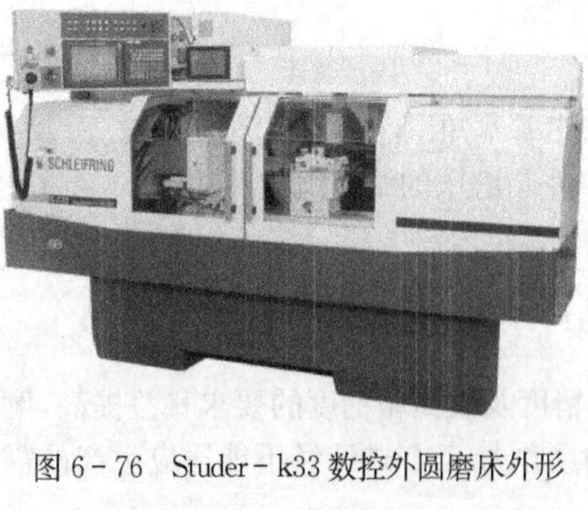

图 6-76 Studer-k33 数控外圆磨床外形

6.1.4.3 Studer-k33 型数控外圆磨床

1）Studer-k33 数控外圆磨床特点

瑞士斯图特 Studer-k33 型数控外圆磨床采用 Fanuc 数控系统，如图 6-76 所示。Studer 图标编程系统使编程极为方便安全，电子砂轮平衡系统使砂轮调校非常快捷。该磨床可在工件的一次装夹中完成内圆和外圆磨削。采用模块化设计，通过更换附件可完成非圆形面和螺纹磨削、加工测量等工作。

2）Studer－k33 数控外圆磨床结构

Studer－k33 型数控外圆磨床结构及功能部件如图 6－77 所示，各部件的功能如下：

① 砂轮架：用于安装砂轮，由单独的电动机带动砂轮旋转（图 6－77a）。砂轮架可在床身后部的导轨上作横向移动，还可绕垂直轴旋转±30°，用以磨削锥角大的圆锥面。根据需求也可以安装内磨砂轮头。

② 头架：头架上装有主轴，主轴端部可安装顶尖、拨盘或卡盘，以便安装工件（图 6－77b）。主轴由单独的电动机带动旋转，使工件获得不同的转速。头架体可绕垂直轴在底座上回转 0～90°。用以磨削锥角大、长度短的锥面。

③ 尾座：尾座的套筒内有顶尖，用来支承工件的另一端（图 6－77c）。

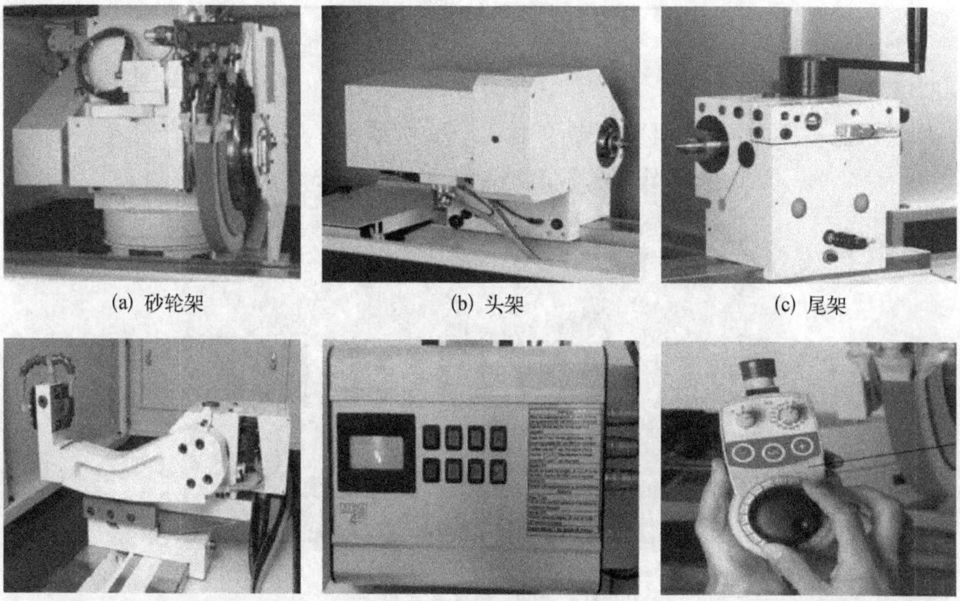

(a) 砂轮架　(b) 头架　(c) 尾架

(d) 摇臂式修整器　(e) 电子平衡系统　(f) 电子手轮

图 6－77　studer－k33 型磨床功能部件

④ 摇臂式修整器：摇臂式修整器上可安装精钢石，用于修正砂轮（图 6－77d）。

⑤ 电子平衡系统：用于测试和校准砂轮的平衡（图 6－77e）。

⑥ 电子手轮：利用电子手轮可以控制砂轮 X 与 Z 方向的运动，并且能够切换不同运动倍率（图 6－77f）。

3）Studer－k33 型数控外圆磨床工作原理

Studer－k33 型数控外圆磨利用数控装置内的计算机对通过输入装置以数字和字符编码方式所记录的信息进行一系列处理后，再通过伺服系统及可编程序控制器向机床主轴及进给等执行机构发出指令，机床主体则按照这些指令，并在检测反馈装置的配合下，进行工件加工所需的各种动作，如砂轮相对于工件的运动轨迹、位移量和进给速度等要求实现自动控制，从而完成零件的加工。

6.1.4.4　数控外圆磨削实践案例

1）案例分析

本案例是一个典型的阶梯轴类零件（图 6－78），要磨削直径为 100 mm 的外圆，表面粗糙度为 Ra0.8，公差为±0.005 mm，在普通外圆磨床上很难保证其高精度要求，尤其在大批量加工时，所以选用数控磨床。

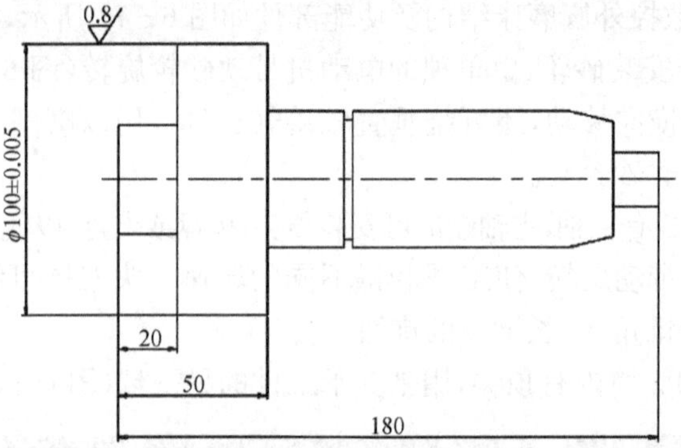

图 6-78　零件图纸

2）案例操作流程

① 进入基本界面，点击编程方式，如图 6-79 所示。

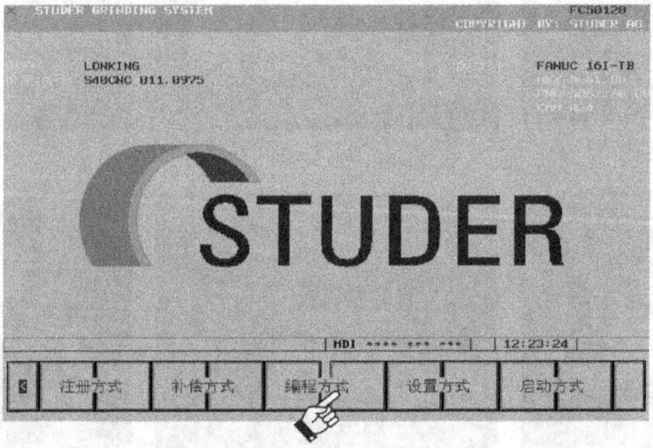

图 6-79　系统基本界面

② 在"NUM="后输入程序号，例如 60。程序号输入完成后，按右下角退出图标，如图 6-80 所示。

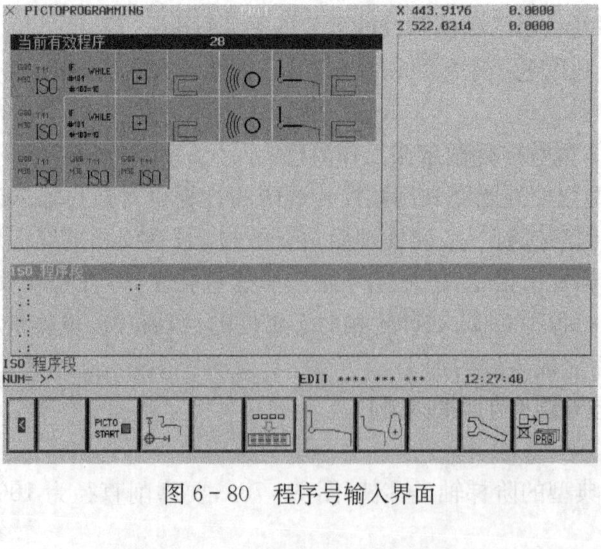

图 6-80　程序号输入界面

③ 60 号程序出现在屏幕上。如图 6－81 所示，按手指所指位置对零件磨削进行编辑，切换到图形编辑区。

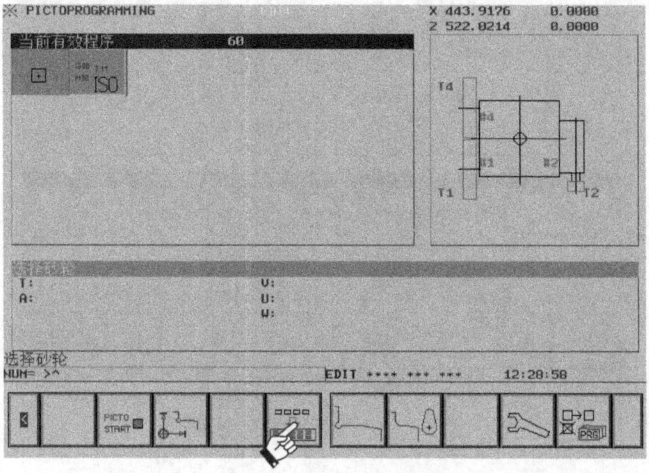

图 6－81　选择图形编辑界面

④ 选择所要磨削的类型。例如：磨外圆，选择插入磨削方式（图 6－82），系统进入编程图形区。

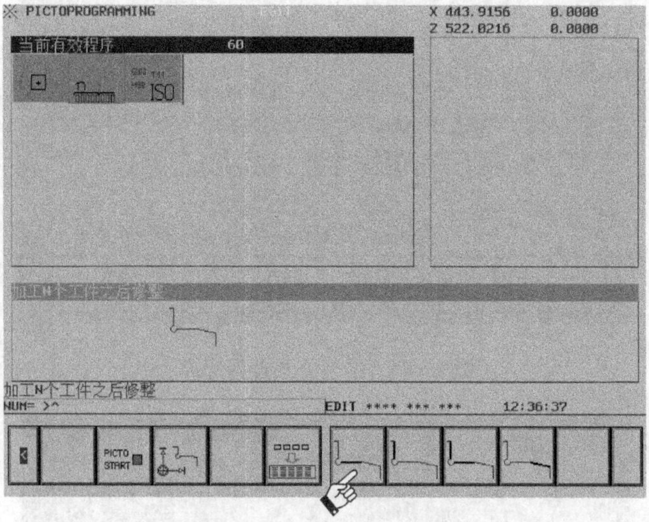

图 6－82　磨削方式选择界面

⑤ 在编程图形区，输入要磨削的外径和轴向位置及各个参数，X 表示零件需要磨削外径的值、Z 表示零件长度、T 表示砂轮号、B 表示每次磨削进给量、C 表示精磨余量、Q 表示精磨次数、D 表示 Z 方向磨削速度、E 表示 X 方向磨削速度、F 表示 Z 方向磨削余量。参数设完后，如图 6－83 所示，按手指所示图标保存程序。

⑥ 加入退刀模块，按图标，进入退刀方式选择界面（图 6－84），并选择插入退刀模块。

⑦ 至此磨削直径为 100 mm 的外圆磨程序编辑完成。在 EDIT 模式下，按“程序”按钮，按列表找到 60 号程序，60 号程序出现在屏幕上（图 6－85）。

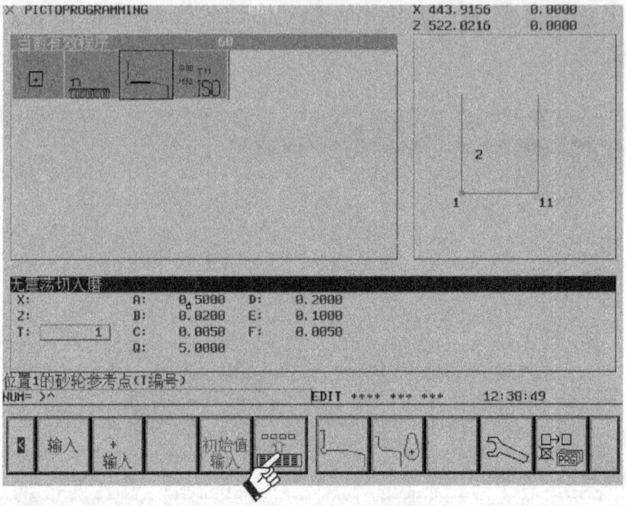

图 6-83 编程参数区界面

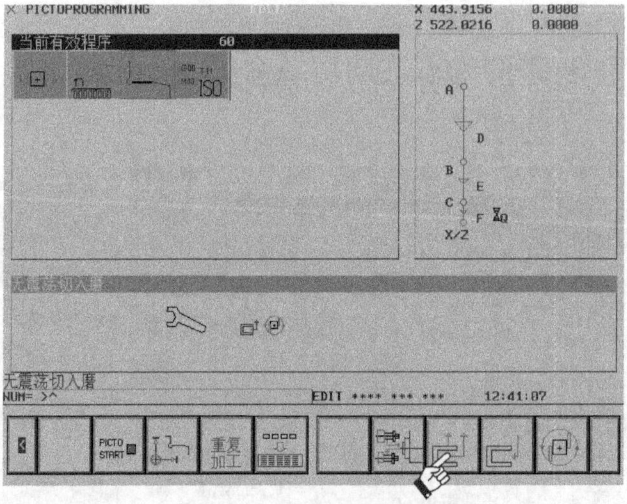

图 6-84 退刀方式选择界面

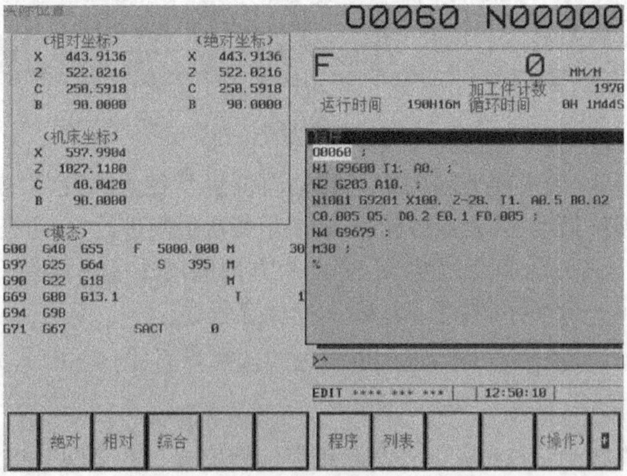

图 6-85 完整程序显示界面

⑧ 调试并进行磨削，关门并按“启动”键，开始磨削(图 6-86)。

⑨ 加工完成后，利用千分尺对零件进行检测，如尺寸没有达到图纸要求，则对图 6-83 编程参数区的 X 值进行补偿修改，直至磨削到尺寸要求的公差范围内，取下零件，如图 6-87 所示。

图 6-86　加工按钮

图 6-87　零件加工完成

6.2　电火花加工实践

6.2.1　实践目的

① 了解电火花线切割加工的基本概念及加工原理。

② 熟悉数控电火花线切割编程方法(手工编程、自动编程)，以及电火花线切割加工工艺参数选择。

③ 掌握电火花线切割机床的基本操作方法。

6.2.2　电火花技术概述

在日常生活中，当电器开关时经常会出现噼噼啪啪的响声，或出现蓝白色的火花，造成开关的接触恶化，为此人们对这种现象进行了深入研究，发现了一种新的金属去除方法——电火花加工。电火花加工区别于其他常规的机械加工工艺方法。

1) 电火花加工的基本原理

在电火花加工时，通过工件和工具电极相互靠近时极间形成脉冲性火花放电，在电火花通道中产生瞬时高温，使金属局部熔化，甚至气化，从而将金属蚀除下来，达到按要求改变材料形状和尺寸的加工工艺，如图 6-88 所示。

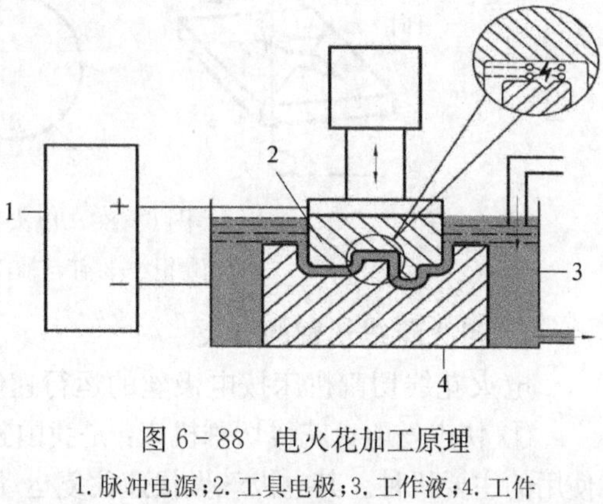

图 6-88　电火花加工原理

1. 脉冲电源；2. 工具电极；3. 工作液；4. 工件

2) 电火花加工的特点

① 可加工普通切削加工所不能加工的工具钢、磨具钢、硬质合金等高硬度合金材料。

② 能加工非常细小的孔、槽、微型曲面等。

③ 加工过程中可暂停，也可连续进行粗、精加工。

④ 电火花加工只能对导电材料进行加工，不能加工塑料、玻璃、尼龙等不导电材料。

⑤ 由于加工原理的限制，电火花加工的速度比常规的切削加工效率要低许多，故不适用于大批量零件加工。

⑥ 加工有一定的放电间隙，通常在几微米到几十微米之间，根据零件的材质不同，间隙也会不同。

3）电火花加工的应用

① 模具业：锻模、拉伸模、塑料膜等。

② 航空业：飞机发动机的涡轮叶片等。

③ 制造业：刀具、量具、工具、样板、螺纹成型件等。

④ 精密加工：激光器件、发动机喷油嘴、非国标精密器件、医药器械等。

4）电火花加工的分类

电火花加工的分类如表 6-10 所示。

表 6-10　电火花加工的分类

按加工方法分类	主要能量形式	作用形式	电极形状
电火花成型	电能、热能	熔化、气化	成型电极
电火花线切割	电能、热能	熔化、气化	线状电极
电火花穿孔	电能、热能	熔化、气化	空心铜管

6.2.3　电火花线切割技术

1）电火花线切割的基本概念

电火花线切割技术是电火花技术中最常用、应用最广泛的一种技术。

电火花线切割机床加工时，用一根运动着的金属线（线状工具电极）作为工具电极与工件之间产生脉冲性的火花放电来对工件进行切割，故称为线切割加工。由于现在的电火花线切割机床的工件与电极丝的相对切割运动都采用数控技术控制，又称为数控电火花线切割加工（简称数控线切割），电火花线切割的加工原理如图 6-89 所示。

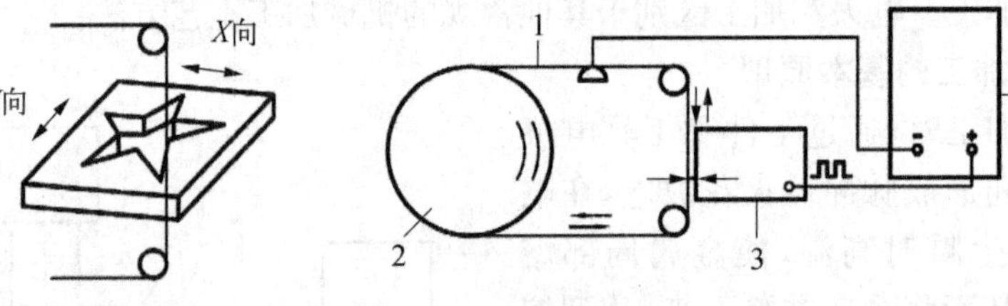

图 6-89　电火花线切割的加工原理

1. 钼丝；2. 储丝桶；3. 工件；4. 高频脉冲电源

2）电火花线切割的分类

电火花线切割机床按电极丝的运行速度，可分为快走丝和慢走丝两种。

① 快走丝电火花线切割机床：是我国独创的电火花线切割加工模式，也是我国生产和使用的主要机种。其电极丝做快速往复运动，电极丝可重复使用，但是快走丝容易造成电极丝抖动和换向时的停顿，使加工质量下降，所以不能加工表面粗糙度要求很高的零件。

② 慢走丝电火花线切割机床：是国外生产和使用的主要机种，其电极丝做慢速单向运动，电极丝放电后不能重复使用，工作平稳、均匀、抖动小、加工质量较好。

两种机床的特点对比如表 6－11 所示。

表 6－11　快走丝与慢走丝电火花线切割比较

比 较 项 目	快 走 丝	慢 走 丝
电极丝运行速度	300～700 m/min	0.5～15 m/min
电极丝运动形式	双向往复运动	单向运动
常用电极丝材料	钼 丝	铜、钨、钼及各种合金
工作液	乳化液或皂化液	去离子水
尺寸精度	0.015～0.02 mm	±0.001 mm
表面粗糙度	1.25～2.5 μm	0.16～0.8 μm
设备成本	低 廉	昂 贵

3）电火花线切割常用的编程软件

① YH 绘图式线切割微机编程软件，在国内应用较早。

② CAXA 线切割 XP 编程软件。

③ HF 操作系统及编程软件。

④ HL 操作系统及编程软件。

⑤ AUTO CAD 绘图软件。

4）电火花线切割机床的型号

我国电火花线切割机床的型号以 DK77□□表示，如 DK7732 的含义如图 6－90 所示。

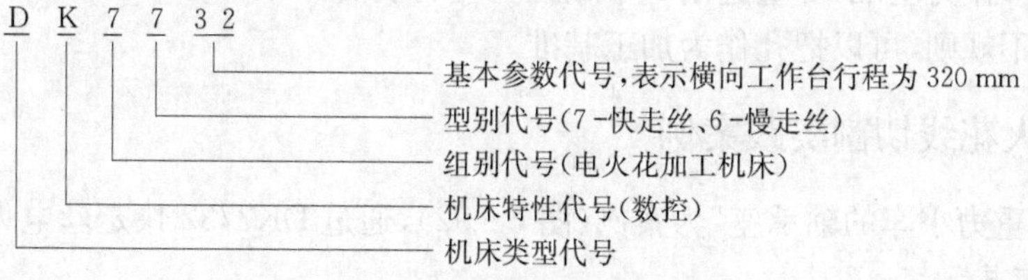

图 6－90　电火花线切割机床型号

5）电火花线切割机床的基本组成及功能描述

电火花线切割机床的基本组成如图 6－91 所示。

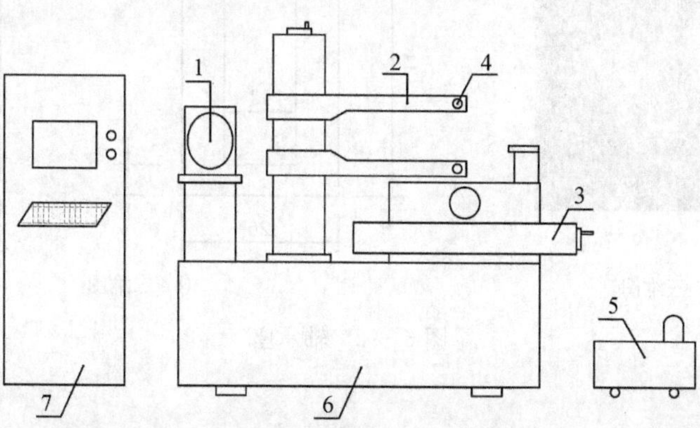

图 6－91　电火花线切割机床的基本组成

1. 储丝桶；2. 丝架；3. 工作台（X、Y）；4. 主导轮；5. 工作液；6. 床身；7. 控制器

电火花线切割机床的功能描述如表 6-12 所示。

表 6-12　电火花线切割机床的功能描述

零部件名称	功　能　描　述
储丝桶	存储钼丝的机构
丝　架	运输钼丝的机构
工作台(X、Y)	X 向和 Y 向的步进电机控制工作台的移动
主导轮	控制钼丝位置
工作液	冷却和绝缘
床　身	机床主体
控制器	编程操作和机床操作按钮

6) 穿丝点位置(进刀点)的确定原则

① 从加工起点至进刀点路径要短。

② 尽量放在棱边,减少接刀痕迹。

③ 尽量避开有尺寸精度的地方。

④ 进刀点方向尽量与第一段加工方向一致。

7) 加工基准的选择原则

① 加工基准尽量和图样设计基准一致。

② 以外形作为基准,尽量选用 2 个相互垂直的表面。

③ 外形不规则,可以把孔作为加工基准。

6.2.4　电火花线切割实践案例

以"无碳重力小车的轴承座"为案例(图 6-92),通过 DK7732 快走丝电火花线切割机床完成切割工艺。

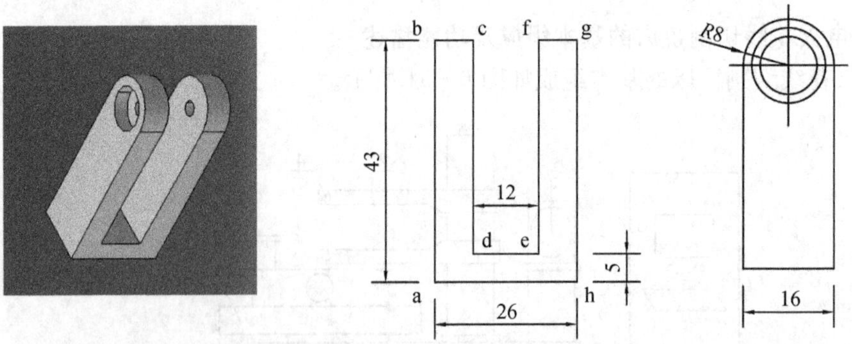

(a) 三维图　　(b) 二维图

图 6-92　轴承座

1) 仿真

(1) 绘图操作

启动计算机,双击桌面图标运行线切割 XP 软件,并绘制零件图(图 6-93)。

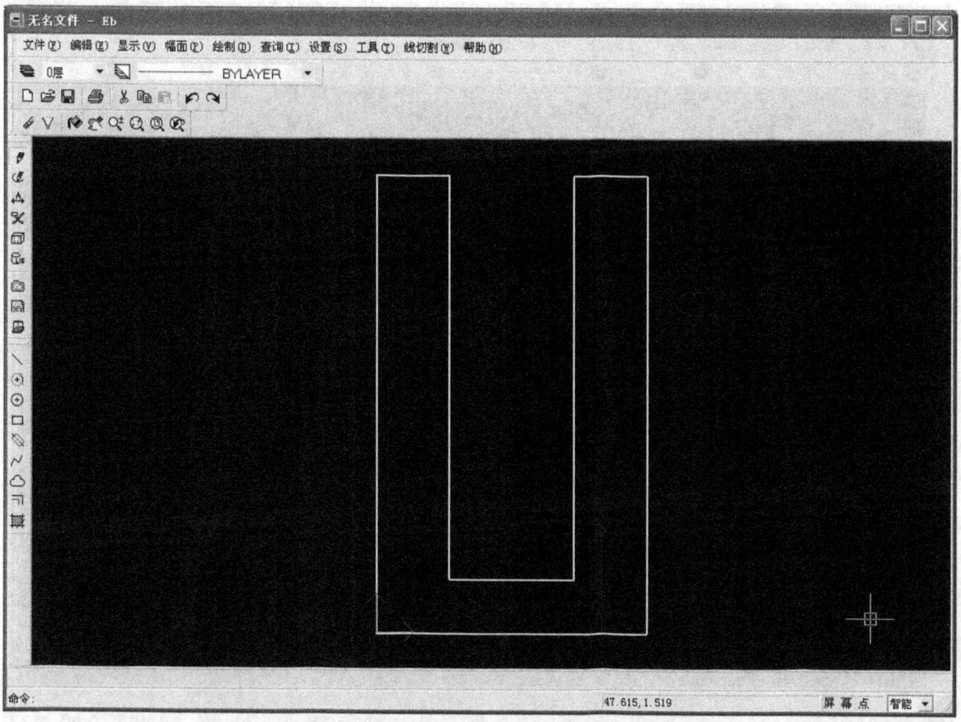

图 6-93　线切割 XP 软件主界面及绘制的零件图

(2) 轨迹生成及仿真

单击菜单【线切割】|〖轨迹生成〗,弹出"线切割轨迹生成参数表"对话框(图 6-94),在对话框中把"第 1 次加工设为 0",然后点击"确定"按钮。

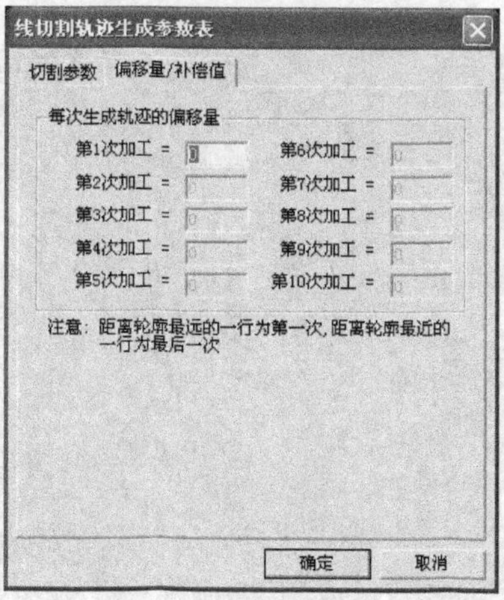

图 6-94　加工轨迹生成参数设置

根据进刀点的确定原则,点击所要起始加工的线段(选中线段出现双向箭头)(图 6-95),然后点击所对应的绿色箭头,确定链拾取方向(图 6-96),再点击进刀点确定穿丝点位置(即为零件的进刀点),然后按"回车"键,此时退刀点和进刀点重合(图 6-97)。

注意:如要在指定位置退刀不用按回车,直接点击要退刀的点即为退刀点。

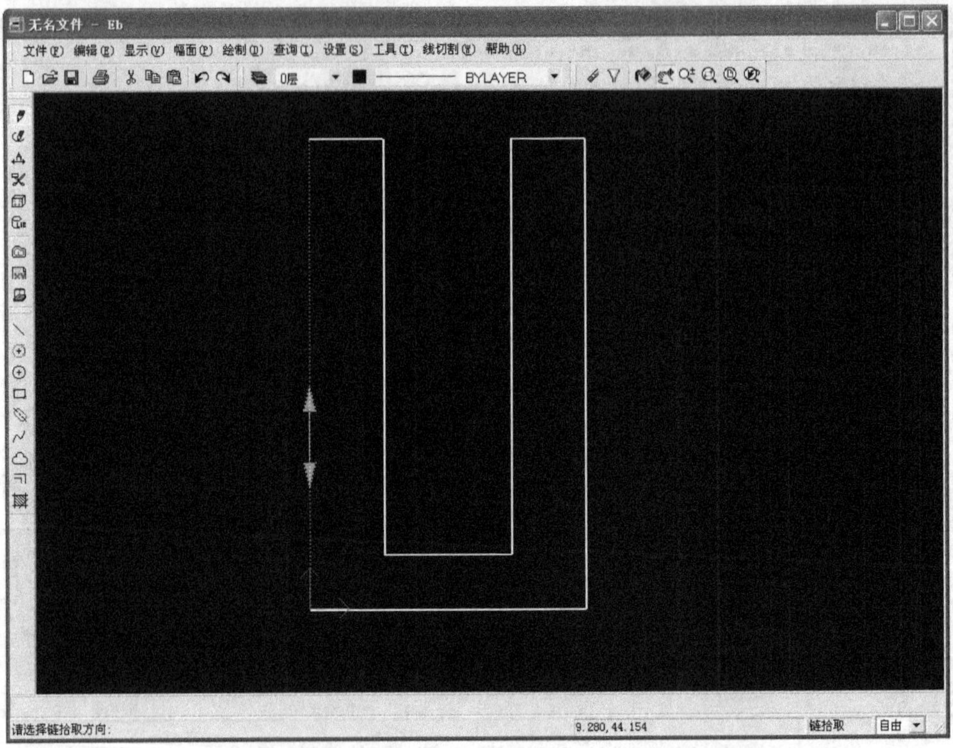

图 6 - 95　起始加工线段的选择

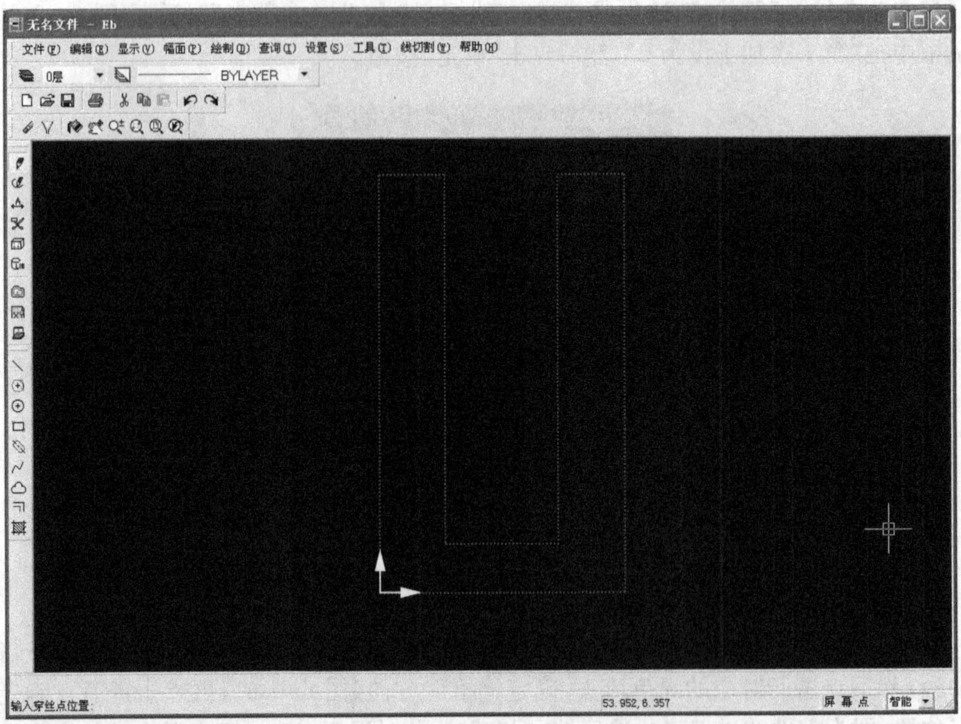

图 6 - 96　链拾取方向的选择

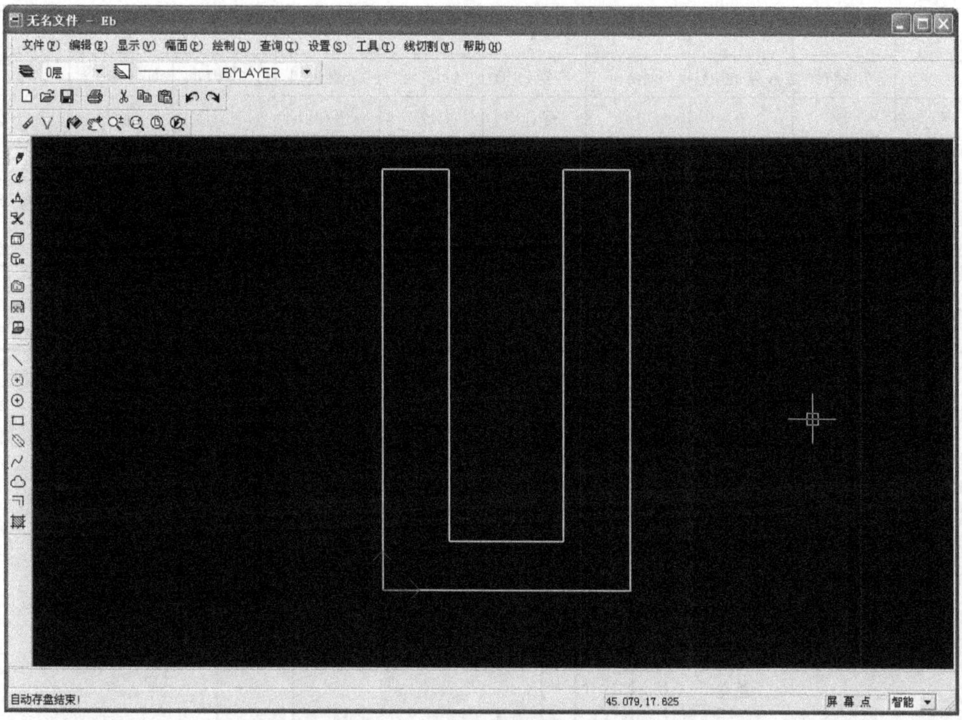

图 6-97 进刀点位置的选择

(3) 仿真切割

单击菜单【线切割】|〖轨迹仿真〗,选择要仿真的轨迹线段(图 6-98)。

(4) 生成 3B 代码

单击菜单【线切割】|〖生成 3B 代码〗,弹出“生成 3B 加工代码”对话框(图 6-99),自定义文件名及确定文件保存的文件夹后点击“保存”按钮,然后在如图 6-97 所示的轨迹线段上点击选中,再按回车即显示 3B 程序,所生成的 3B 程序如表 6-13 所示。

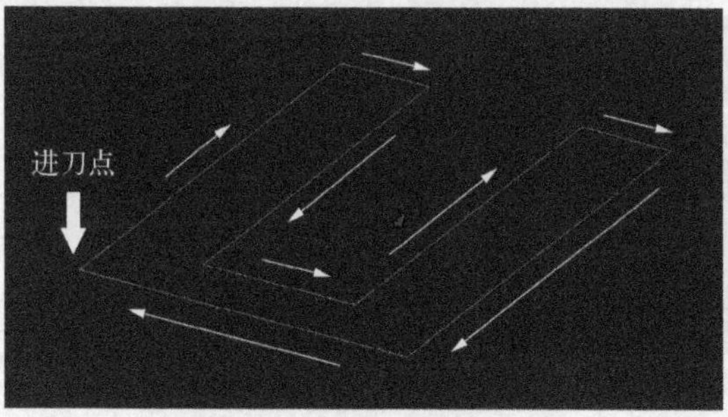

图 6-98 仿真切割

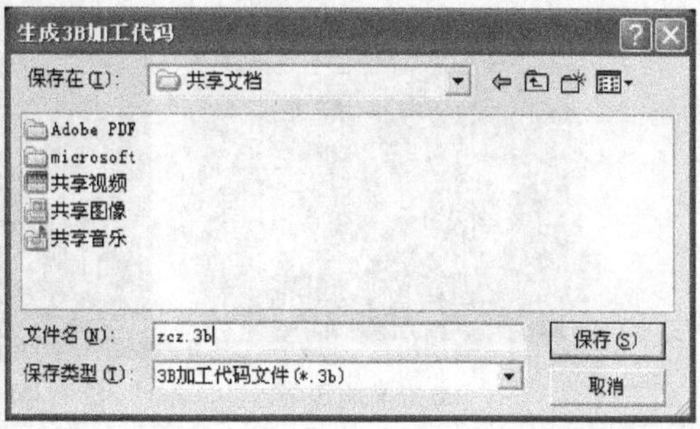

图 6-99 生成 3B 加工代码

表 6-13 3B 程序

程序段	B	X	B	Y	B	J	G	Z	说明
	分隔符	X 坐标值	分隔符	Y 坐标值	分隔符	计数长度	技术方向	加工指令	
1	B	0	B	43 000	B	43 000	Y	L2	a-b
2	B	7 000	B	0	B	7 000	X	L1	b-c

(续　表)

程序段	B	X	B	Y	B	J	G	Z	说明
	分隔符	X坐标值	分隔符	Y坐标值	分隔符	计数长度	技术方向	加工指令	
3	B	0	B	38 000	B	38 000	Y	L4	c-d
4	B	12 000	B	0	B	12 000	X	L1	d-e
5	B	0	B	38 000	B	38 000	Y	L2	e-f
6	B	7 000	B	0	B	7 000	X	L1	f-g
7	B	0	B	43 000	B	43 000	Y	L4	g-h
8	B	26 000	B	0	B	26 000	X	L3	h-a

2) 工件加工基准的选择

根据加工基准的选择原则，结合仿真中所选择的起始点，该零件的基准面选择如图6-100所示。

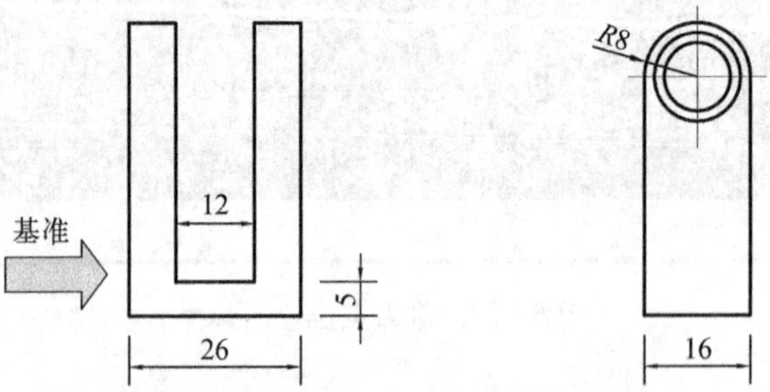

图 6-100　基准面选择

3) 检查系统运行情况

① 打开电火花线切割机床电源和控制器电源，并检查工作台的行程限位开关、钼丝桶的行程开关、急停开关等是否正常，如果发生异常情况应及时调整，确保操作安全(图6-101)。

(a) 机床电源　(b) 控制器电源　(c) 急停开关

图 6-101　电火花线切割机床开关

② 启动、停止钼丝桶，观察钼丝运转情况(有无叠丝、断丝等)，停止时要等钼丝桶换向之后再停止。

③ 启动、停止工作液，观察工作液喷出是否顺畅，如有阻塞及时清理，并调整水流的大小。检查工作液是否充足，工作液不能低于水泵的抽水口，如低于水泵的抽水口应及时添加工作液。

4) 工件装夹及校正

工件装夹时,一方面要考虑线切割加工时电极丝由上而下穿过工件的因素,另一方面应充分考虑装夹部位、穿丝孔和切入位置,以保证切割路径在机床有效行程内。

工件的装夹步骤如下(图 6-102):

① 擦净工作台面和工件。

② 用夹具将工件固定在工作台上,在夹紧前,用千分表校正零件基准面的平行度,控制在 0.01 mm 之内。

③ 压板平行压紧工件。

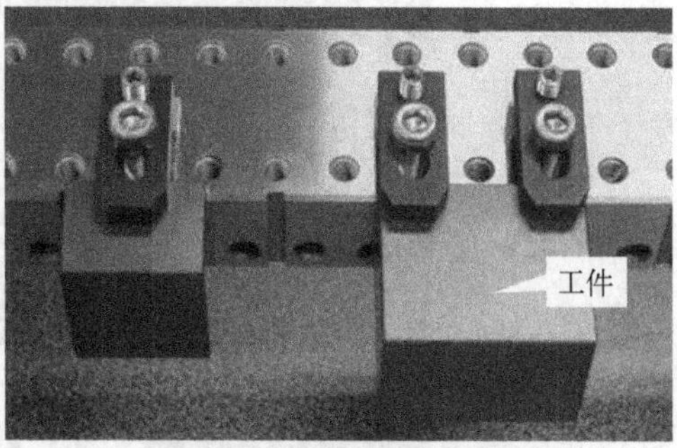

图 6-102 工件的装夹

5) 程序输入

双击电火花线切割机床的控制计算机桌面上的图标,运行 YH 软件,弹出 YH 软件界面,然后点击"读盘"按钮(指示灯亮),选择 3B Code 代码(图 6-103a),点击文件名"ZCZ",然后点击图中鼠标所指示的小方块打开文件(图 6-103b)。

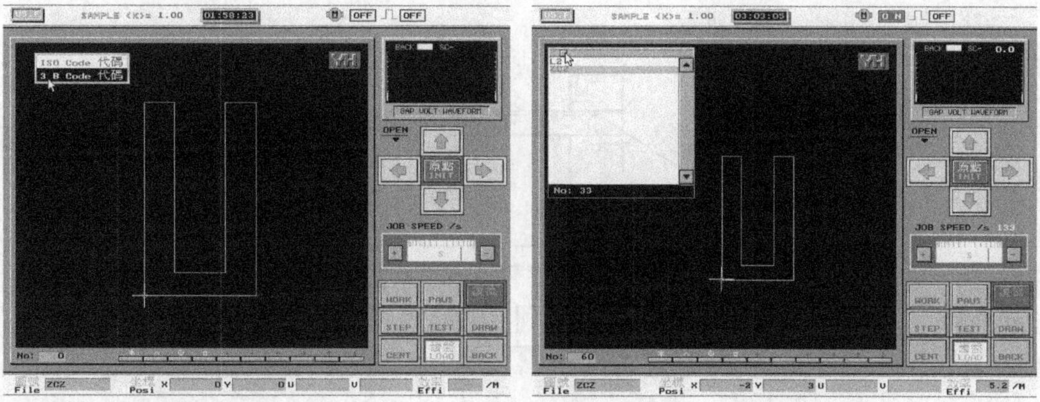

(a) 读盘并选择3B Code代码　　(b) 选择文件名

图 6-103 3B 程序的调用

6) 穿丝操作

在电火花线切割机床的控制柜操作面板上,按下"丝桶开"按钮(指示灯亮),钼丝桶运转,当钼丝桶运行到最右边时按下"丝桶关"按钮(图 6-104),然后手动将钼丝从右边的螺丝垫片取下。按照顺序由下往上把钼丝安放在每个导轮里,然后固定在右边的螺丝垫片下(图 6-105)。

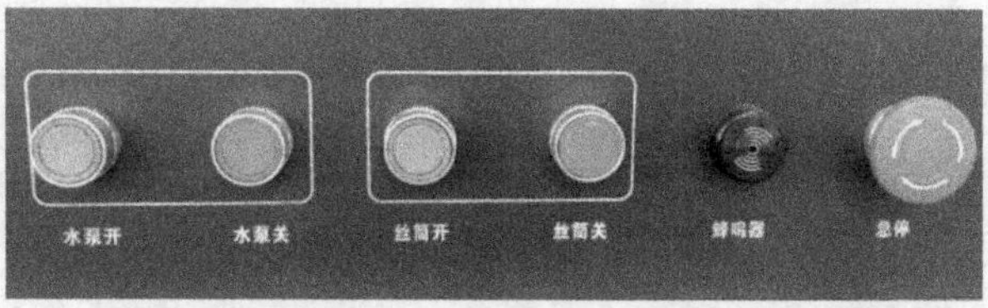

图 6-104 电火花线切割机床控制柜操作面板

(a) 钼丝桶运行到最右边

(b) 取下钼丝

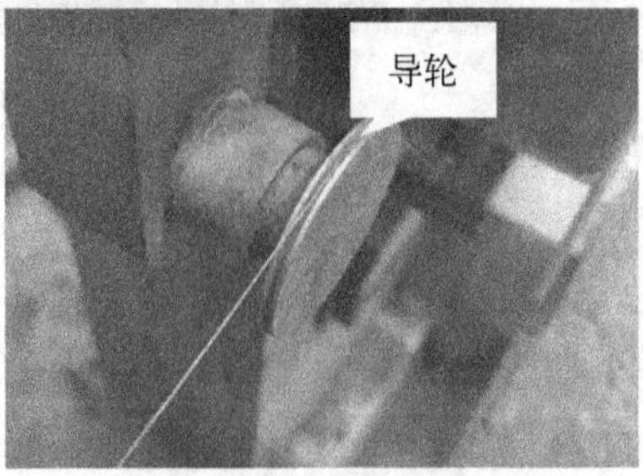

(c) 钼丝按顺序放在导轮里

(d) 钼丝固定在垫片下

图 6-105　穿丝步骤

穿丝顺序如图 6-106 所示。

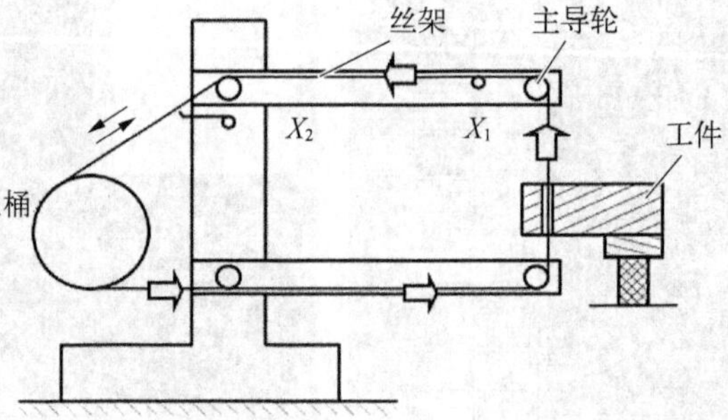

图 6-106　运丝机构

7）开始切割

在电火花线切割机床的控制柜操作面板上，按“丝桶开”按钮和“水泵开”按钮（指示灯亮）（图 6-104），然后点击 YH 软件界面上的“加工”按钮  （指示灯亮），开始自动进行切割加工。

8）检验入库

当零件加工完成时，控制柜会发出蜂鸣声，机床自动停止加工。拆下零件，检验入库。

9）关机

关闭电火花线切割机床开关和计算机电源，关闭总电源。

6.3　激光加工实践

6.3.1　实践目的

① 了解激光加工的基本原理、发展和应用领域。

② 了解激光打标机、激光内雕机、激光印章雕刻机的工作原理。

③ 初步掌握激光打标机、激光内雕机、激光印章雕刻机的使用方法。

④ 能运用激光打标机、激光内雕机、激光印章雕刻机进行简单作品的制作。

6.3.2 激光加工技术概述

6.3.2.1 激光加工的基本原理

激光加工是常用的激光技术之一,是将高功率密度的激光束照射到工件,使材料熔化、汽化或改变物体性能的特种加工。常用于加工的激光器主要有固体激光器和气体激光器,以固体激光器为例来介绍激光的加工原理(图 6-107),激光工作介质是发光材料,可以是固体(如红宝石、钕玻璃等),也可以是气体(如二氧化碳等)。激励能源的主体是一个光泵,即激励脉冲氙灯,其作用是给激光工作介质提供能量,使其粒子由低能级跃迁到高能级,产生受激辐射。当工作介质受激发后,在一定条件下可使光放大,并通过反射镜组成的光谐振腔的作用产生光的振荡,通过光谐振腔的部分反射镜输出激光,由激光器发射的激光再通过聚焦透镜聚焦到工件的待加工表面,对工件进行加工。

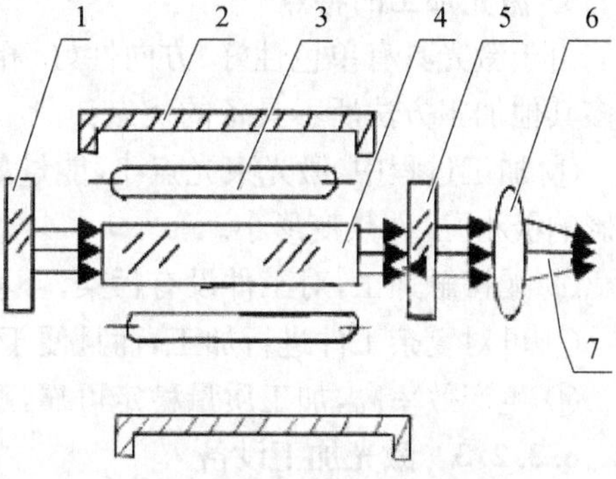

图 6-107 激光加工原理

1. 全反射镜;2. 聚光腔;3. 光泵;4. 激光工作物质;5. 部分反射镜;6. 聚焦透镜;7. 激光束

6.3.2.2 激光加工的分类及特点

1) 激光加工的分类

根据激光束与材料相互作用的机理,激光加工可分为激光热加工和光化学反应加工(又称冷加工)两类。

激光热加工是指利用激光束投射到材料表面产生的热效应来完成加工过程,因此如果利用聚焦装置使激光聚焦,可以获得很高的功率密度,足以使光斑范围内的材料在短时间内熔化或汽化。激光热加工就是把激光作为热源,对材料进行加工。

光化学反应加工是指激光束照射到物体,借助高密度高能光子引发或控制光化学反应的加工过程,包括光化学沉积、立体光刻、激光刻蚀等。

2) 常用激光加工技术

(1) 激光切割

激光切割利用聚焦装置使聚焦后的激光束的功率密度达到把材料加热到汽化温度的值,通过汽化蒸发把加工部分材料去除,然后移动工件或移动激光束进行连续材料去除,从而形成切缝。

(2) 激光焊接

激光焊接是用大功率密度的激光束对材料表面进行照射,通过材料表面吸收光能并且转变为热能使焊接部位温度升高熔化成为液态,在随后的冷却凝固过程中实现两种材料的连接。

(3) 激光打标

激光打标是利用高能量密度的激光束照射在工件表面,光能瞬时变成热能,使工件表面迅速蒸发，从而在工件表面刻出任意的文字和图形，作为永久标志。

(4) 激光雕刻

激光雕刻是利用高功率密度的聚焦激光光束作用在材料表面或内部，使材料汽化或发生物理变化，通过控制激光的能量、光斑大小、光斑运动轨迹和运动速度等相关参数，使材料形成要求的平面或立体图像。

(5) 激光打孔

激光打孔是指激光经聚焦后作为高强度热源对材料进行加热，使激光作用区内的材料熔化或汽化而蒸发，从而形成孔洞的激光加工过程。

3) 激光加工的特点

由于激光具有单色性好、方向性好、相干性好和高亮度的特征，因此给激光加工带来很多其他加工方法所不具备的优点：

① 加工过程中，激光束光点小，能量集中，对于加工点位置以外的热影响几乎没有或者影响极小，工件热变形小。

② 无接触加工，对工件没有污染，环境污染小。

③ 可对复杂工件进行加工，而且便于自动化。

④ 生产效率高，加工质量稳定可靠，经济效益和社会效益好。

6.3.2.3 激光加工设备

1) 激光打标机

常见的激光打标机有分体式和整体式两种，本节主要介绍分体式 CO_2- H120 激光打标机。

(1) 设备结构和工作原理

CO_2- H120 激光打标机由光学系统、主控箱、冷却系统、升降工作台和计算机（工控机）组成（图 6-108）。

其中主控箱控制面板操作按钮如图 6-109 所示。

图 6-108 CO_2 - H120 激光打标机

1. 主控箱；2. 冷却系统；3. Y 向调整手柄；4. 工作台；5. X 向调整手柄；6. 升降台；7. 光学系统（横梁）；8. 高度调整手柄

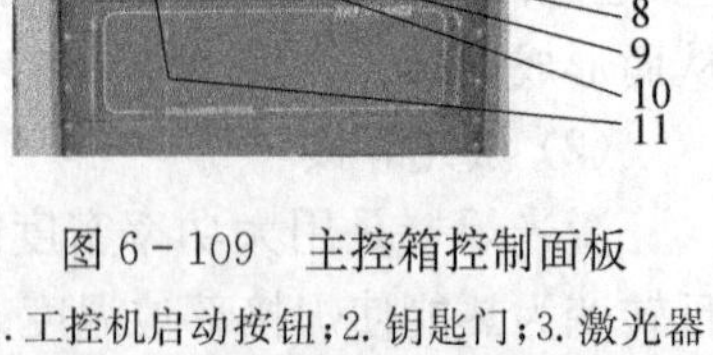

图 6-109 主控箱控制面板

1. 工控机启动按钮；2. 钥匙门；3. 激光器使能开关；4. 启动按钮；5. 钥匙开关；6. 急停开关；7. 扫描振镜电源开关；8. 激光电源打开按钮；9. 激光电源关闭按钮；10. 激光器 RF 信号开关；11. 空气开关

光学系统主要集中在垂直梁和横梁内部，采用密封式设计，可以有效地避免粉尘对光学元件的损坏，结构如图 6-110 所示。

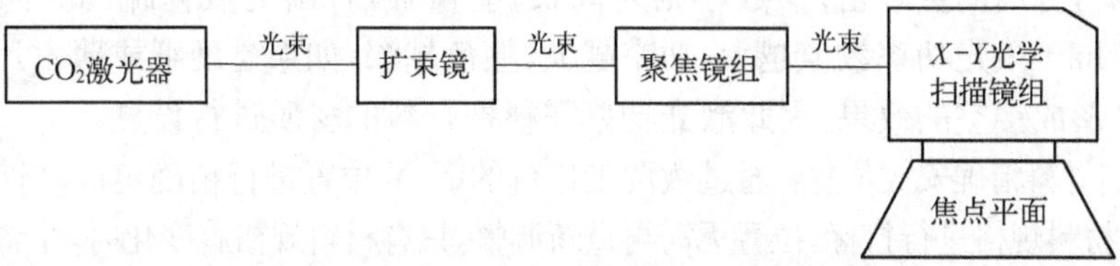

图 6-110　光学系统结构示意图

激光打标机工作原理：用户将图像、标记等输入给计算机，主控箱供电给激光电源，从而使激光器出光，经过光学系统到达工作台；扫描镜组驱动器控制 X、Y 光学扫描镜组快速摆动，使激光束在平面 X、Y 二维方向上进行扫描，形成微细高能量密度的光斑，每一个高能量的激光脉冲瞬间就在物体表面烧蚀从而实现打标，如图 6-111 所示。由于 CO_2 激光器在工作时会产生大量的热量，因此需要通过冷却系统快速把热量带走，否则会对激光器正常工作造成很大的影响，严重时会损坏激光器。

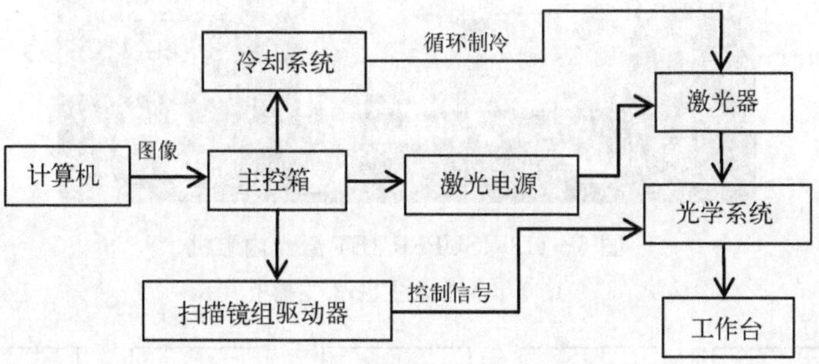

图 6-111　打标机系统工作原理框图

(2) 基本操作流程

激光打标机基本操作流程如图 6-112 所示，其操作过程如下。

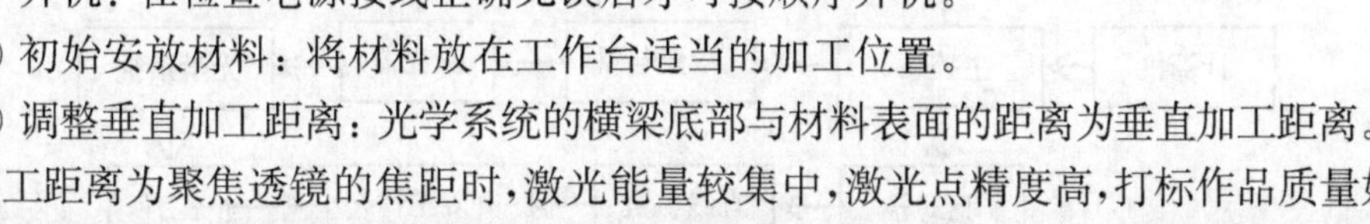

图 6-112　激光打标操作流程

① 开机：在检查电源接线正确无误后才可按顺序开机。

② 初始安放材料：将材料放在工作台适当的加工位置。

③ 调整垂直加工距离：光学系统的横梁底部与材料表面的距离为垂直加工距离。调整垂直加工距离为聚焦透镜的焦距时，激光能量较集中，激光点精度高，打标作品质量好。因此。调整好后，如材料厚度相同，无需调整，只有当材料的厚度变化很大时，才需要重新调整。

④ 图像处理：打标软件除了可以绘制图形外，也可接受 PLT、BMP 和 DXF 等格式的文件。如果是彩色图像，需要使用“画图”工具将其转化为单色位图的 BMP 格式图像。

⑤ 打标软设置：在打标软件中进行尺寸修改、位图设置和打标参数的设置等。其中

打标参数包括打标速度、空跳速度、Q 频和功率，打标速度和空跳速度分别为激光蚀刻的速度和空行程速度，一般采用其默认推荐值；Q 频是 Q 聚能释放的频率，参数大则聚能时间短，能量弱，打出的点致密；参数小则时间长，能量强，打出的点稀疏，此打标机建议 Q 频值为 10 khz。激光功率数值越大，功率越大，颜色越深，如果是硬纸或薄木片等材料，可能会被打穿形成镂空的效果，因此激光功率需根据材料的材质进行设置。

⑥ 调整材料精确安放位置：通过微调工作台的 X、Y 位置进行精确定位，当定位完成后，对于相同的材料规格进行打标，位置无需再重新调整，只有材料规格有变化时，才需重新调整。

2）激光内雕机

（1）设备结构及工作原理

以 SUPER JET 激光内雕机为例，激光内雕机由主机、冷却系统、主控柜组成(图 6－113)，其中主机由激光器、升降工作台、机架，光学系统等组成，主控柜包括计算机(工控机)、主控箱、显示器、输入设备等，光学系统由扩束镜、反射镜、聚焦镜及光路组成，如图 6－114 所示。

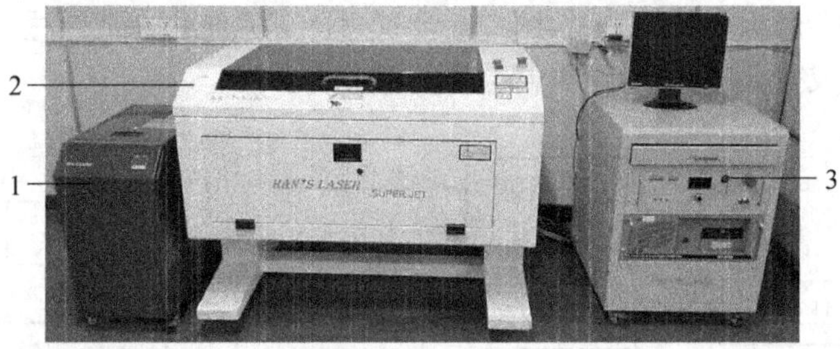

图 6－113　SUPER JET 激光内雕机

1. 冷却系统；2. 主机；3. 主控柜

图 6－114　光学系统结构示意图

激光内雕机的工作原理：通过计算机将内雕图形与参数输入主控箱；一方面，主控箱供电给激光电源使激光器出光，光束经过光学系统后到达工件内部，使其内部的特定部位发生爆裂形成细微的白点，从而产生细微的图像；另一方面，主控箱通过驱动器控制光学系统的聚焦镜组在 XY 平面上移动，从而使激光束扫描形成平面，而三维图像则依靠驱动升降工作台实现 Z 轴方向的移动，如图 6－115 所示。

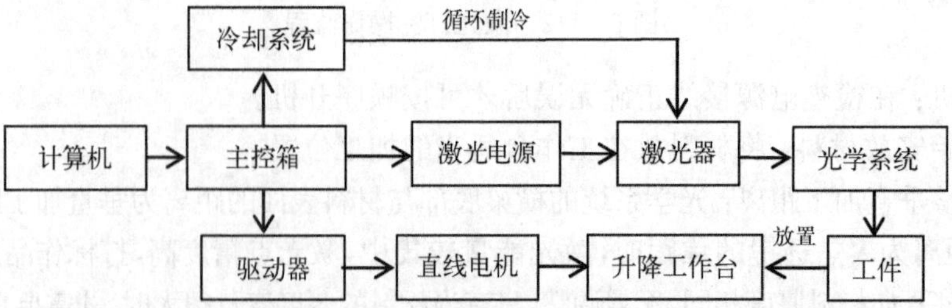

图 6－115　内雕机工作原理框图

注意：由于在工作期间，激光器会产生大量的热量，因此，采用冷却系统对其进行冷却，可使激光器可靠稳定的工作。冷却系统循环水要求使用纯净水、去离子水或蒸馏水，不能使用自来水、矿泉水等含较高金属离子或其他矿物质的水，以免对激光器件造成损坏。

其主控柜控制面板按钮如图 6－116 所示。

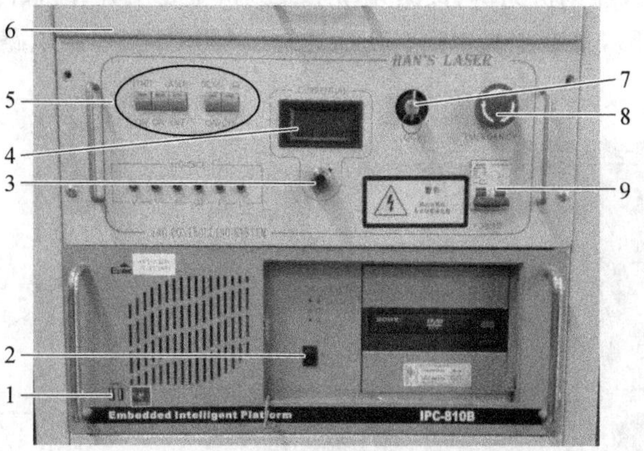

图 6－116　大幅面激光内雕机主控柜

1. USB 接口；2. 工控机电源开关；3. 电流调节旋钮；4. 电流显示屏；
5. 激光控制按钮组合(start，laser on，laser off，SCAN 和 Q 频开关 ON/OFF)；
6. 隐藏键盘和鼠标的抽屉；7. 钥匙开关(lock)；8. 急停按钮；9. 空气开关

(2) 基本操作流程

激光内雕机基本操作流程如图 6－117 所示，其操作过程如下：

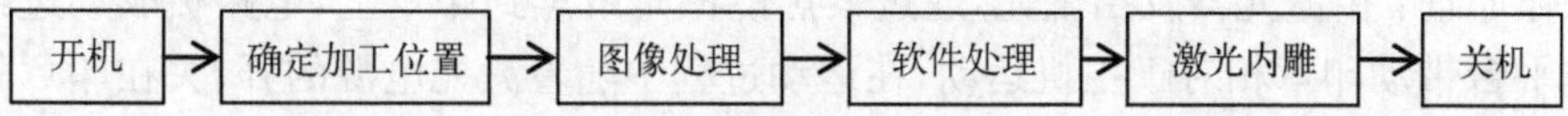

图 6－117　激光内雕操作流程

① 开机：在检查电源接线正确无误后才可按顺序开机。

② 图像处理：本内雕无法雕刻彩色作品，只能根据图像的明暗程度来决定激光爆裂点的多少，即内雕作品是根据激光打点的疏密程度来体现图像的灰度，因此需要利用图像处理软件将彩色图像进行灰度处理，最终得到灰度图像。

③ 内雕软件处理：在激光内雕加工前，需对图像尺寸进行修改，以保证图像完整地雕刻在透明工件中；其次进行点云转化处理，将图像转化成不同层次上的点云数据，在透明工件内部分层雕刻，可以使图像更加清晰形象；最后进行雕刻参数设置，主要包括雕刻速度、物料高度和 Z 向偏移量。雕刻速度一般在保持雕刻质量良好的前提下，越大越好，可以提高加工效率，但是如果速度太快而导致激光爆裂点未形成，引起内雕质量下降，这是不可取的，一般采用设备推荐值为 300 mm/s；物料高度与加工工件的厚度一致；Z 向偏移量是决定内雕图像加工在材料厚度方向的上半部、中间或是下半部，即当 Z 向偏移量为 0 时，则默认激光开始内雕的第一层是在材料厚度的中间开始，当 Z 向偏移量为正数，如设置为 2 mm，则是指激光开始加工的第一层在材料厚度的中间偏上 2 mm 处；反之，当为负数，如 −2 mm，则是指激光开始加工的第一层在中间偏下 2 mm 处，因此设置该值须充分考虑材料厚度、分层数目和层间距，否则，可能会造成内雕加工在材料之外，而影响加工质量。

④ 关机：在关闭激光(laser off)后，需要等待 2～3 min，待冷却系统继续运转一段时间，激光器温度降下来后，再关闭钥匙开关(lock)至“off”档。如果设备不常使用，需断开空气开关，切断电源，保证电气安全。

3）激光印章雕刻机

（1）设备结构及工作原理

以 S25 激光印章雕刻机为例，该激光印章雕刻机主要由计算机、冷却水泵、主机、工作台等组成（图 6－118），其中主机包括 CO_2 激光器、聚焦光路、控制电路板等。

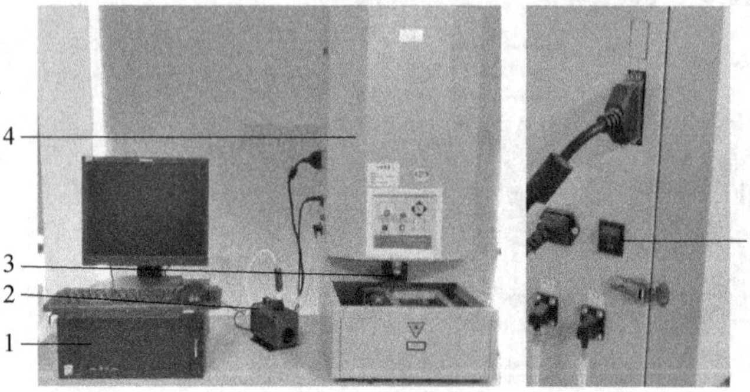

图 6－118　S25 激光印章雕刻机

1. 计算机；2. 冷却水泵；3. 工作台；4. 主机；5. 电源开关

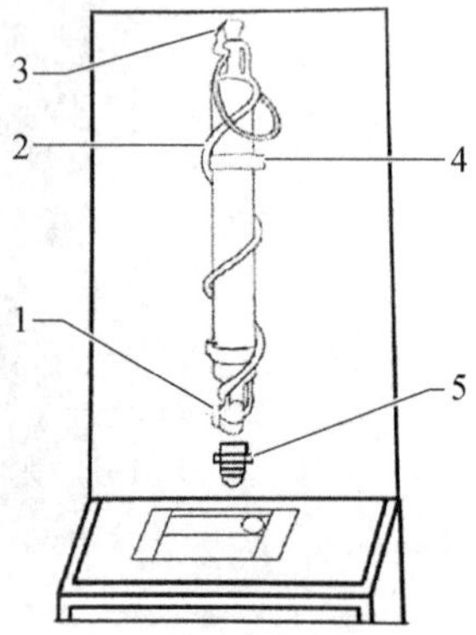

图 6－119　主机结构示意图

1. 激光器负极；2. 冷却水管；3. 激光器正极；4. 激光器座；5. 聚焦镜

主机内部结构如图 6－119 所示。

工作原理：由激光器发出激光，通过聚焦镜将光聚焦到印章上，电路板驱动进给电机使工作平台带动印章相对于主机运动，在运动过程中随着激光电源的开、关在印章的表面进行逐行扫描雕刻形成文字或图像，如图 6－120 所示。

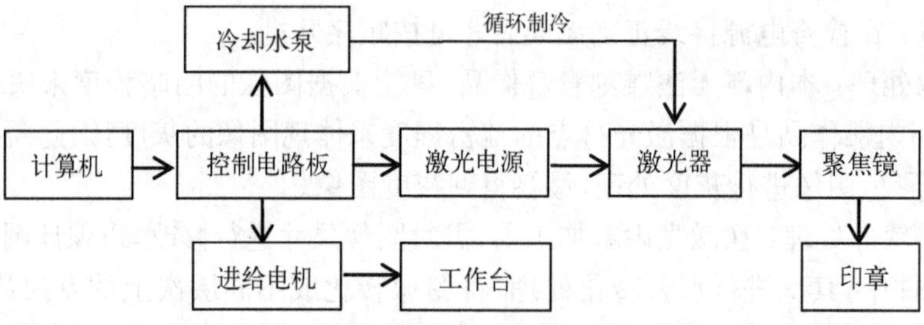

图 6－120　激光印章雕刻机工作原理

其主机控制面板按钮如图 6－121 所示。

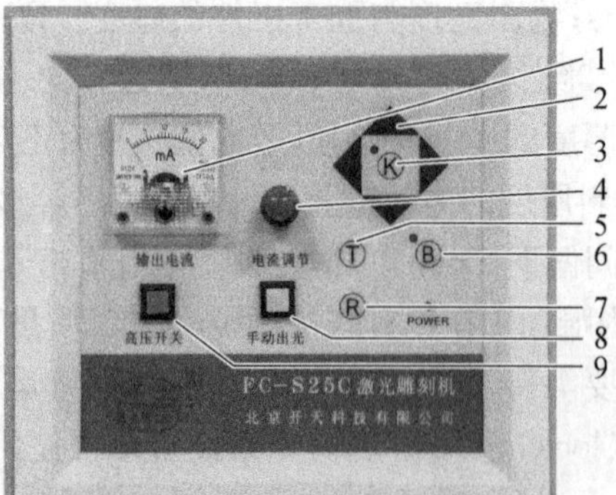

图 6－121　主机控制面板

1. 输出电流指示；2. 工作台前后左右移动按钮；3. K 键（工作台自动移到左前角）；4. 电流调节旋钮；5. T 键（检查机器是否运行正常）；6. B 键（工作台自动移到右前角）；7. 工作台复位按钮；8. 手动出光按钮；9. 高压开关按钮

(2) 激光印章雕刻机基本操作过程

激光印章雕刻机基本操作流程如图 6－122 所示，其操作过程如下。

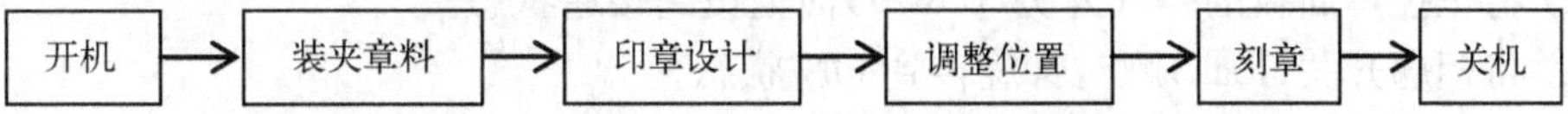

图 6－122　激光印章雕刻机操作流程

① 开机。根据印章材料，调整工作电流大小，电流越大，激光能量越高。一般印章雕刻机在长时间使用后，激光功率可能会衰减，此时需要将电流稍微调大。

注意：切勿将电流调到最大，以免烧坏加工材料，最好是在调节电流之前，将章料移开。工作电流无需反复调整，只有在更换材料后，才需要重新调整。

② 印章设计。印章设计一般有两种方法：采用现成的彩色图像进行刻章，一般需要将其转化为单色位图的 BMP 格式；直接在本机自带的印章雕刻软件中编辑所刻印章的图像，通过选择印章的模板，输入所刻文字，更改文字高度、宽度、间距等参数，得到印章图像，如图 6－123 所示。

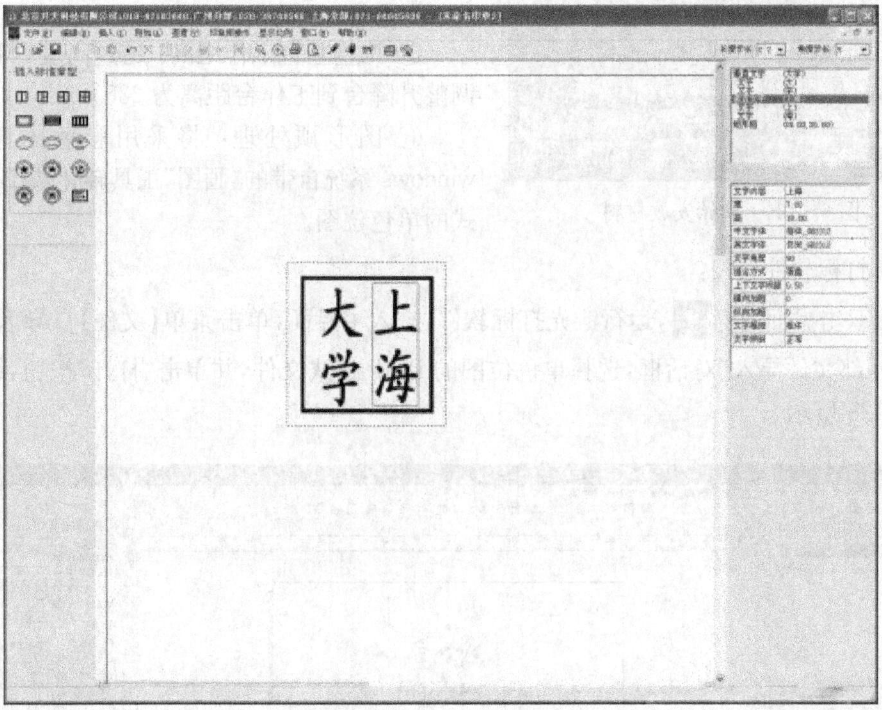

图 6－123　印章编辑图

③ 位置调整。通过粗定位和精确定位调整印章的雕刻位置。位置调整好后，将位置坐标保存，一般同种规格的章料，只需定位一次。

6.3.3　激光加工实践案例

6.3.3.1　激光打标实践案例

1) 案例分析

本案例采用 50×80 mm 彩色金属片通过 CO_2－H120 激光打标机了解激光打标过程。

2）实践操作过程

（1）开机

① 将主控箱面板的空气开关（power）向上拨到接通状态。

② 将钥匙开关（lock）顺时针旋转到 ON 状态。

③ 按下启动按钮（START），START 指示灯亮，同时冷却系统通电运转。

④ 等待冷却系统运行三分钟后，打开主控箱钥匙门，按下工控机启动按钮，并打开显示器电源。

⑤ 将激光器使能开关（keySwitch）顺时针旋转到 ON 状态。

⑥ 拨动激光器 RF 信号（射频信号）开关（SIGNAL）到 ON 位置，激光器 RF 信号接通。

⑦ 按下激光电源启动按钮（LASER ON），接通激光器电源，此时 laser on 指示灯亮，开机结束。

图 6－124　初始安放材料

（2）加工准备

① 初始安放材料：采用三个固定螺钉将卡片固定在平台的中间位置，作为初始位置（图 6－124）。

② 调整垂直工作距离：通过高度调整手柄调整升降台到工作台距离为 235 mm。

③ 图形预处理：将采用彩色图像通过 windows 系统自带的“画图”工具转化成 BMP 格式的单色位图。

④ 打标软件处理：

a）双击桌面图标，运行激光打标软件，进入主界面，单击菜单【文件】|〖导入...〗，弹出“外部文件导入”对话框，选择单色位图的 BMP 格式文件，并单击“打开”按钮，结果如图 6－125 所示。

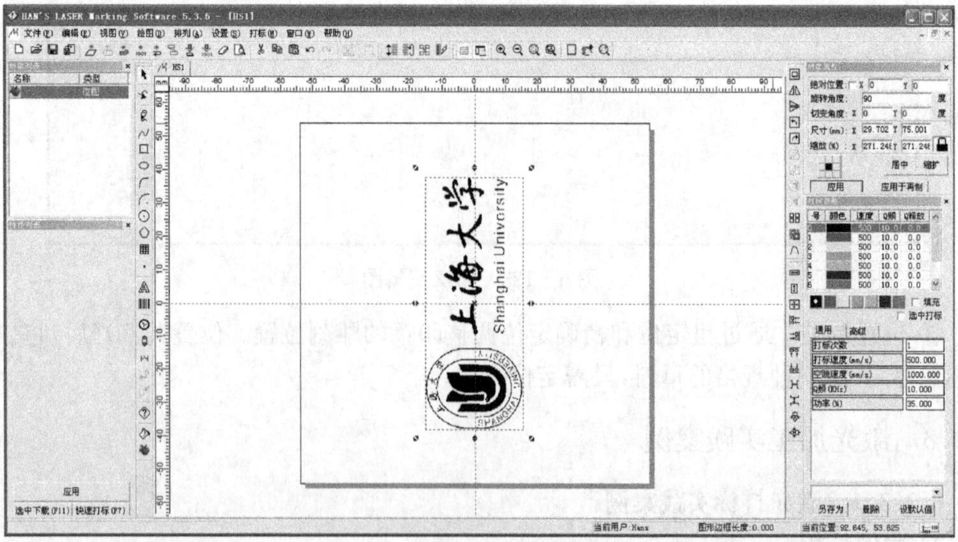

图 6－125　主界面

b) 调整旋转角度和图像尺寸：为了使材料与图像摆放方向一致，可以直接放置一致，也可通过将图像旋转 90°实现；再根据材料尺寸，需将打标幅面控制在 45×75 mm 以内，即在该对话框的“尺寸”Y 输入框输入 75 mm，成比例缩放后，X 尺寸要小于 45 mm，单击“应用”按钮，如图 6-126 所示。

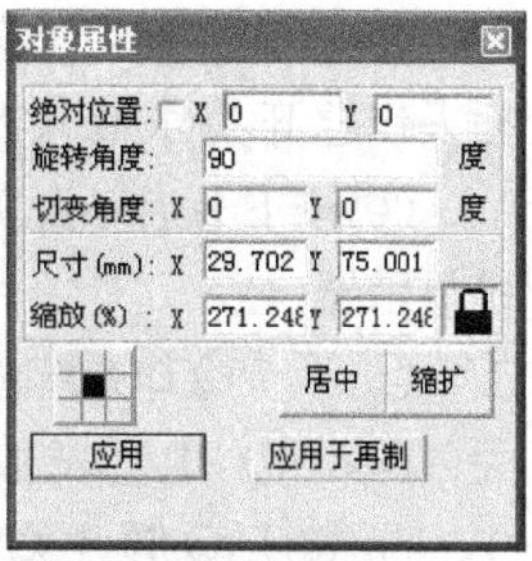

图 6-126 “对象属性”对话框

c) 打标参数设置：在窗口右下角“通用”对话框的“功率”输入框输入“35”，可保证金属卡片不被击穿，又能较好地呈现图像效果，其余参数采用默认推荐值，如图 6-125 所示。

⑤ 位图设置：单击主界面左侧工具栏“位图”图标，弹出“位图设置”对话框(图 6-127)，选中“二值图像”单选框，单击“确定”按钮，完成位图设置。

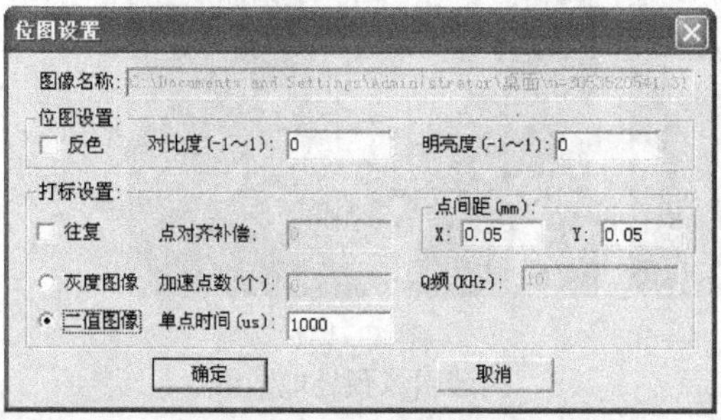

图 6-127 “位图设置”对话框

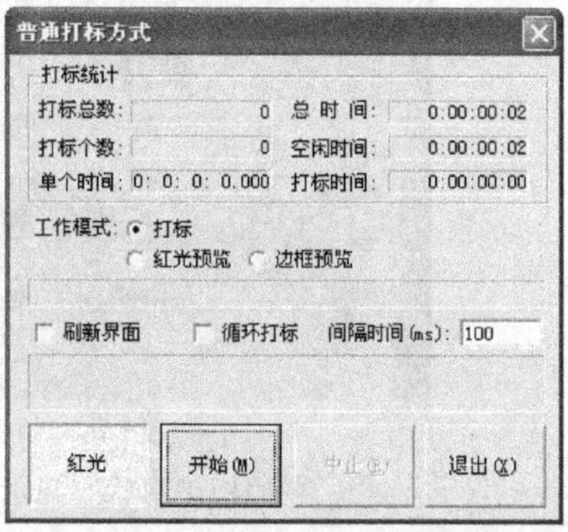

图 6-128 普通打标方式

(3) 精确调整材料的加工位置

在主界面下，单击“通用平面打标”图标，弹出“普通打标方式”对话框(图 6-128)，工作模式选择“红光预览”，单击“开始”按钮，观察红光扫掠的位置，如果位置有偏移，则分别调整 X、Y 方向调整手柄使红光扫掠的范围落在材料的合适位置。

(4) 正式打标

工作模式选择“打标”模式，单击“开始”按钮则进行正式打标(图 6-128)，打标作品如图 6-129 所示。

(5) 关机

加工结束，取下打标作品，关闭打标机电源，清洁打标机。

图 6-129 最终打标成品

6.3.3.2 激光内雕实践案例

1) 案例分析

采用 50×50×10 mm 的透明人造水晶，通过 SUPER JET 激光内雕机了解激光内雕过程。

2) 实践过程

(1) 开机

① 打开主控箱上的空气开关(POWER)至“ON”状态，设备通电。

② 检查主控箱上急停按钮(EMERGENCY),顺时针旋转使其处于释放状态,将钥匙插入钥匙开关(lock)顺时针转至“ON”状态,打开电源。

③ 按下总启动开关(START)启动设备,冷却系统开始工作,启动工控机,开启计算机显示器。

④ 等待冷却系统温度接近设定温度(冷却系统指示灯变绿)后,按下激光电源启动开关(laser on),电流表显示当前的电流值。

⑤ 按下 Q 频开关(Q ON/OFF),将其打开。

⑥ 调整电流值调至 15.3 A,开机完成后状态如图 6-130 所示。

图 6-130
主控柜正常状态显示

图 6-131
内雕图像预处理结果

(2) 加工准备

① 图像预处理：采用 PHOTOSHOP 软件对原始彩色图像进行处理,将其转换为具有一定明暗梯度的灰度图像,并保存成 JPG 格式(图 6-131)。

② 确定材料加工位置：双击桌面图标,运行激光内雕软件,进入主界面,如图 6-132 所示。

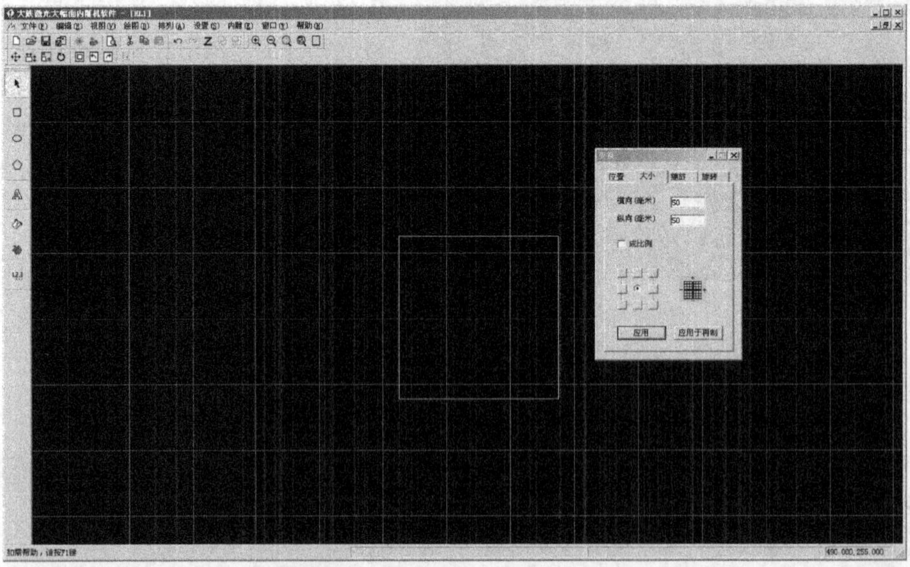

图 6-132　主界面及绘制矩形

a）单击主界面左侧工具栏“矩形”图标，绘制一矩形，弹出“变换”对话框，根据材料规格，在横向和纵向文本框均输入 50 mm，单击“应用”按钮(图 6－132)后关闭对话框，返回到主界面，单击主界面上方工具栏“居中”图标，将矩形框居中。然后，单击“点位预览”图标，弹出“点位预览”对话框(图 6－133)，单击“开激光”按钮打开激光，然后依次点击对话框左侧方形的 4 个顶点，单击“关激光”按钮关闭激光，单击“退出”按钮。此时在激光内雕机升降工作台面上绘制 50×50 mm 矩形图框(图 6－134)，此为实际加工时人造水晶放置的位置。

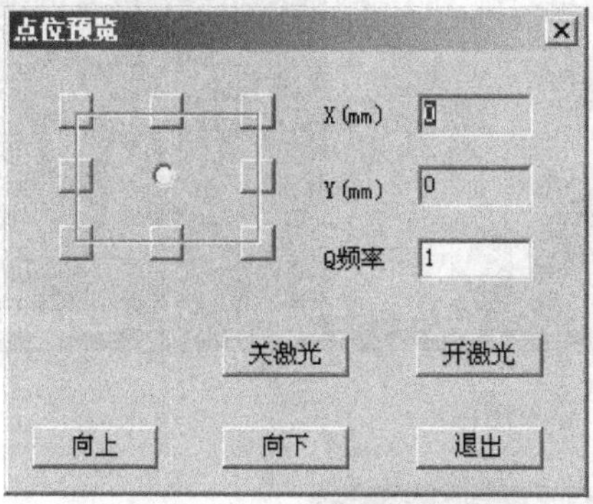

图 6－133 “点位预览”对话框

图 6－134 定位框绘制

b）将水晶放置在如图 6－134 所示的矩形图框后，单击主界面上方工具栏“通用内雕”图标，弹出“通用内雕”对话框，选中“XYZ 轴”，单击“复位”按钮，使激光内雕机复位，如图 6－135 所示。

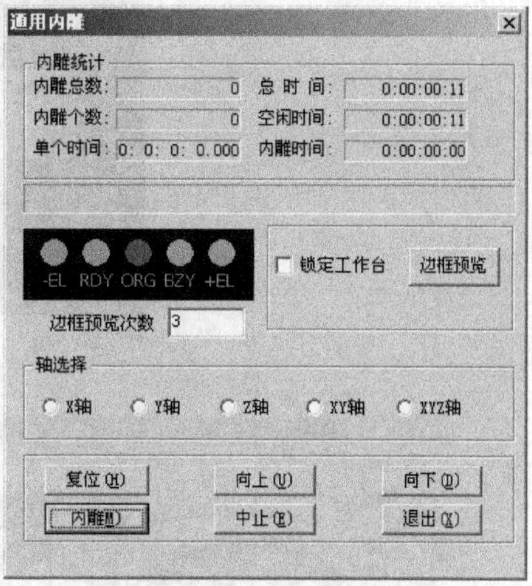

图 6－135 “通用内雕”对话框

c）关闭“通用内雕”对话框，并删除主界面中绘制的矩形框，以便后续内雕图像处理。

(3) 内雕图像处理

单击主界面菜单【文件】|〖导入...〗或“ ”按钮，将文件导入激光内雕软件中(图6－136)。

① 尺寸修改：根据材料调整图像大小，单击主界面上方工具栏“ ”按钮，弹出“变换”对话框(图 6－137)，将横向文本框改为 45 mm，然后按比例缩放，保证该图像完整地加工在该水晶中。

② 点云转化处理：

a）为了保证图像清晰和加工效率较高，单击主界面左侧工具栏“位图”图标，弹出“图像设置”对话框(图 6－138)，在横向点间距和纵向点间距文本框输入 0.11。

b）分层划分。根据所选用材料大小分为 3 层，在层间距文本框输入 0.6。

c）分层点云调整。勾选“显示点云”选项，并在分层衰减栏用鼠标分别拖动 1、2、3 层滑块，使左侧示意图最清晰。

全部设置结束，单击“确定”按钮。

③ 内雕参数设置：单击主界面左侧工具栏“内雕参数”图标，弹出“雕刻参数设置”对话框(图 6－139)，在雕刻次数、雕刻速度、物料高度、Z 向偏移量文本框分别输入 1、

图 6－136　导入图像

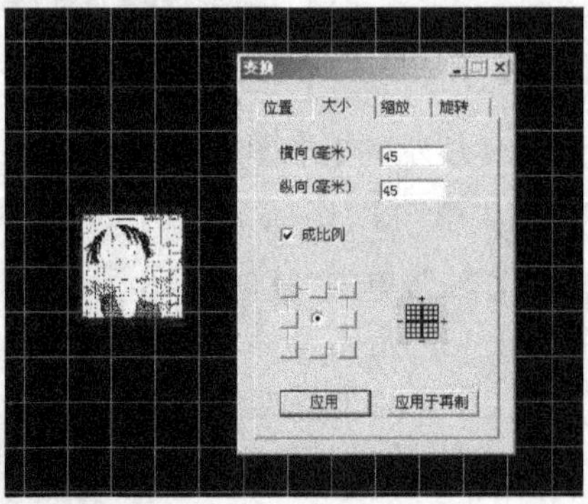

图 6－137　“变换”对话框

图 6－138　“图像设置”对话框

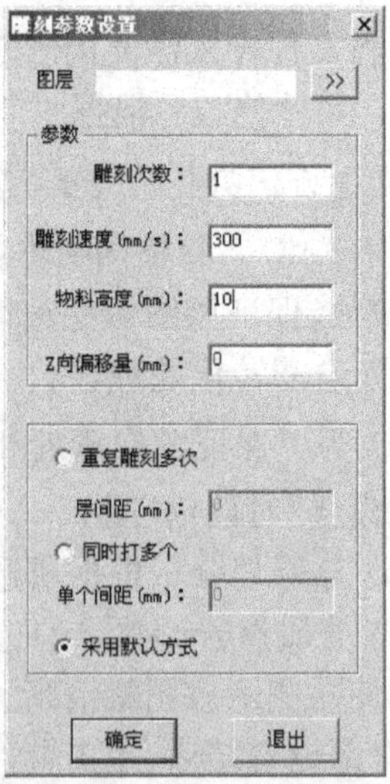

图 6－139　“雕刻参数设置”对话框

300、10(水晶厚度为 10 mm)、0。

④ 内雕加工：根据材料放置在升降工作台中间位置，将图像也居中，方法与步骤(2)中将定位框居中相同，然后单击主界面上方工具栏“通用内雕” 图标，弹出“通用内雕”对话框(图 6－135)，单击“内雕”按钮加工开始(图 6－140)，当进度条满格后，内雕加工结束，内雕机会自动复位到初始加工状态，最终作品如图 6－141 所示。

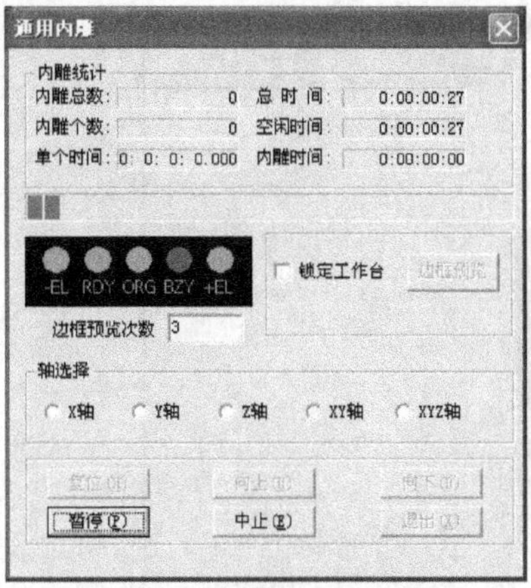

图 6－140　内雕加工开始过程

图 6－141　最终作品

⑤ 关机：加工结束，取下内雕作品，关机顺序为开机顺序的倒序，清洁内雕机。

6.3.3.3　激光刻章实践案例

1) 案例分析

采用 20×20 mm 的矩形橡胶材料，通过 S25 激光印章雕刻机了解激光刻章过程。

2) 实践过程

(1) 开机

① 检查水泵工作状态正常后，打开电源开关。

② 按下控制面板的“高压开关”按钮。

③ 调节电流：按“手动出光”按钮，打开激光，旋转“电流调节”旋钮使电流值为 4 mA 左右，再按“手动出光”按钮关闭激光，则开机过程完成。

(2) 加工准备

① 装夹橡胶材料，加工定位：将橡胶材料装夹在工作台的左上角，待刻表面与夹具上表面持平，如图 6－142 所示。

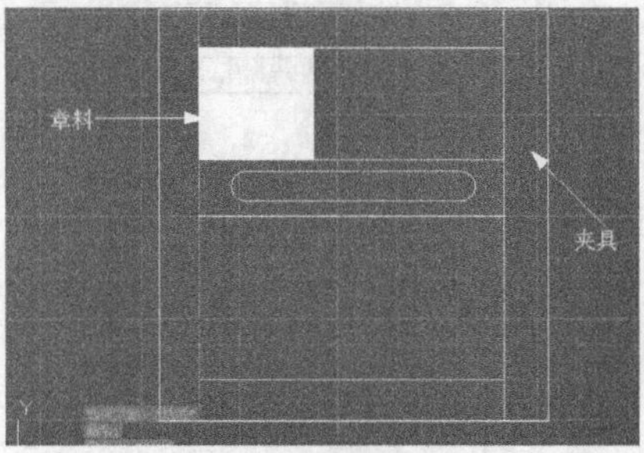

(a) 装夹示意图

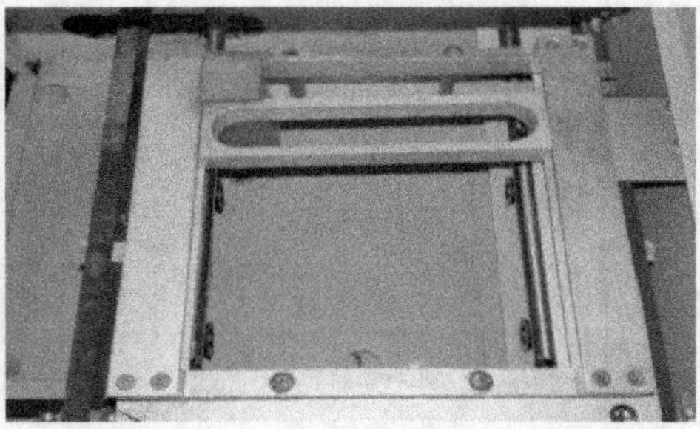

(b) 实际装夹图

图 6－142　装夹图

② 印章设计：

a）彩色图像处理。使用“画图”将彩色图像转化成单色位图 BMP 格式图像。

b）图像尺寸设置。双击印章雕刻软件桌面图标，进入主界面，单击菜单【插入】|〖单色位图〗，打开单色位图的 BMP 文件；根据印章材料规格，在主界面右侧宽和高文本框均输入 22，印章设计结束（图 6－143）。

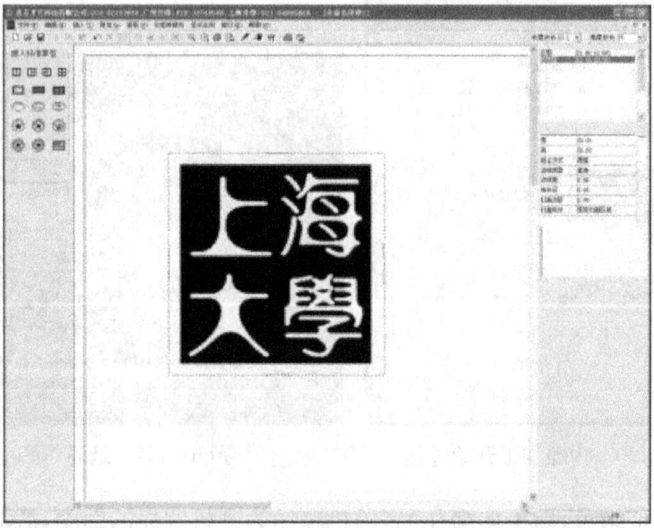

图 6－143　主界面

③ 印章雕刻位置调整：

a）粗定位。单击菜单【文件】|〖雕刻输出〗或单击主界面上方“雕刻输出”图标，进入如图 6－144 所示窗口，用鼠标右键单击雕刻区域把雕刻位置快速移动到鼠标右击处，观察工作平台带动橡胶材料是否移动到激光印章雕刻机聚焦镜的正下方附近。

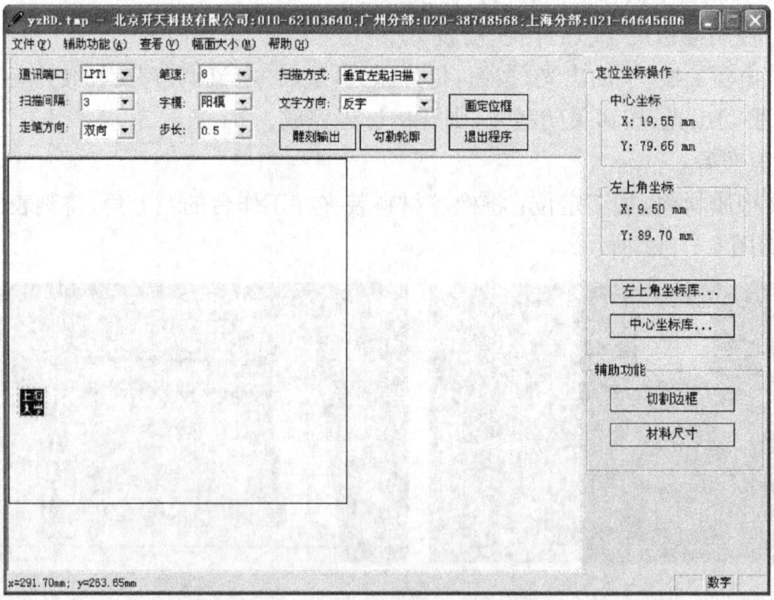

图 6－144　保存雕刻位置图

b) 精确定位。初步定位完成后，单击“画定位框”按钮，观察定位框与橡胶材料位置是否有差异，可以用键盘方向键微调位置，直至绘制的定位框与橡胶材料位置基本相符为止。

c) 保存位置坐标。当定位完成后，在定位界面，单击“中心坐标库”按钮，弹出“中心坐标库”对话框(图 6 - 145)，在“当前坐标名”输入框中输入“20 方章”，并单击“保存当前坐标”按钮，即将此规格的印章雕刻位置保存，关闭“中心坐标库”对话框。

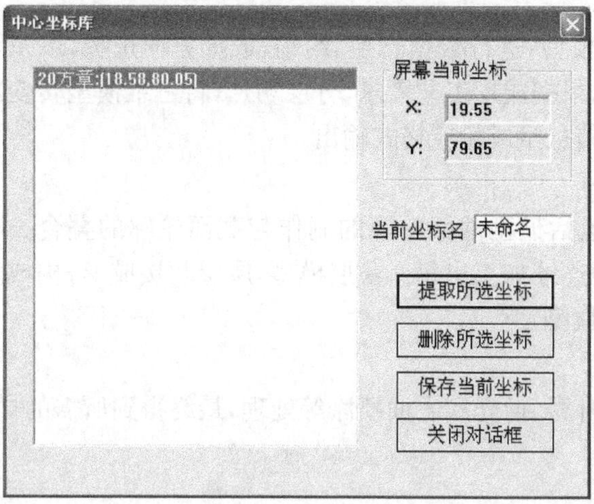

图 6 - 145 “中心坐标库”对话框

图 6 - 146 最终印章

(3) 印章雕刻加工

返回如图 6 - 144 所示窗口，点击“中心坐标库”按钮，在其对话框(图 6 - 145)中选择“20 方章”名称，再单击“提取所选坐标”按钮，此时工作台带动橡胶材料移动到主机聚焦镜的正下方，然后在待刻表面覆盖一层浸湿的薄纸，单击“雕刻输出”按钮(图 6 - 144)，弹出“是否雕刻”对话框，单击“确定”按钮后开始加工，如图 6 - 146 所示为加工完成的印章。

(4) 关机

加工结束，取下印章，关闭高压电源，关闭印章雕刻机和计算机电源，清洁印章雕刻机，如长时间不用，需切断整机电源。

6.4 3D 打印实践

6.4.1 实践目的

① 了解 3D 打印的基本概念和原理，以及 3D 打印技术的特点。

② 熟悉熔融沉积(FDM)和光固化立体成形(SLA)3D 打印的工作原理。

③ 掌握 UP 3D 打印机的操作方法。

④ 掌握 FROM1＋3D 打印机的操作方法。

6.4.2 3D 打印技术概述

3D 打印技术是将计算机辅助设计(CAD)、计算机辅助制造(CAM)、数控技术

(CNC)、激光技术、材料技术等集成于一体的多学科交叉的先进制造技术。

1) 3D 打印基本原理

3D 打印技术是基于离散—堆积原理的成形方法，由三维 CAD 模型直接驱动，用材料逐层或逐点堆积出样件，快速地制造出相应的三位实体模型，是一种全新的思维模式。与减材成形方式（车、铣、刨、磨等）不同，它又称为增材成形。

3D 打印工艺过程主要包括数据前处理、分层叠加成形、样件后处理。

（1）前处理

前处理是对设计或重建出的 3D 模型，进行数据转换、纠错、成形方向选择，以及支撑结构生成等操作，然后选择成形方式，根据成形工艺需求，分层切片，将三维模型转变成二维截面平面信息，再将分层后的二维信息生成相应格式输出。

（2）分层叠加成形

该过程是 3D 打印的核心，主要包括模型截面轮廓的制作与截面轮廓的叠合。在计算机控制下，以平面加工方式，有序地连续加工出每个薄层模型，层层联接成形，构成一个与三维 CAD 模型相对应的三维实体模型。

（3）后处理

主要包括样件剥离、拼接、修补、打磨、抛光和表面喷涂等处理，最终得到所需的样件。

2) 3D 打印常见工艺

常用的 3D 打印工艺方法有五种：

（1）薄材叠层制造（Laminated Object Manufacturing，LOM）

LOM 工艺是按照 CAD 分层模型直接从片材到三维零件，使用的材料是可黏结的带状薄层材料（涂覆纸、PVC 卷状薄膜等），采用的切割工具是激光束或刻刀等。

LOM 的工作原理：在计算机控制下，切割工具按照零件各层截面轮廓线形状沿 X－Y 方向逐层切割带状材料，当一层切割完成后，工作台与已成形的工件一起沿 Z 方向下降一层高度，再将一层新的薄层材料移到加工区域，再按新一层的截面轮廓信息进行切割，新的薄层材料牢固地粘在前一层薄层材料上，如此反复，直至逐层堆积形成一个三维实体模型。非零件实体部分按照要求切割成网格，保留在原处，起支撑和固定作用，样件加工完毕后，将其剥离，进行打磨、抛光、喷涂、机加工等后处理。LOM 的成形原理如图 6－147 所示。

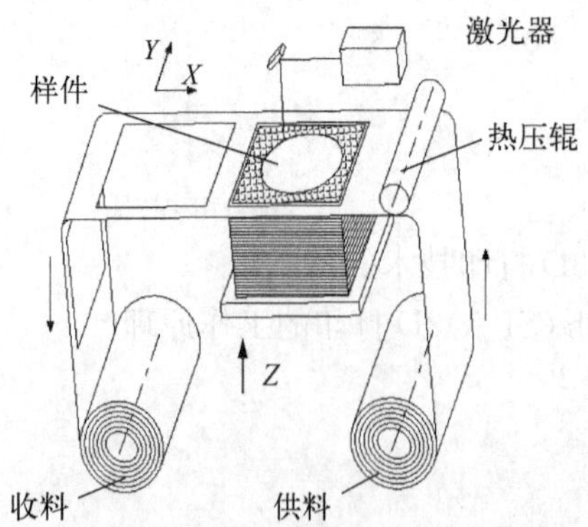

(a) 激光切割成形原理

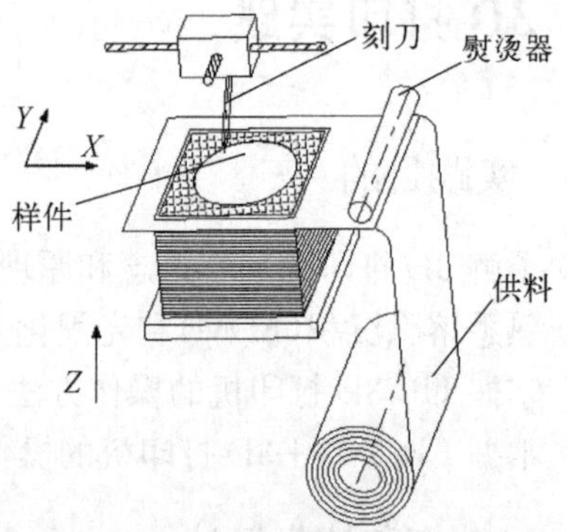

(b) 刻刀切割成形原理

图 6－147　LOM 的成形原理示意图

LOM 制造的样件如图 6-148 所示。

图 6-148　LOM 制造的样件

(2) 光固化立体成形(Stereo Lithography Apparatus, SLA)

SLA 是基于光敏树脂的光聚合原理工作的。激光器发出的紫外光使液体光敏树脂逐层固化。

SLA 的工作原理：在计算机控制下，激光束按照零件的截面形状沿 X-Y 方向在光敏树脂表面进行逐点扫描，形成零件的一个薄层(约 0.1 mm)，未被扫描的树脂仍呈液态。当前层扫描完毕后，工作台沿 Z 方向下降一层高度，在固化的树脂表面上涂敷一层新的液态树脂，刮板将黏度较大的树脂液面刮平，激光束按新层的截面信息在树脂上扫描，新层树脂固化并与前一层已固化的树脂上联接，如此反复，直到零件实体模型形成。SLA 的成形原理如图 6-149 所示。

SLA 制造的样件如图 6-150 所示。

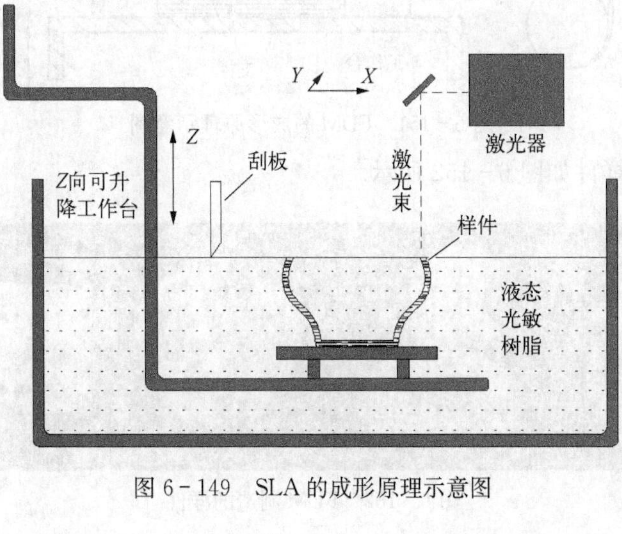

图 6-149　SLA 的成形原理示意图

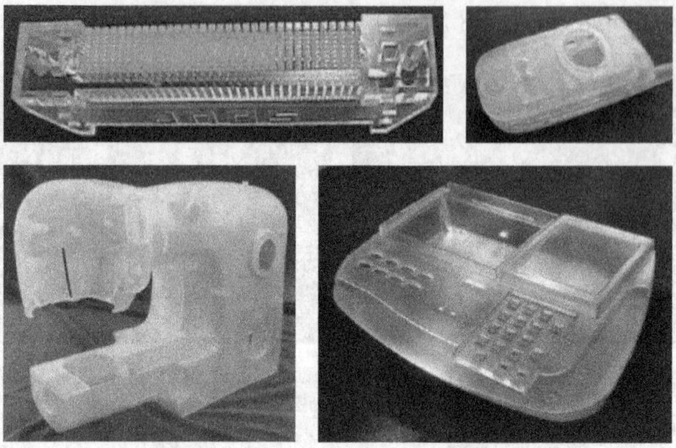

图 6-150　SLA 制造的样件

(3) 熔融沉积造型(Fused Deposition Modeling, FDM)

FDM 技术是对丝状材料进行熔融后由喷头逐层喷涂堆积成形的一种 3D 打印方法，这种工艺不用激光、刻刀，而是使用喷头。

FDM 的工作原理：在计算机控制下，支撑材料和成形材料经过加热装置加热融化，在挤出喷头前至半熔融状态，支撑材料和成型材料分别输送至喷头上，喷头按照零件的截面轮廓和填充轨迹作 X-Y 平面方向的运动，将半熔融的材料逐层堆积到工作平台上已经成型的部分上，与前一个层面熔结在一起。当一层沉积完成后，工作台与已成形的工件一起按预定的增量下降一层的厚度(一般为 0.1～0.2 mm)，再继续熔喷沉积另一层截面的形状，如此循环，最终形成一个完整的三维实体模型。FDM 成形原理示意图如图 6-151 所示。

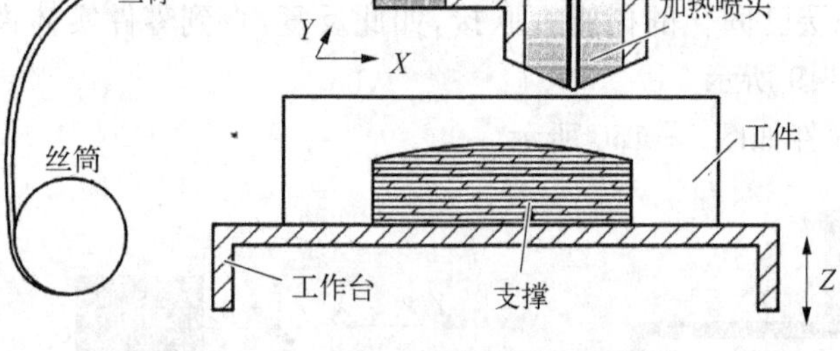

图 6-151　FDM 的成形原理示意图

FDM 制造的样件如图 6-152 所示。

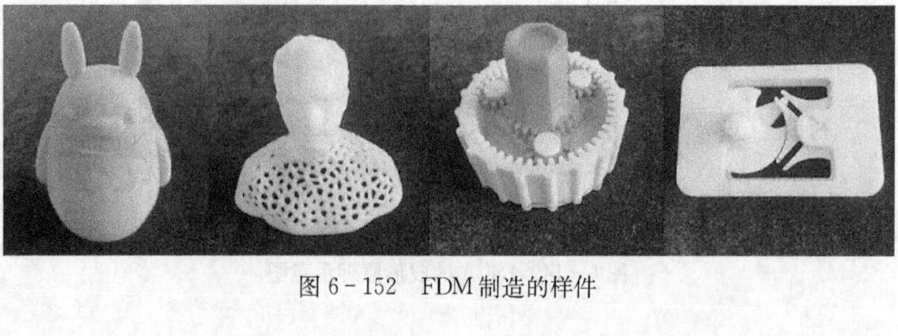

图 6-152　FDM 制造的样件

(4) 选择性激光烧结(Selective Laser Sintering, SLS)

SLS 工艺是利用粉末状材料成形的。

SLS 的工作原理：首先设定好预热温度、激光功率、扫描速度、扫描路径、单层厚度等工艺条件，在工作台上用辊筒铺一层粉末材料，预热到一定温度后，由 CO_2 激光器发出的激光束按照各层横截面信息沿 X－Y 方向在所铺的薄层粉末上有选择地进行逐点扫描(即逐点熔融烧结)，未被烧结的粉末保持松散状态，作为成形件和下一层粉末的支撑，形成样件的一个薄层。当一层截面烧结完成后，工作台下降一层高度，再进行下一层铺粉烧结，新一层和前一层粉末烧结在一起，如此反复，直至一个样件实体模型制造完毕(图 6－153)。

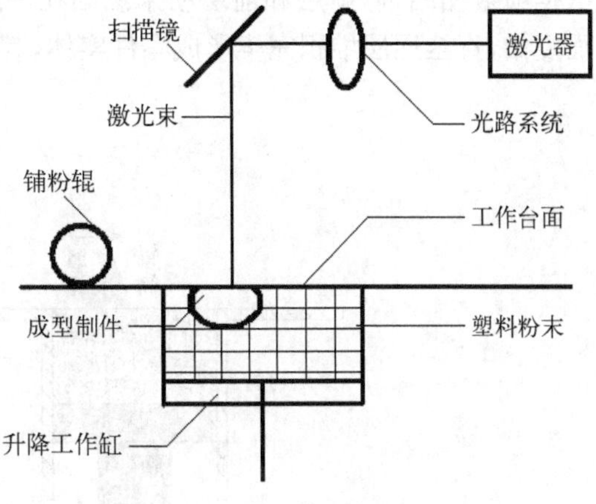

图 6－153　SLS 的成形原理示意图

SLS 制造的样件如图 6－154 所示。

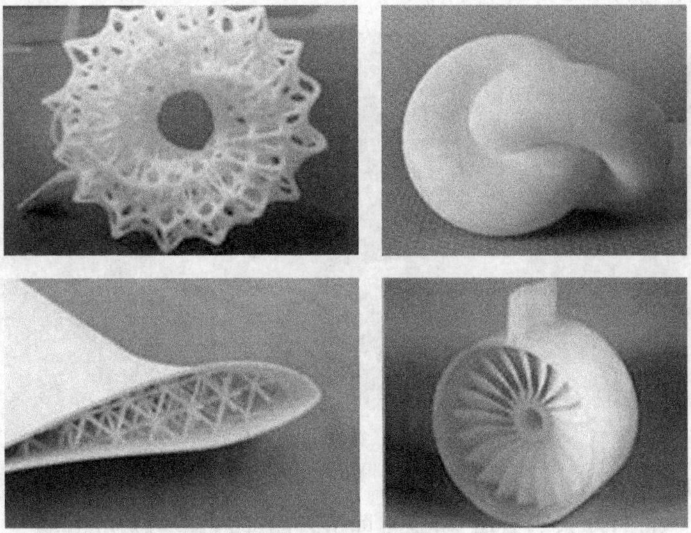
图 6－154　SLS 制造的样件

(5) 三维印刷(Three Dimensional Printing, 3DP)

3DP 与喷墨打印机工作方法类似，采用喷墨打印原理，将液态造型墨水由打印头喷出，输出真实的物体样件，成形材料为粉末和黏接剂。3DP 工艺与 SLS 工艺类似，均是采用粉末(如陶瓷、金属和塑料等粉末)材料成形，所不同的是粉末材料是通过喷头用黏接剂将零件的截面“印刷”在粉末材料上面。

3DP 的工作原理：首先在工作台上用辊筒铺一层粉末材料，在计算机控制下，喷头按照各层横截面信息沿 X－Y 方向在所铺的薄层粉末上有选择地进行逐点喷射黏接剂，未被黏结的粉末保持松散状态，并在成形过程中起支撑作用，形成零件的一个薄层

(0.1 mm)。当一层截面黏结完成后，成形活塞下降一个距离(0.089～0.102 mm)，供粉活塞上升一定高度供应新粉末，由铺粉辊推到成形缸上铺平、压实，再按下一层截面的成形数据喷射黏结剂，新层和前层粉末黏结在一起，层层粉末不断地铺平、扫描、黏结，如此周而复始，直至逐层堆积完毕形成零件实体，其成形原理如图 6-155 所示。

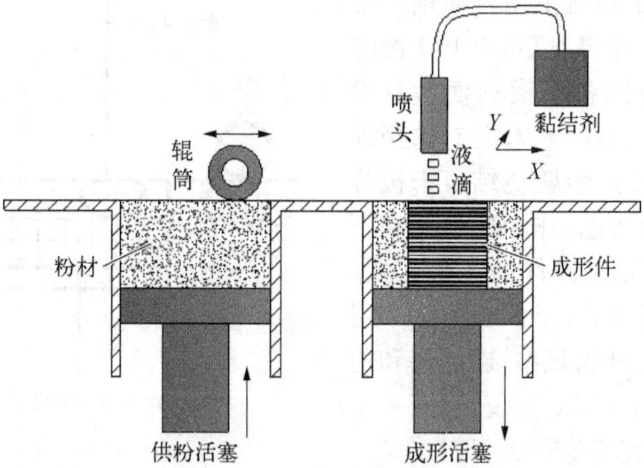

图 6-155　3DP 的成形原理示意图

3DP 制造的样件如图 6-156 所示。

图 6-156　3DP 制造的样件

3) 3D 打印技术特点

① 高柔性：3D 打印不需专用工/夹具即可打印任意复杂形状的样件。

② 快速性：3D 打印比传统制造速度快得多，几小时至几十小时。

③ 易与传统方法结合：3D 打印样件可以进行传统工艺再加工。

④ 个性化：可以实现个性化定制。

⑤ 适于创新与开发：3D 打印的制造成本与零件复杂程度、批量无关，适合单件、小批量制造。

4) 3D 打印技术应用

3D 打印技术经过几十年的发展，从设备、工艺到材料等各个环节都取得了长足的进步，在研究、工程和教学等应用领域占据了独特的地位。3D 打印开辟了不用任何刀具而迅速制作各类零件的途径，并为常规方法不能或难以制造的零件或模型提供了一种新的制造手段。

由于 3D 打印技术的灵活性和快捷性，3D 打印已经应用到航空航天、交通、教育、玩具、通信、计算机、家用电器、电子产品、铸造、医疗、建筑、工艺美术、军事等领域，主要体现在设计评价与验证、市场预测，产品功能和性能测试、装配检验等方面。

(1) 产品设计评价与验证

在新产品的开发过程中，经常会出现对图样的错误理解。随着零件复杂程度的增加，保证几何信息的准确性(如孔、结构筋错位或零件间装配不当)、避免零件间产生干涉(如钢索、束线、橡胶管、管道以及机械电子部件和装配组件等)的难度不断增加。3D 打印技术能以最快的速度(数小时或数天内)将设计思想物化为具有一定结构功能的产品样件，为新产品的设计提供了一个快捷、清楚、准确的描述，便于设计部门和制造部门之间良好的沟通与交流，完成设计修改，可以更好地体现设计者的想法和设计，及早发现及纠正错误，从而对新产品设计方案进行快速评价、测试与改进，促进合作，减少产品的开发时间并降低成本，是设计者体验 CAD 数据的正确性和提高设计质量的工具(图 6－157)。

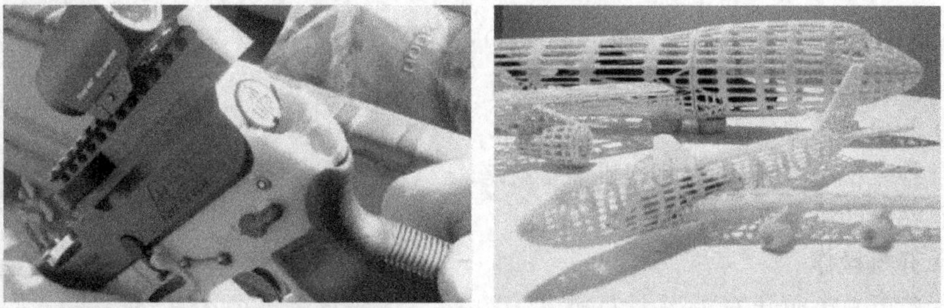

图 6－157　产品设计评价与验证

(2) 产品功能测试和性能试验

3D 打印技术不但能帮助设计者体验新产品 CAD 数据的正确性，而且还能够进行功能测试与性能试验。随着新型材料的开发，3D 打印制造的新产品原型已经具有一定的机械强度，可用于装配、传热性能以及流体力学等性能检测与试验(图 6－158)。

图 6－158　产品功能测试和性能试验

(3) 产品报价与投标

供应商在报价或投标过程中附带一个 3D 打印技术制作出一定比例的产品样件是极其有效与明智的选择，利用 3D 打印的样件可以清楚、直接地表达工程图样的设计意图与特点，避免造成报价失真。3D 打印技术可以应用于造船、建筑、汽车、航空航天以及家电等行业中产品报价与投标。

(4) 医疗

医疗是 3D 打印技术又一个重要的应用领域。3D 打印技术可以用于制作医疗教学、术前模型、制造假肢、外科修复、手术分析等。特别是3D打印技术的个性化定制，使其在医学上有很大的发挥空间，如牙齿、骨骼、医学器械和植入体的定制等(图6-159)。

图6-159 3D打印在医疗领域应用

6.4.3 FDM 3D打印实践案例

图6-160 “树蛙”实践案例的三维零件图

本案例“树蛙”(图6-160)通过UP 3D打印机了解FDM工艺方法。

1) 开机前的准备工作

① 检查模型材料，确保打印机准备就绪。

② 在打印机上安装打印平台。

2) 开机操作

① 打开总电源开关，启动计算机。

② 双击桌面图标，运行UP软件，如图6-161所示。

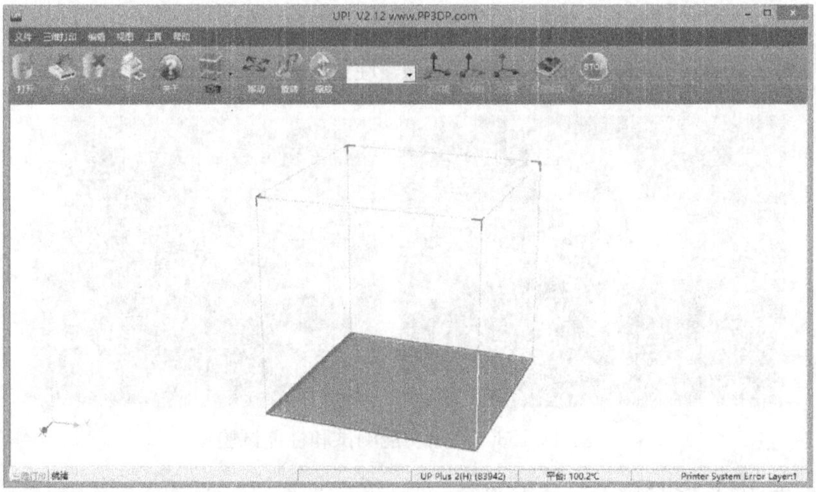

图6-161 UP软件界面

3) 实践案例操作

① 初始化设备。单击菜单【三维打印】|〖初始化〗，使设备处于零位状态(图6-162)。

② 校准喷头高度 。为了确保打印的模型与打印平台黏结正常，防止喷头与打印平台碰撞对设备造成损害，需要在打印开始之前进行校准设置喷头高度。该高度以喷头距离打印平台0.2 mm为佳。

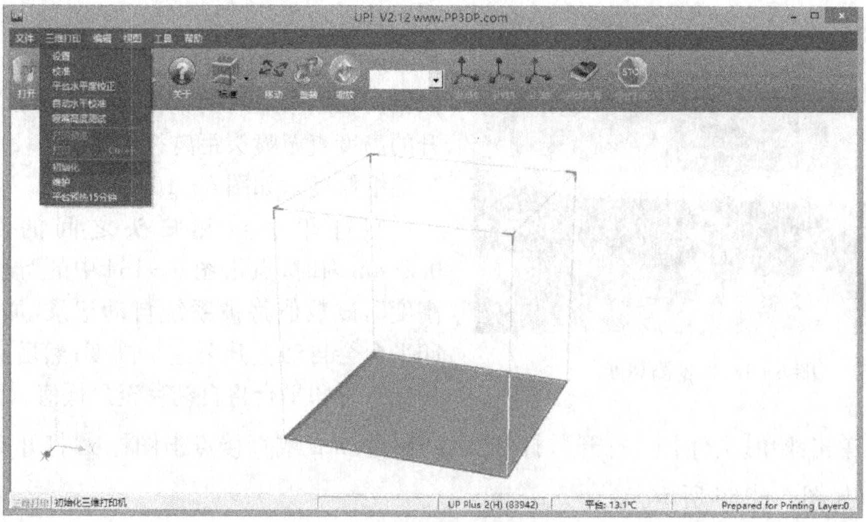

图 6-162 初始化设备

单击菜单【三维打印】|〖维护〗,弹出“维护”对话框(图 6-163)。

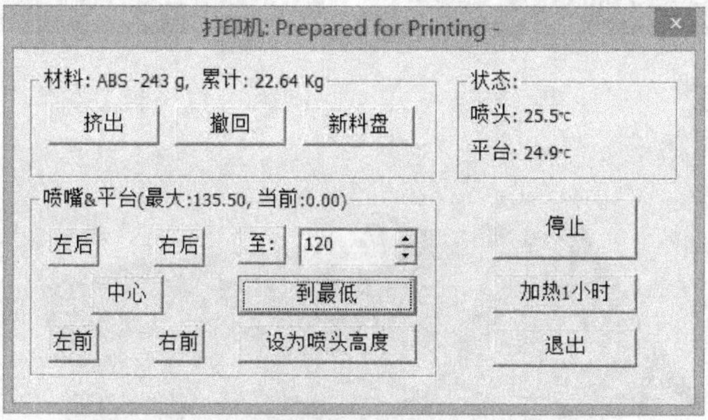

图 6-163 维护对话框

单击〖中心〗使设备碰头位于打印平台的中心上方。

在文本框内输入数值“120”,输入数值必须小于最大数值(图 6-163)。单击〖至〗使打印平台上升至 120 mm 的高度,当前的打印平台高度为 120 mm(图 6-164)。

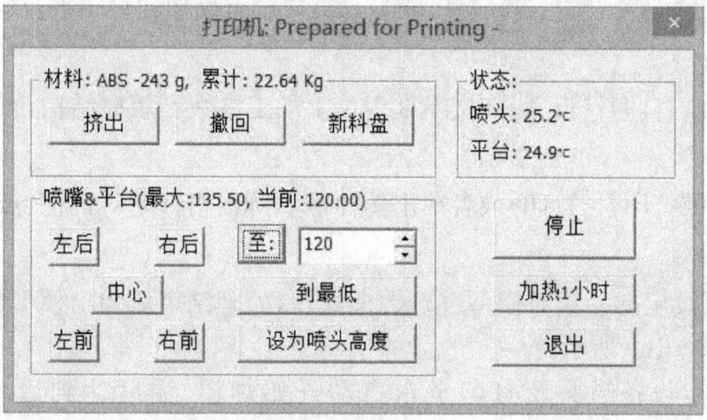

图 6-164 设置喷头高度

图 6-165　检测高度

检查喷头和打印平台之间的距离。上升后若发现喷头距离打印平台较远，可以进行微调。在原来输入的数值基础上增加所要上升的高度直至喷头距离打印平台 0.2 mm（约一层纸厚度），如图 6-165 所示。

当打印平台和喷头之间的距离在 0.2 mm 内时，点击图 6-164 中的“设为喷头高度”，该数值将被系统自动记录，加工时打印平台会自动上升至这个高度；然后点击〖到最低〗，打印平台将自动移至最低值。

③ 单击菜单【文件】|〖打开〗，打开文件“树蛙.stl”或直接点击图标 打开文件“树蛙.stl”，如图 6-166 所示。

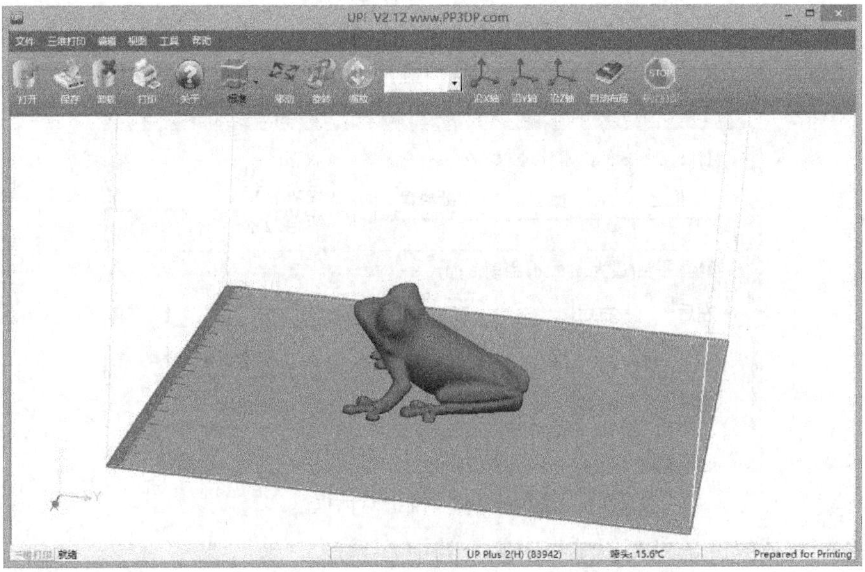

图 6-166　打开模型“树蛙”界面

通过图标：、、、、、、来调整模型在打印平台的位置、摆放角度及模型的大小。

④ 单击【三维打印】|〖设置〗在文本框内填上加工参数和填充结构，点击〖确定〗，如图 6-167 所示。

⑤ 单击【三维打印】|〖打印〗或者单击图标 ，弹出“打印”对话框，点击〖确定〗，如图 6-168 所示。

设备根据所设定的参数对模型进行数据处理，处理结束后弹出模型材料用量及加工所需时间，如图 6-169 所示。

点击〖确定〗，设备喷头及打印平台自动开始加温，温度达到后，设备开始打印模型。

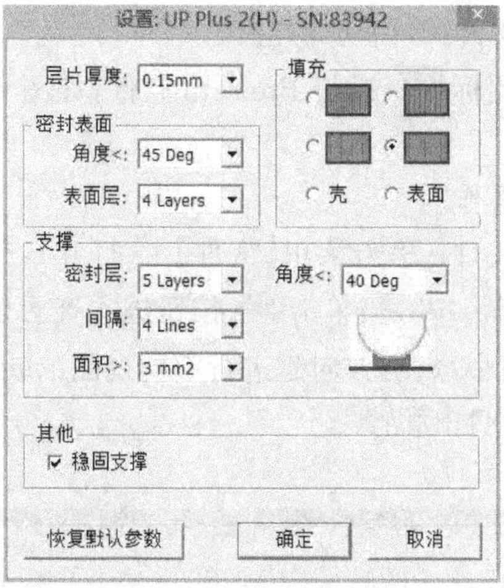

图 6-167　设置菜单

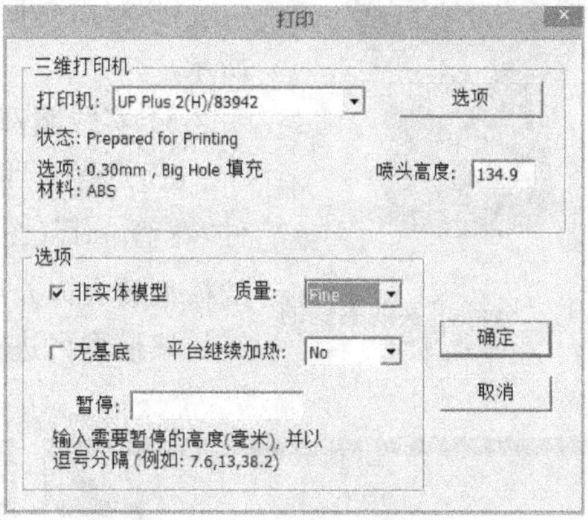

图 6-168　打印菜单

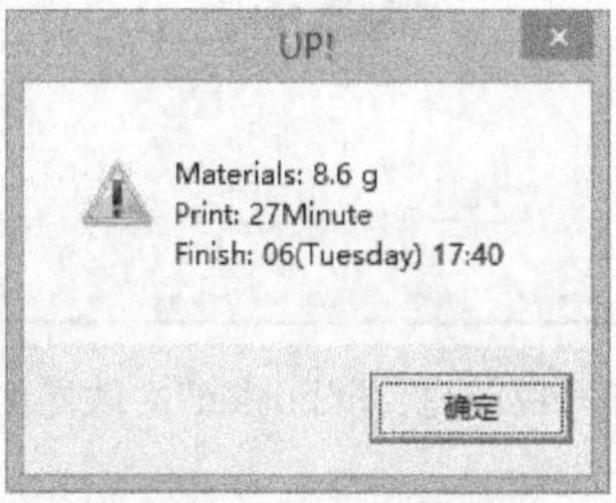

图 6-169　打印模型信息

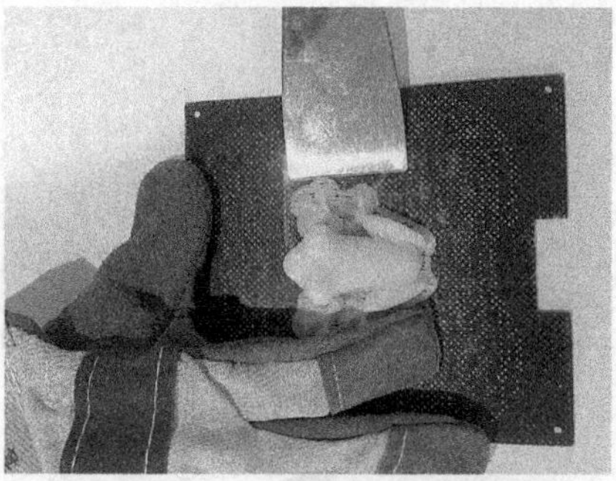

图 6-170　取下模型“树蛙”

⑥ 移除模型。

当模型完成打印时,打印机会发出蜂鸣声,喷嘴和打印平台会停止加热。

从打印机上撤下打印平台。

用铲刀将模型撬松,取下模型。切记在撬模型时要佩戴手套以防烫伤及铲伤,如图 6-170 所示。

⑦ 关机

关闭打印机开关和电源。

退出 UP 软件,关闭计算机,关闭总电源。

6.4.4　SLA 3D 打印实践案例

本案例“hualan”(图 6-171)通过 Form1＋ 3D 打印机了解 SLA 工艺方法。

1) 开机前的准备工作

① 安装打印平台。

② 检查树脂槽内树脂量。

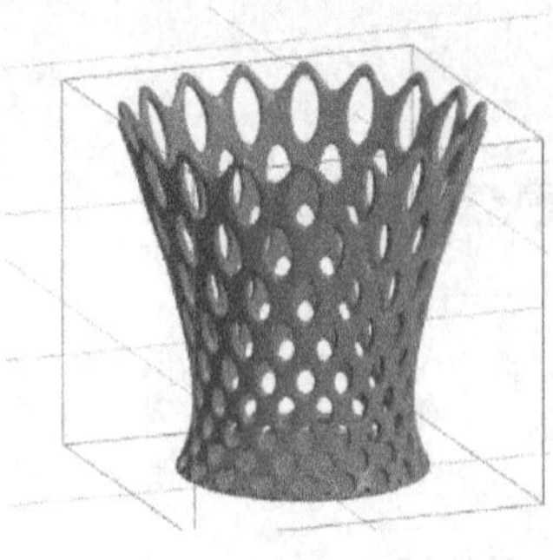

图 6－171　“hualan”实践案例的三维零件图

2）开机操作

① 打开总电源开关，启动计算机。

② 双击桌面图标，运行 Preform 软件，如图 6－172 所示。

3）实践案例操作

① 选择打印文件：单击菜单【文件】|〖打开〗，打开文件“花篮. stl”（图 6－173）。单击按钮进入查看模式下的模型放大以及缩小，点击方向键进行不同视图的转换，右键长按模型可进行自由旋转。

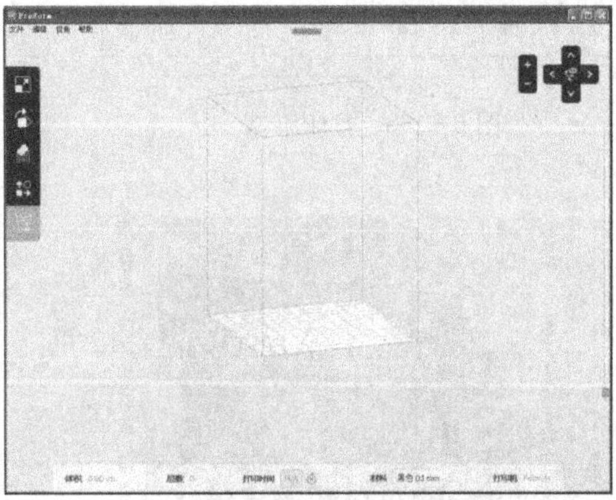

图 6－172　软件界面

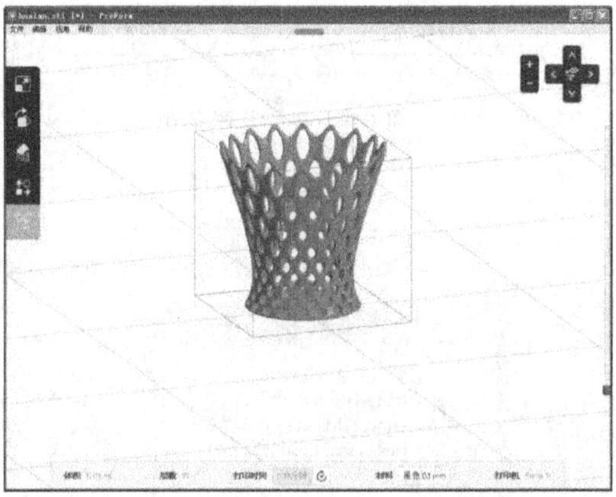

图 6－173　打开“hualan”文件界面

② 尺寸模式：单击设置模型尺寸参数（图 6－174）。

③ 摆放方向模式：单击设置模型对象旋转的参数（图 6－175）。

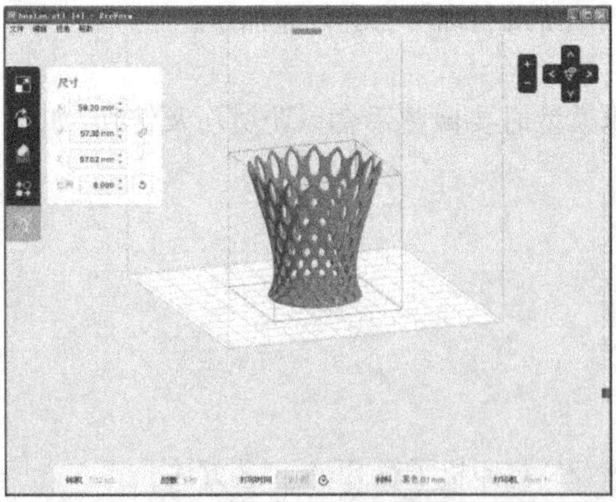

图 6－174　尺寸设置界面

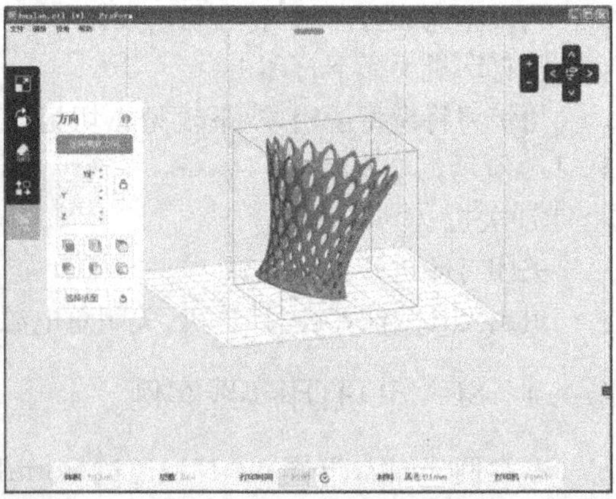

图 6－175　方向设置界面

④ 支撑件生成模式：点击生成模型支撑，支撑全部为默认支撑，也可根据经验编辑支撑（图 6－176）。

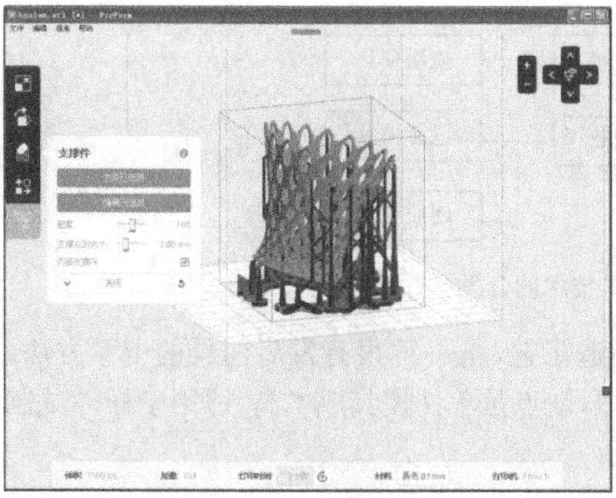

图 6-176　支撑设置界面

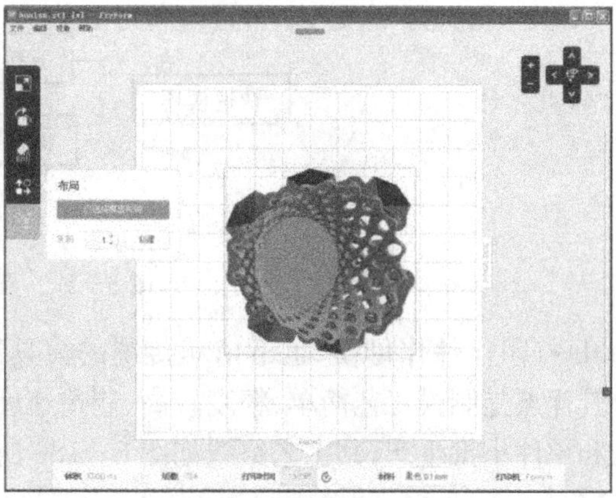

图 6-177　布局设置界面

⑤ 布局设置：点击 按钮，进行打印自动布局设置（图 6-177）。

⑥ 准备打印：点击 查看模型体积、层厚、时间、确认材料型号以及树脂槽发送至打印机。

⑦ 点击设备按钮，进行打印。

⑧ 移除模型：当模型完成打印时，打印机按钮会闪烁。从打印机上取下打印平台。佩戴专用手套使用铲刀取下模型（图 6-178）。

⑨ 关机：关闭打印机开关和电源。然后退出软件，关闭计算机，关闭总电源。

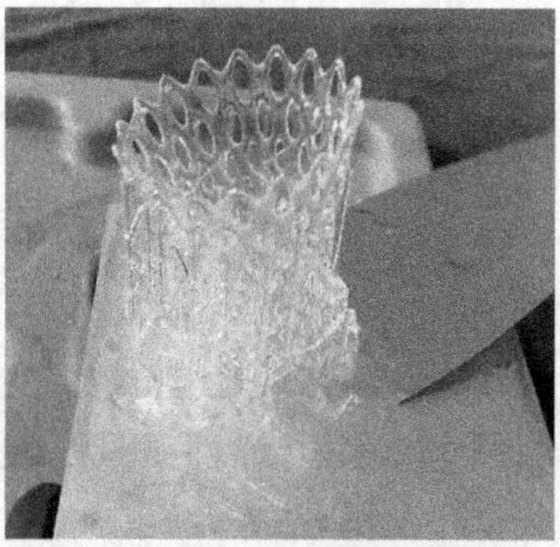

图 6-178　铲下模型"hualan"

6.5　快速模具实践

6.5.1　实践目的

① 了解快速模具的制作方法。

② 熟悉 V450NA 差压式数控真空注型机的工作原理。

③ 掌握 V450NA 差压式数控真空注型机的操作方法。

6.5.2　快速模具技术概述

1）快速模具的种类

根据模具材料、生产成本、3D 打印材料、生产批量、模具精度的要求，常用的快速模具（Rapid Tooling，RT）方法大致有直接制模（Direct Rapid Tooling，DRT）方法和间接制模（Indirect Rapid Tooling，IRT）方法。依据材质不同，IRT 方法根据批量可分为软质模具（简称软模）、过渡模具（简称过渡模）及硬质模具（简称硬模），如图 6-179 所示。

2）快速模具基本原理

（1）直接制模

直接制模是将 3D 打印和模具结合，用 3D 打印直接制造出模具。这种方法不需要

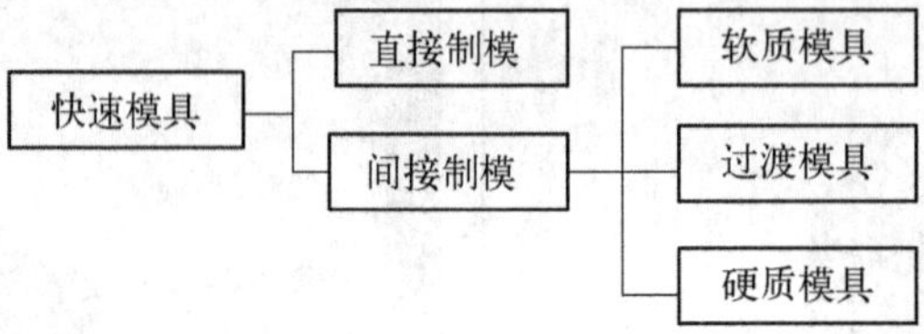

图 6-179　RT 技术的分类

3D 打印样件作母模，也不依赖传统的模具制造工艺，是一种很有发展前景的 RT 方法。其优点是制模工艺简单、精度较高、制造速度短，缺点是单件模具成本高，适用于样件试制和单件小批生产，其工艺路线如图 6-180 所示。

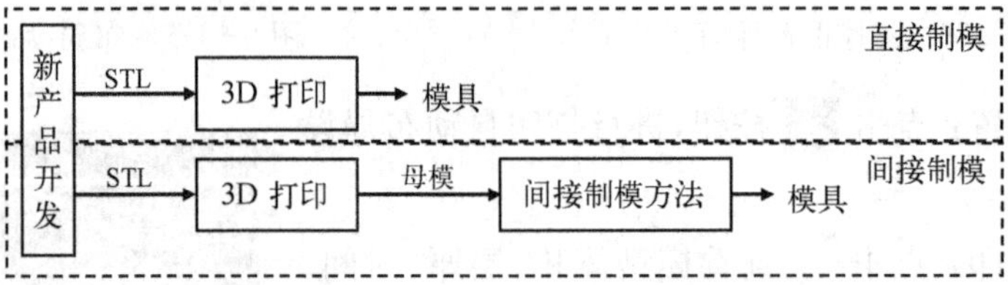

图 6-180　RT 技术的工艺路线

(2) 间接制模

间接制模是用 3D 打印样件或其他制件作母模，间接制造出所需要的模具。该种模具制作过程中，样件质量是极其关键的因素，直接影响制件的质量，其工艺路线如图 6-180 所示。

① 软模：软模是一种试制用的模具，是用 3D 打印样件或其他样件作为母模，浇注双组分硅橡胶而形成软膜。由于模具以硅橡胶为材料，故又称为硅橡胶模具(简称硅胶模)，适合单件和小批量。本书主要以硅胶模的制作作为快速模具的工程实践对象。

② 过渡模：过渡模通常指环氧树脂模具。采用环氧树脂模具与传统注塑模具相比，成本只有传统方法的几分之一，生产周期也大大减少，模具寿命比硅胶模高，但不及钢模，可达 1 000～5 000 件，可实现中小批量生产。

③ 硬模：硬模是用 3D 打印样件作母模，或用复制的软模具浇注(或涂覆)石膏、陶瓷、金属基合成材料、金属构成的硬模具(如铸造模、注塑模、蜡模的压型等)，实现塑料件或金属件的批量生产。这种模具有良好的机械加工性能，可进行局部切削加工，精度高。用金属基合成材料浇注成的蜡模的压型，其模具寿命可达 1 000～10 000 件。

3) 硅胶模工艺特点

(1) 硅胶模的优点

① 成本低：硅胶模与 CNC 机加工的金属模相比，成本只有金属模的几分之一，甚至几十分之一，一副硅胶模的造价一般在几百至几千元。

② 周期短：少则十几小时，多则几天内可以完成硅胶模和浇注品的制造，大大缩短了新产品的开发周期。与传统金属模注塑相比，硅胶模能缩短 90%的开发周期。

③ 弹性好且易于脱模：在传统的金属模中，通常需要考虑拔模斜度；而在硅胶模成形中，由于硅胶模有足够的弹性，不必考虑拔模斜度，简化了模具的设计。

④ 复制性好：硅胶模弹性好，且具有良好的脱模性能，几乎可以复制任何形状的产

品，良好地再现其细小特征。

(2) 硅胶模的缺点

① 不能用于热注射成形：室温、常压下的硅胶模较软，不能采用热注射成形方法浇注成形。

② 导热性较差：硅胶的导热性较差，故硅胶模难以加热。如果硅胶模不能达到所要求的温度，会使浇注品品质低劣。

③ 使用寿命短：硅胶模一般可浇注 15～25 个工件；对于比较复杂的形体，用硅胶模可烧注 10～15 个工件，约 15 件后，硅胶模的模腔一些特征因磨损、撕裂或损伤不能继续使用，因此利用硅胶模来浇注产品只适用于单件小批生产。

④ 长期加热易老化：由于硅胶导热性不好，在一定环境下，才能保证浇注品的质量；但长期加热，会造成硅胶模老化，降低精度。

⑤ 不能回收：由于硅胶模为热固性材料，所以无法回收利用。

4) 快速模具技术应用

RT 技术是在与传统的机械模具技术的竞争中产生并发展起来的。目前，RT 技术已经在航空和航天、汽车和摩托车、教育、玩具、通讯、计算机、家用电器、电子、铸造、医疗、建筑、工艺美术、军事等领域新产品的开发中得到广泛的应用。

RT 模具可以缩短公司的产品投放市场的时间。利用硅胶模可铸造出少量与 3D 打印原型形状尺寸完全相同的塑料或金属零件，这些零件主要用于装配及性能测试实验，降低直接生产钢模的风险。图 6－181、图 6－182 分别为 RT 技术用于汽车和洗衣机零件的小批量制造。

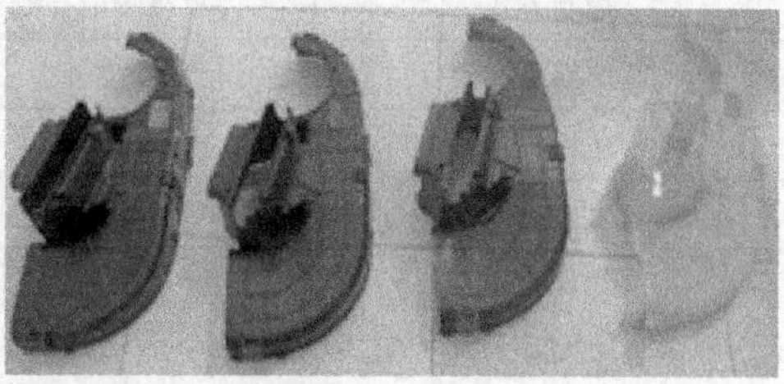

图 6－181　RT 技术在汽车零件的小批量制造中的应用

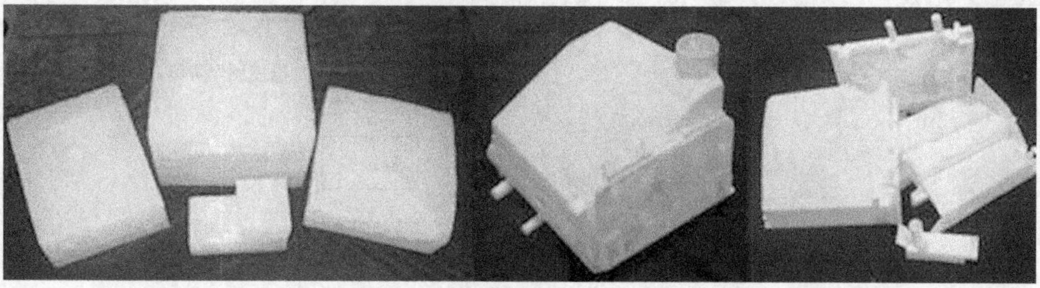

图 6－182　RT 技术在洗衣机零件的小批量制造中的应用

5) V450NA 差压式数控真空注型机及性能参数

V450NA 差压式数控真空注型机(简称 V450NA 真空注型机，图 6－183)，相关技术参数如表 6－14 所示。

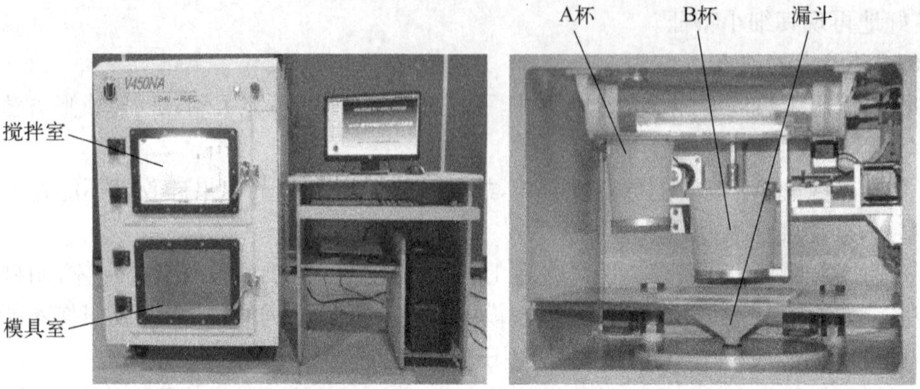

(a) 真空注型机结构　　(b) 工作室结构

图 6-183　V450NA 真空注型机的结构图

表 6-14　V450NA 真空注型机技术参数

性能指标	技术参数	性能指标	技术参数
外形尺寸/mm	912×800×1 120	进气速率/(m³/h)	300
最大内腔尺寸/mm	500×500×375	进气时间/sec	25
最大模具尺寸/mm	450×450×330	电磁阀功率/W	12
设备重量/kg	450	搅拌速度/(r/min)	100～175
最大浇注量/g	1 250	倾倒速度/(r/min)	3～6
真空度/MPa	≤−0.095	驱动电机功率/W	6
控制方式	计算机集成控制	真空泵极限压力/Pa	80
搅拌方式	电动搅拌	抽气速率/(m³/h)	25
注料方式	电动浇注	抽真空时间/min	3(−0.095 Mpa)
动力电要求	220 V/50 Hz	真空泵驱动电机功率/kW	0.75

6.5.3　快速模具实践案例

本案例是一个“汽车天线盖”样件(图 6-184)通过 V450NA 真空注型机使用快速模具工艺方法。

图 6-184　汽车天线盖样件

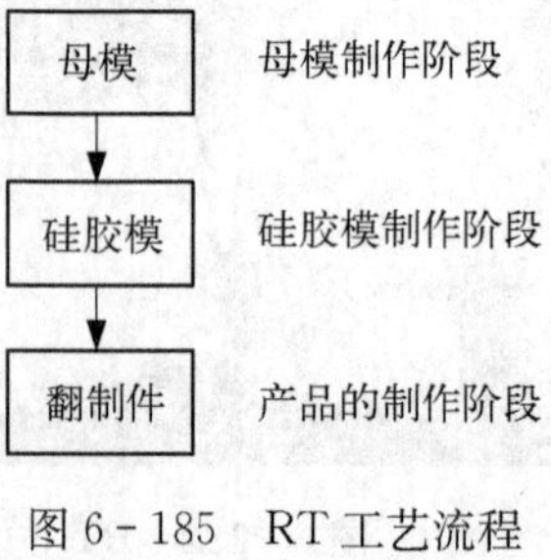

图 6-185　RT 工艺流程

1) 硅胶模制作实践案例

以“汽车天线盖”样件作为母模制造硅胶模，制作硅胶模工艺流程包括以下步骤：母模准备、硅胶模制作、产品制作(图 6-185)。

硅胶模的制作类似铸造模的制作原理，将铸造模用的型砂换成硅胶，高温和常压环境换成常温和真空环境，硅胶模制作工艺过程如图 6－186 所示。

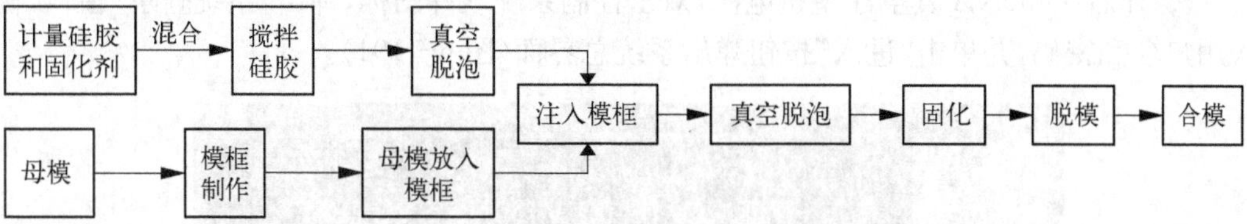

图 6－186　硅胶模制造工艺流程图

(1) 选取分模面、模框制作与母模固定及制作浇注口

① 选取分模面：在选定的分模面处贴上胶纸，在胶纸边缘部分用色笔描出分模面(图 6－187)。

② 模框制作与母模固定：按照母模的尺寸和形状制作模框，保证母模与模框之间的距离在 30～50 mm 最佳(实际距离取决于母模的大小)，将母模置于模框内，保持母模与模框之间距离均匀(图 6－188)。

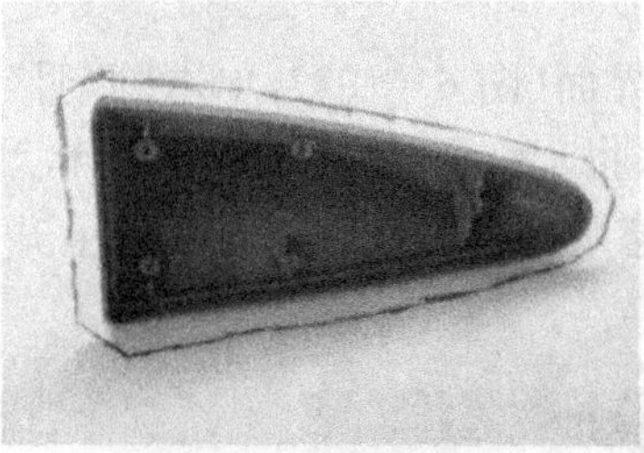

图 6－187　选取分模面

图 6－188　模框制作与母模固定

图 6－189　制作浇注口

注意：减小模框体积，可以降低硅胶用量，节省制模成本。但是模框体积过小会使硅胶模强度降低，影响制件的质量；模框体积过大，浪费硅胶，增加成本，也增加了开模与取件难度。

③ 制作浇注口：选择合适的 ABS 棒或硅胶棒，固定在母模上，作为硅胶模的浇注口(图 6－189)。

(2) 硅胶和固化剂计量和混合

按照模框体积与母模体积相减确定所需硅胶体积(需考虑损耗余量)，确定硅胶用量(图 6－190a)，将硅胶和固化剂按照规定比例倒入桶里，并混合搅拌。

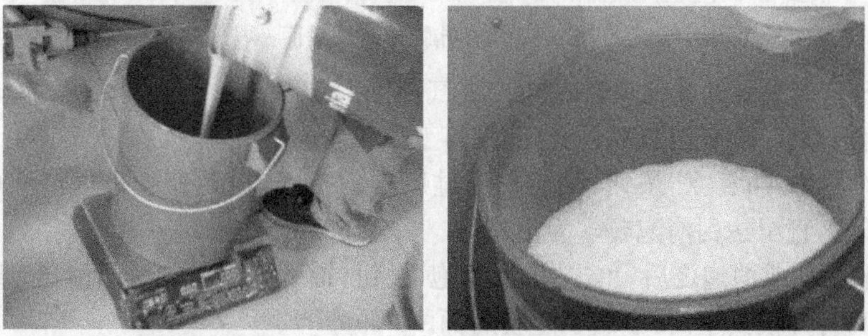

(a) 硅胶计量　　(b) 硅胶和固化剂混合体脱泡

图 6－190　硅胶计量和混合脱泡

(3) 硅胶真空脱泡

① 混合搅拌均匀后，将装硅胶的桶放入模具室，关闭搅拌室和模具室门。

② 开启 V450NA 真空注型机电源，双击控制系统软件图标，弹出“系统登录”窗口，输入用户名和密码，并单击“进入”按钮弹出系统总界面(图 6－191)。

图 6－191　系统主界面

③ 在主界面上，单击“硅胶制模”按钮进入硅胶模制作界面(图 6－192)，单击“照明”按钮(指示灯变绿)打开设备照明灯，单击“运行/停止”按钮(指示灯变绿)进入系统工作状态，然后单击“抽真空”按钮(指示灯变绿)，开始抽真空，注意观察硅胶气泡沿着桶壁上升的情况(图 6－190b)。

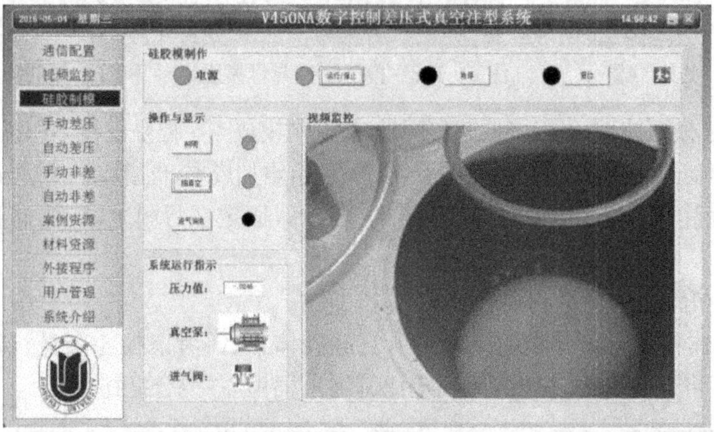

图 6－192　硅胶模制作界面

④ 当硅胶气泡至硅胶桶口时，单击“进气消泡”按钮(指示灯变绿)进气阀阀门打开，开始硅胶消泡，此时抽真空自动停止(指示灯变黑)。

⑤ 再次单击“抽真空”按钮，继续抽出硅胶中的空气，自动停止进气消泡(指示灯变黑)，不断循环，直至达到消泡要求为止。

⑥ 硅胶模完成消泡之后，单击“进气消泡”按钮(指示灯变绿)，进行泄压，直到恢复正常大气压值，打开模具室门，取出装硅胶的桶。

(4) 硅胶浇注

将排除气泡的硅胶倒入模框，完全包围母模(图 6－193)。

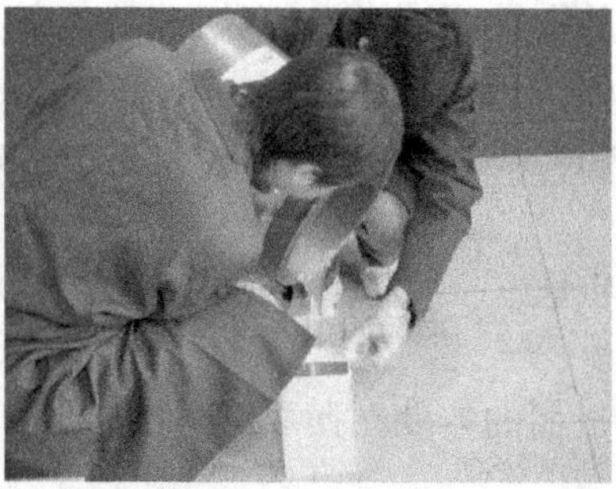

图 6-193　硅胶浇注

图 6-194　再次真空脱泡

（5）再次真空脱泡

将倒入硅胶的模框放入模具室，关闭搅拌室和模具室门，操作过程按照“（3）硅胶真空脱泡”的第③～⑥进行（图 6-194）。

（6）固化

将硅胶模模框放入 45℃～50℃的烘箱中 6～8 小时可完全固化（图 6-195）。

图 6-195　硅胶模具固化

（7）分模

硅胶完全固化后，卸下模框，在分模面处画出波浪形的分模线，用手术刀与分口钳沿分模线分开硅胶模，取出母模（图 6-196a），清理硅胶模上残留的胶带和硅胶屑等废料，开气孔及浇注口（图 6-196b）。将上下两半模具合并，放入烘箱预热待用（图 6-50c）。

(a) 取出母模

(b) 开气孔及浇注口

(c) 模具预热

图 6-196　分模

注意事项：为便于制作浇注品，保证浇注品质量，简化操作工艺，通常考虑以下因素：

① 分模面通常选择在浇注品的最大截面(或轮廓)处。

② 应有利于脱模。虽然硅胶模比较软，可以实现倒拔模，但应尽量避免大角度的撕扯，防止降低模具的使用寿命。

③ 应有利于保证制件的尺寸精度和表面质量。一般将重要的面放在下侧，减少气泡产生。

④ 分模面的选择应有利于排气。具有大平面的零件在摆放时尽量倾斜 15°左右，便于气泡向一边溢出。

2) 浇注品制作实践案例

浇注品制作工艺过程如图 6-197 所示。

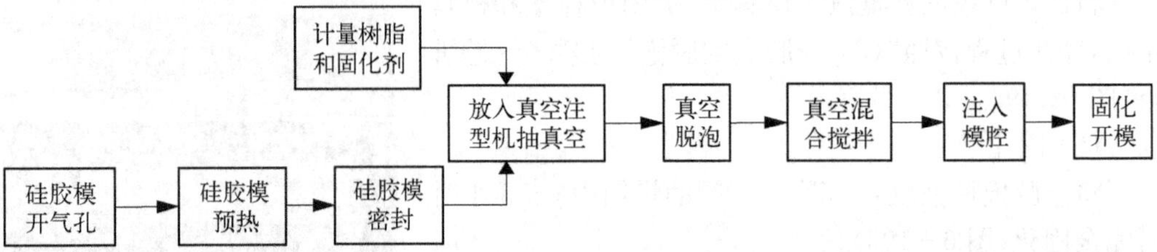

图 6-197　浇注品制作工艺过程

(1) 硅胶模开气孔和密封

在硅胶模上半部分的模腔最高处开气孔后，清洗分模面等的污垢，在不易脱模处喷上脱模剂，放入烘箱预热，预热至模腔表面温度为 70℃。然后，将硅胶模按照分模线合模，用订书枪钉固定，并用胶带密封，露出气孔。

(2) 预热硅胶模

在浇注前将合模后的硅胶模继续放入烘箱预热，保持模具在 70℃，以利于浇注材料在模腔内更好的固化(注意：浇注材料固化温度为 70℃，达不到此温度浇注出的模型将达不到材料性能的参数)。

(3) 计量树脂

树脂质量根据母模质量确定，按照公式：树脂质量＋固化剂质量＝母模质量＋浇注余量(余量根据制件大小不等，一般为 60 ～80 g)，称取树脂和固化剂的用量(图 6-198)。

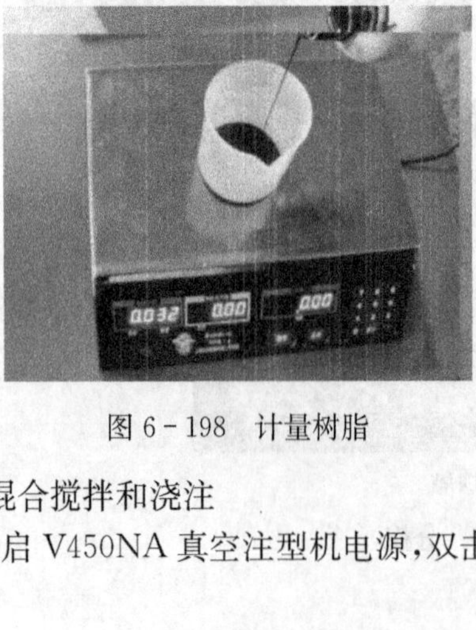

图 6-198　计量树脂

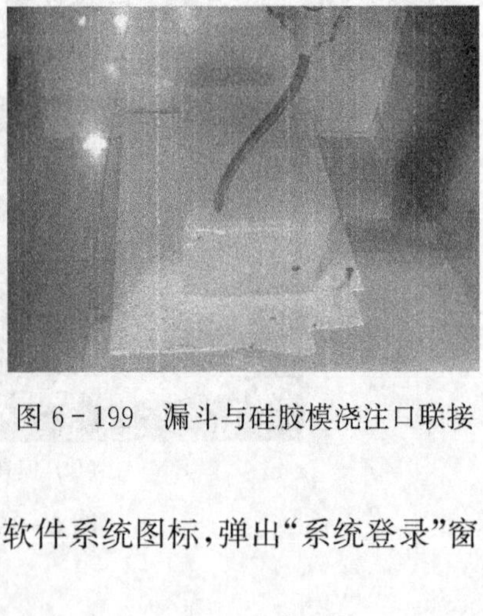

图 6-199　漏斗与硅胶模浇注口联接

(4) 混合搅拌和浇注

① 开启 V450NA 真空注型机电源，双击软件系统图标，弹出“系统登录”窗口，输入用

户名和密码，并单击“进入”按钮弹出系统总界面(图 6－191)。

② 在主界面上，单击“照明”按钮(指示灯变绿)打开设备照明灯，然后单击“手动差压”按钮进入手动差压制作界面(图 6－200)。单击“运行/停止”按钮(指示灯变绿)进入系统工作状态。

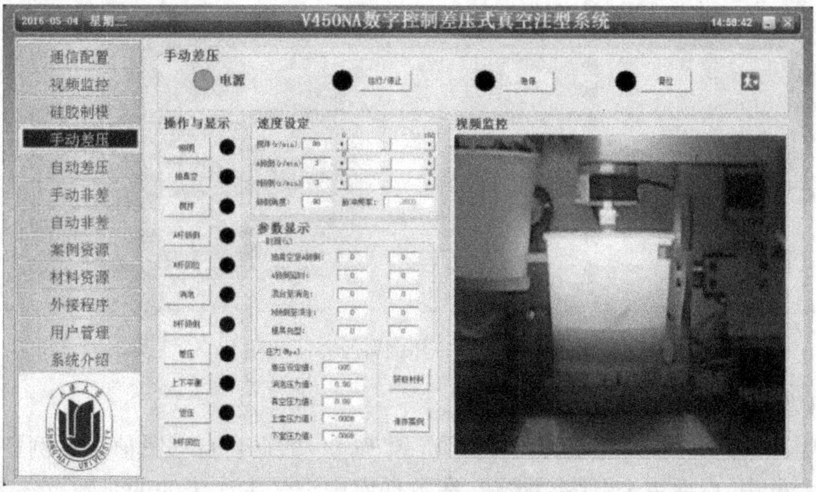

图 6－200　真空浇注“手动差压”界面

③ 将硅胶模放入模具室，将漏斗与硅胶模浇注口联接(图 6－199)，并将放有树脂和固化剂的 A 杯、B 杯分别放入搅拌室 A 杯托架和 B 杯托架，关闭搅拌室和模具室门。

④ 单击“抽真空”及“搅拌”按钮(指示灯变绿)，抽真空开始，时间一般为 5～10 min，并达到－0.1 Mpa 个大气，设定“差压设定值”为 0.01 Mpa。

⑤ 箱体内压力达到－0.1 Mpa 后，即达到真空状态，单击“A 杯倾倒”按钮(指示灯变绿，倾倒到位后指示灯变黑)，将 A 杯固化剂倒入 B 杯树脂中(图 6－201)并充分搅拌混合 30～60 s(不同材料用量，混合时间有所不同)，等 A 杯内材料全部倾倒完毕后，单击“A 杯回位”按钮(指示灯变绿，回位到位后指示灯变黑)(注：可通过显示器监控观察)。

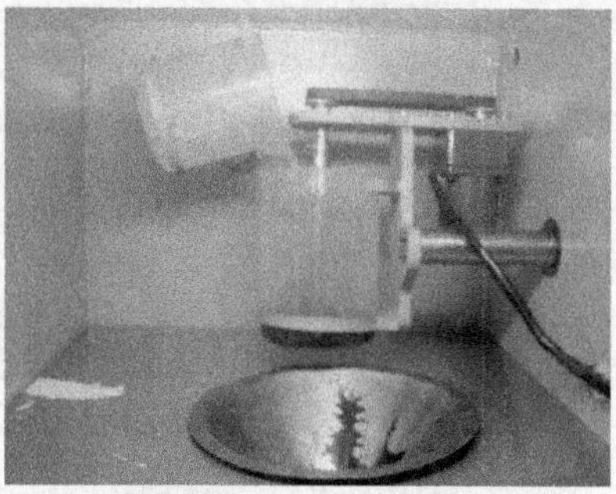

图 6－201　混合搅拌和浇注

注意：从混合搅拌到浇注完成的操作时间应控制在材料允许的操作时间范围内。

⑥ 再次单击“抽真空”及“搅拌”按钮(指示灯变黑，停止抽真空及搅拌)。单击“消泡”按钮(指示灯变绿)，使搅拌室进气，真空值达到－0.08 Mpa，然后再次单击“消泡”按钮(指示灯变黑)，停止进气。

⑦ 单击“B 杯倾倒”按钮(指示灯变绿，倾倒到位后指示灯变黑)，将混合均匀的双组分材料倒入漏斗，通过视频监控观察 B 杯倒料情况；倒料完成后，单击“差压”按钮(指示灯变绿)，这时搅拌室和模具室形成差压，压差值为原先设定的 0.01 Mpa，通过视频监控观察漏斗下料情况(图 6－202)。

⑧ 漏斗里材料进入模具后，单击“上下平衡”按钮(指示灯变绿)使搅拌室和模具室压力平衡。单击“泄压”按钮(指示灯变绿)搅拌室和模具室回到大气压、单击“B 杯回位”按

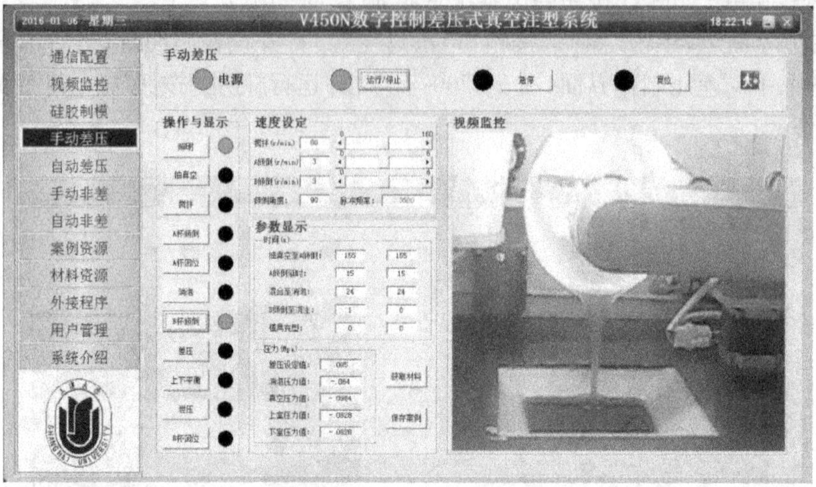

图 6-202　B杯倒料及差压浇注

钮(指示灯变绿,回位到位后指示灯变黑)。

⑨ 单击“保存案例”按钮跳转到“案例资源”窗口,数据会自动赋值给案例资源窗口左下方的输入框中,然后单击“保存”按钮,在数据库中记忆本次浇注的步骤及参数,以便下次自动浇注模型,点击“返回”图标 返回到“手动差压”窗口(图 6-203)。

图 6-203　案例资源界面

⑩ 浇注完成,从 V450NA 真空注型机中水平取出硅胶模,并水平将硅胶模放入烘箱,在 70℃环境下固化,根据所使用材料的产品说明确定固化时间,清洗料杯及漏斗。

⑪ 关闭软件及设备电源。

(5) 固化与开模

完全固化后,拆除密封和固定的材料,切除浇注口,取出浇注品(图 6-204)。

(6) 后处理

用斜口钳刀、锉刀等专用工具去除浇注口和毛边,并根据需要进行填补缺陷、喷砂、喷漆等表面处理,浇注件如图 6-205 所示。

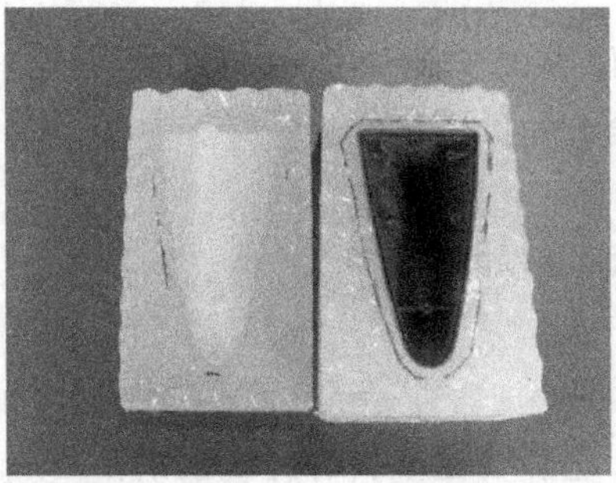

图 6-204　开模

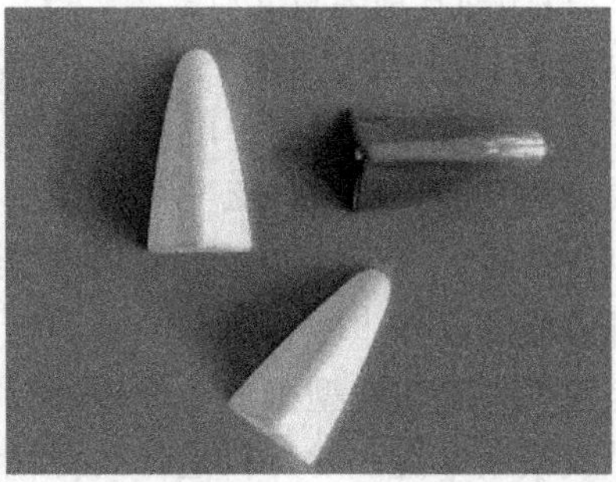

图 6-205　浇注件

6.6　思考题

1. 简述数控机床的组成。
2. 数控机床的加工特点有哪些？
3. 简述数控机床的工作原理。
4. 数控车床按照功能可分为几类？
5. 描述 G00、G01、G02 和 G03 指令的意义和用法。
6. 简述数控车床坐标系与工件坐标系的区别。
7. G 指令和 M 指令常用的有哪些？如何使用？
8. 相比于普通磨床加工，数控磨床的优势有哪些？
9. 数控磨床如何控制尺寸？
10. 数控电火花线切割适合加工哪些零件？
11. 手工编程和计算机编程各有哪些优缺点？
12. 电火花线切割是否可以加工任何材质的零件？
13. 电火花线切割机床按电极丝的运行速度，可分为哪两种机床？
14. 电火花线切割在图形模拟仿真时，是否只要图形绘制完成就可以直接仿真？
15. 电火花快走丝线切割最常用的电极材料是钼丝吗？
16. 请准确写出数控线切割机床的组成部分。
17. 简述激光加工的特点。
18. 叙述激光加工的原理。
19. 列举几种常用的激光加工技术并简述它们的优点。
20. 为什么常用的激光加工技术需要冷却系统？
21. 本实践项目包含哪些激光加工技术？列出实践项目所用的设备名称。
22. 3D 打印的成型原理是什么？
23. 目前 3D 打印的成型工艺有哪几种？它们分别用的是哪种类型的材料？
24. 3D 打印的常用格式是 STL 格式，这种格式的特点是什么？
25. 3D 打印的“分层离散”最终打印出来的模型表面会是什么样的？
26. 3D 打印的特点是什么？
27. 3D 打印和传统的加工方法比较，它的优势是什么？

28. 3D打印的其他名称是什么?
29. 桌面级3D打印机UP PLUS 2的操作步骤有哪些?
30. 在UP软件的设置菜单中各个设置参数的作用是什么?
31. 快速模具的作用是什么?
32. 制作快速模具(硅胶模)模型的分模线一般如何选择?
33. 硅胶模的制作步骤有哪些?
34. 浇注模型真空注型机的操作步骤有哪些?
35. 硅胶模用来浇注的材料是什么材料?它和普通塑料有什么区别?
36. 如何计算硅胶模的硅胶用量及浇注模型的材料用量?
37. 硅胶和固化剂的配比是多少?在什么温度下固化?
38. 硅胶模浇注前要进行预热,预热的温度是多少?预热的作用是什么?
39. 硅胶模的气孔、浇注口、流道位置如何选择?
40. 用差压浇注适合什么样的模型浇注?差压浇注的优势是什么?

第七章　机械测量实践

7.1　测量技术概述

1) 机械测量的发展

通常采用机械测量来校验制造的产品是否满足几何精度要求。机械制造业中的机械测量或精密测量，主要是指几何参数的测量，包括长度、角度、表面粗糙度、形状和位置误差等的测量，直到20世纪初，大部分几何量测量仍使用机械式的常规测量器具，如万能量角器、千分尺、内径千分尺、深度千分尺、杠杆式卡规等。20世纪50年代后，随着制造业加工精度达到了0.1微米时，开始采用光学和电动量仪，而后又逐渐使用了光学显微镜、投影仪等仪器。

随着科学技术的不断发展，测量所包含的内容越来越广泛，加工设备精度不断提高，产品精度要求也越来越高，传统测量手段已不能满足现代制造的要求，常规的测量器具难免在测量中产生一些微小误差。对于高精密的机械零件来说，极为微小的尺寸测量误差对其自身影响也很大，这就导致常规测量满足不了要求，因此产生了现代精密测量技术。现代精密测量技术是一门集光学、电子、传感器、图像、制造及计算机技术为一体的综合性交叉学科，涉及广泛的学科领域，其精密测量仪器就是以满足精益求精的设计及加工制造的要求而形成的计量分析几何关系的仪器。

随着产品制造精度的不断加强，现代精密测量技术提出更为复杂的、精密的测量要求，这必然会促进精密尺寸测量仪器的不断进步和发展，甚至衍生出更加先进的现代精密测量仪器。同时，精密测量仪器的不断发展也推动了我们的工业和加工制造不断升级。

2) 常用测量仪器

计量器具是测量仪器和测量工具的通称，通常按结构特点、测量原理及用途可以分为四类：基准量具、极限量规、计量仪器和计量装置。

(1) 基准量具

测量中体现标准量的量具，其中体现固定值的标准量具为定值基准量具，没有可动的结构，不具有放大功能，如米尺、钢板尺、量块、直角尺、多面棱体等；体现一定范围内各种量值的标准量为变值基准量具，如刚皮尺、刻线尺、量角器，以及常用的千分尺、游标卡尺等，如图7-1所示。

(2) 极限量规

指没有刻度的专用计量器具，用以检验零件尺寸、形状或者相互位置，其特点是只能判定被检验工件是否合格，不能得到工件的具体数值，如图7-2所示。

(3) 测量仪器

测量仪器是指能将被测几何量的量值转换成可直接观测的示值或者等效信息的测量器具，按原始信号转换的原理可分为以下几种：

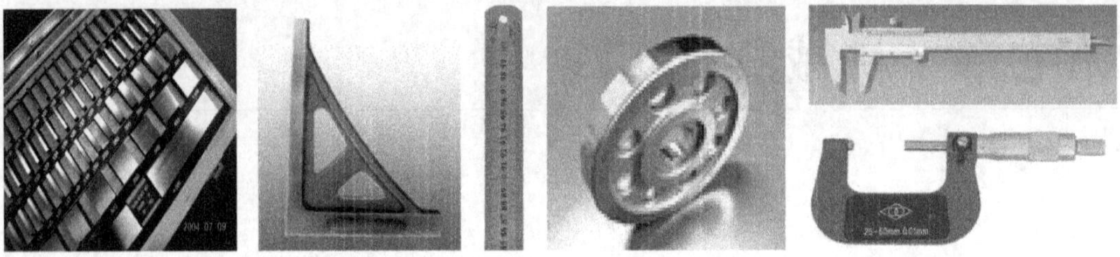

(a) 量块　(b) 直角尺　(c) 钢板尺　(d) 多面棱　(e) 游标卡尺、千分尺

图 7-1　基准量具

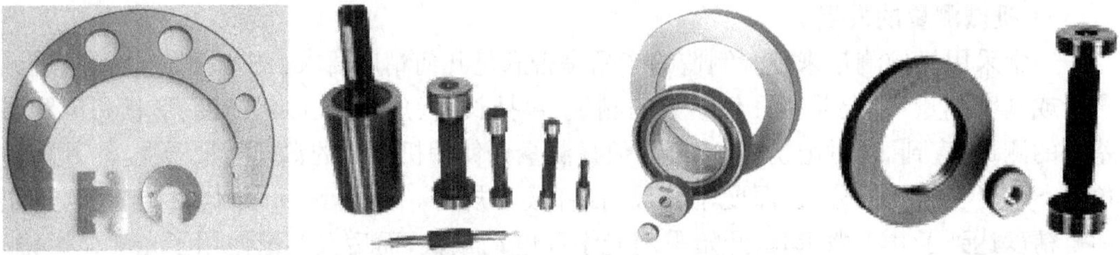

(a) 卡规　(b) 塞规　(c) 环规　(d) 螺纹量规

图 7-2　极限量规

① 机械式量仪：用机械方法实现信号转换的量仪，即被测量的变化使得测头产生相应位移，再通过机械变换器进行转换，主要包括螺旋、杠杆、弹簧和齿轮变换等，常见仪器如图 7-3 所示。

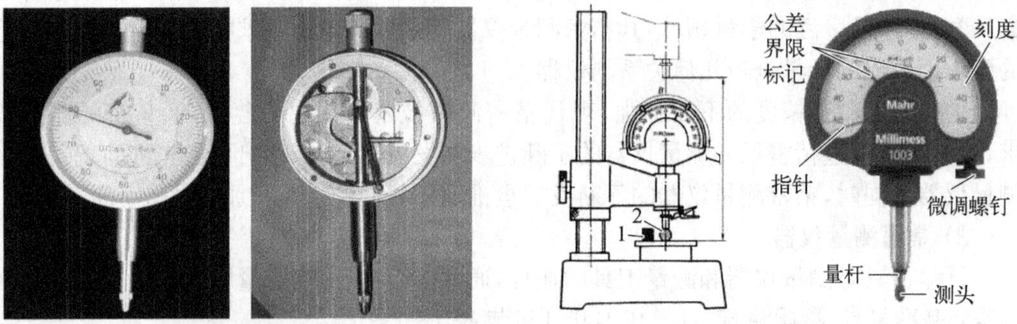

(a) 百分表　(b) 机械比较仪

图 7-3　机械式量仪

② 光学式量仪：用光学方法实现原始信号转换的量仪，即利用光学成像的放大或缩小、光束方向的改变、光波干涉和光量变化等原理，实现对被测量的变换，是一种高精度的变换形式，主要包括影像变换、光学杠杆变换、光波干涉变换、光栅变换等，常见仪器如图 7-4 所示。

③ 电动式量仪：将原始信号转换为电量形式的量仪，即将被测量转换为电阻、电容或电感等电量的变化，以电流或者电压的形式输出，其变换精度高，主要包括电感变换和磁电变换，常见仪器如图 7-5 所示。

④ 气动式量仪：用压缩空气实现原始信号转换的量仪，即将被测量的变化转换为压缩空气压力或流量的变换，主要包括气压变换和气流变换，常见仪器如图 7-6 所示。

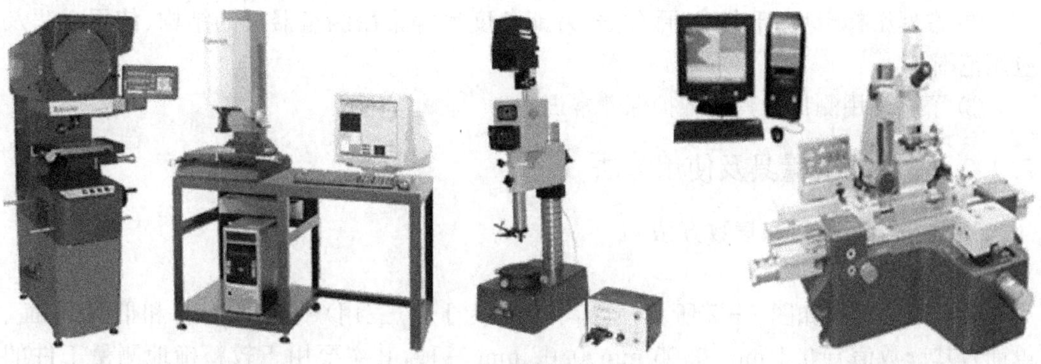

(a) 光学影像仪　　(b) 光学比较仪　　(c) 万能工具显微镜

图 7-4　光学式量仪

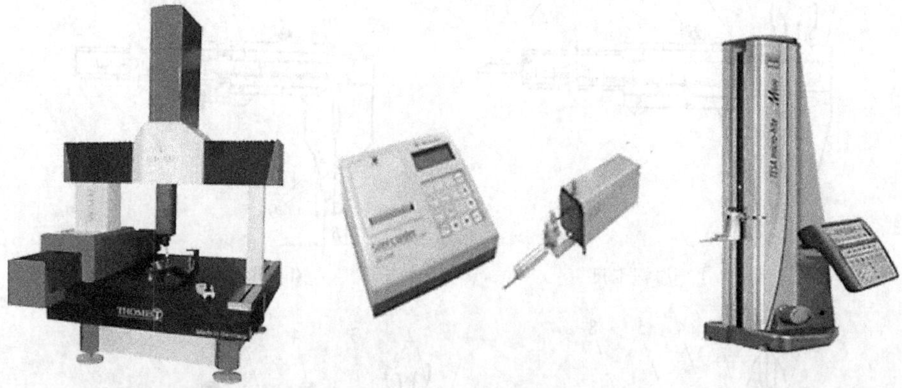

(a) 三坐标测量机　　(b) 表面粗糙度仪　　(c) 测高仪

图 7-5　电动式量仪

总之，在机械零件生产过程中，测量占有很重要的地位。随着工业的发展，虽然有了现代精密测量仪器，但是并不是说明常规测量量具已被淘汰，正确选择测量工具和测量方法可以保证零件所要求的精度，并且能够加快测量速度和缩短加工及装配的期限。例如锯断后的零件尺寸的检验可以用游标卡尺，它的准确度不低于0.1 mm，如果用精密测量仪器如三坐标进行检测，不但会磨损测针，而影响三坐标的测量精度，同时也增加了成本，延长了零件的加工时间。因此，在测量中常规测量和现代精密测量都具有举足轻重的作用，要根据实际需要进行合理地选择。

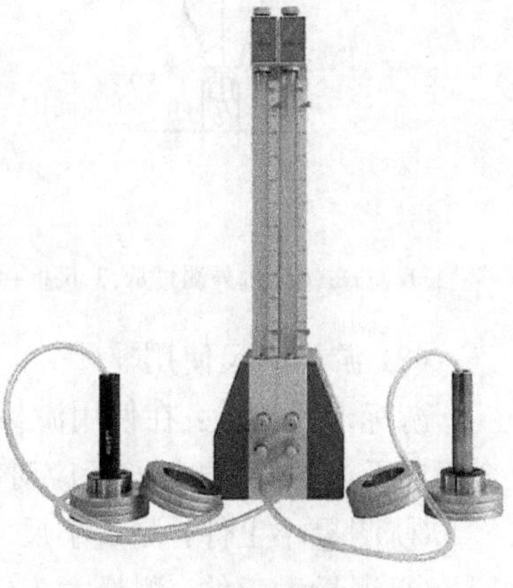

图 7-6　气动式量仪

7.2　常规测量实践

7.2.1　实践目的

① 了解测量方法、测量误差等测量技术的基础知识。

② 掌握游标卡尺、千分尺、百分表、万能角度尺等常用测量器具的结构、使用方法及应用范围。

③ 了解常用测量器具的维护保养常识。

7.2.2 常用常规量具及使用方法

1) 游标卡尺使用和读数方法

(1) 游标卡尺结构

游标卡尺结构如图 7-7 所示，游标卡尺分为Ⅰ型(三用)、Ⅱ型(两用)和Ⅲ型(双面、单面)，其读数值有 0.1 mm、0.05 mm、0.02 mm 三种，其主要用于较精确地测量工件的内、外表面尺寸。Ⅰ型游标卡尺还可测量工件的深度、台肩以及高度尺寸。

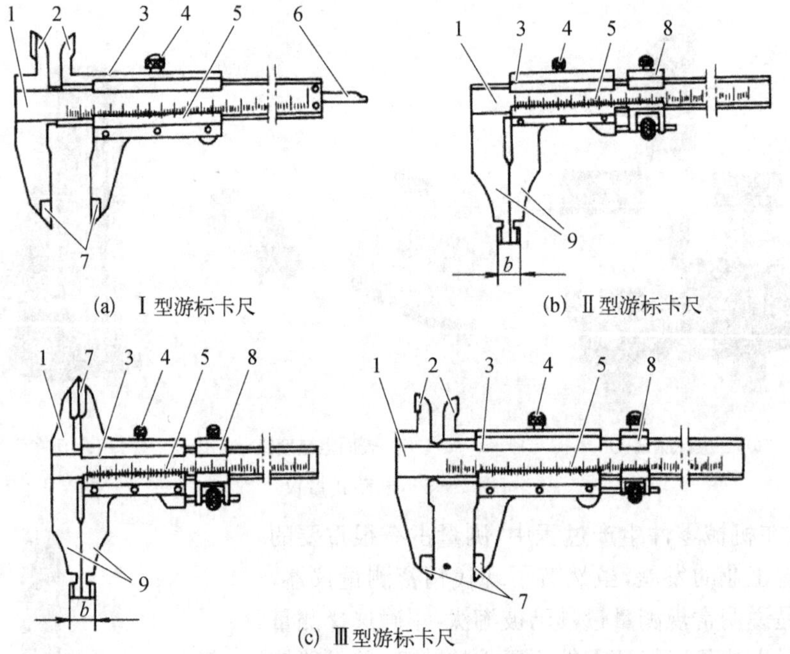

(a) Ⅰ型游标卡尺　(b) Ⅱ型游标卡尺

(c) Ⅲ型游标卡尺

图 7-7　游标卡尺

1. 尺身；2. 刀口内外测量爪；3. 尺框；4. 紧固螺钉；5. 游标；6. 深度尺；7. 外测量爪；8. 微动装置；9. 内外测量爪

(2) 游标卡尺使用

游标卡尺自验：在使用游标卡尺前应先检验游标卡尺的质量，将两卡尺量爪靠紧，贴合面应无光隙，尺身与游标应对准零位线。

① 测量小工件：测量小尺寸工件时用左手拿工件，右手拿卡尺(图 7-8a)。

② 测量大工件：测量大工件时用左手拿尺身量爪，使其与被测面紧靠，右手拿微调装置，并使游标量爪靠近另一被测面，拧紧微动装置上的紧固螺钉，调节微调螺母使两量爪与两被测面接触，接触的松紧程度要适中(图 7-8b)。

③ 测量孔、槽深度：测量孔、槽深度时用右手大拇指揿住游标操作点，其余四指捏住尺身，将尺身尾端面靠紧被测件的起始面，用大拇指按下游标，使深度尺端头垂直于工件深底接触(图 7-8c)。

④ 测内尺寸：用Ⅲ型卡尺测内尺寸时，从卡尺中所得到读数应加上两量爪的厚度，即

为其实际测量尺寸(图 7－8d)。

量爪与工件的正确测量位置选取是关键。测外尺寸时正确测量位置如图 7－8e 所示，需将两量爪上下串动，通过摆动尺身，以确定量爪的最小开度，测内尺寸时，固定量爪靠紧被测面不动，用上下左右摆动尺身，并微调游标量爪以确定两量爪的最大开度。错误的测量位置如图 7－8f、g、h 所示。读数值为 0.02 mm 的游标卡尺刻线值如图 7－8i 所示。

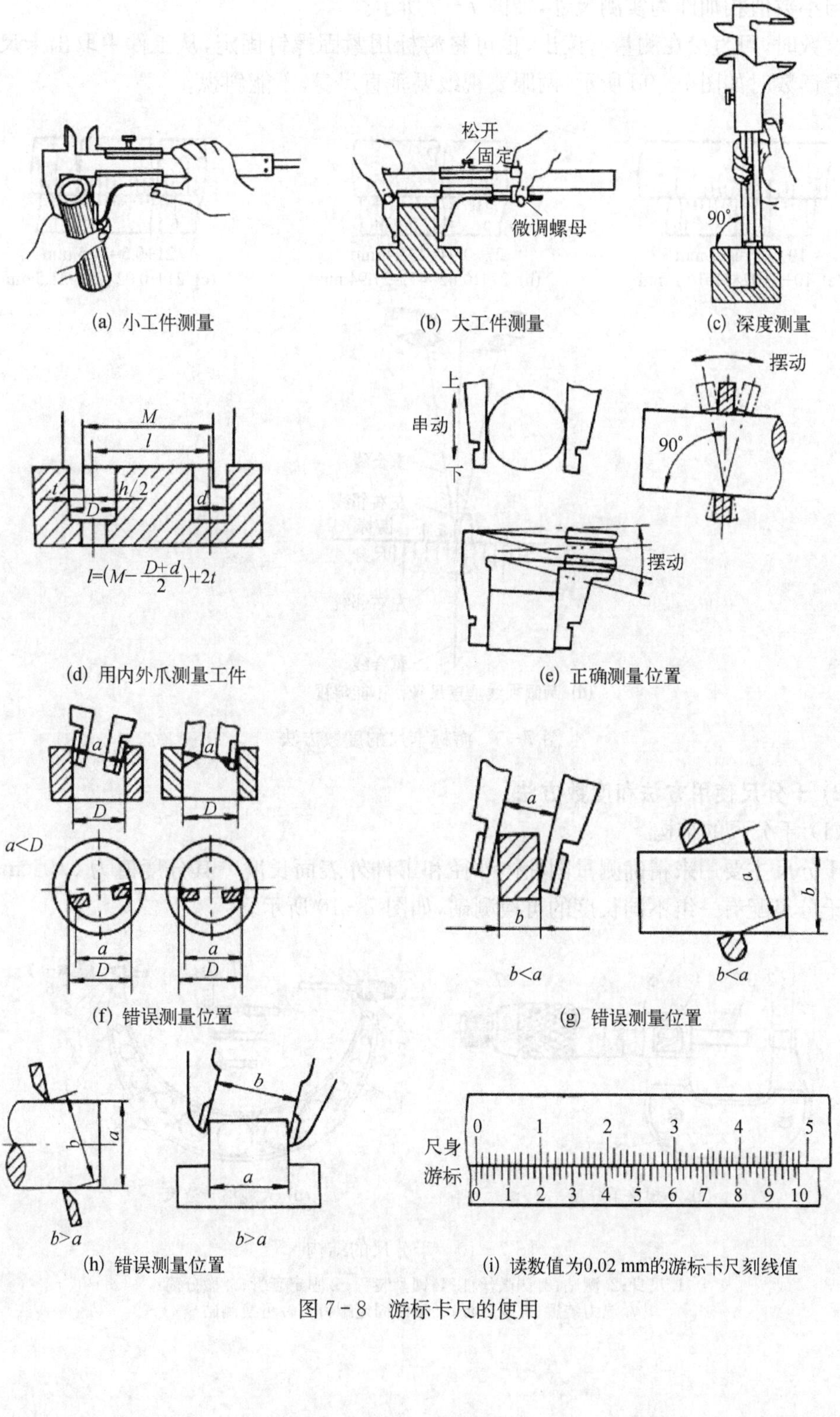

(a) 小工件测量　(b) 大工件测量　(c) 深度测量

(d) 用内外爪测量工件　(e) 正确测量位置

(f) 错误测量位置　(g) 错误测量位置

(h) 错误测量位置　(i) 读数值为0.02 mm的游标卡尺刻线值

图 7－8　游标卡尺的使用

(3) 游标卡尺读数方法

以读数值为 0.02 mm 游标卡尺为例，说明游标卡尺的读数方法。尺身上刻度值每格为 1 mm，游标上刻有读数值 0.02 mm，即游标上每格读数为 0.02 mm(游标上直接用数字刻出)。

先读尺身上靠近右边游标零线的整数值，然后找出尺身刻线与游标刻线相对准(或者靠近)的游标线至零线的格数乘以 0.02 即为小数值(从游标上的刻数值直接读出)，将整数值与小数值相加即为实测尺寸，如图 7-9 所示。

读数时，可直接在测量时读出，也可将游标用紧固螺钉固定，从工件中取出卡尺后读数。看读数时如图 7-9d 所示，两眼要视线要垂直尺身，不能斜视。

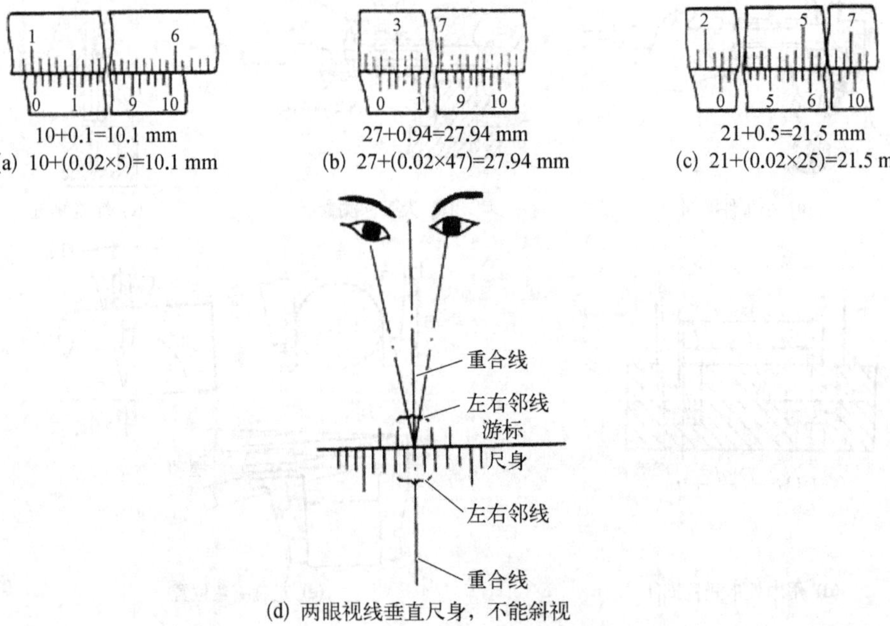

(a) 10+(0.02×5)=10.1 mm (b) 27+(0.02×47)=27.94 mm (c) 21+(0.02×25)=21.5 mm

(d) 两眼视线垂直尺身，不能斜视

图 7-9 游标卡尺的度数方法

2) 千分尺使用方法和度数方法

(1) 千分尺的结构

千分尺主要用来精确测量圆柱体外径和工件外表面长度。其分度值为 0.01 mm，大规格千分尺配有一组不同长度的可换测砧，如图 7-10 所示。

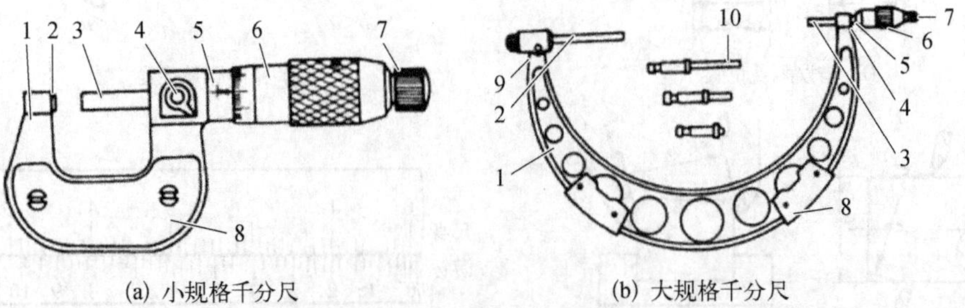

(a) 小规格千分尺 (b) 大规格千分尺

图 7-10 千分尺的结构

1. 尺身；2. 测砧；3. 测微丝杠；4. 锁紧装置；5. 固定套管；6. 微分筒；7. 测力装置；8. 隔热板；9. 测砧固定螺钉；10. 可换测砧

（2）千分尺使用方法

使用前先复验零位。测量时左手握住千分尺的隔热装置（图 7 - 11a），对小工件可直接捏在手上操作（图 7 - 11b），此时将测砧贴住被测工件一面，用右手大拇指和食指轻轻旋转棘轮手柄，当测微螺杆接触另一被测面时会发生咔咔声，同时应将测微螺杆前后、左右移动（图 7 - 11c、d、e），以确定测砧的正确位置。到位后停止棘轮旋转，用大拇指扳紧锁紧手柄，然后读数。

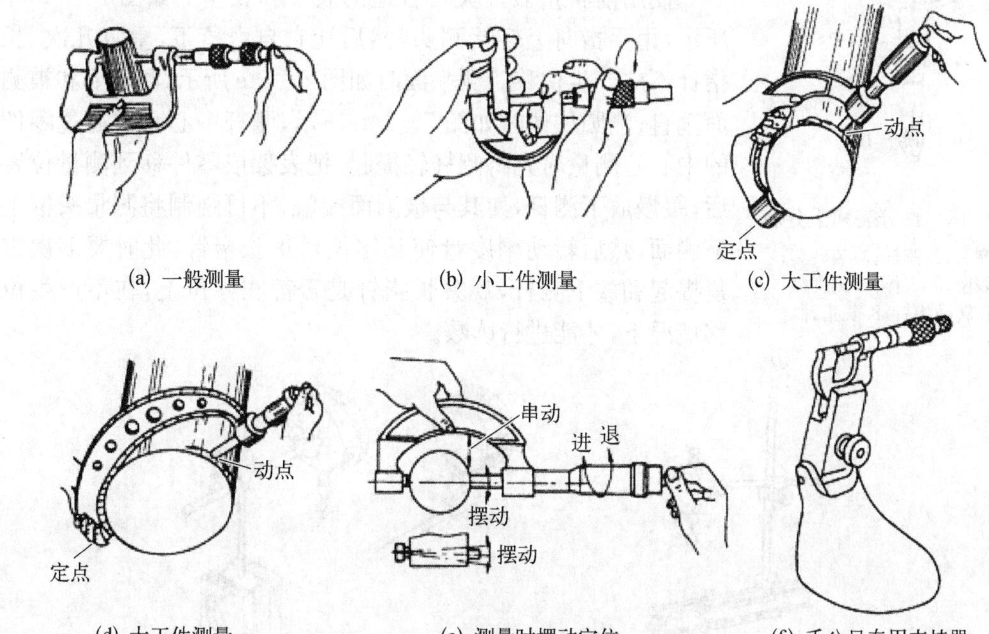

(a) 一般测量 (b) 小工件测量 (c) 大工件测量

(d) 大工件测量 (e) 测量时摆动定位 (f) 千分尺专用夹持器

图 7 - 11　千分尺的使用方法

大批量测量时可将千分尺夹在专用夹持器上进行（图 7 - 11f），对大工件可直接将工件放在垫板上进行。

（3）千分尺读数方法

固定套管纵线上、下面刻线值每格 1 mm，但相互错开 0.5 mm，因此可读得 0.5 mm 的整数倍。微分筒固定在测微丝杠上，测微丝杠螺距是 0.5 mm，因此微分筒旋转一周测微丝杠移动 0.5 mm，微分筒圆周上等分刻有 50 格，刻度值每格为 0.01 mm。与套管纵线所对准的刻线即为小数部分值，如纵线对准在两格之间，可近似估计到 μm（微米）值。将套管读数与微分筒读数相加就是工件的测量尺寸（图 7 - 12）。

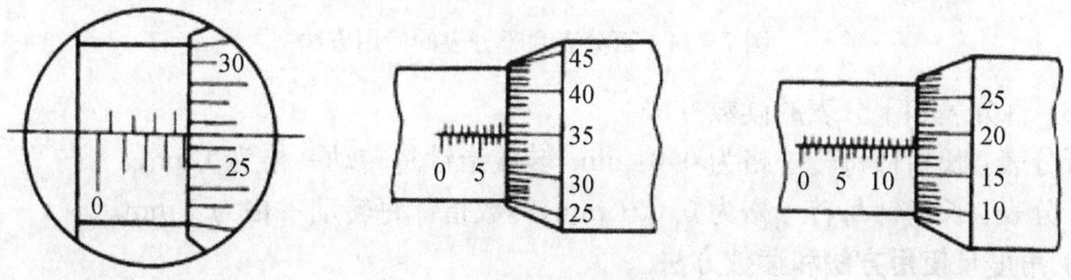

(a) 4.276 mm (b) 8.35 mm (c) 14.68 mm

图 7 - 12　千分尺的读数

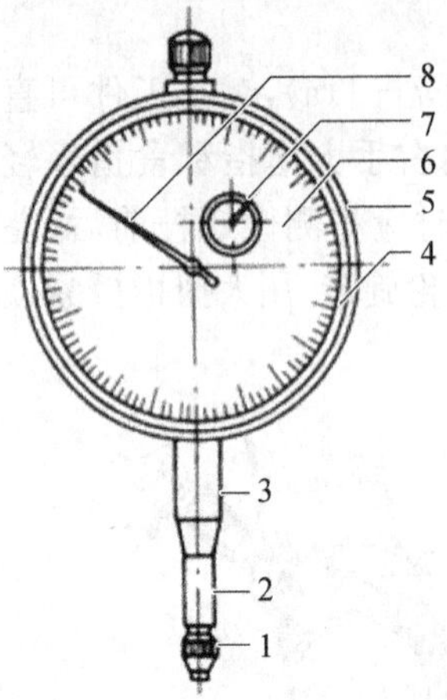

图 7-13　百分表和千分表

1. 测头；2. 测杆；3. 装夹套；4. 表座；5. 表体；6. 刻度盘；7. 转数指针；8. 长指针

3）百分表和千分表使用方法和读数方法

（1）百分表和千分表的结构

百分表和千分表是用来精确测量零件圆度、圆跳动、平面度和直线度等形位误差（图 7-13）。其分度值百分表为 0.01 mm；千分表为 0.001 mm，测量时均需配有专用表夹和表座。

（2）百分表和千分表的使用方法

使用前将量表装夹在合适的表夹和表座上如图 7-14a、b 所示，用手指向上轻抬测头，然后让它自由落下，重复几次，长指针不应产生位移。测平面时如图 7-14c 所示，测杆要和被测面垂直；测圆柱体时如图 7-14d 所示，测杆中心必须通过零件的中心。测量时先将测杆轻提起，把表架或零件移到测量位置后，缓慢放下测杆，使其与被测面接触，不可强制将测量头推上被测面，然后转动刻度盘使其零位对正长指针，此时要多次重复提起和放下测杆，观察长指针是否都在零位上，在不产生位移情况下，才能进行读数。

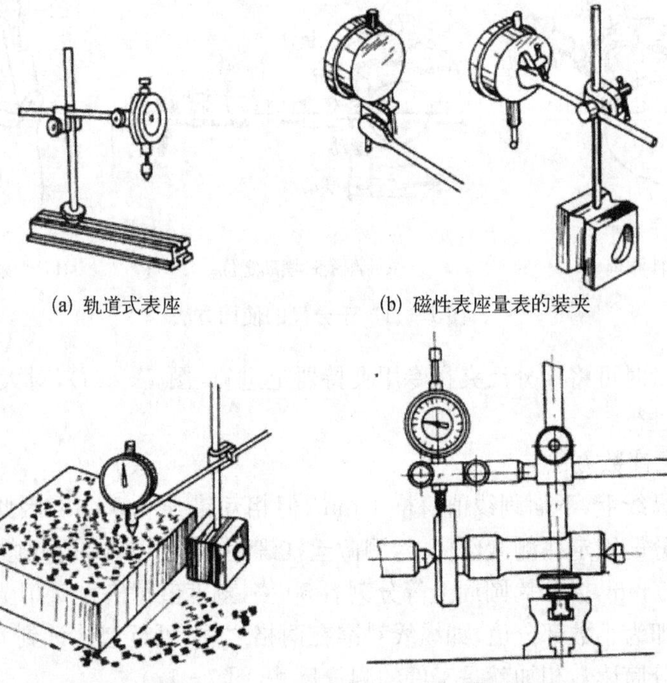

(a) 轨道式表座　(b) 磁性表座量表的装夹

(c) 测平面度　(d) 测圆度和圆跳动

图 7-14　百分表和千分表的使用方法

（3）百分表和千分表的读数方法

百分表：长指针每转一格为 0.01 mm，转数指针每转动一格为 1 mm。

千分表：长指针每转一格为 0.001 mm，转数指针每转动一格为 1 mm。

4）角度尺使用方法和读数方法

（1）角度尺的结构

角度尺用来测量工件的内外角度，分为普通角度尺和万能角度尺两种如图 7-15 所示。普通角度尺分度值为5′、万能角度尺分度值为2′，普通角度尺测量范围为0～360°、万能角度尺测量范围为0～320°。普通角度尺使用法较简单，其使用和读法与万能角度尺相似。

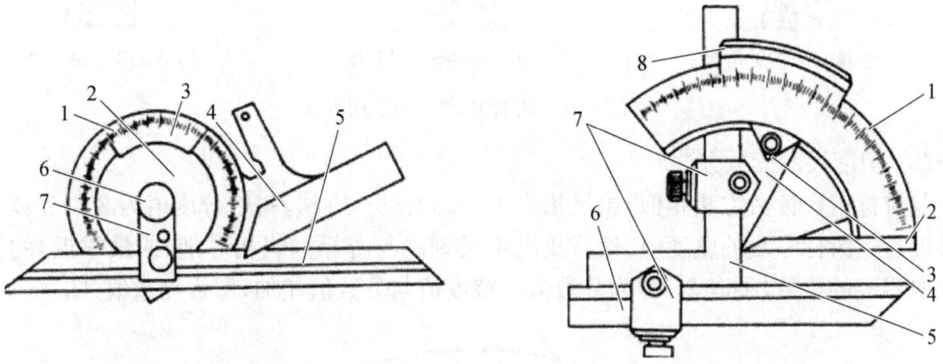

(a) 普通角度尺

1. 刻度盘；2. 转盘；3. 游标；4. 基座；5. 直尺；6. 挡板；7. 调整螺钉

(b) 万能角度尺

1. 主尺；2. 基尺；3. 制动器；4. 扇形板；5. 直角尺；6. 直尺；7. 卡块；8. 游标

图7-15　角度尺的结构

(2) 万能角度尺的使用方法

使用前，将各附件按外形图装好，用卡块固定直尺或角尺（根据测量需要），转动扇形板后面的手把，使主尺游标对准零位，拧紧制动器上的螺母使两者固定，然后稍松角尺上的卡块固定螺钉，向上轻推角尺，使直尺测量面与基尺测量面紧贴，应无缝隙。

使用万能角度尺时，首先把制动器上的螺母拧松，转动扇形板后面的手把，使主尺和游标相对移动，直到角度尺两个测量面与工作的被测角度面接触、贴合，即可从尺座和游标的刻度线位置读出被测角度。若被测角度大于90°，则可借用直尺和角尺附件，用变换不同安放位置来进行测量。具体各角度的测量方法如图7-16所示。

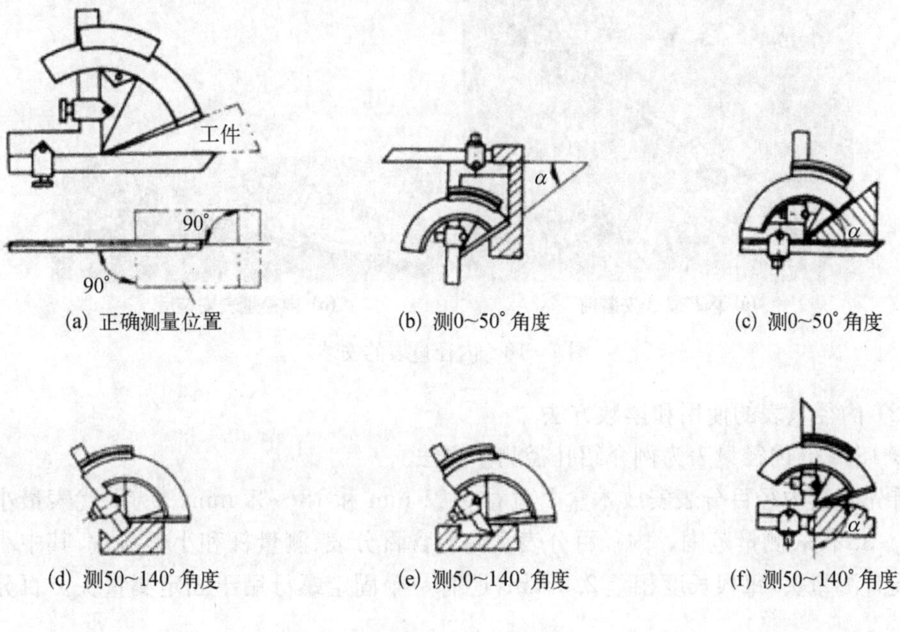

(a) 正确测量位置　(b) 测0～50°角度　(c) 测0～50°角度

(d) 测50～140°角度　(e) 测50～140°角度　(f) 测50～140°角度

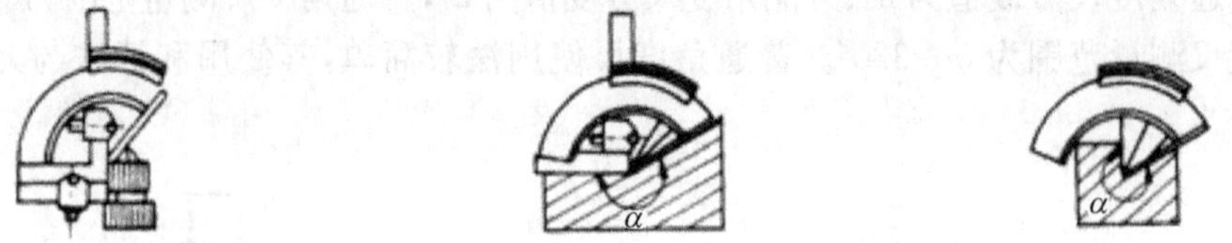

(g) 测140~230°角度　　(h) 测230~320°角度　　(i) 测230~320°角度

图 7－16　万能角度尺的使用方法

(3) 角度尺的读数方法

与游标卡尺读数方法相似，主尺每格为 1°，游标分 30 格，每格分度值为 2′。先读主尺上靠近右边游标零线的整度值，然后找出主尺刻线与游标刻线相对准(或最靠近)的游标刻线至零线的格数，乘以 2′，即为分数值。整度值与分数值相加，即为测数值(图 7－17)。

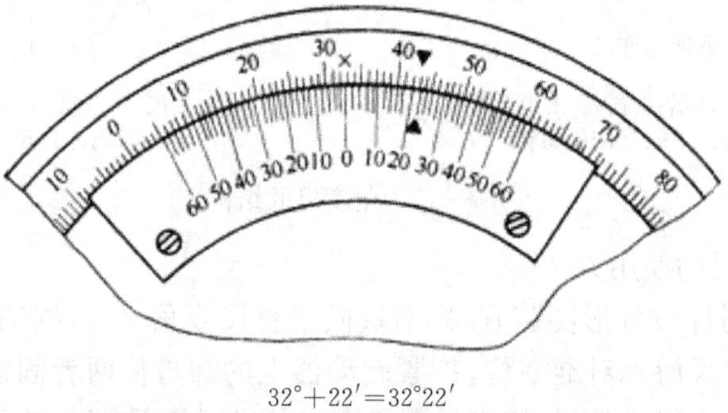

$32°+22'=32°22'$

图 7－17　分度值 2′的读数法

5) 内径百分表使用方法和读数方法

(1) 内径百分表的结构

内径百分表由测头、锁紧螺母、测杆、百分表组成(图 7－18a)。

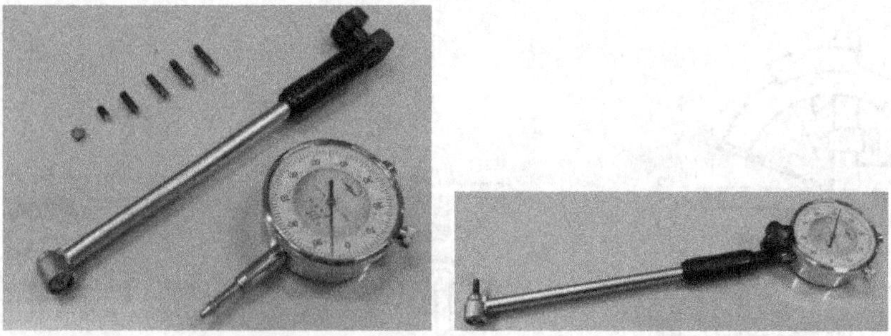

(a) 内径量表安装前　　(b) 内径量表安装后

图 7－18　内径量表的安装

(2) 内径量表的使用和读数方法

以 18～35 内径量表为例介绍孔径测量方法。

首先观察内径百分表安放木盒上写着 0.01 mm 和 18～35 mm。0.01 代表最小分度值，18～35 代表测量范围。内径百分表盒内包含百分表、测量杆和小塑料盒，其中小塑料盒内装有测量头，每根长度相差 2.5 mm，还有一个固定螺母用于固定测量头。百分表有两个指针：小指针、长指针，小指针只有三格说明百分表测量范围为 3 mm，当测量头移动 1 mm 小指针转一格、长指针转一周，而一周上刻有 100 格，所以当长指针转一格说明测量头移动了 0.01 mm。

具体测孔步骤：

① 游标卡尺粗量内孔。游标卡尺量内孔要求：卡尺内量爪三分之一长度深入孔内；目测游标卡尺尺身垂直孔的轴线；目测游标卡尺尺面与孔的轴线是否平行；消除内量爪间隙使内量爪在孔的直径上。

② 安装内径百分表。根据测得的内孔尺寸选固定测量头，旋上固定螺母并一起安装在测量杆上，调整固定测量头长度，使固定测量头至测量杆的活动测头距离比孔径尺寸大 0.3 mm 左右，拧紧固定螺母，使固定测量头固定在测量杆上。将百分表测头插入测量杆内，观察百分表长指针转半圈后拧紧测量杆上的锁紧螺钉，使百分表固定在测量杆上如图 7-18b 所示。

③ 校零。将千分尺或标准器上的尺寸传递到内径量表上做一个基准。先将千分尺刻度固定在孔径尺寸上，再将内径量表两测头放入千分尺两测砧内，使两测头的连线垂直于千分尺两测砧平面，同时注意百分表上的指示情况，轻微晃动内径量表就会发现，只要内径量表两测头连线垂直于千分尺两测砧平面，百分表上的指针始终回复指向同一位置（该位置两测头的连线长度最短），旋转表头刻度盘，使该位置指针指向零刻线（原理：两平行平面的距离即为两平面内的最短距离。注意百分表顺时针转、逆时针转与测头长度的变化关系）。

④ 读数。将校零完成的内径量表两测头放入被测孔内，轻微晃动内径量表，找内径量表两测头连线垂直于被测孔的轴线位置（圆柱体孔内的最小尺寸是直径），即百分表上的指针始终回复指向同一位置，该位置即为直径位置（图 7-19）。以千分尺校零尺寸为基本读数，结合百分表读数。如果百分表指针指向零刻线，读数即为千分尺校零尺寸，如果百分表指针指向零刻线左右位置，即根据百分表的指示情况，按分度值加或减少而得到内径量表准确读数。

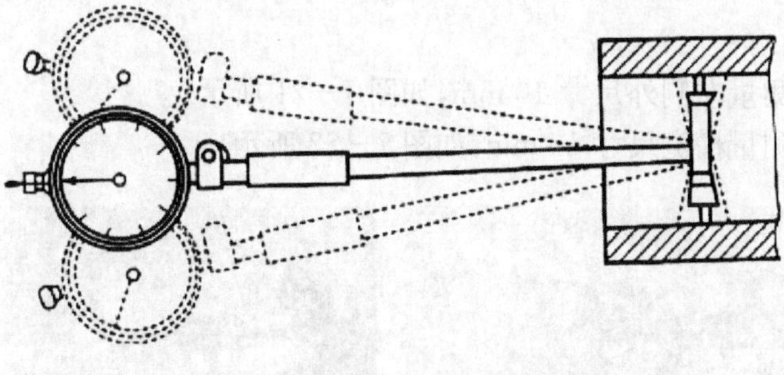

图 7-19　百分表测孔示意图

7.2.3　常规测量实践案例

1）案例分析

待测零件如图 7-20 所示，根据需测尺寸所处的位置及尺寸公差，依据测量器具的选择原则即高一等级精度的测量器具测量低一等级精度的尺寸，同时参照上述各测量器具测量范围和测量精度，最终作出测量工具选择如表 7-1 所示。

表 7-1　待测零件测量工具选择

需　测　尺　寸	公差范围	选　用　工　具
外尺寸 10、80、100	自由公差	0～150 mm 游标卡尺
深度尺寸 20	自由公差	0～200 mm 游标卡尺或 0～150 mm 游标卡尺
外尺寸 $\Phi 46_{-0.032}^{\ 0}$	0.032 mm	精度 0.01 mm、测量范围 25～50 mm 外径千分尺
外尺寸 $\Phi 60_{-0.035}^{\ 0}$	0.035 mm	0.01 mm、测量范围 50～75 mm 外径千分尺
角度尺寸 60°	自由公差	0～320°万能角度尺
内孔尺寸 $\Phi 20_{0}^{+0.028}$、$\Phi 35_{0}^{+0.035}$	0.028～0.035 mm	0.01 mm、测量范围 18～35 mm 内径百分表

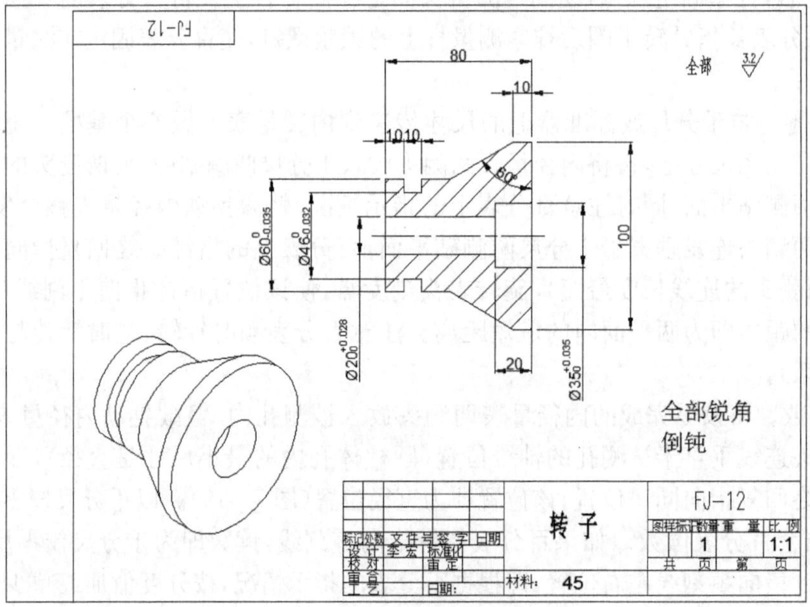

图 7-20　典型零件

2）测量过程

① 游标卡尺测量左侧外尺寸 10 mm，如图 7-21 所示。

② 游标卡尺测量槽宽尺寸 10 mm，如图 7-22 所示。

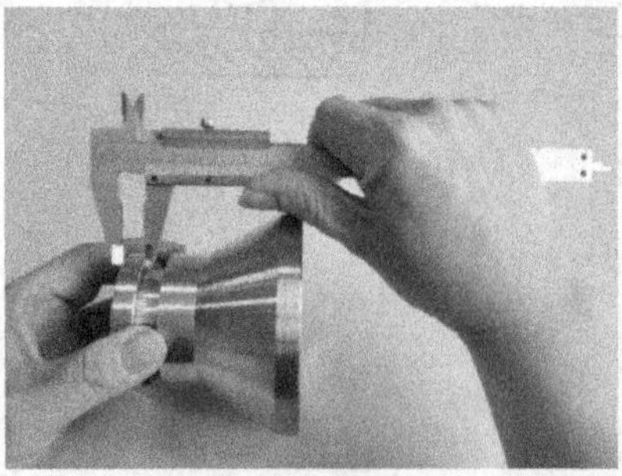

图 7-21　左侧外尺寸测量

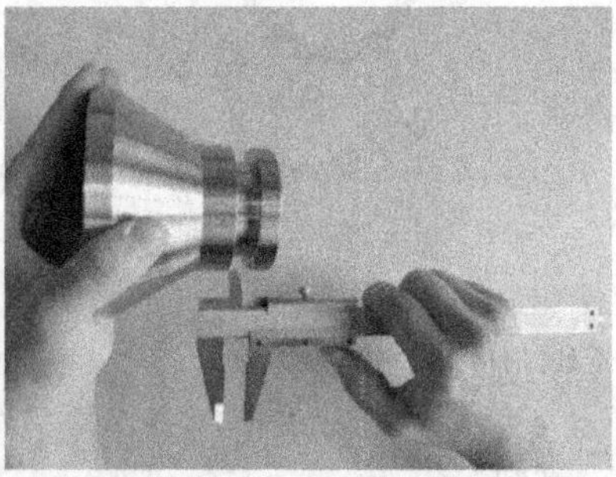

图 7-22　槽宽测量

③ 游标卡尺测量零件总长尺寸 80 mm，如图 7-23 所示。

④ 游标卡尺测量大外圆尺寸 100 mm，如图 7-24 所示。

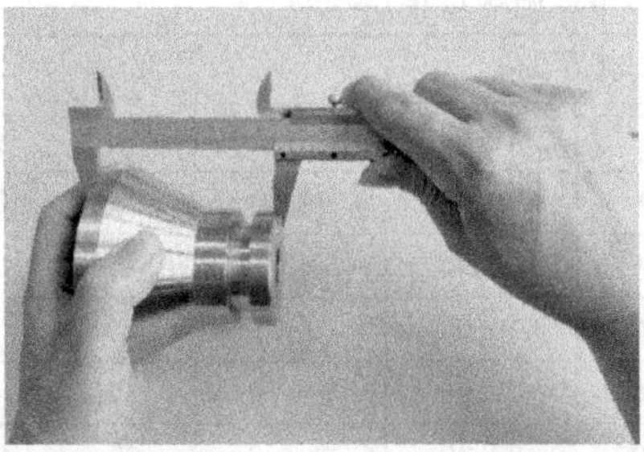

图 7-23　总长测量

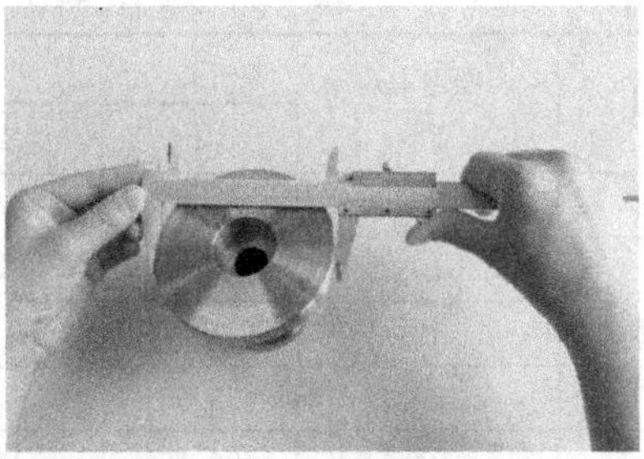

图 7-24　大外圆测量

⑤ 用游标卡尺和深度游标卡尺测量深度尺寸 20 mm，如图 7-25、图 7-26 所示。

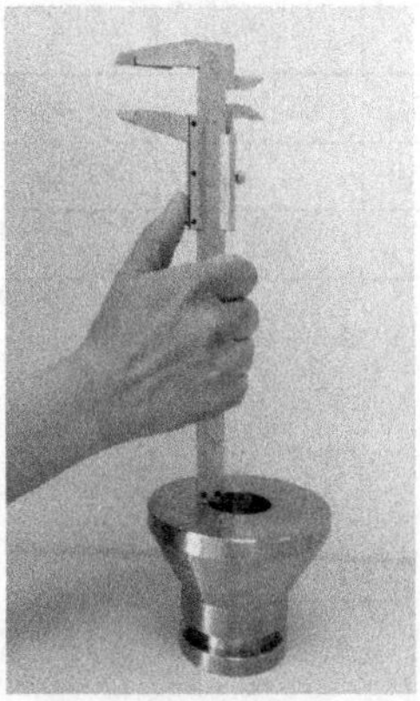

图 7-25
游标卡尺测量深度

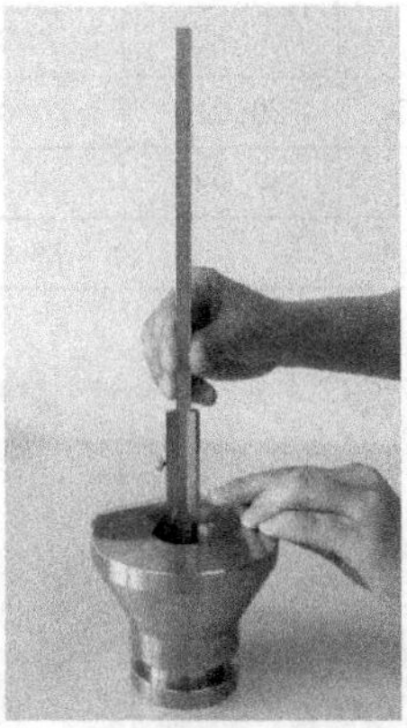

图 7-26
深度游标卡尺测量深度

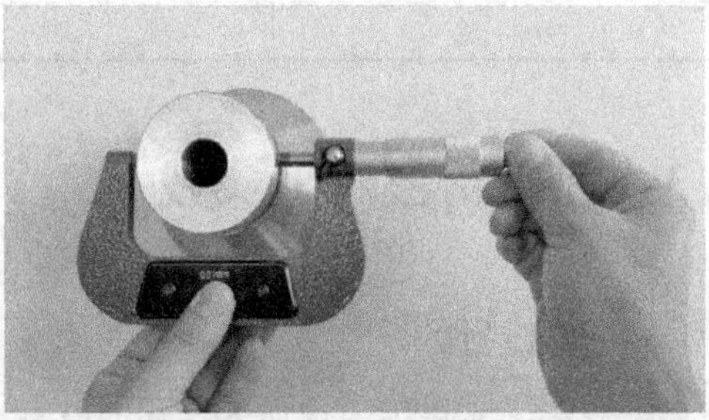

图 7-27　千分尺测量外尺寸

⑥ 用 50～75 mm 测量范围外径千分尺测量小外圆尺寸 $\Phi60_{-0.035}^{\ 0}$，如图 7-27 所示。
⑦ 用 0～320°万能角度尺测量角度尺寸 60°，如图 7-28 所示。
⑧ 用 18～35 mm 内径百分表测量内孔尺寸 $\Phi20_{\ 0}^{+0.028}$、$\Phi35_{\ 0}^{+0.035}$，如图 7-29 所示。

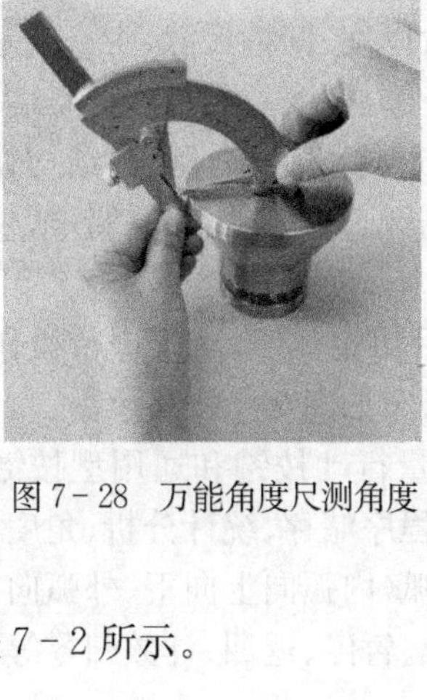

图 7-28　万能角度尺测角度

图 7-29　内径百分表测内孔

3) 测量结果

测量结果如表 7-2 所示。

表 7-2 零件“转子”测量数据及合格性判断

测量项目	理论值/mm	实测值/mm				平均值	是否超差
		1	2	3	4		
左侧长度	10	9.96	9.90	9.90	10.00	9.94	否
槽 宽	10	9.90	9.90	9.90	9.90	9.90	否
右侧缘宽	10	9.90	10.00	10.00	9.96	9.97	否
总 长	80	79.90	79.86	79.96	80.00	79.93	否
大外圆	100	99.80	99.90	99.90	99.90	99.88	否
深 度	20	20.00	20.10	20.06	20.04	20.05	否
槽外圆	$\Phi46_{-0.032}^{0}$	45.985	45.990	45.980	45.975	45.983	否
小外圆	$\Phi60_{-0.035}^{0}$	59.975	59.980	59.980	59.970	59.976	否
角 度	60°	60°2′	60°2′	60°2′	60°2′	60°2′	否
小 孔	$\Phi20_{0}^{+0.028}$	20.020	20.015	20.015	20.015	20.016	否
台阶孔	$\Phi35_{0}^{+0.035}$	35.000	34.995	34.990	34.990	34.994	是
结 论		不 合 格					

7.3 现代精密测量实践

7.3.1 实践目的

① 了解现代精密测量技术和其发展前景。

② 了解测高仪、投影仪和表面粗糙度仪的工作原理及适用测量项目。

③ 掌握上述三种现代量仪的测量方法。

7.3.2 精密测量仪器及基本测量流程

7.3.2.1 测高仪

1) 测高仪结构及工作原理

二维测高仪是以高精度光栅尺作为测量元件的立式数字化几何量测量仪器，通过光电转换和电路信号处理实现获取测量值，对于沿垂直方向的尺寸测量具有优势，主要包括高度、垂直方向上的轴径和孔径、圆心距、台阶厚度、凹槽尺寸、中心线距离等几何尺寸，以及垂直度和直线度等形位公差。

本书以 TESA MICRO-HITE Plus M 600 测高仪为例，其结构如图 7-30 所示，主要由上盖、驱动带、外壳、测臂架、固定测臂、测针、支撑点、三角铸铁底座、动力手轮、2D 控制面板、把手等组成。

二维测高仪的 2D 控制面板配有数字显示功能，对测高仪进行操作控制，并将测量数值显示在数字显示屏上，控制面板按键功能分布如图 7-31 所示。

2D 控制面板的按键分为功能型按键、测量行动按键和通用型按键。其中，功能型按键包括平行度、厚度、垂直度测量、执行程序、程序储存、统计分析、角度测量、槽宽等；测量行动按键包括测量平面（向上、向下）、测量圆弧（内弧向上向下、外弧向上向下）等；通用型按键包括电源开关、打印、键盘输入、两数相减、暂停、返回、计数归零等。

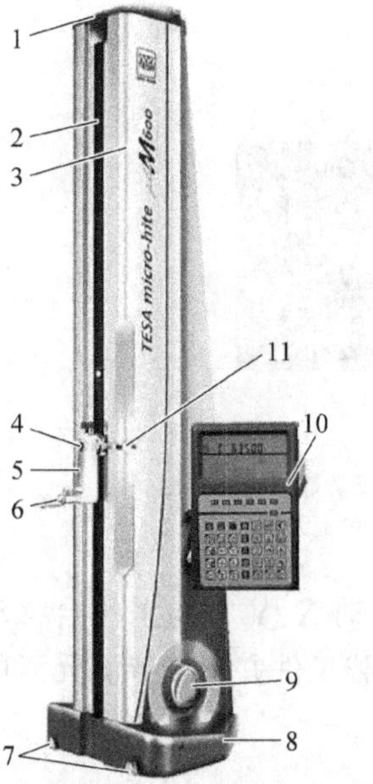

图 7-30 二维测高仪结构

1. 上盖；2. 驱动带；3. 外壳；4. 测臂架；5. 固定测臂；6. 测针；7. 支撑点；8. 三角铸铁底座；9. 动力手轮；10. 2D 控制面板；11. 把手

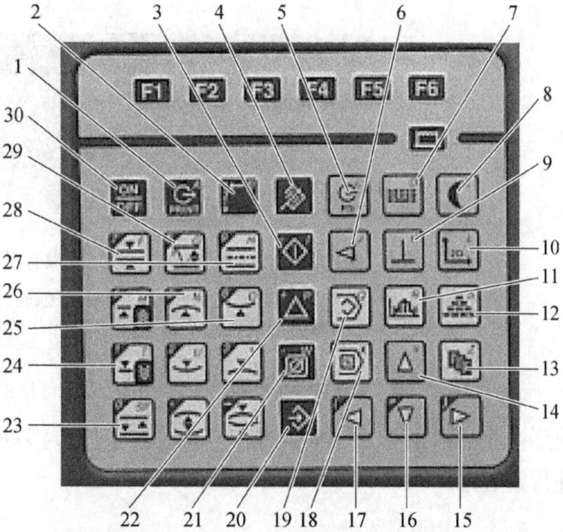

图 7-31 2D 控制面板

1. 打印；2. 计数归零；3. 取消参考点；4. 返回；5. 数据传输；6. 角度测量；7. 键盘输入；8. 暂停；9. 垂直度测量；10. 2D 模式；11. 统计分析；12. 系统设置；13. 数据分析；14. 光标向上；15. 光标向右；16. 光标向下；17. 光标向左；18. 执行程序；19. 程序存储；20. 输入；21. 直径或输入点差值；22. 两数相减；23. 测量槽宽；24. 测量平面；25. 测量外弧；26. 测量内弧；27. 平均值；28. 厚度；29. 平行度；30. 电源开关

工作原理：测针由手动转动动力手轮通过皮带拖动，在其移动过程中，通过光电传感系统及电路信号处理采集测量头移动量，并由单片机处理数据，对光栅副和导轨误差所引起的仪器系统误差进行修正，从而提高仪器的测量精度，测量结果由 2D 控制面板上的数显屏显示。

2）测高仪基本测量流程

二维测高仪的基本测量流程如图 7-32 所示。

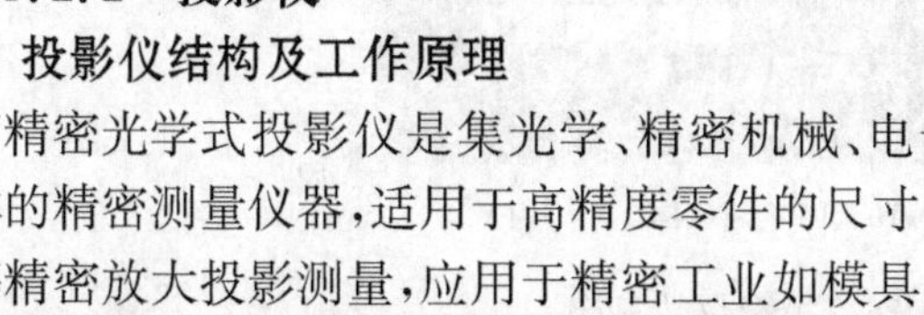

图 7-32 二维测高仪基本测量流程

7.3.2.2 投影仪

1）投影仪结构及工作原理

高精密光学式投影仪是集光学、精密机械、电子测量于一体的精密测量仪器，适用于高精度零件的尺寸、形状、轮廓等精密放大投影测量，应用于精密工业如模具、工具、螺丝、齿轮、钟表、自动车床加工、光学部件、航空等工业的制造、设计开发、品管检验与学术研究用途。本书选取 EP-1 光学投影仪为例，其总体结构如图 7-33 所示。

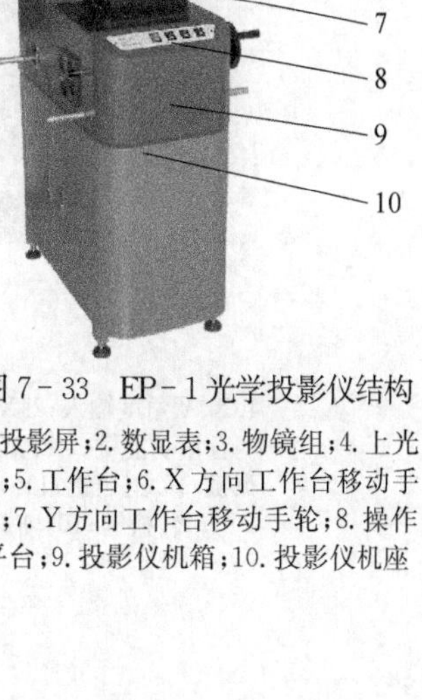

图 7-33 EP-1 光学投影仪结构

1. 投影屏；2. 数显表；3. 物镜组；4. 上光灯；5. 工作台；6. X 方向工作台移动手轮；7. Y 方向工作台移动手轮；8. 操作平台；9. 投影仪机箱；10. 投影仪机座

下面针对几个关键部分进行具体介绍。

① 操作平台：投影仪操作平台面板如图 7-34 所示。

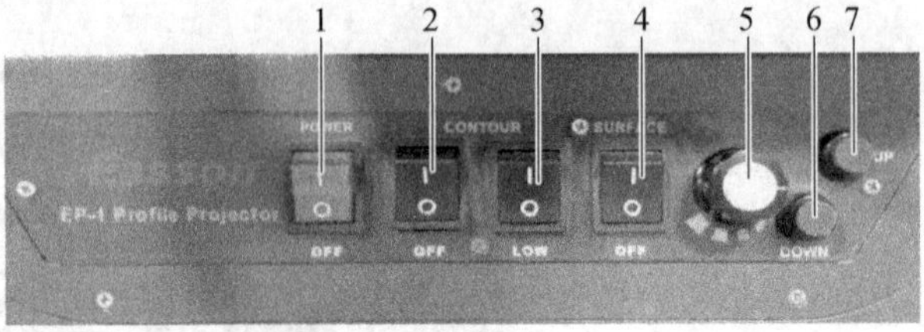

图 7-34　投影仪操作平台面板

1. 电源开关；2. 投射灯电源开关；3. 投射灯强弱控制开关；4. 反射灯控制开关；5. 工作台升降速度调节旋钮；6. 工作台下降按钮；7. 工作台上升按钮

② 工作台：投影仪移动工作台如图 7-35 所示，通过转动 X、Y 方向工作台移动手轮，能分别控制工作台在 X 轴和 Y 轴方向上的移动，用于承载工件并根据待测元素的需要进行定位。

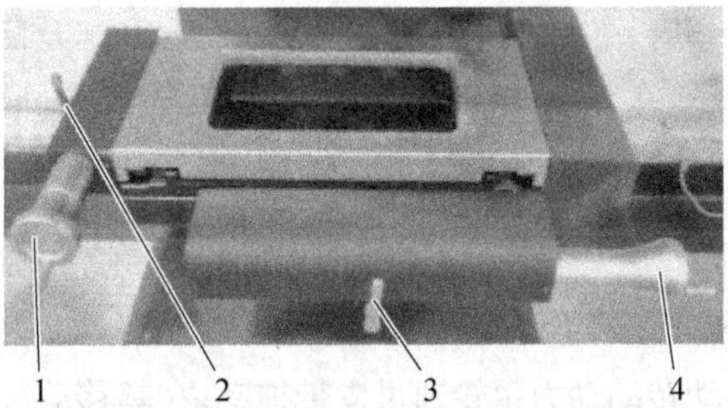

图 7-35　工作台

1. Y 轴移动手轮；2. Y 轴锁紧手柄；3. X 轴锁紧手柄；4. X 轴移动手轮

③ 投影仪数显表：投影仪数显表的各部分功能如图 7-36 所示。

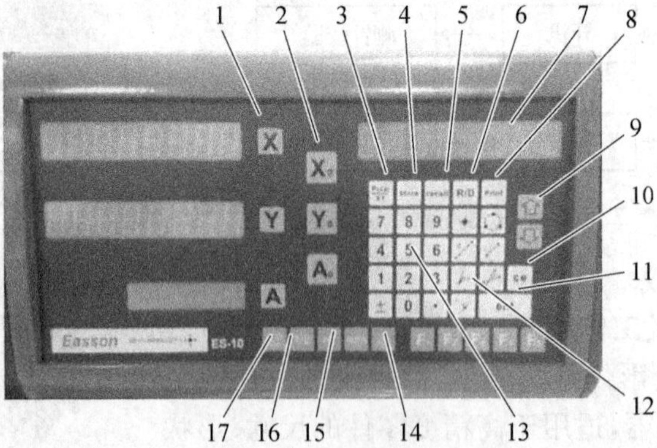

图 7-36　投影仪数显表

1. X、Y 角度输入；2. X、Y 角度清零；3. 极坐标与 X、Y 坐标切换键；4. 储存功能键；5. 呼叫存取功能键；6. 半径、直径转换键；7. 功能状态显示窗；8. 打印输出功能键；9. 前后翻页键；10. 退出键；11. 输入确定键；12. 测量功能键区；13. 数字输入功能键区；14. 公英制转换键；15. 辅助零位功能；16. 自动分中功能键；17. 绝对、相对坐标转换键

投影仪工作原理：被测工件 Y 放置于工作台面上，启动平行光源 S_1，灯光 S_1 经过光学镜 K_1 与 C_1 转化为平行光，被测工件 Y 的影像投影到精密放大镜 O，影像通过两块反射镜 M_1 与 M_2 最后投影到屏幕 P 生成放大影像 Y′，由于放大影像 Y′的尺寸非常准确，操作人员通过操作高精密的 X、Y 工作台和数字显示系统，能够直接测得工件的尺寸大小，如图 7-37 所示。

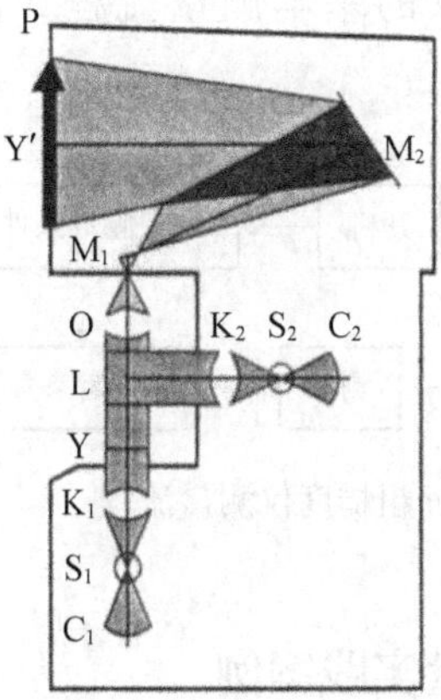

图 7-37
投影仪工作原理图

2）投影仪基本测量流程

投影仪基本测量流程如图 7-38 所示。

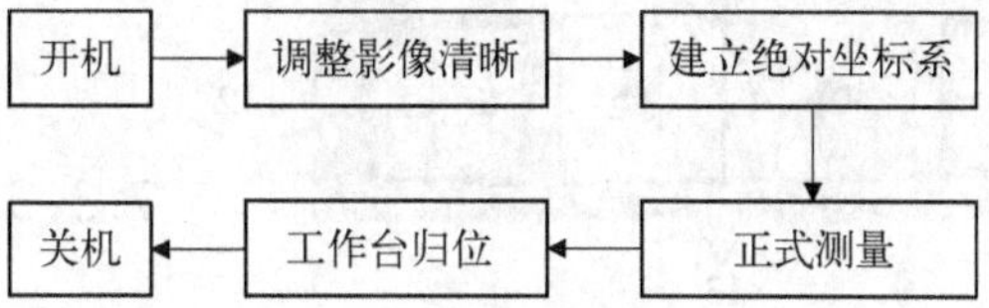

图 7-38　投影仪基本测量流程

7.3.2.3　表面粗糙度仪

机械加工中，表面特征的研究是控制机械零件表面质量的主要内容，而表面粗糙度是表面特征的重要技术指标之一，是指加工表面上具有的较小间距峰谷所组成的微观几何形状特征。本书以 SE-1200 表面粗糙度仪为例介绍表面粗糙度的测量方法。

1）表面粗糙度仪结构及工作原理

SE-1200 表面粗糙度仪主要由检出器、驱动器、增加演算装置、大理石工作台、升降立柱、手柄、液晶显示屏和操作面板组成，如图 7-39 所示。

各部分具体组成及功能如下。

① 检出器：检出器由金刚石触针、传感器、鼻架组成。其中，金刚石触针尖端曲率半径 r 很小，测量时将触针搭在工件上，与被测表面垂直接触。

② 驱动器：驱动器用于控制检出器在零件表面滑动，实现取样测量。

③ 增加演算装置：增加演算装置主要由打印部、显示部、操作开关组成。其中，打印部主要用来打印测量结果和图形报告；显示部能够显示测量过程、各种参数、测量结果；操作开关用于设置粗糙度测定模式，显示检出器位准、评定参数、测量结果。其中操作开关如图 7-40 所示。

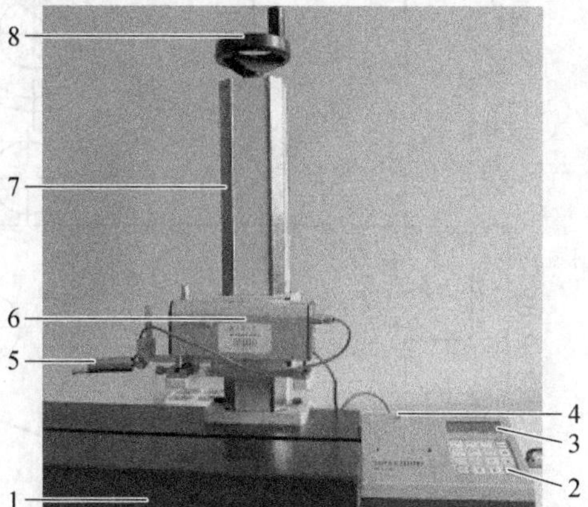

图 7-39　表面粗糙度仪结构

1. 大理石工作台；2. 操作面板；3. 液晶显示屏；4. 打印；5. 检出器；6. 驱动器；7. 立柱；8. 手柄

SE-1200 表面粗糙度仪是利用金刚石触针针尖与被测表面相接触，由驱动器带动检出器在零件表面以一定速度移动进行采样，被测表面的微观不平将使触针在垂直于表面轮廓方向上产生上下移动，这种上下移动转换为电量信号经放大处理、滤波，经 A/D 转换为数字信号，再经 CPU 处理计算出测量值，从而获得被测量表面的粗糙度。

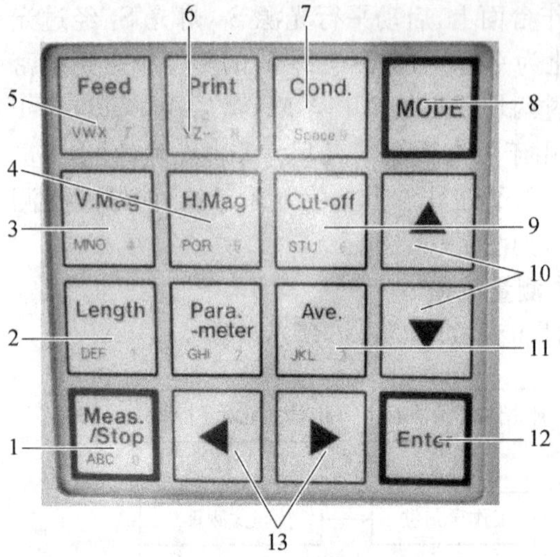

图 7-40　操作开关

1. 测量开始/中止；2. 评定长度设定；3. 纵倍率设定；4. 横倍率设定；5. 打印纸驱动及设置；6. 打印；7. 设定测定条件；8. 测量规范、水平、单位、速度等设定；9. 切断值设定；10. 项目移动；11. 平均处理开关；12. 确定测量结果和图形切换；13. 项目选择

2）表面粗糙度仪基本测量流程

表面粗糙度仪的基本测量流程如图 7-41 所示。

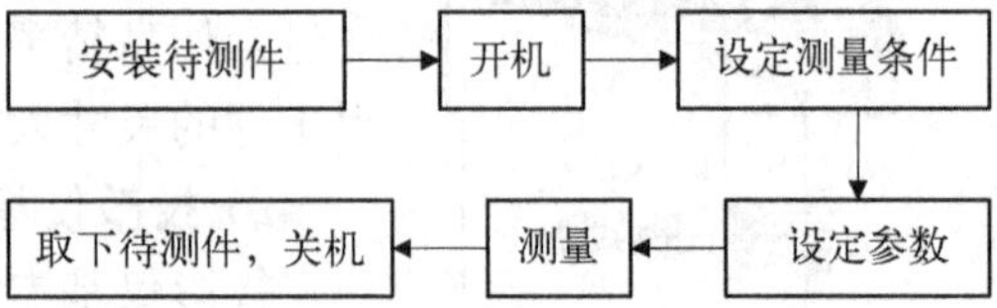

图 7-41　表面粗糙度仪测量流程

7.3.3　精密测量实践案例

7.3.3.1　高度厚度测量实践案例

1）案例分析

本案例“样件”（图 7-42）通过 M 600 测高仪来了解尺寸的测量方法，判断样件是否合格。

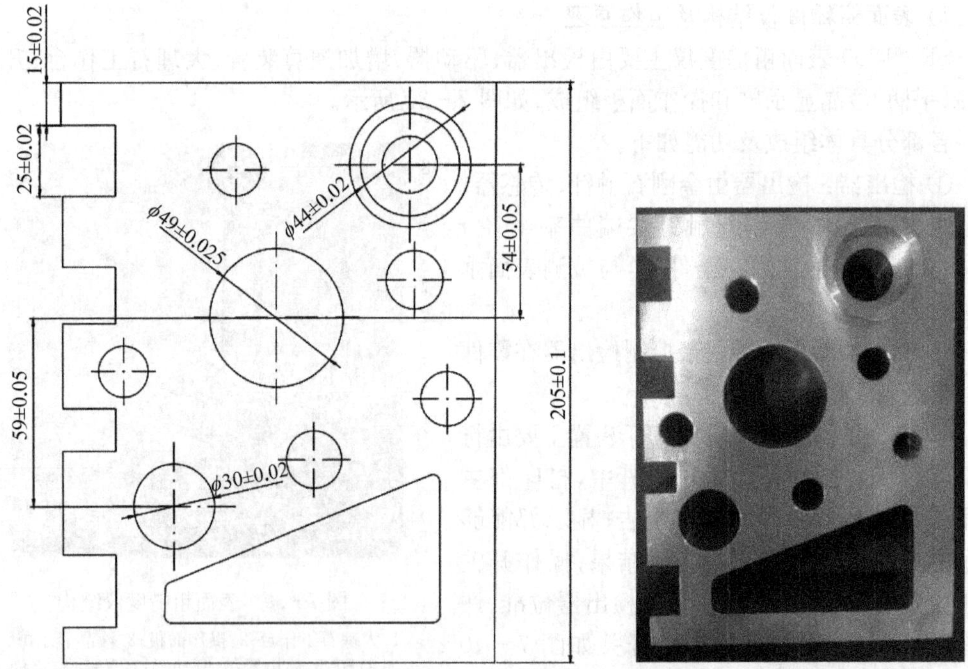

(a) 零件示意图　　(b) 实物图

图 7-42　样件

该样件由若干个孔、轴、槽、台阶等元素构成，均为规则的特征元素，而且均为垂直高度方向上的尺寸，要求测量的元素及对应的理论值如表 7-3 所示，并要求每个测量元素测 3～5 遍，取平均值作为测量值。

表 7-3 样件测量元素与零件图尺寸对照表

测量元素	理论值/mm	测量元素	理论值/mm
a	205±0.1	e	ϕ49±0.025
b	15±0.02	f	54±0.05
c	25±0.02	g	ϕ30±0.02
d	ϕ44±0.02	h	59±0.05

2) 实践操作过程

(1) 仪器校验

① 开机：按电源按钮 ON/OFF，测头自动上下找寻参考点，一旦测头通过参考点后，测头自动停在参考点处，屏幕显示“C 6.3500”为初始化成功，如图 7-43 所示。

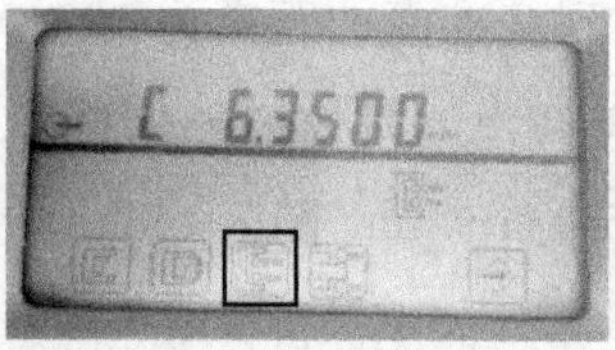

图 7-43 开机初始化结束

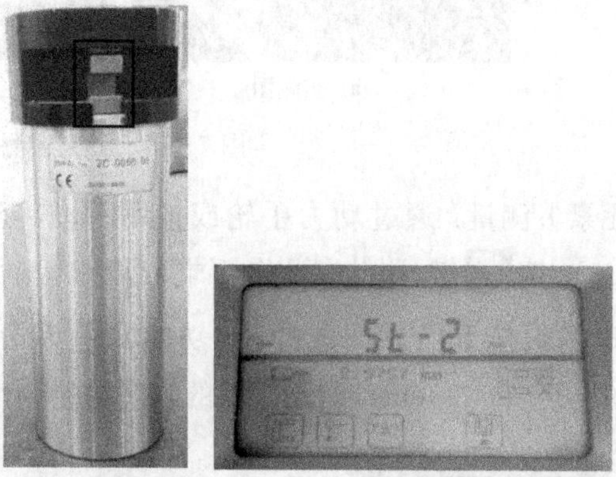

(a) 校准规沟槽 (b) 校准结果

图 7-44 校验过程

② 测针校验：根据样件待测尺寸的特点，按下“沟槽测针”按钮进行校验(图 7-43 所示方框)，将测头置于校验规的沟槽内(图 7-44a 所示方框)，然后按 SP 按钮(图 7-31)进行测针校验，校验结果如图 7-44b 所示。其中“st-2”表示是双向尺寸测量模式；“2.975 7 mm”为测得的测头实际直径。

③ 测头反弹距离设定：按 F3 键设定测头反弹距离，根据样件实际沟槽尺寸预设反弹值为 5 mm，按 键确认，如图 7-45 所示。

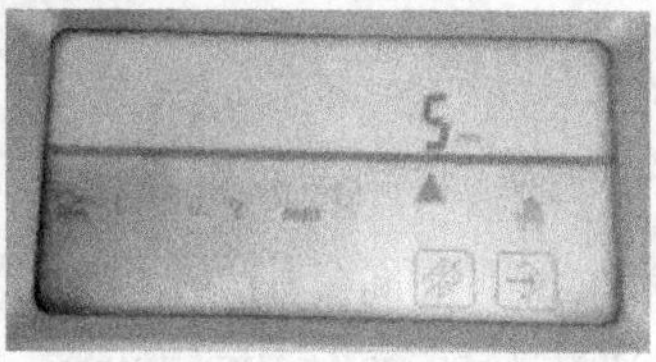

图 7-45 输入反弹距离

图 7-46 归零设置

④ 归零设置：由于样件基准面与测高仪大理石台面相接触，因此以大理石台面为基准面，按 键使测头接触大理石台面，将其设为零点，显示屏显示“0.0000”为基准设置成功，如图 7-46 所示。

(2) 尺寸测量

① 元素 a 测量：通过动力手轮或用手移动测头，将测针放置在样件最上方(图 7－47a)，按键，测得元素 a 的结果为 205.158 8 mm(图 7－47b)。

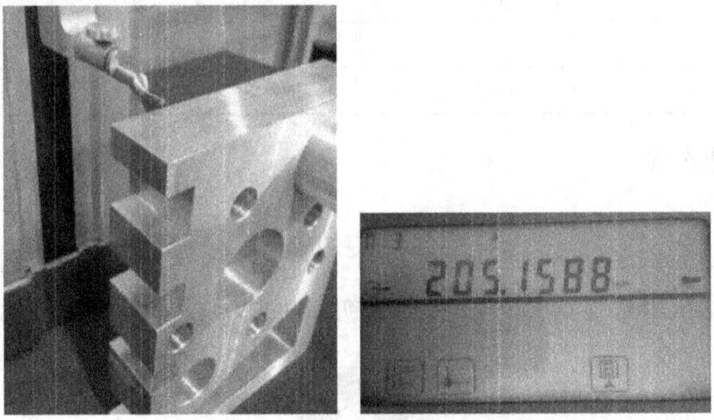

(a) 实测图　　(b) 测量数据显示

图 7－47　元素 a 测量

② 元素 b 测量：通过动力手轮或把手移动将测针放置在元素 b 对应的凸台下方(图 7－48a)，按键，测针在凸台下端面取点，测得到基准面的距离为 190.016 9 mm(图 7－48b)；再按 F3 键(即选择功能)，计算最近两次测量值的差值(205.158 8－190.016 9＝15.141 9 mm)，即元素 b 的测量结果为 15.141 9 mm(图 7－48c)。

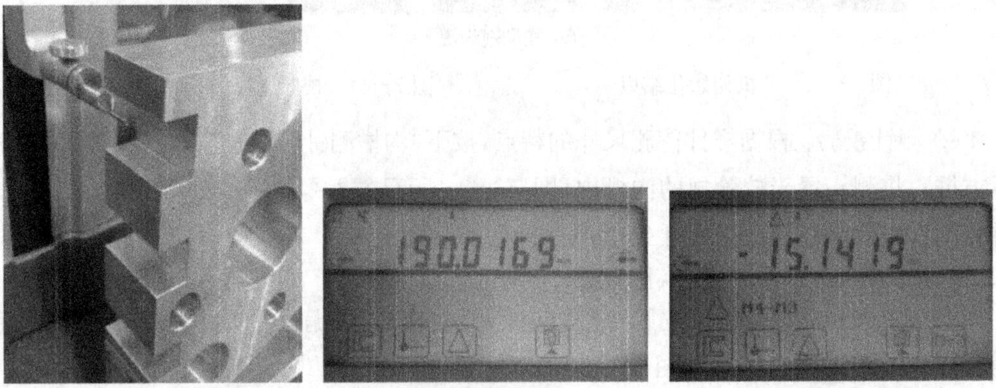

(a) 实测图　　(b) 测量数据显示　　(c) 最近两数值之差

图 7－48　元素 b 测量

③ 元素 c 测量：通过动力手轮或把手移动测头，将测针放置在元素 c 对应的沟槽中间(图 7－49a)，按键，测头将在沟槽的上端面和下端面分别进行取点操作，得到元素 c 的尺寸为 24.988 4 mm，对应的沟槽中心至基准面的距离为 177.522 0 mm，如图 7－49b 所示。

④ 元素 d 测量：通过动力手轮或把手移动测头，将测针放置在元素 d 对应的凸圆下方，如图 7－50a 所示。按键自动向上取点，垂直于测头方向平移工件，使测头找到最低点。当找到最低点时，测高仪会发出“滴”的声音，2D 控制面板上的液晶显示屏状态如

(a) 实测图

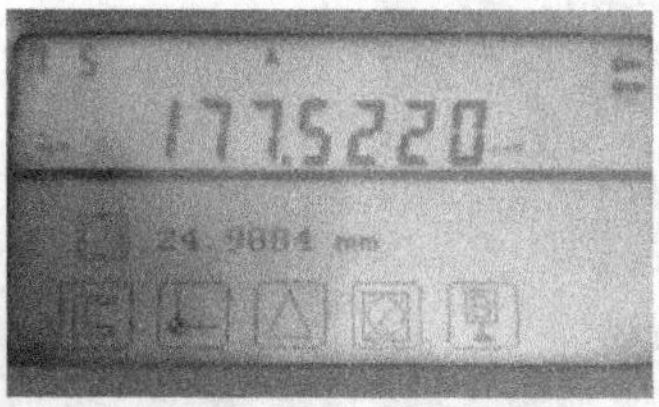

(b) 测量数据显示

图 7－49　元素 c 测量

图 7－50b 所示。此时再将测头移至凸圆上方，如图 7－50c 所示，按 键自动向下取点，得到元素 d 的尺寸为 44.021 5 mm，对应的凸圆圆心至基准面的距离为 173.891 8 mm，如图 7－50d 所示。

(a) 实测图1

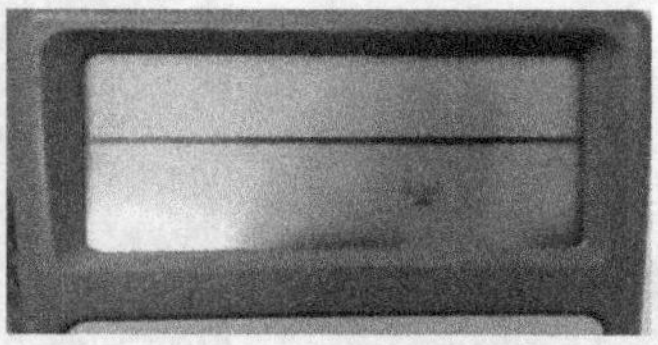

(b) 2D控制面板状态显示

(c) 实测图2

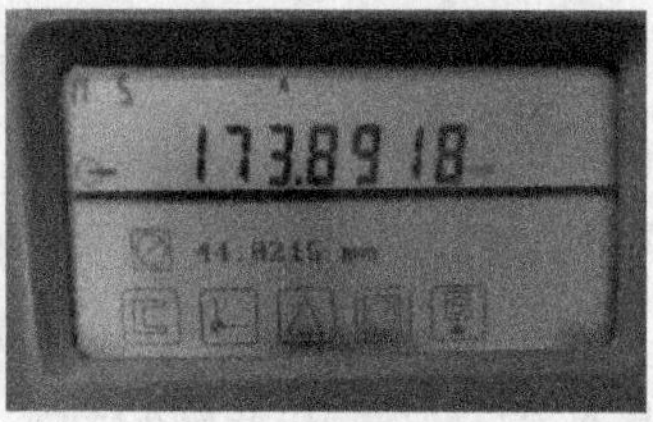

(d) 测量数据显示

图 7－50　元素 d 测量

⑤ 元素 e 测量：通过动力手轮或把手移动测头，将测针放置在元素 e 对应的圆孔中间位置。按 键，测头首先向圆孔上端移动，当碰到上端面时，垂直于测头平移零件，此时测头会寻找圆孔的最高点。当找到最高点时，测高仪会发出“滴”的声响，此时，测高仪 2D 控制面板的液晶显示屏如图 7－51b 所示。然后测头继续下探，当碰到圆孔的下端面时，同样垂直于测头平移零件，测头寻找该圆孔的最低点，找到后测高仪会发出“滴”的声

响，测量数据显示在液晶屏上，元素 e 的尺寸为 49.014 6 mm，对应的沟槽中心至基准面的距离为 119.985 9 mm，如图 7-51c 所示。

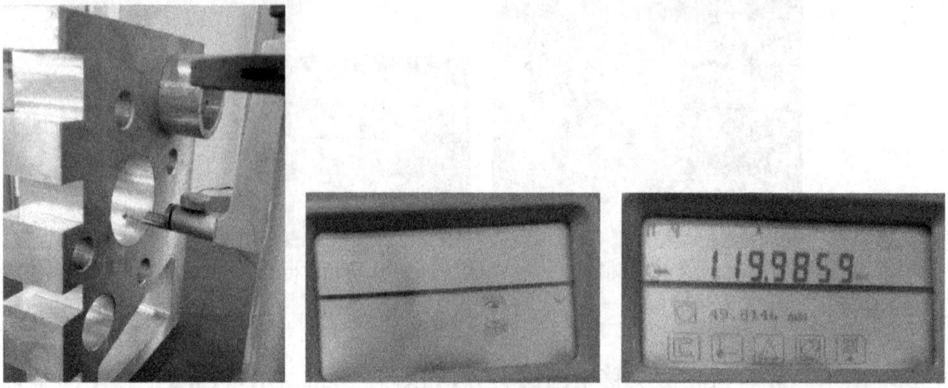

(a) 实测图　(b) 2D控制面板状态显示　(c) 测量数据显示

图 7-51　元素 e 测量

⑥ 元素 f 测量：按 F3 键(即选择 功能)，计算凸圆元素 d 和圆孔元素 f 的圆心高度差之差 173.891 8－119.985 9＝53.905 9 mm，即为元素 f 的测量数值(图 7-52)。

图 7-52　元素 f 测量结果显示

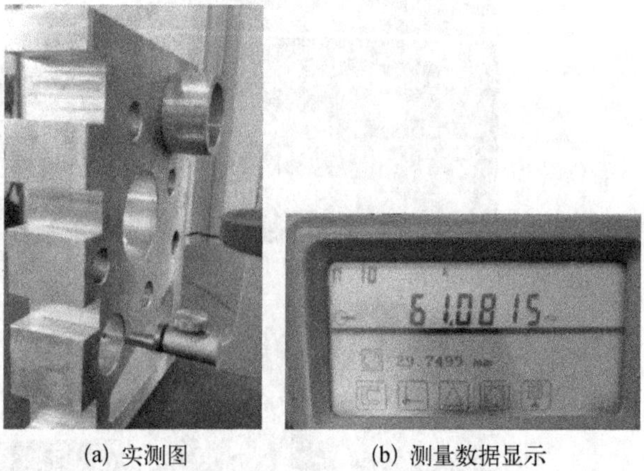

(a) 实测图　(b) 测量数据显示

图 7-53　元素 g 测量过程

⑦ 元素 g 测量：通过动力手轮或把手移动测头，将测针放置在元素 g，即圆孔的中间处，如图 7-53a 所示，然后参照元素 e 的测量步骤，可将圆孔测量出来，结果如图 7-53b 所示，元素 g 的值为 29.749 9 mm，圆心到基准面的距离为 61.081 5 mm。

图 7-54
元素 h 测量数据显示

⑧ 元素 h 测量：同理，元素 h 为元素 e 与元素 g 的圆心位置之差，因此，按 F3 键(即选择 功能)，计算最后两个测量值之差，此处为 61.081 5－119.985 9＝－58.904 3 mm，如图 7-54 所示，元素 h 为距离值，为其绝对值，因此元素 h 的值为 58.904 3 mm。

3) 测量结果及分析

所有元素测量完毕，其测量结果如表 7-4 所示。

表 7-4　测量结果与分析

测量元素	实测值/mm					平均值/mm	理论值/mm	单项是否合格
	1	2	3	4	5			
a	205.158 8	205.159 9	205.160 0	205.149 0	205.156 6	205.156 9	205±0.1	否
b	15.141 9	15.145 9	15.139 9	15.150 1	15.151 0	15.145 8	15±0.02	否
c	24.988 4	25.001 0	24.992 3	25.000 0	24.998 2	24.996 0	25±0.02	是
d	44.021 5	44.019 9	44.000 1	43.999 8	44.015 6	44.011 4	ϕ44±0.02	是
e	49.014 6	49.020 1	49.011 9	49.019 5	49.021 4	49.017 5	ϕ49±0.025	是
f	53.905 9	53.994 6	54.000 1	53.978 5	53.998 4	53.975 5	54±0.05	是
g	29.749 9	29.899 5	29.793 5	29.800 1	29.798 9	29.808 4	ϕ30±0.02	否
h	58.904 3	58.993 4	58.890 6	58.900 1	59.000 2	58.937 1	59±0.05	否

由表 7-4 所示可以看出，元素 c、d、e、f 的测量值均在允许的公差范围内，检测结果合格；而元素 a、b、g、h 的测量值超过允许的公差范围，检测结果为不合格，因此该零件不合格。

4) 关机

测量结束，取下测头和测针放好，关闭测高仪电源，盖好设备。

7.3.3.2　光学测量实践案例

1) 案例分析

本案例"定位模板"(图 7-55)通过 EP-1 光学投影仪来了解小尺寸的测量方法，判断样件是否合格。

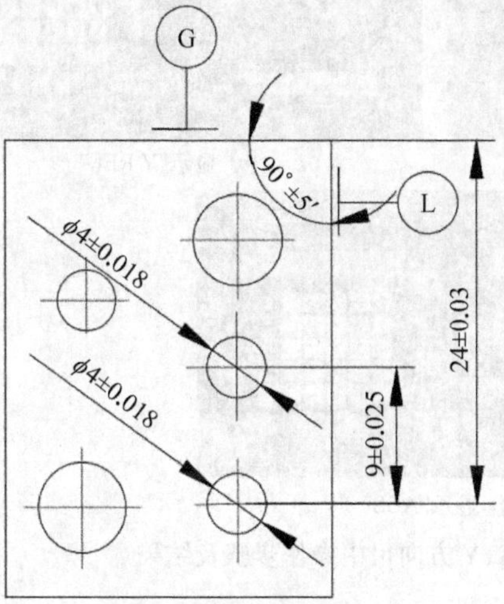

(a) 零件图

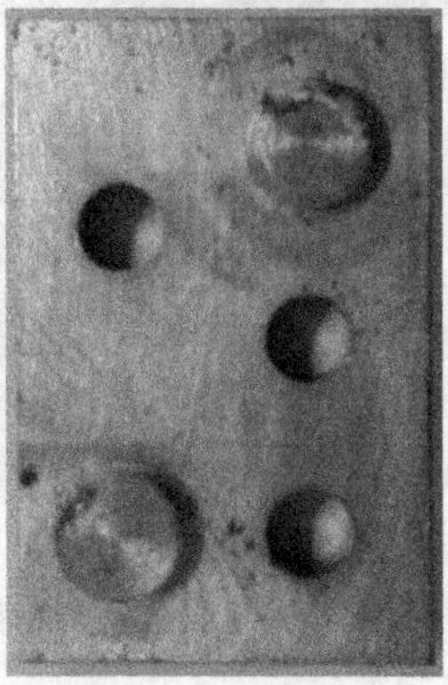
(b) 实物图

图 7-55　定位模板

要求测量的元素及零件理论值对照表如表 7-5 所示，并要求每个测量元素测 3～5 遍，取平均值作为测量值。

表 7-5　测量元素与零件理论值对照表

测量元素	A	ϕB	ϕC	D	E
理论值/mm	90°±5′	4±0.018	4±0.018	9±0.025	24±0.030

2）实践操作过程

（1）仪器校验

① 开机：首先清除工件上的灰尘、毛刺等杂质以免影响测量。工件轻轻放置于工作台的玻璃板上，在操作台控制面板上（图 7－34），依次打开电源开关、投射灯电源开关、投射灯强弱控制开关。

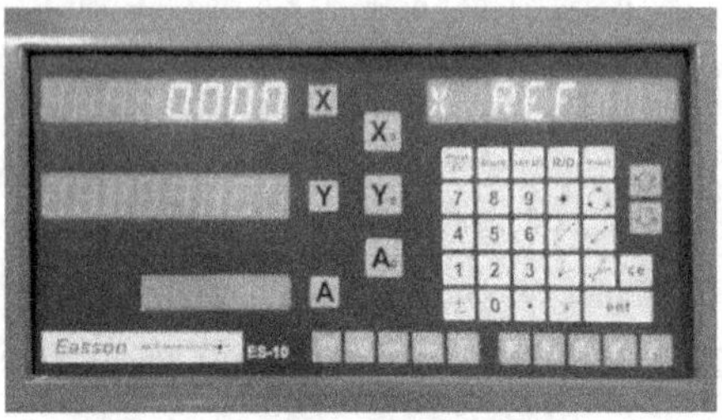

图 7－56　找寻 X 方向零位提示

② 调整影像清晰：通过操作台控制面板上的上升和下降旋钮，以及工作台升降速度调节旋钮，进行焦距调节直至投影屏显示零件轮廓清晰为止。

③ 建立绝对直角坐标系：数显表的功能状态显示窗中有“X REF”闪烁，即提示找 X 方向尺中（即 X 方向的参考零位，在 X 方向移动行程的中间处），如图 7－56 所示。

首先，将 X 轴锁紧手柄松开（图 7－57a），可左右移动该手柄，则工作台沿 X 轴方向（即左右方向）缓慢移动，数显表找到 X 方向尺中后，功能状态又提示窗中显示为“Y REF”（图 7－57b），然后锁紧 X 轴和 Y 轴锁紧手柄。

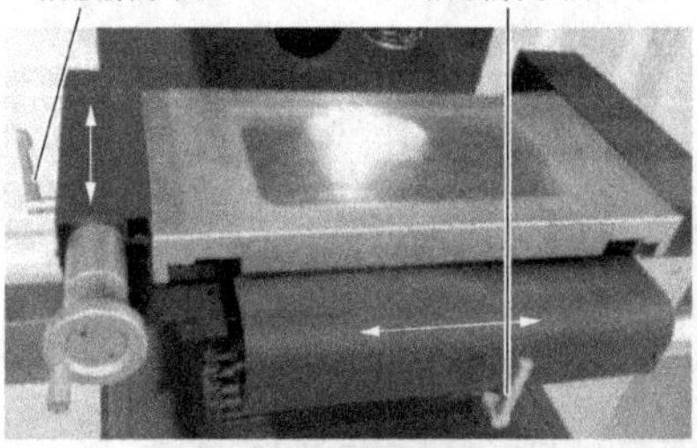

(a) X、Y锁紧手柄

(b) 显示“Y REF”

(c) 显示“ABS”

图 7－57　找寻 X、Y 方向尺中操作步骤及结果

再松开 Y 轴锁紧手柄（图 7－57a），前后移动该手柄，则工作台沿 Y 方向（即前后方向）缓慢移动，找到 Y 方向尺中后，数显表提示窗中显示为“ABS”（图 7－57c），然后再锁紧 X 轴和 Y 轴手柄，此时投影仪的绝对直角坐标系建立完成，数显表进入正常工作状态。注：零件测量时尽可能在绝对坐标（即 ABS）状态下进行。

（2）尺寸测量

① 元素 A 测量：在形成待测角度的两根直线上依次取四个点（A～D），默认 A、B 两点构成第一根直线，C、D 两点构成第二根直线，四点选取完毕对应的夹角即可测得，基本测量原理如图 7－58 所示。

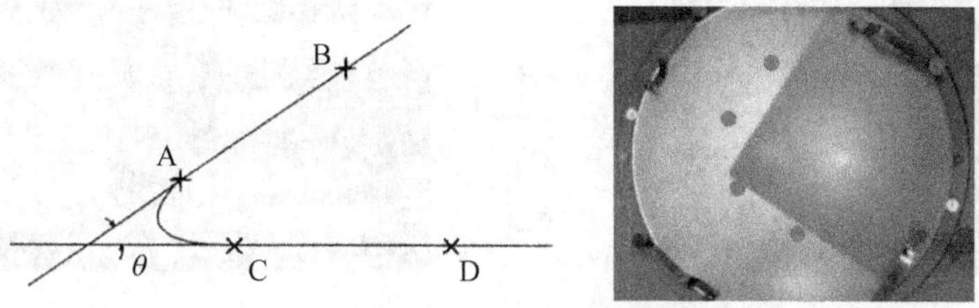

图 7－58　四点求夹角基本测量原理

测量过程如下：

a) 按测量功能键[四点求夹角键]键(即四点求夹角)，数显表闪烁提示“L1 PT. 1”，即“选取第一条线的第一点”(如图 7－59a 所示)。

b) 用投影仪米字线选取第一条线的第一点 A，按［ent］键确认，数显表闪烁提示“L1 PT. 2”，即“选取第一条线的第二点”(如图 7－59b 所示)。

c) 用投影仪米字线选取第一条线的第二点 B，按［ent］键确认，数显表闪烁提示“L2 PT. 1”，即“选取第二条线的第一点”(如图 7－59c 所示)。

d) 用投影仪米字线选取第二条线的第一点 C，按［ent］键确认，数显表闪烁提示“L2 PT. 2”，即“选取第二条线的第二点”(如图 7－59d 所示)。

e) 用投影仪米字线选取第二条线的第二点 D，按［ent］键确认，数显表显示两直线间的角度和两直线相交的交点坐标(如图 7－59e 所示)。

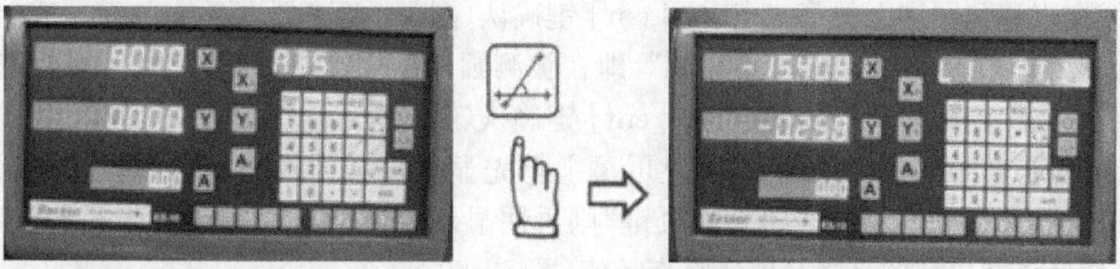

(a) 选取第一条直线的第一点

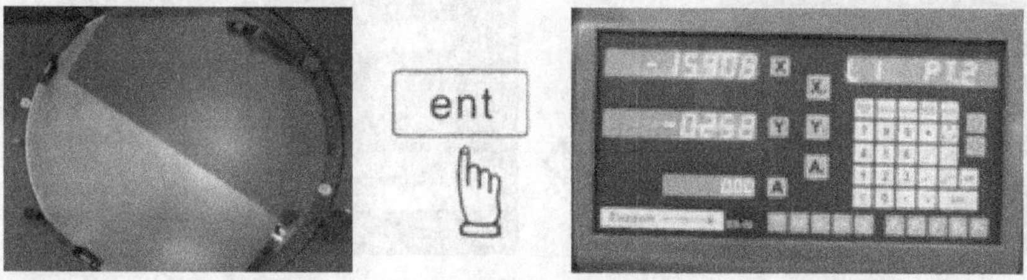

(b) 选取第一条直线的第二点

(c) 选取第二条直线的第一点

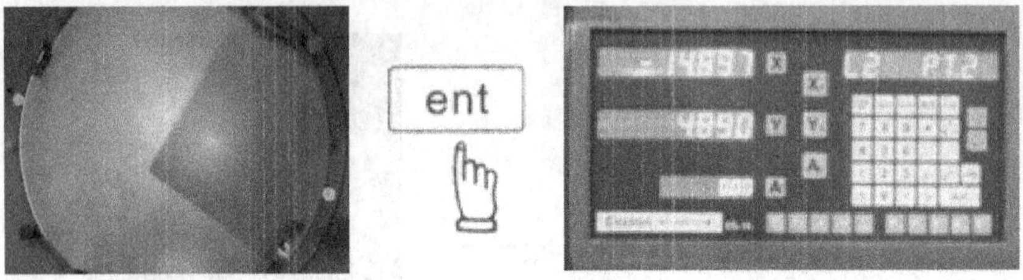

(d) 选取第二条直线的第二点

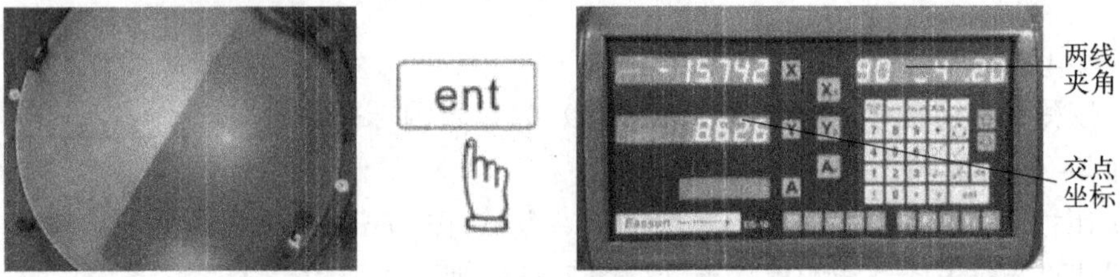

(e) 测量结果

图 7 - 59　四点求夹角

② 元素 B 和 C：圆的测量。

a）按测量功能键（即三点测圆），数显表闪烁提示“ENT PT. 1”，即在被测圆的圆周上“选取第一点”，将投影仪的米字线交点移到圆周上的第一点，按［Ent］键确认（图 7 - 60a）。

b）数显表闪烁提示“ENT PT. 2”，即在被测圆的圆周上“选取第二点”，将投影仪的米字线交点移到圆周上的第二点，按［ent］键确认（图 7 - 60b）。

c）数显表闪烁提示“ENT PT. 3”，即在被测圆的圆周上“选取第三点”，将投影仪的米字线交点移到圆周上的第三点，按［ent］键确认（图 7 - 60c）。

d）圆周上三点选取完成后，数显屏幕上首先显示该圆的圆心坐标，通过“向后翻页键”，可查看其半径值，再按“向前翻页键”则再次显示该圆圆心坐标，按“半径/直径切换键”可切换该圆显示的是半径值还是直径值（图 7 - 60d）。

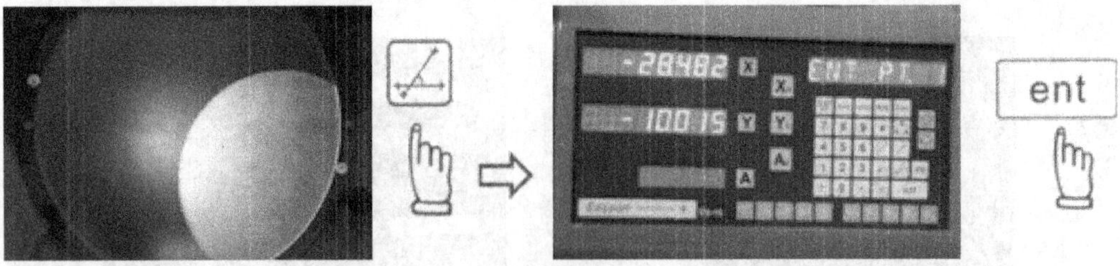

(a) 选取圆周第一点

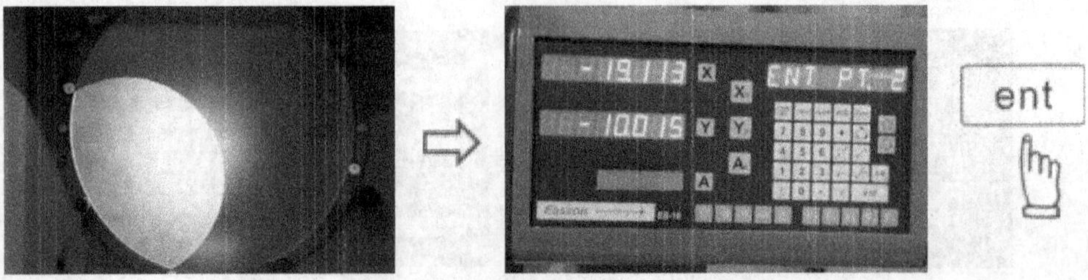

(b) 选取圆周第二点

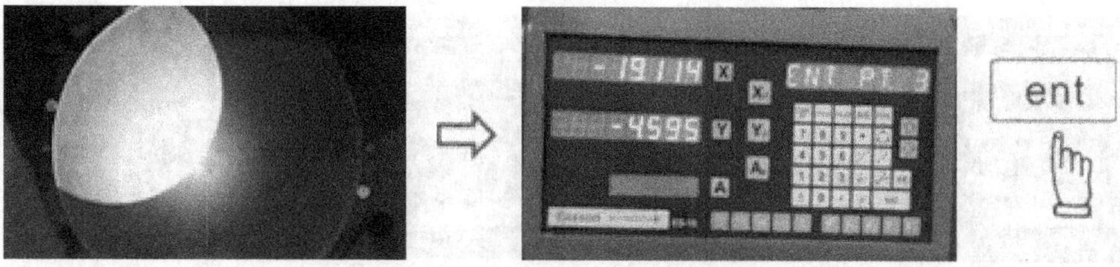

(c) 选取圆周第三点

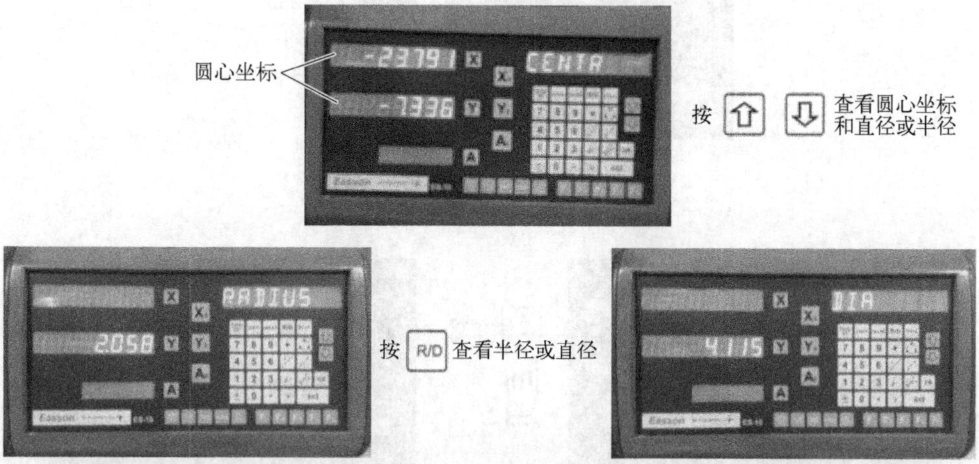

(d) 计算圆心和半径直径

图 7 - 60　圆的测量

③ 元素 D：圆心距测量。

a) 存储圆心坐标：元素 D 为元素 B 和元素 C 对应的两个圆的圆心距，因此首先将 ϕB、ϕC 两个圆的圆心坐标分别储存在 1 号和 2 号存储号对应的文件中(图 7 - 61)。

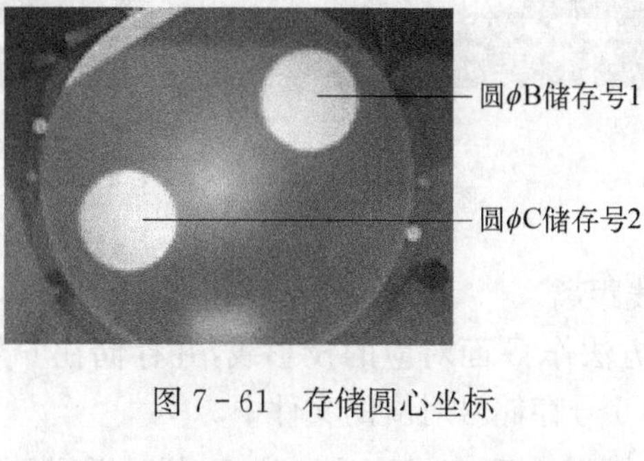

图 7 - 61　存储圆心坐标

b) 按测量功能键 ⟋ (即两点间距离)，数显表闪烁提示“SEL PT. 1”，按数字键[1]，再按 [ent] 键确认，选择存储号 1 对应的 ϕB 圆心坐标(图 7 - 62a)。

c) 数显表闪烁提示“SEL PT. 2”，按数字键[2]，再按 [ent] 键确认，选择存储号 2 对应的 ϕC 圆心坐标(图 7 - 62b)。

d) 数显表显示“DIST”，要操作者确认计算距离，按 [ent] 键数显表显示两个圆心间的距离和圆心连线与 X 轴方向的夹角(图 7 - 62c)。

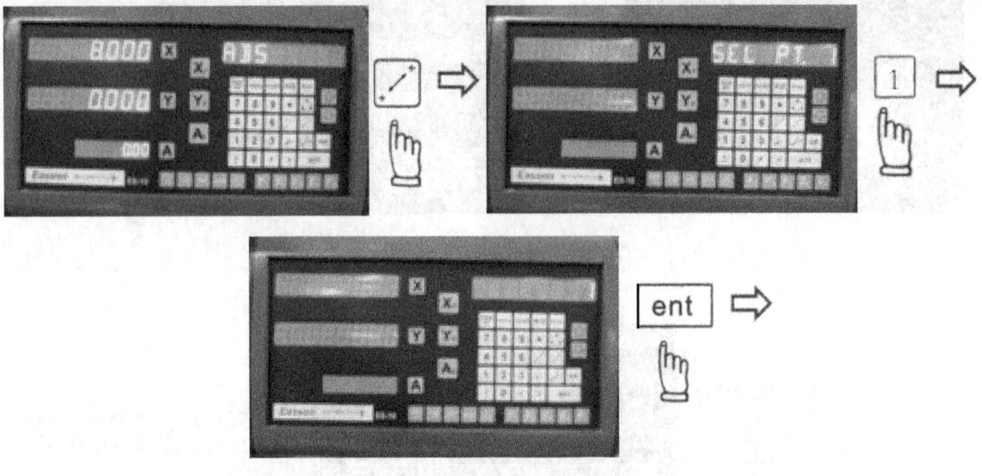

(a) 选择 ϕB 圆心坐标

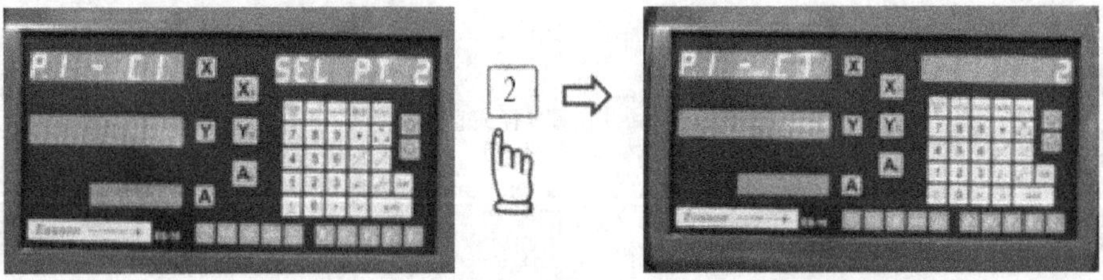

(b) 选择 ϕC 圆心坐标

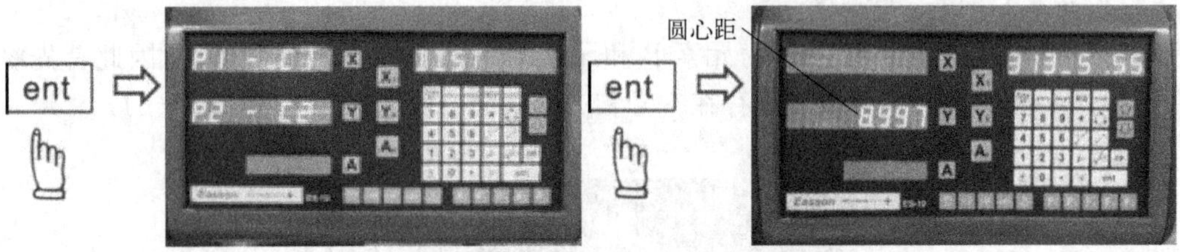

(c) 计算圆心距

图 7－62　圆心距测量

④ 元素 E：点到直线距离。

a) 利用两点作线的方法作 G 面对应的投影线，并存储在 6 号存储号对应的文件中，将 ϕC 的圆心坐标存储在 5 号存储号对应的文件中。

b) 按测量功能键（即点到直线距离），数显表闪烁提示“SEL LI. 1”，按数字键[6]，再按 [ent] 键确认，选择存储号 6 对应的直线(图 7－63a)。

c) 数显表闪烁提示“SEL PT. 2”，按数字键[5]，再按[ent] 键确认，选择存储号 5 对应的圆心坐标(图 7－63b)。

d) 数显表显示“PEND PT. ”即要求操作者确认计算，按 [ent] 键确认，数显表显示 ϕC 的圆心到 G 面投影直线的距离及垂足坐标(图 7－63c)。

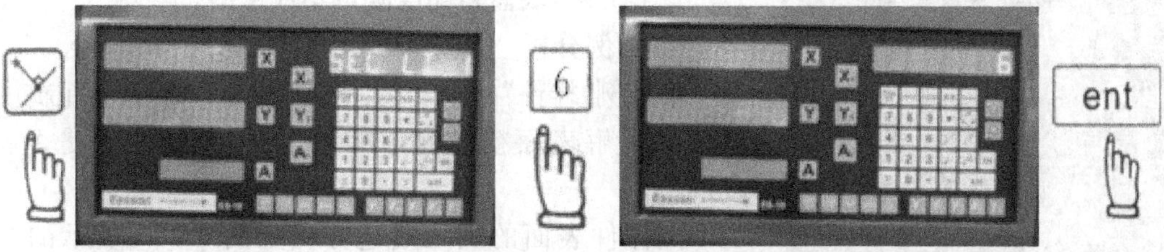

(a) 选择存储号 6 对应的直线

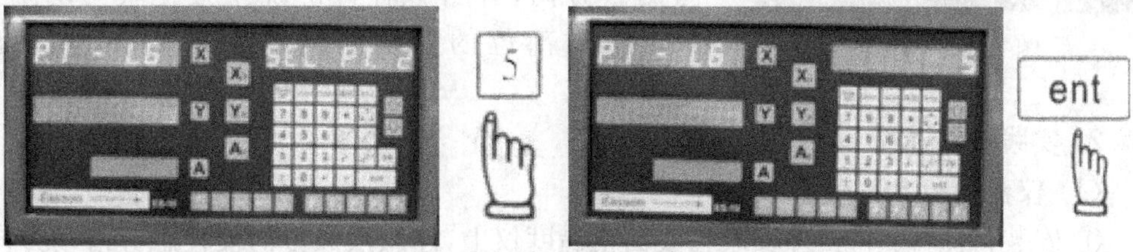

(b) 选择存储号 5 对应的圆心坐标

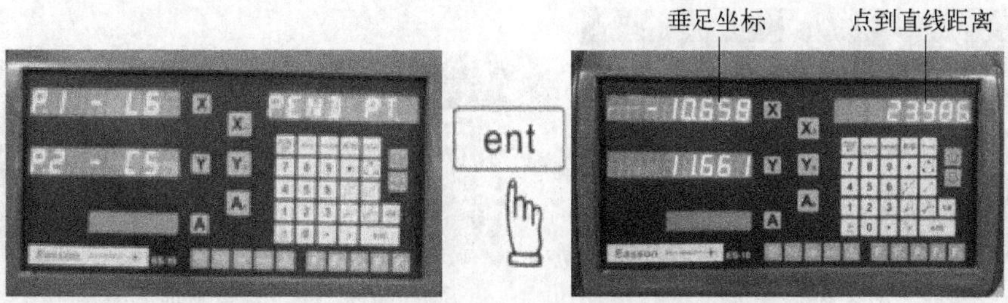

(c) 圆心到 G 面投影直线的距离

图 7 - 63　点到直线距离

3）测量结果及分析

所有元素测量完毕，其测量结果如表 7 - 6 所示，将平均值与理论值比较，判断是否合格。

表 7 - 6　投影仪测量数据及分析

样件元素	实测值					平均值	理论值	单项判断
	1	2	3	4	5			
A	90°4′20″	90°2′30″	90°3′40″	90°3′30″	90°3′30″	90°3′30″	90°±5′	合　格
B	4.115	4.120	4.081	4.111	4.107	4.106 75	4±0.018	不合格
C	4.016	3.982	3.999	3.985	4.001	3.995 5	4±0.018	合　格
D	8.997	9.001	9.004	9.022	9.005	9.006	9±0.025	合　格
E	23.986	23.999	24.000	23.985	23.994	23.992 5	24±0.03	合　格
判断	不合格							

4）关机

测量结束，则将 XY 工作台回到中间位置，关闭投影仪光源开关，再关闭投影仪电源。

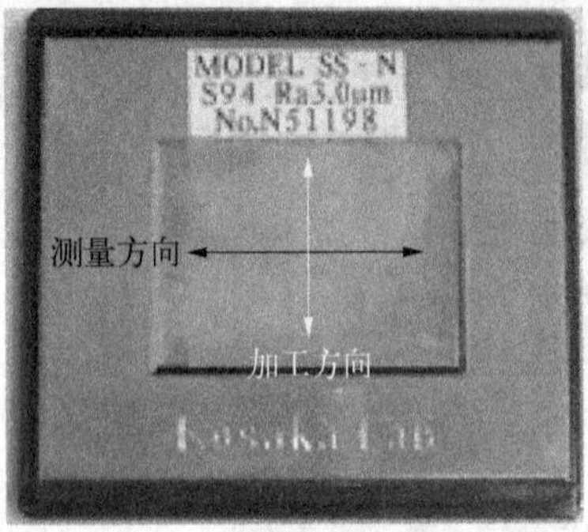

图 7-64　样件

7.3.3.3　表面粗糙度测量实践案例

1) 案例分析

本案例“样件”(图 7-64)通过 SE-1200 表面粗糙度仪来了解表面粗糙度的测量方法，判断样件是否合格。

该样件表面的加工痕迹方向如图 7-64 所示的箭头所示，因此首先选择垂直于加工痕迹的方向作为测量方向，并且该样件的加工痕迹较为均匀，故针对不同部位的多次测量取平均值作为最终测量值。

2) 实践操作过程

(1) 仪器校验

① 安装待测件：将样件安装在表面粗糙度仪上，注意摆放方向要使触针滑动方向与加工痕迹相垂直，并将触针对准选取的测量部位的起始点，如图 7-65 所示。

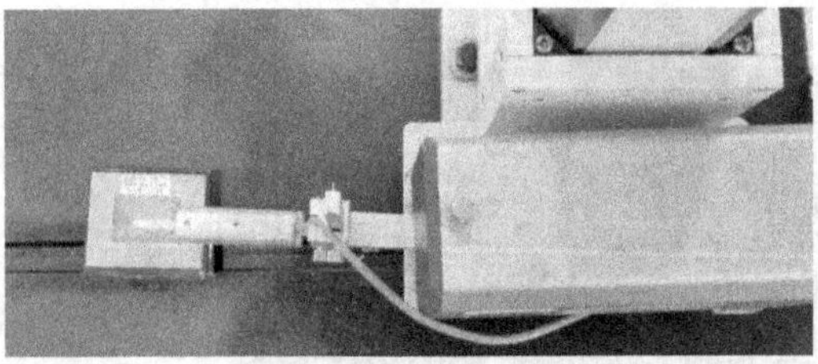

图 7-65　安装待测零件

图 7-66　测量条件设定

② 开机：打开表面粗糙度仪电源开关。

③ 设定测量条件：在液晶显示屏上，选择【Standard】，设定测量规范为“JIS94”；按下▼键设定自动水平，利用◀ ▶键，在【leveling】中设定“all”，如图 7-66 所示。

④ 设定参数：

a) 按下【MODE】键设定测定速度，利用◀ ▶键在【M-Speed】中设定测量速度为 0.5 mm/s；

b) 按下▼键设定回程速度，利用◀ ▶键在【B-Speed】中设定回程速度为 1.0 mm/s (图 7-67)；

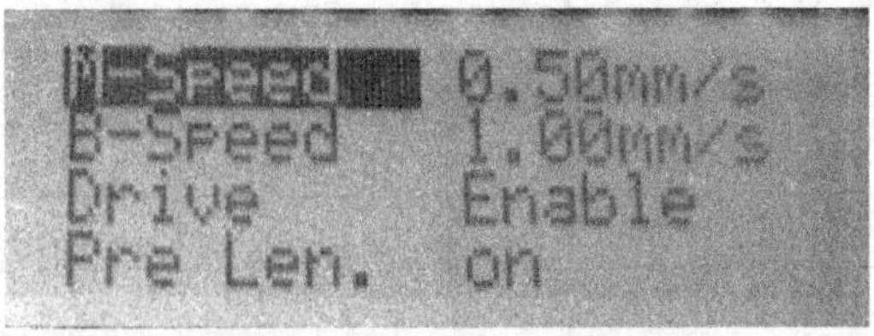

图 7-67　设定测定速度

c) 按下【V. Mag】键，设定纵倍率，利用◀ ▶键在【V. Mag】中设定为 1 000；

d) 按下【H. Mag】键，设定横倍率，利用◀ ▶键在【H. Mag】中设定为 10；

e) 按下【Cut-off】键，设定取样长度，利用◀ ▶键在【Cut-off】中设定为 0.8 mm；

f）按下【Length】键，设定评定长度，利用◀ ▶键在【Length】中设定为＊5，即为12.5 mm（图7－68）；

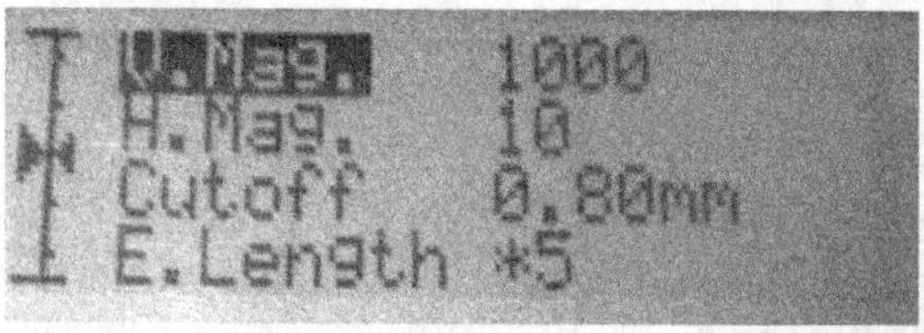

图7－68　设定纵/横倍率、取样长度、评价长度

图7－69　设定评定参数

g）按下【Para-meter】键，设定评定参数，按下【Para-meter】键，利用▼键选择项目。键Ra设为「ON」（如图7－69）。

（2）尺寸测量

① 位准归零：将检出器置于零件上，转动调节手轮，使检出器触针与被测件接触，观察液晶屏上的检出器位准指针指到0位准（图7－70）。

② 开始测量：按下【Meas/stop】键，开始测量，金刚石触针由起始位置向右滑动评定长度的距离（图7－71）。

③ 评定参数计算：测定结束后，仪器对参数进行自动计算，液晶屏显示“Calculating”（图7－72）。

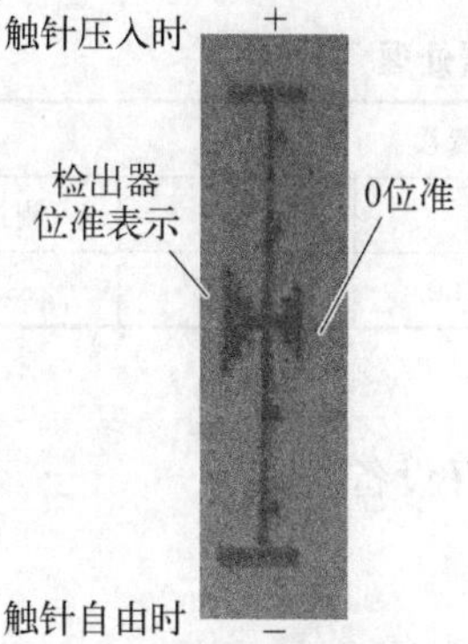

图7－70　调节检出器触针位置

图7－71　开始测量

图7－72　参数计算

3）测量结果及分析

① 测量结果参数显示如图7－73所示。从解析参数表示按下【enter】键切换成图形表示画面，如图7－74所示。

图7－73　测量结果

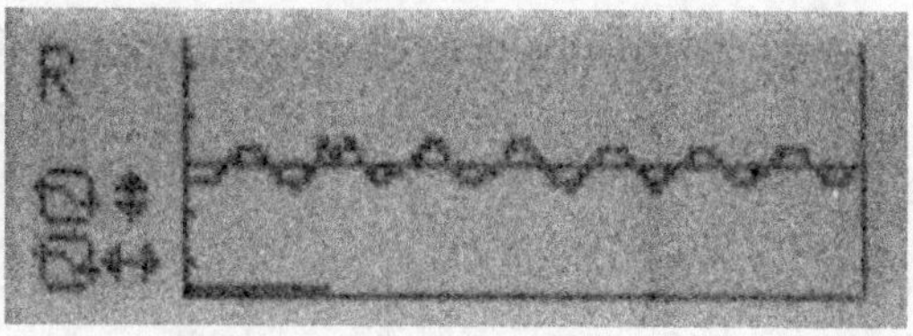

图7－74　测量图形显示

② 打印测量结果：参数计算结束，点击【Print】键打印测量结果，如图 7－75 所示。

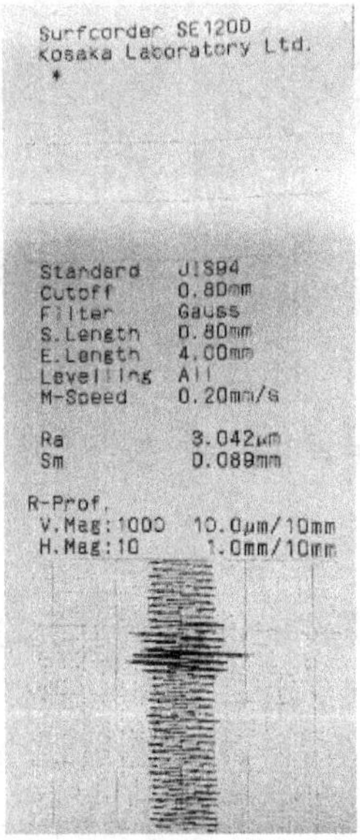

图 7－75　打印结果

③ 测量数据处理与分析：对样件不同部位按照上述步骤测量 5 次，取其平均值作为最终测量结果，具体测量数据如表 7－7 所示。

表 7－7　标准样块表面粗糙度值数据处理

测量项目	标准块的表面粗糙度					
测量次数	1	2	3	4	5	测量均值
实际测量值/μm	3.042	3.022	3.002	3.000	3.025	3.018

4）关机

测量结束，取下被测零件，关闭表面粗糙度仪电源，盖好设备。

7.4　思考题

1. 何为测量？简述其作用。
2. 常用测量工具有哪些？对应的特点是什么？适合测什么类型的零件？
3. 测量零件时千分尺的选用原则是什么？
4. 万能角度尺的读数方法和游标卡尺的读数方法有什么相同点和不同点？
5. 内径百分表测量内孔是一种相对测量，请描述测量过程以及优缺点。
6. 简述现代精密技术的特点和发展方向。
7. 列举几种现代精密量仪，并阐述其应用范围和工作原理。

第八章　钳工与装配实践

8.1　钳工实践

8.1.1　实践目的

① 正确使用和维护保养常用设备，懂得常用工具、量具、夹具的结构，熟练掌握其使用、调整和维护保养的方法。

② 掌握钳工工作中的基本操作技能及相关理论知识，并能合理选择切削用量；能根据工件的技术要求编制加工工艺。

③ 熟练掌握常用典型结构的装配工艺过程，理解尺寸链的概念，掌握尺寸链的基本解法，理解定位、夹紧的概念。

8.1.2　钳工技术概述

1）钳工的作用

在工业生产中，钳工利用各种手用工具以及一些简单设备来加工完成目前采用机械加工不太适宜或不能解决的零件。

钳工主要任务是对产品进行零件的加工、装配和机械设备的维护修理，主要包括以下三点。

① 一台机器是由许多不同零件组成的，这些零件通过各种加工手段加工完成后，需要由钳工来进行装配，在装配过程中，有些零件往往还需要经过钳工进行配加工，如钻孔、攻螺纹、销等，经补充加工后才能进行总装配。

② 有些精度不高的零件，经过钳工的仔细修配，可以达到较高的装配精度。

③ 机器使用时间较长，其零部件的自然磨损或变形，也需要钳工来进行修理。

由此可见，钳工的任务是多方面的，而且具有很强的专业性。

2）钳工的应用

随着机械加工的日益发展、生产效率的不断提高，钳工技术也越来越复杂，技术要求越来越高，其应用的范围也越来越广。由于钳工技术应用的广泛性，钳工产生了专业性的分工，如装配钳工、机修钳工、工具钳工等，以适应不同工作和不同场合需要。钳工作业，至今尚无适当的机械化设备可以全部代替；某些最精密的样板、模具、量具和配合表面（如导轨面和轴瓦等），仍需要依靠工人的手艺进行精密加工；在单件小批生产、修配工作或缺乏设备条件的情况下，采用钳工制造某些零件仍是一种经济实用的方法。

钳工的特点是灵活性强、工作范围广、技艺性强、操作者的技能水平直接决定加工质量。正因为这些特点，钳工在国民经济建设中占有重要的地位，发挥着重要的作用。

3) 钳工的分类

① 装配钳工：把零件按装配技术要求进行组件装配、部件装配和总装配，并经过调整、检验和试车等，使之成为合格的机械设备。

② 机修钳工：当机械在使用过程中产生故障，出现损坏或长期使用后精度降低、影响使用时，要通过钳工进行维护和修理。

③ 划线钳工：根据图纸或实物的尺寸，准确地在工件表面上(毛坯表面或已加工表面)划出加工界线。

④ 钻孔钳工：掌握准确的麻花钻刃磨方法，夹紧工件，并能进行钻削加工。

⑤ 工具钳工：主要从事工具、卡具、量具、刀具等的制造和修理。

⑥ 模具钳工：就是模具制造、维护、修理以及更新。除模具之外，也包括各种夹具、钻具等的制作与维护。

8.1.3 钳工基本操作技能及常用工具

8.1.3.1 钳工必备技能

钳工的工作范围很广，而且专业化的分工也比较明确，但是每个钳工都必须熟练掌握各项基本操作技能，并且能很好地在各种场合应用。钳工常用技术包括：① 划线技术；② 錾削技术；③ 锯削技术；④ 锉削技术；⑤ 钻孔、扩孔、锪孔和铰孔技术、攻螺纹和套螺纹技术；⑥ 刮削；⑦ 研磨技术；⑧ 装配和修理技术。

钳工常用技术及选用原则如表 8-1 所示。

表 8-1 钳工常用技术及选用原则

<table>
<tr><th></th><th colspan="4">选 用 规 则</th></tr>
<tr><td>台虎钳</td><td colspan="4">台虎钳夹紧工件时，需要在工件两侧面垫铜、铝等软材料的垫板，夹有色金属或塑料等材料，则需垫木板、橡胶等</td></tr>
<tr><td>錾 削</td><td colspan="4">錾削时，錾刃应经常保持锋利，錾子的錾刃角为楔角。錾削低碳钢时，錾子楔角为 50°～60°、中碳钢为 60°～70°、有色金属为 30°～50°</td></tr>
<tr><td rowspan="4">锯 削</td><td colspan="4">锯条的安装要松紧程度适当。工件的锯削部位，装夹时应尽量靠近钳口，防止振动。锯削簿件、管件，选用细齿锯条，锯削时锯条对工件的倾斜角小于 45°</td></tr>
<tr><td rowspan="3">锯 条</td><td>细齿</td><td>1.0/mm</td><td>薄材料、管子、角铁</td></tr>
<tr><td>中齿</td><td>1.4/mm</td><td>中碳钢、铸铁以及中厚件</td></tr>
<tr><td>粗齿</td><td>1.8/mm</td><td>较软材料和较厚工件</td></tr>
<tr><td rowspan="5">锉 削</td><td colspan="2" rowspan="2">锉 刀</td><td colspan="2">选 用 条 件</td></tr>
<tr><td>加工余量/mm</td><td>尺寸精度/mm</td></tr>
<tr><td colspan="2">粗齿锉</td><td>0.5～2</td><td>0.2～0.5</td></tr>
<tr><td colspan="2">中齿锉</td><td>0.2～0.5</td><td>0.05～0.2</td></tr>
<tr><td colspan="2">细齿锉</td><td>0.05～0.2</td><td>0.01～0.05</td></tr>
<tr><td>钻 削</td><td colspan="4">钻削是孔加工的一种基本方法，钻孔经常在钻床和车床上进行，也可以在镗床或铣床上进行。常用的钻床有台式钻床、立式钻床和摇臂钻床</td></tr>
<tr><td>攻螺纹</td><td colspan="4">丝锥切入工件时，应保证丝锥轴线对孔的端面垂直，攻螺纹时，应勤倒转，必要时退出丝锥，清洗切屑。根据工件的材料合理选用润滑剂</td></tr>
</table>

（续 表）

	选 用 规 则	
刮 削	平面刮削操作要点	
	粗 刮	刮削量大，采用长刮法，刮削方向应顺工件长度方向，在 25×25 mm 内应有 3～4 点，点要均匀
	细 刮	采用短刀刮削，并与前一遍刮削方向交叉，在 25×25 mm 内应有 12～15 点，点要均匀
	精 刮	采用点刮削，每个研点只刮一刀不重复，大的研点全刮去，中等研点刮去一部分，小而虚的研点不刮，在 25×25 mm 内应有 20 点以上要求即可
	曲面刮削操作要求	
	刮削圆孔时，一般应使用三角刮刀	
	刮削圆弧面时，一般应用蛇头刮刀或半圆弧刮刀	
	刮削轴瓦时，最后一遍刀迹应与轴瓦轴线成 45°交叉刮削。靠近两端接触点数应比中间的点数多，工作受力部位的点应比其余部位的点密集而均匀	
研 磨	研磨工具选择	
	粗研平面时，应用一般研磨平板，精磨时用精研平板 研磨外圆柱面，用的研磨套长度一般是工件外径的 1～2 倍，孔径应比工件外径大 0.025～0.05 mm	
	研磨圆柱孔时，用的研磨棒工作部分长度一般是被研磨孔长度的 1.5 倍左右，研磨棒的直径应比被研磨孔小 0.010～0.025 mm	
	研 磨 操 作	
	研磨平面时，采用“8”字形旋转和直线运动相结合的方式进行研磨	
	研磨外圆和内孔时，研出的网纹应与轴线成 45 度，在研磨的过程中应注意及时除去孔端多余的研磨剂，避免产生喇叭口	
	在研磨过程中用力要均匀、平稳，速度不宜过快。研磨后，及时将工件清洗干净，并采取防锈措施	

8.1.3.2 钳工通用工具及设备

(1) 钳桌

钳桌是钳工专用的工作台，如图 8-1 所示。主要用来安装台虎钳、放置工具和工件。钳桌有多种式样，有木制的、钢结构的或在木制的台面上覆盖铁皮。其高度为 800～900 mm，长度和宽度可随工作需要而定。

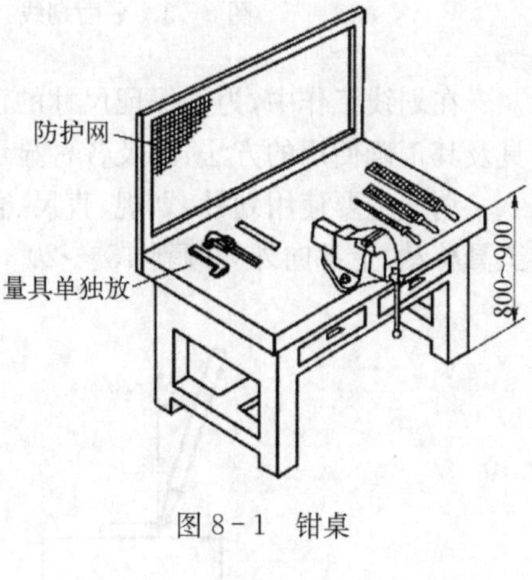

图 8-1 钳桌

(2) 台虎钳

台虎钳用来夹紧工件，安放在钳桌上，有固定式和回转式两种，如图 8-2 所示。其规格是用钳口宽度来表示的，常用的有 100 mm、125 mm 和 150 mm 等。

8.1.3.3 划线及工具

1) 划线

划线是根据图样或实物的要求，在工件表面划出零件的加工界线的操作过程。划线的作用不但能使零件在加工时有一个明确的界线，而且能及时发现和处理不合格的毛坯，避免加工后造成损失。当毛坯误差不大时，又可通过划线的借料得到补救，此外划线还便

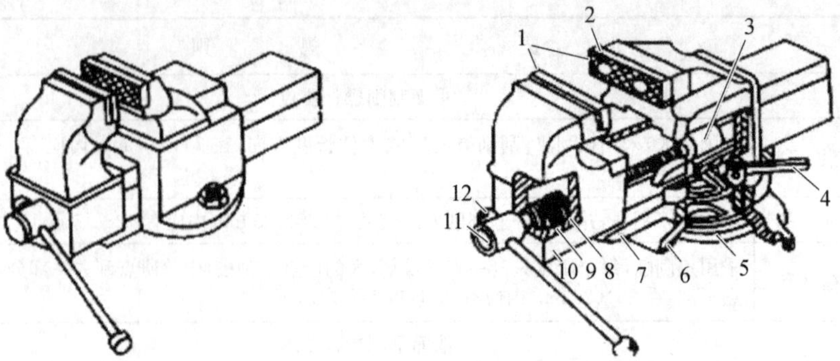

(a) 固定式　　(b) 回转式

图 8－2　台虎钳

1. 钳口；2. 螺钉；3. 螺母；4. 手柄；5. 夹紧盘；6. 转盘座；7. 固定钳身；8. 挡圈；9. 弹簧；10. 活动钳身；11. 丝杆；12. 手柄

于复杂工件在机床上安装、找正和定位。

划线分平面划线和立体画线两种。平面划线是在工件的一个表面上划线，即明确反映出加工界线（图 8－3）。立体划线是要在工件几个不同的表面上同时划线，即明确反映出加工界线（图 8－4）。

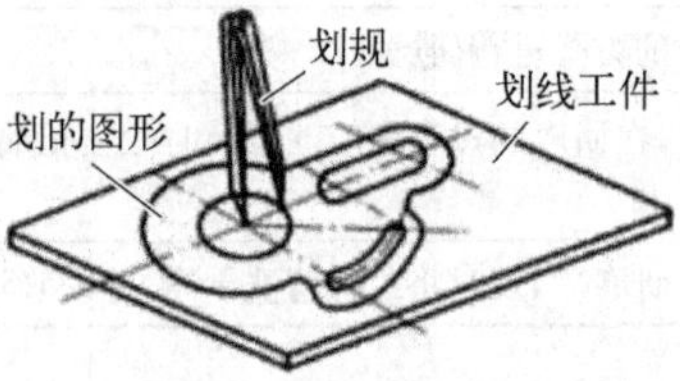

图 8－3　平面划线

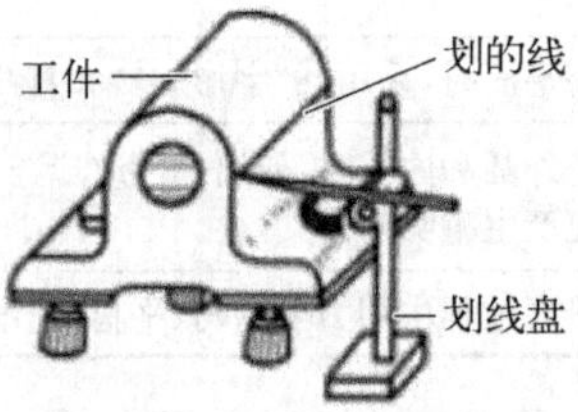

图 8－4　立体划线

在划线工作中，为了保证尺寸的正确性和达到较高的工作效率，必须熟悉各种划线工具及其正确使用的方法，以及各种显示涂料的应用方法。

划线主要使用划针、划规、直尺、直角尺、样板等导向工具配合。划针尖端要紧贴导向工具移动，上部向外侧倾斜 15°～20°，向划线方向倾斜 45°～75°，如图 8－5 所示。

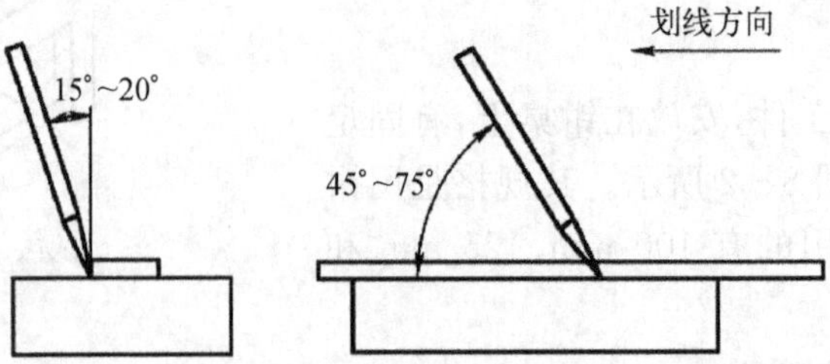

图 8－5　划针的使用方法

2）划线工具

① 划线涂料：为了使工件上划出的线条清晰，划线前需要在划线部位涂上一层涂料。常用的涂料有白喷漆和石灰水、蓝油（淡金水）、锌钡白、无水涂料等。

② 划线平板：是划线的基本工具之一，一般由铸铁制成，工作表面经过精刨或刮削加工(图 8-6)。由于平板表面是划线的基本平面，其平整性直接影响划线的质量，因此安装时必须使工作平面保持水平位置。在使用过程中要保持清洁，防止铁屑、灰尘等在划线工具或工件移动时划伤平板表面。划线时工件和工具在平板上要轻放，防止平板表面受撞击，划线平板要各处平均使用，避免局部地方起凹，影响平板的平整性，平板使用后要擦净，涂油防锈。

图 8-6　划线平板

③ 划针：划线时用来在工件上划线条，通常用工具钢或弹簧钢丝制成，其长度约为 200～300 mm，直径为 3～6 mm，尖端磨成 10°～20°，并经淬火。为了针尖更锐利耐磨，可以焊上硬质合金后磨锐(图 8-7)。

图 8-7　划针

④ 划规：主要用于划圆、圆弧、等分线段、角度及量取尺寸等，主要包括普通划规、弹簧划规等。划规采用工具钢制成，划规脚尖必须坚硬，一般需淬火，有的划规还在脚尖上加焊硬质合金，使之更加锋利和耐磨。

普通划规：结构简单、制造方便。铆合处松紧要适合，两脚长短要一致(图 8-8a)。如在普通划规上装上锁紧装置，当拧紧锁紧螺钉时，则可保持已调节好的尺寸不会松动(图 8-8b)。

弹簧划规：旋动调节螺母，使调节尺寸方便，该划规的结构刚度较差，适用于在光滑表面上划线(图 8-9)。

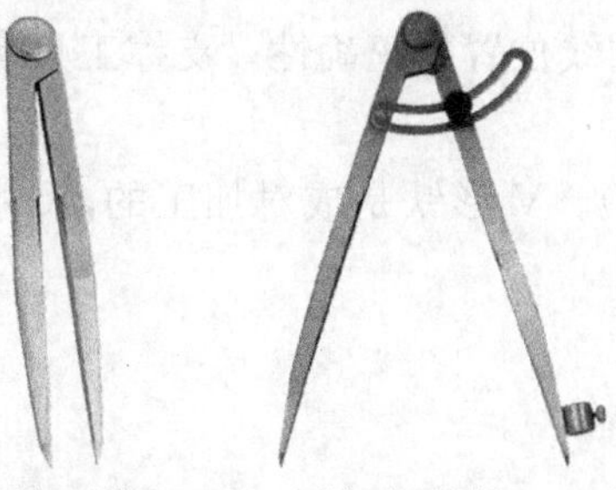

(a) 普通划规　(b) 扇形划规

图 8-8　划规

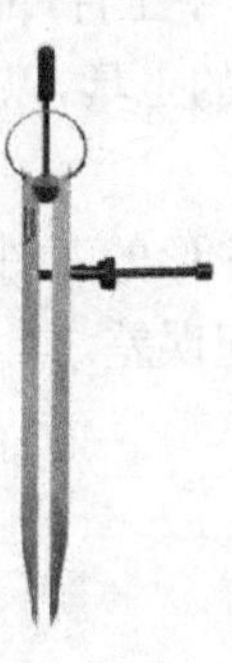

图 8-9　弹簧划规

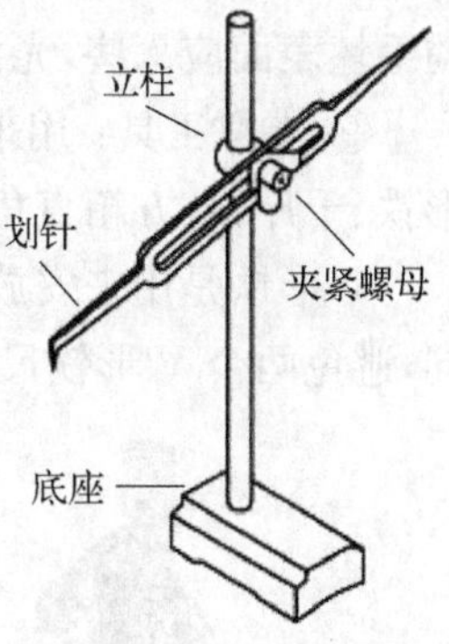

图 8-10　划线盘

⑤ 划线盘：一般用于立体划线和用来校正工件位置，由底座、立柱、划针和夹紧螺母组成。夹紧螺母可将划针固定在立柱的任何位置上，划针的直尖头端用来划线，为了增加划线时划针的刚度，划针不宜伸出过长。弯头端用来找正工件的位置，如找正工件表面与划线平板平行等(图 8-10)。划线盘使用完毕后，将划针的直尖头端向下，置于垂直状态，以防伤人和减少所占的空间位置。

⑥ 游标高度卡尺：是在划线中最稳定、线条清晰和尺寸精确，划线的量爪前端镶有硬

质合金，它的分数值一般为 0.02 mm(图 8-11)。

⑦ 宽度直角尺：钳工常用的测量工具(图 8-12)，在划线时测量工件的垂直或平行线，同时可用来校正工件在平台上的垂直位置(图 8-13)。

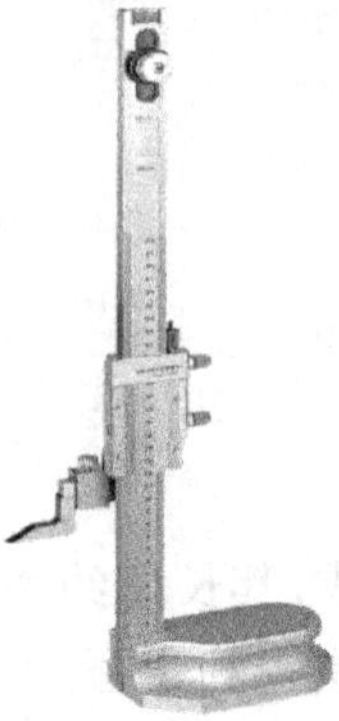
图 8-11 游标高度卡尺

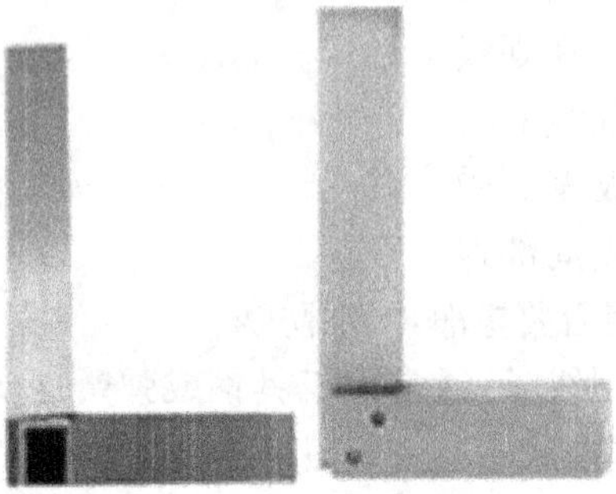
图 8-12 宽度直角尺

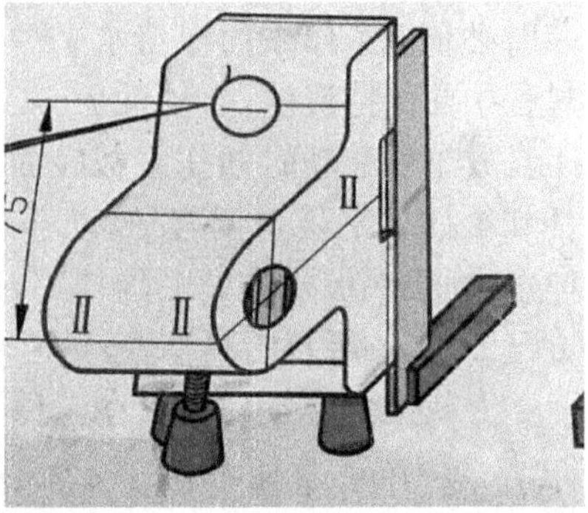

图 8-13 用宽度直角尺校正工件

⑧ 样冲：用工具钢制成，冲尖磨成 45°～60°，并淬火硬化(图 8-14)。样冲是在划好的线上冲眼的工具。冲眼的目的是划出来的线条保持永久性的标记，同时用划规在冲眼中划圆，钻孔中心时也需要打上冲眼，作为圆心的定点中心。

图 8-14 样冲

冲眼要满足以下几点要求：冲眼位置要准确，冲尖对准线条中间；冲眼距离根据线条的长短、曲直而定，对长的直线条冲眼应均匀布点而距离可大一些，对短的曲线条冲眼距离可小一些，在线条的交叉转折处必须冲眼；冲眼的深浅根据零件表面质量情况而定，粗糙毛坯表面应深些，光滑表面或薄壁工件冲眼可浅些，精加工表面禁止冲眼。

⑨ 支撑工具：用来调整划线的工具，以保证工件划线位置的正确性。支撑工具有 V 形铁、千斤顶、方箱直角铁等。

V 形铁是用来安放圆形、圆柱形的工件(图 8-15)。V 形铁是成对加工的，尺寸相同，避免两个 V 形铁尺寸不同引起误差。

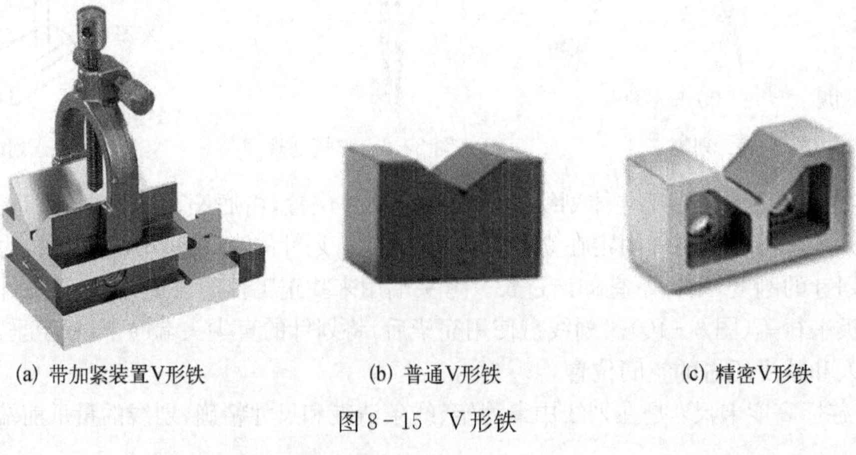
(a) 带加紧装置V形铁　(b) 普通V形铁　(c) 精密V形铁

图 8-15 V 形铁

千斤顶是用来支承毛坯或不规则工件进行立体划线的，以三个为一组，作为工件的主要支撑，便于调整工件高度。工件调整好，需要拧紧螺母，可以防止已调好的千斤顶松动，从而使已调整好的高度发生变化(图 8－16)。

图 8－16 千斤顶

方箱使用灰铸铁制成的空心长方体或立方体，其相对面互相平行、相邻平面互相垂直。划线时，可以 C 形夹头将工件夹紧于方箱上，再通过翻转方箱，便可在一次安装的情况下将工件上互相垂直的线全部划出来(图 8－17)。特殊方箱上的 V 形槽平行于相应的平面，用于装夹圆柱形的工件。

直角铁一般都是用铸铁制成，它有两个互相垂直的平面。直角铁上的孔或槽是搭压板时穿螺栓用的(图 8－18)。

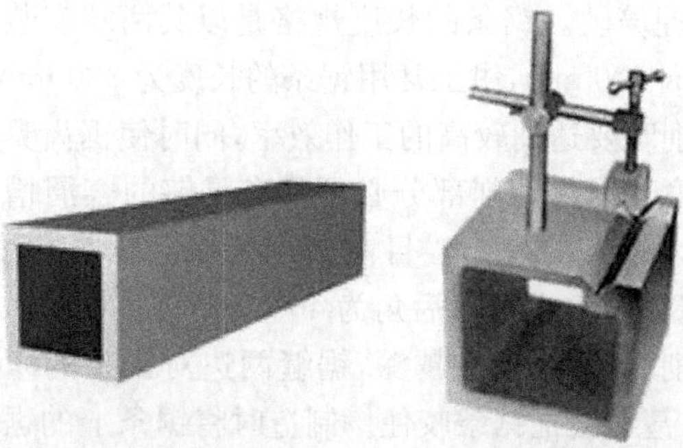

(a) 一般方箱　(b) 特殊方箱

图 8－17 方箱

图 8－18 直角铁

8.1.3.4 锯削及工具

用手锯对材料或工件进行切断、切槽等的加工方法叫锯削。钳工的锯削只是利用手锯对较小的材料和工件进行分割或切槽。它们分别锯断各种原材料或半成品、锯去工件上的多余部分、在工件上锯出沟槽(图 8－19)。

(a) 锯断各种原材料、半成品

(b) 在工件上锯出沟槽

图 8－19 锯削的应用

1）锯削工具

手锯是钳工用来进行锯削的手动工具，由锯弓（锯架）和锯条两部分组成。锯弓用来张紧锯条，可分为固定式锯弓和可调式锯弓两种。其中，固定式锯弓为整体结构，只能安装一种规格的锯条，则 L 尺寸是不能改变的。可调试锯弓可以伸缩，因此使用时可安装几种长度规格的锯条，其 L 尺寸可改变，如图 8－20 所示。

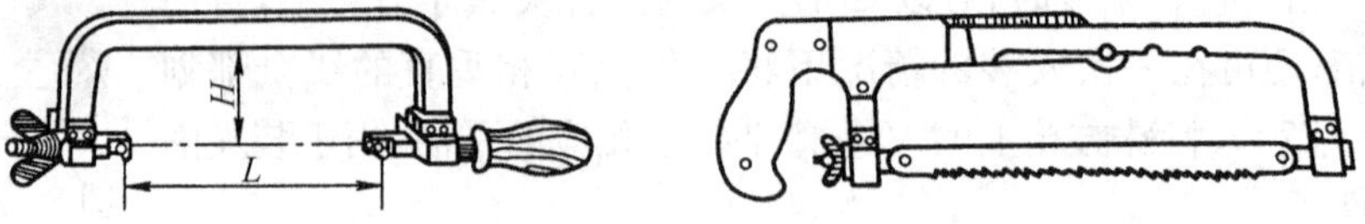

(a) 固定式　　(b) 可调式

图 8－20　锯弓的构造

锯条是手锯的重要组成部分，锯削时起切削作用。锯条一般用渗碳软钢冷轧而成，也有用碳素工具钢或合金钢制成，经过热处理淬硬。锯条的长度规格是以其两端安装孔的中心距来表示的。锯条的长度一般为 150～400 mm，钳工常用锯条的长度为 300 mm。

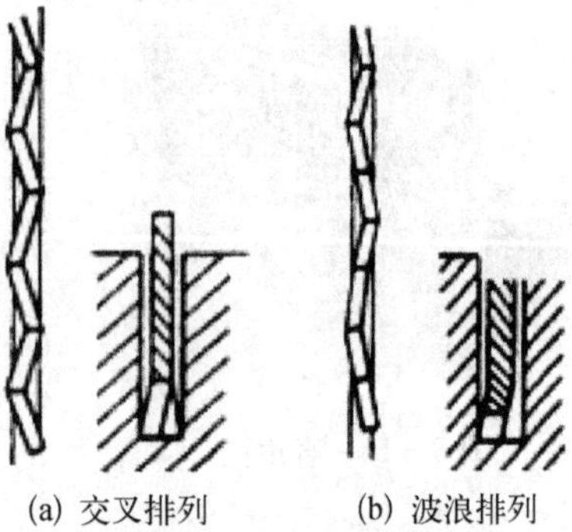

(a) 交叉排列　　(b) 波浪排列

图 8－21　锯齿排列

锯削时要达到较高的工作效率，同时使锯齿具有一定的强度。因此切削部分必须具有足够的容屑槽以及保证锯齿较大的楔角。目前使用的锯条锯齿角度是：前角为 0°；楔角为 50°；后角为 40°。

锯削时，锯入工件越深，锯缝两边对锯条的摩擦阻力越大，甚至会把锯条咬住。制造时将锯条上的锯齿按一定规律左右错开排列成一定的形状，称为锯路，锯路有交叉形、波浪形等。锯齿排列如图 8－21 所示。锯条有了锯路，使工件的锯缝宽度大于锯条背部的厚度，锯条便不会被锯缝咬住，减少锯条与锯缝的摩擦阻力，锯条不致摩擦过热而加快磨损。

2）锯条的安装

手锯是在向前推进时进行切削的，所以安装锯条时要保证齿尖向前（图 8－22）。安装锯条时其松劲也要适度，过紧锯条受力大，锯削时稍有阻滞而产生弯折，锯条很容易崩断。锯条安装得过松，锯条不但容易弯曲造成折断，而且锯逢容易歪斜。锯条安装好后，还应检查锯条安装得是否歪斜，如有歪斜则必须校正。

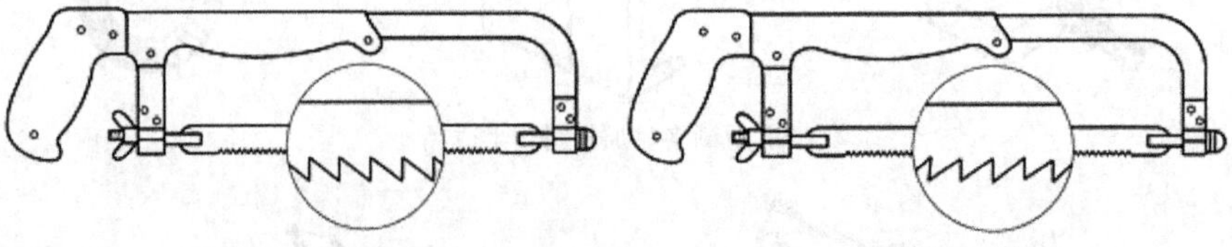

(a) 正确安装　　(b) 错误安装

图 8－22　锯条安装方法

3）锯削方法

锯削的基本方法包括锯削时锯弓的运动方式和起锯方法。

① 锯弓的运动方式有直线式与摆动式两种。直线式适用于锯底面要求平直的槽和薄

型工件。摆动式,锯削时锯弓两端可自然上下摆动,这样可减少切削阻力,提到工作效率。

② 起锯是锯削工作开始,起锯质量的好坏直接影响锯削质量。起锯有近起锯和远起锯两种方法。在实际操作中较多采用远起锯。锯削时,无论采用哪种起锯方法,其起锯角要小,起锯角度在15°为宜,若起锯的角度太大,锯齿会钩住工件的棱边,造成锯齿崩裂。但起锯角太小,锯齿不易切入,锯条易滑动而锯伤工件表面。另外,起锯时压力要轻,同时可用拇指挡住锯条,使它正确地锯在所需的为置上,手握锯弓要正确(图8-23)。

(a) 拇指挡住锯条起锯　(b) 远起锯　(c) 近起锯　(d) 手握锯弓正确

图8-23　起锯方法

4) 锯削操作要求

① 工件的夹持应当稳定牢固,不可有移动。工件伸出部分要短,并将工件夹紧在台虎钳的左侧。

② 锯削时,压力、速度和往复长度要适当。两手在手锯上的压力和锯条在工件上的往复速度都会影响到锯削效率。必须按照工件材料的性质来确定锯削时的压力和速度。

③ 锯削硬材料时,因为不易切入,压力应该大些。锯削软材料时,压力应小些。但不管锯削何种材料,当向前推锯时,对手锯要加压力;向后拉时,不但不要加压力,还应把手锯稍微抬起,以减少锯齿的磨损。每当锯削快结束时,压力应减少。锯削速度以每分钟往复20~40次为宜。锯削软材料速度可快些,锯削硬材料速度放慢些。速度过快锯齿发热易磨损。锯削时,应使锯条全部长度都参加锯削,但不要碰撞到锯弓两端,这样锯条在锯削中的消耗平均于全部锯齿,从而延长锯条的使用寿命。相反如果只使用锯条一部分,将造成锯齿磨损不均,使锯条使用寿命缩短。锯削时一般往复长度不应小于锯条长度的2/3。

8.1.3.5　锉削及工具

用锉刀对工件进行切削加工的方法称为锉削。

锉削尺寸精度可达0.01 mm左右。锉削是钳工的操作技能之一,锉削的工作范围较广,可以锉削工件的内、外表面和各种沟槽,钳工在装配过程中也经常对零件进行修正。

1) 锉刀

① 锉刀结构:锉刀是锉削的工具。锉刀是用高工具钢T12或T13制成的,并经热处理淬硬,其硬度为62~67 HRC。锉刀典型结构:锉身长度、锉刀面、锉刀边、面齿、锉刀尾、木柄、锉舌、底齿(图8-24)。

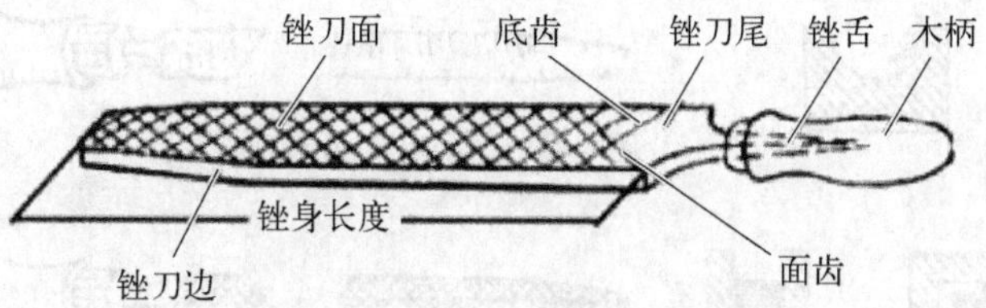

图8-24　锉刀各部分名称

② 锉刀种类：锉刀可分为普通锉、整形锉和特种锉三种。

普通锉是钳工常用的锉刀，钳工锉按其断面形状，可分为扁锉、半圆锉、三角锉、方锉和圆锉，以适应各种表面的锉削，截面形状如图 8－25 所示。

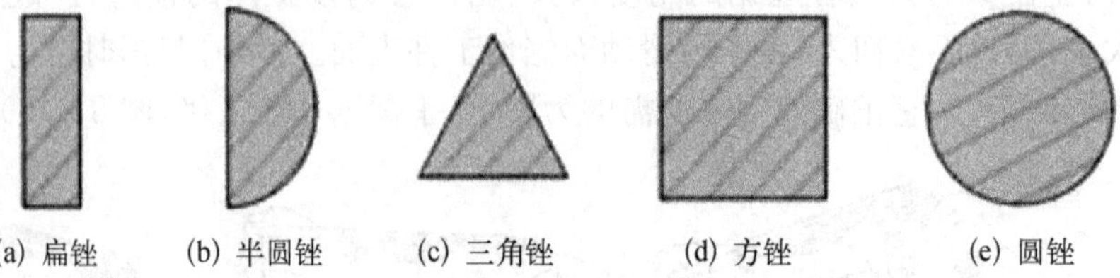

图 8－25 普通锉截面形状

特种锉是用来加工零件上特殊表面的，如图 8－26 所示。

整形锉用于修整工件上的细小表面部位，它可以由 5 把、6 把、8 把、10 把或 12 把不同形状的锉刀组成一套(图 8－27)。

图 8－26 特种锉

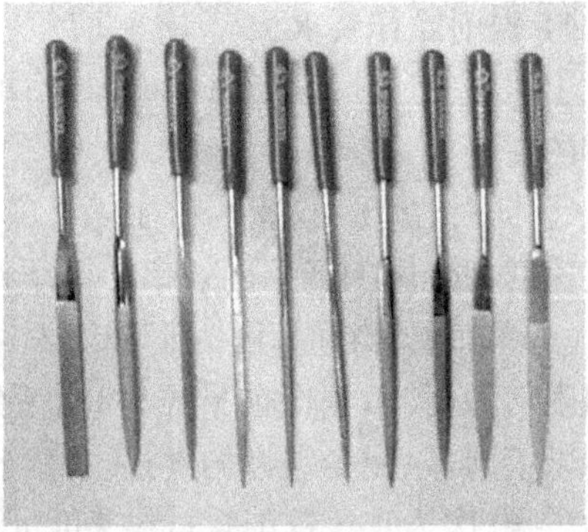

图 8－27 整形锉

③ 锉刀的选用和保养：每种锉刀都有各自不同的适用场合，只有合理地选择，才能充分发挥它的效率，而不至于过早地丧失锉削能力。锉刀的选择由工件锉削余量的大小、精度的高低、表面的粗糙度和工件的材料而定。

合理选用锉刀是保证锉削的质量、充分发挥锉刀效能，正确使用和保养是延长锉刀使用寿命的一个重要环节。锉刀截面形状的选择决定于工件锉削表面的形状，不同表面选用锉刀如图 8－28 所示。

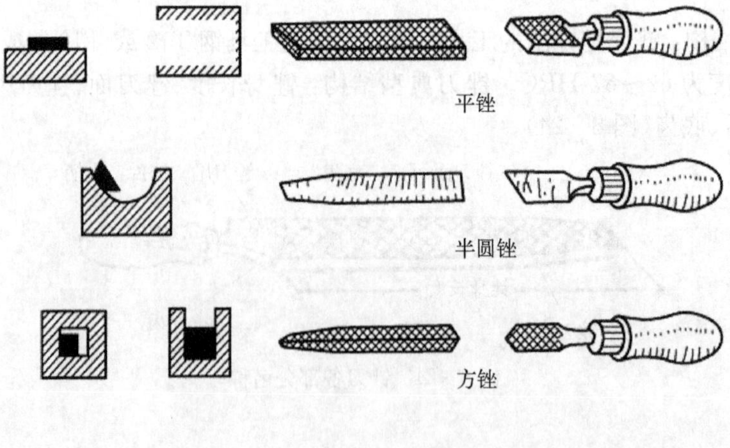

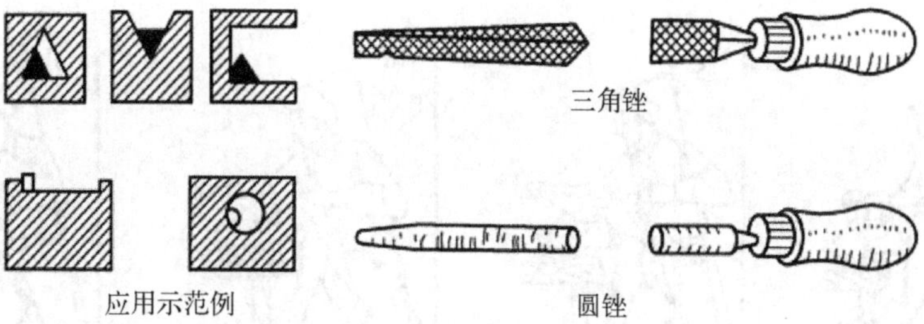

图 8－28　不同表面锉刀选用

锉刀的保养规则如下：

不可用锉刀锉削毛坯的硬皮及淬硬的表面，否则锉纹很快磨损而丧失锉削能力；

锉刀先用一面，用钝后再用另一面；

发现锉屑嵌入纹槽内，应及时用铜丝刷，顺着齿纹方向将锉屑刷去；

在锉削时不得用手触摸工件锉削表面，锉刀严禁接触油类，以免再锉时打滑。

2）锉削方法

钳工要掌握锉削技能和提高锉削质量，必须要正确握持锉刀并使用正确的锉削姿势。

① 锉刀的握法：锉刀的种类较多，所以锉刀的握法还必须随着锉刀的大小、使用地方不同而改变。较大的锉刀握法是用右手握着锉刀柄，柄端处顶住拇指根部的手掌，左手在锉刀上(图 8－29)。在使用中型锉刀时，为了避免锉刀弯曲，用左手的几个手指压在锉刀的中部。使用小型锉刀只用一只右手握住锉刀，食指放在上面即可(图 8－30)。

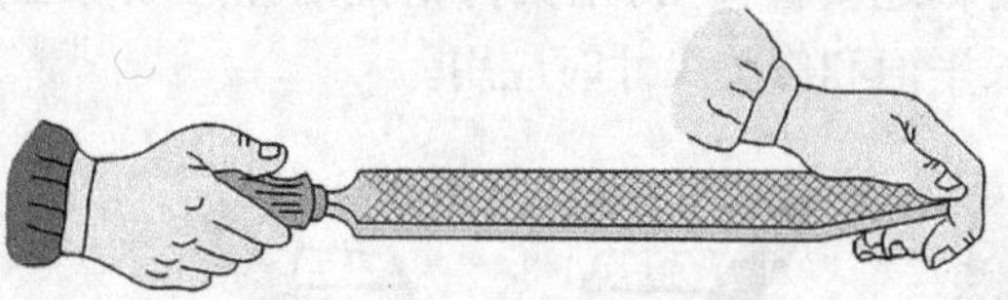

图 8－29　较大的锉刀握法

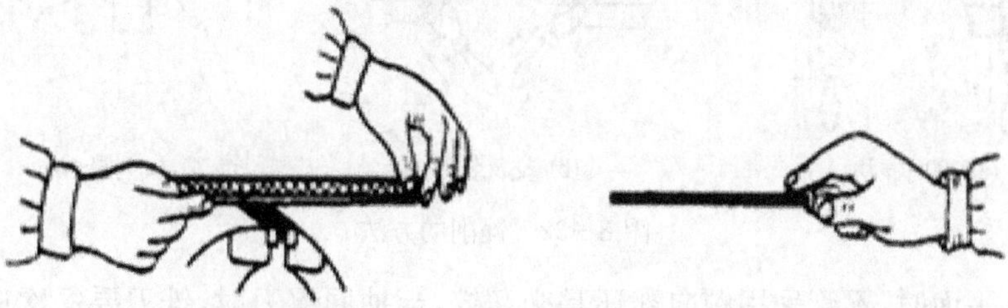

(a) 中锉刀的握法　　(b) 小型锉刀的握法

图 8－30　中小型锉刀的握法

② 锉削姿势：锉削姿势如图 8－31 所示。身体的重心落在左脚上，右脚要伸直，脚始终站稳不可移动，而靠左膝的屈伸作往复运动。向前锉削行程结束后，把锉刀略微提高使手和身体回到初始位置，为了保证锉削表面平直，锉削时必须掌握好锉削力的平衡。锉削力由水平推力和垂直压力两者结合，推力主要由右手控制，压力是由两手控制的。开始锉削时左手压力要大，右手压力要小而推力要大。随着锉刀向前的推进，左手压力逐渐减少，右手压力逐渐增大，锉刀回程时不要加力以减少锉纹的磨损。锉削时的速度不宜太快，一般每分钟为 30～60 次。

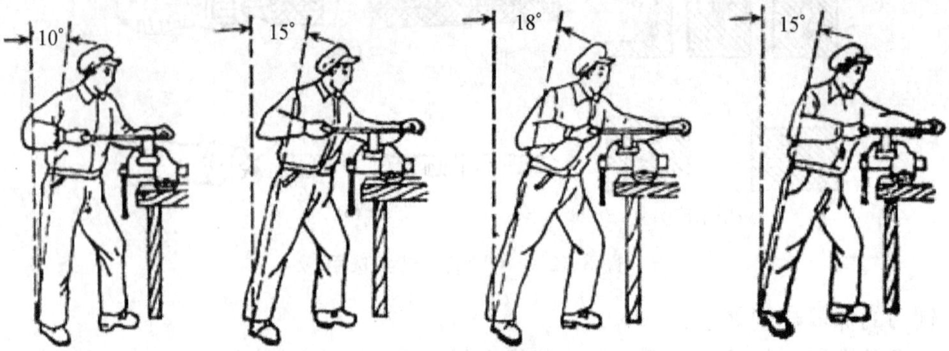

(a) 开始锉削　(b) 锉刀推出1/3的行程　(c) 锉刀推出2/3的行程　(d) 锉刀行程推尽时

图 8－31　锉削姿势

③ 平面的锉法：平面的锉削有以下三种方法，如图 8－32 所示。

顺向锉法。顺着同一方向对工件进行锉削，也是最基本的锉削方法。用此方法锉削可得到正直的锉痕，比较整齐美观，适用于工件表面最后的锉光和锉削不大的平面。

交叉锉法。从两个交叉方向对工件进行锉削。锉削时锉刀与工件的接触面增大，容易掌握好锉刀的平稳，锉削时还可从锉痕上反映出锉削面的高低情况，表面容易锉平，但锉痕不正直。所以当锉削余量较多时，可采用交叉锉法，余量基本锉到时，再改用顺向锉法，使锉削表面锉痕正直、美观。

推锉法。用两手对称地横握锉刀，用大拇指推动锉刀顺着工件长度方向进行锉削。推锉法适合于锉削窄长平面和修整尺寸时应用。

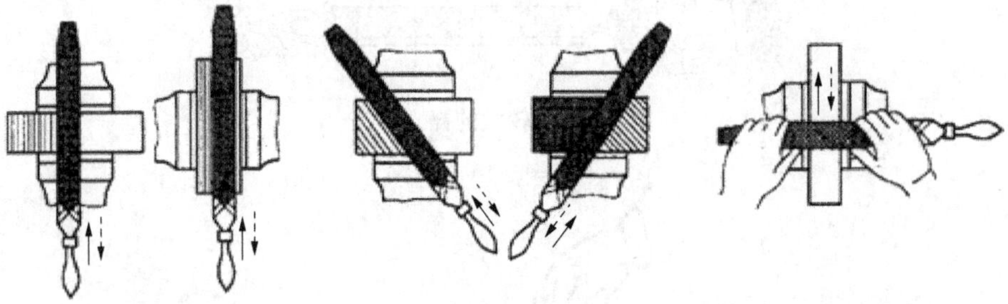
(a) 顺向锉法　(b) 交叉锉法　(c) 推锉法

图 8－32　锉削的方法

在锉削平面时，不管采用顺向锉还是交叉锉，当抽回锉刀时，锉刀要每次向旁边移动一些，这样可使整个加工面均匀地锉削。

8.1.3.6　孔和螺纹加工及工具

1) 钻孔

用标准麻花钻（又称钻头）在实心材料上加工出孔的方法称为钻孔。要把两个以上的零件用螺钉、铆钉、销等不同的方法联接起来，没有孔是不能装配的。因此，首先要在零件上钻出各种不同的孔，所以钻孔在生产中是一项很重要的工作。

钻孔可以达到的标准公差等级一般为 IT10～IT11 级，表面粗糙度值一般为 Ra50～Ra12.5 μm，所以钻孔只能加工精度要求不高的孔或作为孔的粗加工。

钻孔时，钻头装夹在钻床（或其他机械）上，依靠钻头与工件之间的相对运用来完成切削加工。

2) 钻床

钻床的种类、形式很多，但除去多头钻床和专业化钻床外，平时钻孔常用的钻床有立式钻床、台式钻床和摇臂钻床三类。立式钻床的工作台和主轴箱可以在立柱上垂直移动，用于加工中小型工件。台式钻床（简称台钻）是一种小型立式钻床，最大钻孔直径为 12～15 mm，安装在钳工台上使用，多为手动进钻，常用来加工小型工件的小孔等。摇臂钻床的主轴箱能在摇臂上移动，摇臂能回转和升降，工件固定不动，适用于加工大而重和多孔的工件，广泛应用于机械制造中。

3) 孔加工的方法

(1) 工件夹持

钻孔前一般都须将工件夹紧固定，以防钻孔时工件移动折断钻头或使钻孔位置偏移。例如，在钻 Φ8 mm 以下的小孔时，工件可用台虎钳夹住工件钻孔。若钻孔要求较高，零件批量又较大的工件，可采用专门的钻夹具夹持工件来钻孔。

(2) 一般工件的钻孔方式

钻孔前应在工件上划出所要钻孔的中心线和直径。在孔的圆周上（90°位置）打四个样冲眼，作钻孔后检查使用。孔中心的样冲眼作为钻头定心用，应大而深，使钻头在钻孔时不易偏离中心。

钻孔开始时，先调整钻头或工件的位置，使钻尖对准钻孔中心，然后试钻一浅坑。如钻出的浅坑与所划的钻孔圆周线不同心，可移动工件或钻床主轴予以借正。用移动工件或钻头很难取得最佳效果，这时可用样冲或油槽錾几条沟槽，以减少切削阻力，达到借正的目的。孔将要钻穿时，必须减小进给量，若是自动进给，则最好改为手动进给，以减少孔口的毛刺，并防止钻头折断或钻孔质量降低等现象。

钻不通孔时，可按钻孔深度调整挡块，并通过测量实际尺寸来控制钻孔深度。钻深孔时，一般钻进深度达到直径的 3 倍时钻头要退出排屑，以后每钻进一定深度，钻头即退出排屑一次，以免切屑阻塞而扭断钻头。

钻孔直径超过 Φ30 mm 的孔可分两次钻削，先用 0.5～0.7 倍的钻头钻孔，然后再用所需孔径的钻头扩孔。这样可以减少转矩和轴向，既保护了机床，又可提高钻孔的质量。

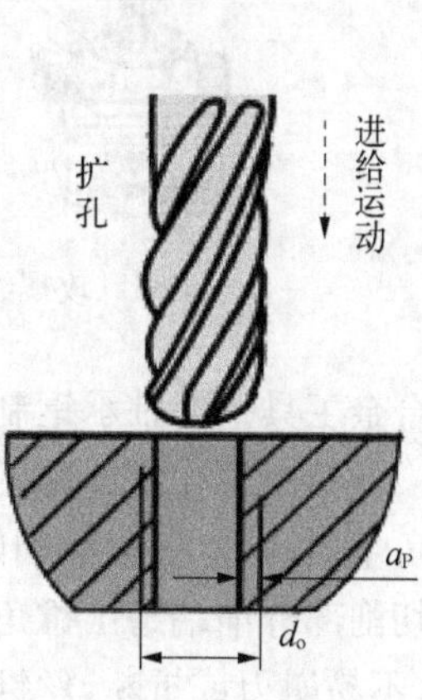

图 8-33　扩孔

4) 扩孔、锪孔、铰孔

① 扩孔：将工件上原有的孔进行扩大的加工称为扩孔，如图 8-33 所示。扩孔钻基本上和钻头相同，不同的是，它有 3 到 4 个切削刃，要求刚度、导向性好，切削平稳，所以加工孔的精度、表面粗糙度较好。扩孔前应先用要求孔径 0.5～0.7 倍的钻头进行钻孔，再使用要求孔径的钻头进行进一步钻孔。

② 锪孔：用锪钻或改制钻头将孔口表面加工成一定形状的孔和平面，称为锪孔（图 8-34）。

③ 铰孔：用铰刀从工件孔壁上切除微量金属层，以提高孔的尺寸精度和降低表面粗糙度值的方法称为铰孔（图 8-35）。铰刀是一种尺寸精确的多刃道具，铰削时切削很薄，所以铰孔公差等级可达到 IT9～IT7，表面粗糙值为 Ra3.2～Ra0.8 μm，属于孔的精加工。按照铰刀的使用方法可分为手用铰刀和机用铰刀。按铰刀形状可分为圆柱铰刀和圆锥铰

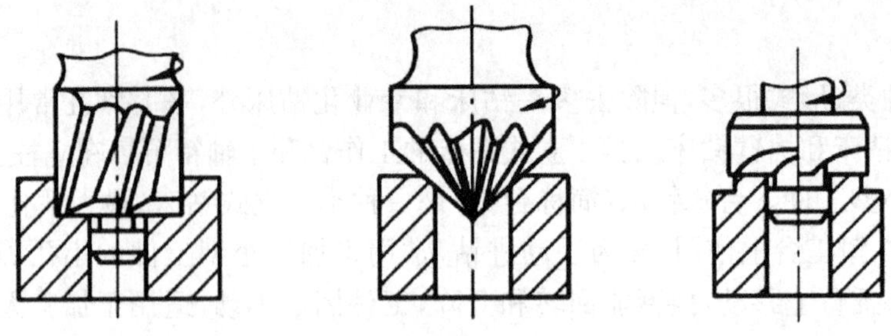

(a) 锪圆柱形埋头孔　　(b) 锪锥形埋头孔　　(c) 锪平面

图 8-34　锪孔加工

图 8-35　手铰刀

刀。按铰刀结构又可分为整体式铰刀和可调节式铰刀。

5) 螺纹加工

螺纹按牙型可分为三角形、梯形、矩形、锯齿形，圆弧螺纹按螺旋线条数可分为单线和多线，按螺纹母体形状分为圆柱和丝锥等。

钳工加工的螺纹都是三角形螺纹。三角形螺纹有米制和英制两种，米制三角形螺纹牙型角为 60°，分粗牙普通螺纹和细牙普通螺纹两种。细牙螺纹由于螺距小、螺旋升角小、自锁性好，常用在承受冲击、振动或变载荷的联接，也可用于调整机构的场合。英制三角形螺纹其牙型角为 55°。

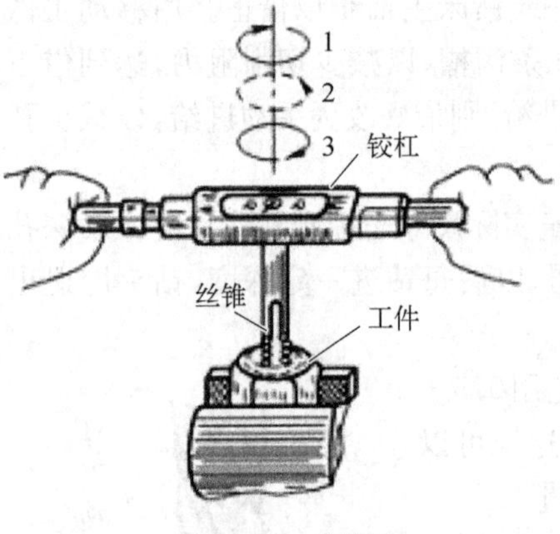

图 8-36　攻螺纹

(1) 内螺纹的加工方法和加工工具

在圆柱内表面上形成的螺纹叫内螺纹。钳工利用丝锥在圆柱内表面上加工出内螺纹的操作技能称为攻螺纹。攻螺纹要用丝锥、铰杠和保险夹头等工具(图 8-36)。

丝锥是钳工加工内螺纹的工具，分手用和机用两种，有机牙、细牙之分。手用丝锥的材料一般用合金工具钢或轴承钢制造，机用丝锥采用高速钢制造。

丝锥由工作部分和柄部两部分组成，工作部分包括切削部分和校准部分。切削部分担负主要切削工作，沿轴向方向开有几条容屑槽，形成切削刃和前角，同时能容纳切屑。在切削部分前端磨出锥角，使切削负荷分布在几个刀齿上，从而使切削省力、刀齿受力均匀，不易崩刃或折断，丝锥也容易正确切入。

校准部分有完整的齿形，用来校准已切出螺纹，并保证丝锥沿轴向运动，丝锥校准部分有 0.05～0.12 mm/100 mm 的倒锥，以减小与螺孔的摩擦。

柄部夹持部分，用来传递切削转矩。

锥形分配，每套中丝锥的大径、中径、小径都相等，只是切削部分的长度及锥角不同。头锥的切削部分长度为 5～7 个螺距，二锥切削部分长度为 2.5～4 个螺距，三锥切削部分长度为 1.5～2 个螺距。

铰杠用来夹持丝锥柄部的工具，带动丝锥旋转切削的工具。铰杠有普通铰杠和丁字铰杠两类，每类铰杠又分为固定式和活络式两种。

(2) 外螺纹的加工方法和加工工具

在圆柱或圆锥外表面上加工出的螺纹叫外螺纹。钳工利用板牙在圆柱(圆锥)表面上加工出外螺纹的操作称为套螺纹，如图 8－37 所示。

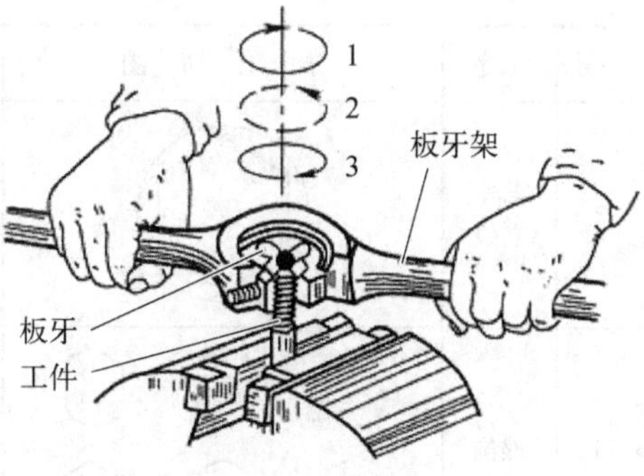

图 8－37　套螺纹

套螺纹前圆杆直径的确定与攻螺纹时类似。圆板牙在工件上套螺纹时，材料同样受到挤压而变形，螺纹的牙尖也要被挤高一些，所以圆杆直径应稍小于螺纹大径。

8.1.4　钳工实践案例

8.1.4.1　六角螺母实践案例

本案例是使用钳工加工完成“六角螺母”，零件如图 8－38 所示。

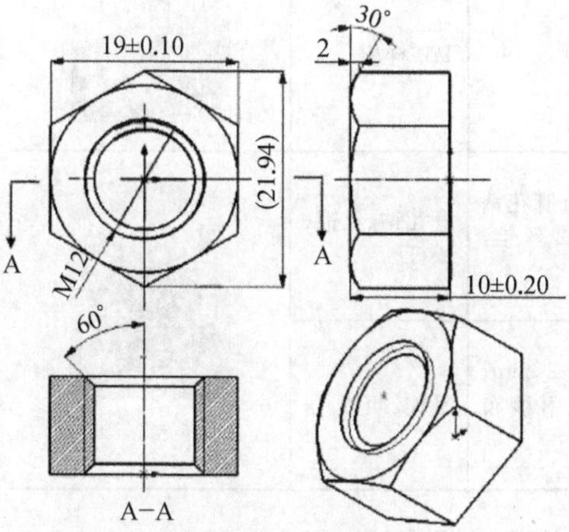

图 8－38　六角螺母零件图

1) 钳工实践案例分析

(1) 准备要求

① 熟悉图纸；② 准备材料——45＃Φ25 圆钢；③ 检查和准备设备和工具；④ 划线。

(2) 所用工具

① 台虎钳；② 手锯；③ 锉刀；④ 榔头；⑤ 样冲；⑥ 铰杠、M12 丝锥；⑦ 淡金水；⑧ 画线平板；⑨ 120°V 形铁。

(3) 所用量具

① 游标卡尺；② 游标高度卡尺；③ 刀口角尺；④ 120°样板。

(4) 要求

不准用砂轮或风磨机打磨加工表面。

2) 钳工实践操作过程

六角螺母的钳工加工过程如表 8－2 所示。

表 8－2　六角螺母的钳工加工过程

序号	工序	加工简图	加工内容	工具、量具	加工实际图
1	备料	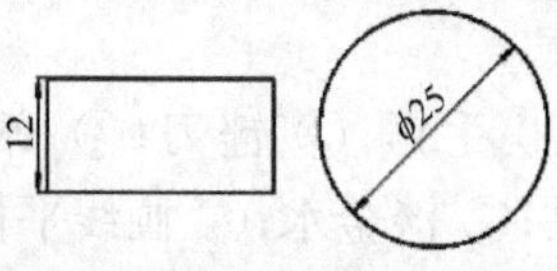	用手锯锯下 Φ25×12 圆料	手锯、钢直尺	
2	锉削	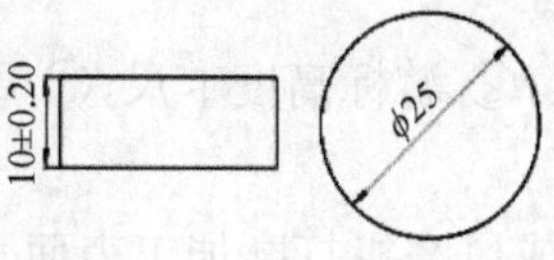	锉削两端面（Φ25×10±0.2)，并锉平	平锉、游标卡尺、刀口角尺	

（续 表）

序号	工序	加 工 简 图	加 工 内 容	工具、量具	加工实际图
3	涂料、划线	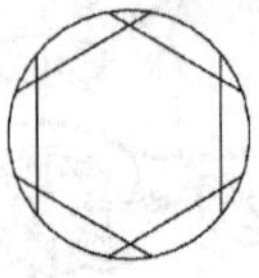	两端面涂上划线涂料，按零件图尺寸划出全部加工界限，打上样冲眼	高度游标卡尺，样冲	
4	锉削	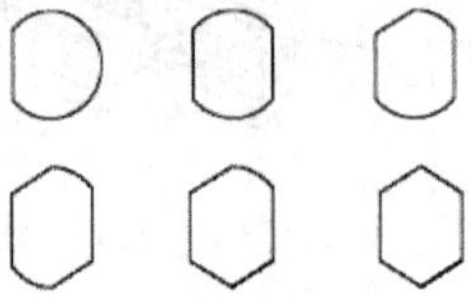	对边锉削至零件所划线，并搓平整	锉刀、游标卡尺、刀口角尺	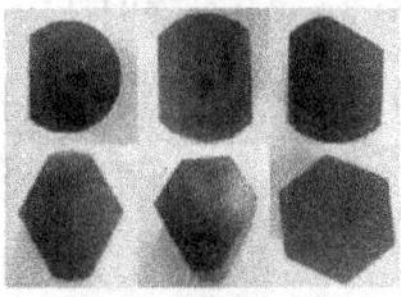
5	检查	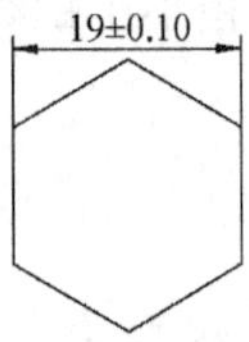	按图纸检测 19±0.1	游标卡尺	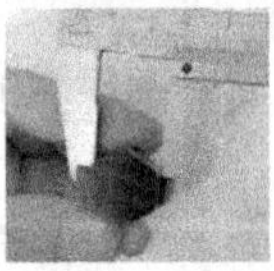
6	锉削	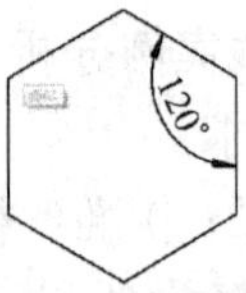	锉削六角(120°)	120°样板	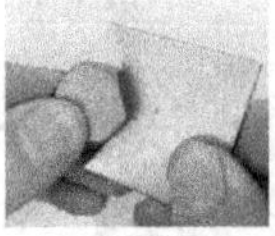
7	钻孔、攻螺纹	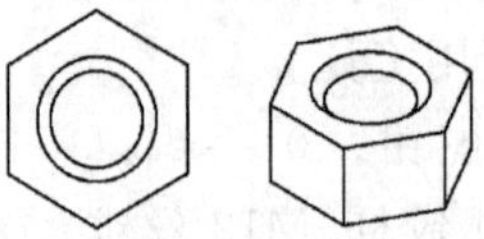	用 Φ10.3 mm 麻花钻钻孔，用 M12 丝锥、铰杠攻螺纹	麻花钻、丝锥、铰杠	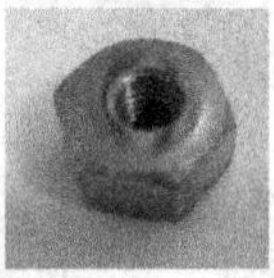
8	倒角抛光	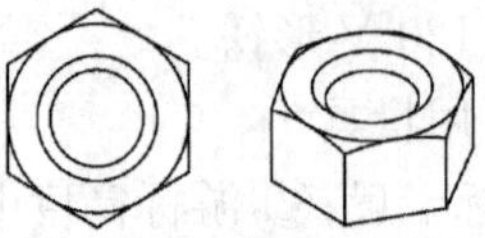	用平锉倒深 2 mm、30°的倒角，用纱布抛光	平锉、纱布	

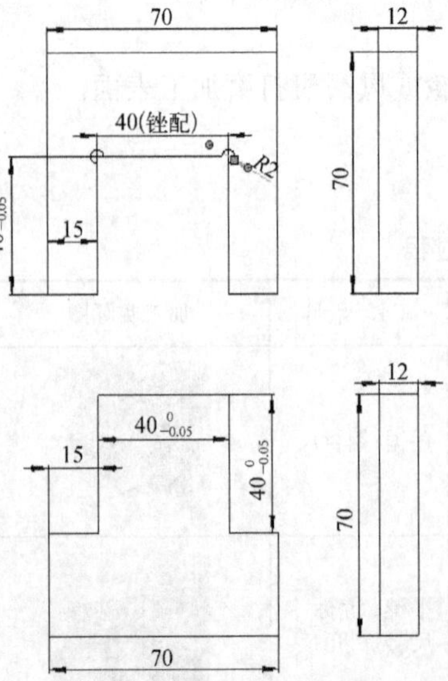

图 8－39 镶嵌零件二维图

8.1.4.2 嵌块实践案例

本案例是使用钳工加工完成"镶嵌零件"，零件如图 8－39 所示。

1）钳工实践案例分析

（1）准备要求

① 熟悉图纸；② 准备材料——45# 钢 70×70×12 mm；③ 检查和准备设备和工具；④ 划线。

（2）所用工具

① 台虎钳；② 手锯；③ 锉刀；④ 榔头；⑤ 样冲；⑥ Φ4 mm 麻花钻；⑦ 淡金水；⑧ 画线平板。

（3）所用量具

① 游标卡尺；② 游标高度卡尺；③ 塞尺。

（4）要求

不准用砂轮或风磨机打磨加工表面。

2）钳工实践操作过程

镶嵌零件的钳工加工过程如表 8－3 所示。

表 8－3　镶嵌零件的钳工加工过程

序号	工序	加　工　简　图	加工内容	工具/量具	实际加工图
1	划线	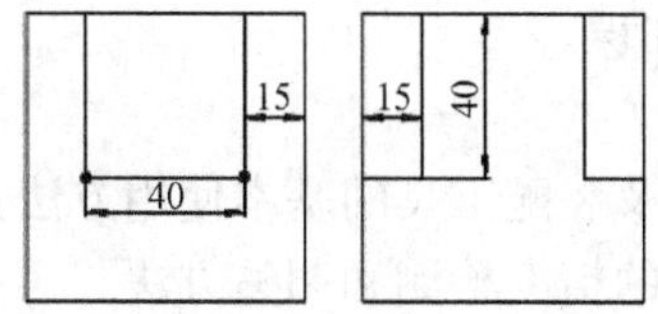	按零件图尺寸划出全部加工界限，凹件打上孔的样冲眼	游标高度尺、样冲、榔头	
2	钻孔	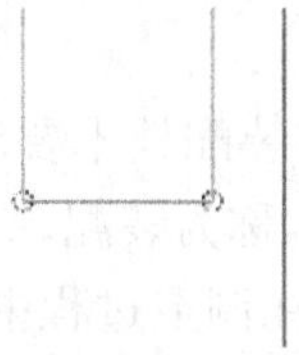	按所打样冲钻两个 $\Phi 4$ mm 的孔	麻花钻	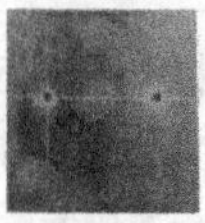
3	打样冲	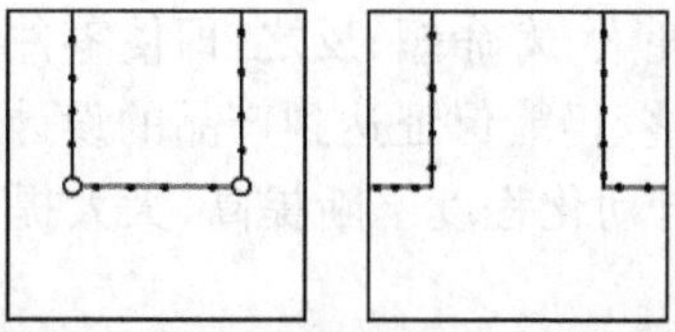	在所划加工界限中央，打上样冲眼	样冲、榔头	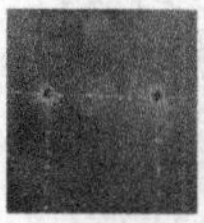 
4	锯削、锉削	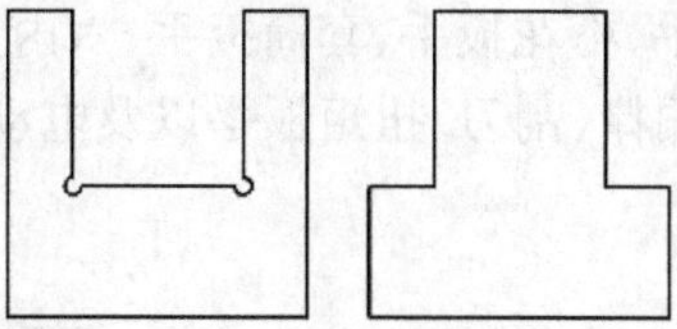	按所打样冲位置锯削、锉削工件，并加工到图纸要求尺寸	手锯、平锉	 
5	精锉	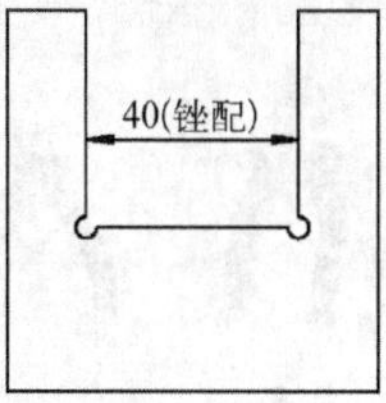	修整凹件，使其与凸件相互配合	平锉	
6	检查		按图纸检测各长度尺寸	游标卡尺	 
7	镶嵌		镶嵌两零件，并用塞尺检查间隙	塞尺	

8.2 机械装配实践

8.2.1 实践目的

① 了解机械装配的基本方法以及基本工艺知识。

② 熟悉机械装配工艺和处理方法。

③ 掌握机械装配的基本技能和基本工艺，以及装配工具的基本使用方法。

④ 初步建立机器装配精度的概念，学会简单的精度检测和调整方法。

8.2.2 机械装配基本概念

机械产品是由许多零件和部件组成的。按照规定的装配技术要求，将若干个零件结合成部件或将若干个零件和部件组合成产品的工艺过程，称为装配。

机械装配是整个机械制造过程中的最后一个阶段，在制造过程中占有非常重要的地位。最终机械产品的质量由装配工艺来保证。零件质量是机械产品质量的基础，但是装配质量未达到设计要求的机器，工作精度低、能耗大、寿命短；反之，即使零件制造精度稍低，但在装配过程中经过严格检验、仔细修配调整，仍能保证达到产品的设计要求。近年来，随着科学技术的快速发展，装配的机械化和自动化程度不断提高，大大提高了机器的装配质量和速度，大大提高了机器的总体质量。

1) 装配常用工具

装配常用工具有普通扳手(活动扳手、呆扳手、梅花扳手、套筒扳手、六内角扳手等)、螺丝刀(一字螺丝刀、十字螺丝刀)、钳子、锤子、铜棒、刮刀、扭矩扳手以及电动工具等(图8-40)。

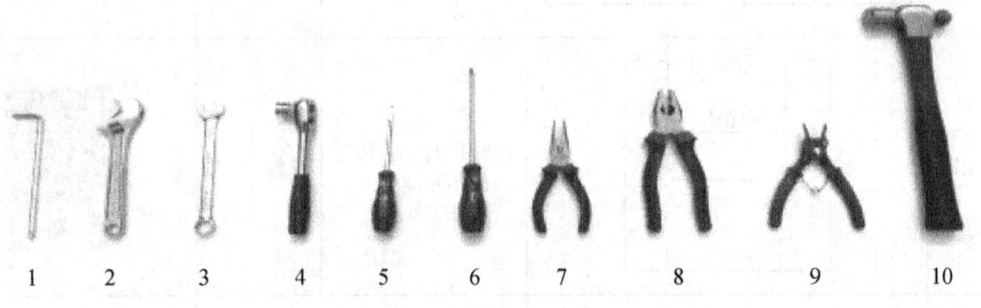

图 8-40 装配常用工具

1. 内六角扳手；2. 活动扳手；3. 呆扳手；4. 棘轮扳手；5. 一字螺丝刀；
6. 十字螺丝刀；7. 尖头钳；8. 钢丝钳；9. 挡圈钳；10. 锤子

2) 装配的分类

对于比较复杂的产品，其装配可分为组件装配、部件装配和总装装配，整个装配过程要按次序进行。

① 组件装配：把几个零件安装在基准零件上构成的组件。如蜗杆箱中的一根蜗杆轴上，装有挡油环、滚动轴承、定位螺母的零件安装在基准零件蜗杆轴上构成的组件，如图8-41所示。

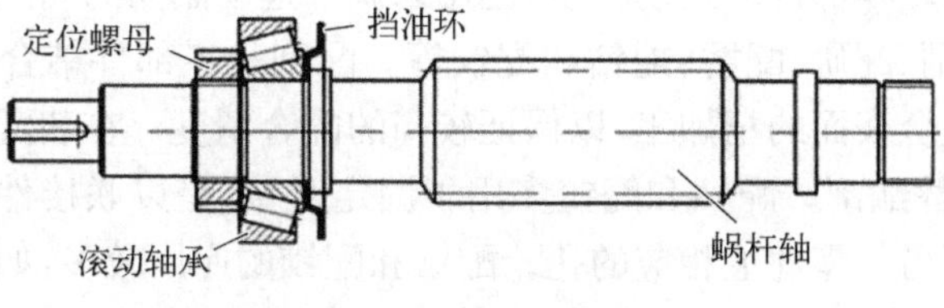

图 8－41　蜗杆轴组件

② 部件装配：把几个组件与零件安装在另一个基准零件上构成部件。如把蜗杆轴组件装入蜗杆箱孔中构成蜗杆箱部件，如图 8－42 所示。

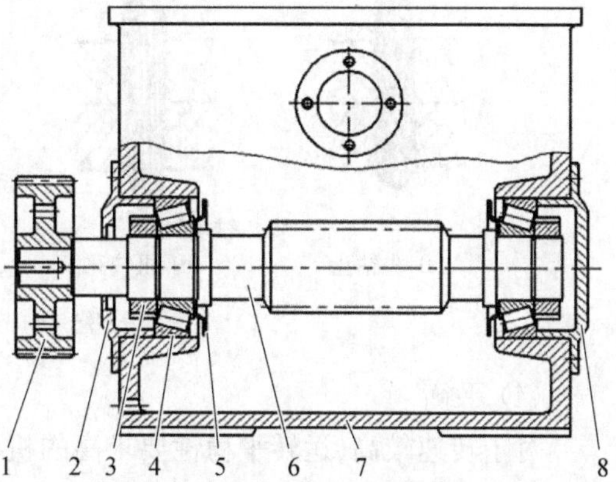

图 8－42　蜗杆箱部件

1. 齿轮；2. 左端盖；3. 定位螺母；4. 滚动轴承；5. 挡油环；6. 蜗杆轴；7. 蜗杆箱；8. 右端盖

③ 总装装配：将若干个部件、组件与零件共同安装在产品的基准零件上构成总装。

3) 装配的一般工艺要求

(1) 清洗

在机械产品装配前，对零件、部件进行清洗，去除零件表面或部件中的油污及杂质。常用的清洗液有煤油、汽油及各种化学清洗液等。

(2) 联接

装配过程中的联接方式一般有两种，即可拆卸联接和不可拆卸联接。可拆卸联接是指相互联接的零件拆卸时不损坏任何零件，并且拆卸后还能重新联接在一起；不可拆卸联接是指被联接的零件安装好后就不可拆卸，如要拆卸会损坏零件(表 8－4)。

表 8－4　固定连接和活动连接

固　定　连　接		活　动　连　接	
可拆卸联接	不可拆卸联接	可拆卸联接	不可拆卸联接
螺纹、键销等	焊接、铆接、压合、胶合、扩压等	轴与滑动轴承、柱塞与套筒等间隙配合	任何活动连接的铆合头

可拆卸联接有螺纹联接、键联接和销联接等，其中以螺纹联接应用最广(图 8－43)。不可拆卸联接有焊接、铆接和过盈联接等，其中过盈联接多用于轴和孔配合。

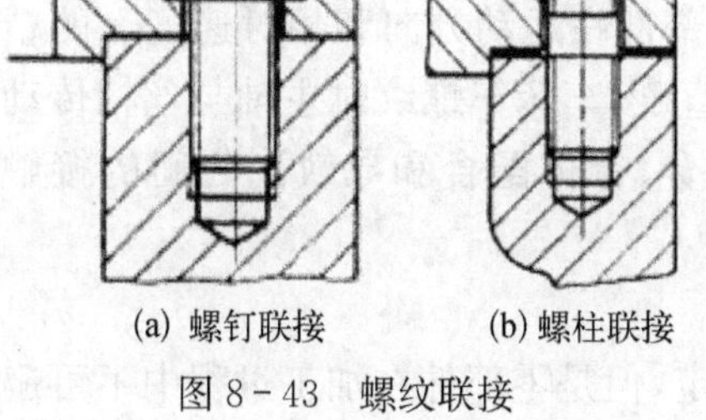

(a) 螺钉联接　　(b) 螺柱联接

图 8－43　螺纹联接

(3) 校正、调整和配作

在产品的装配过程中，特别在单件小批量生产的条件下，为了保证部装和总装精度，常需要进行一些校正、调整和配作的工作。

校正是指产品中相关零部件相互位置的找正、找平及相应的调整工作。校正在产品总装和大型机械的机架装配中应用较多。

调整是指相关零部件相互位置的具体调节工作。除了配合校正工作以调节零部件的位置精度外，为保证产品中运动零部件的运动精度，还用来调节运动副间的间隙。

配作通常指配刮、配研、配磨、配钻和配铰等。配刮是零部件结合表面的一种钳工加工，多用于运动副配合表面的精加工，以保证较高的配合精度。在装配时广泛采用以磨代刮，以配磨、配研代替配刮。配钻和配铰多用于固定联接，是以联接件中一件已加工好的孔作为基准，去加工另一零件上相应的孔。配钻和配铰的应用较多，如图 8-44 所示。

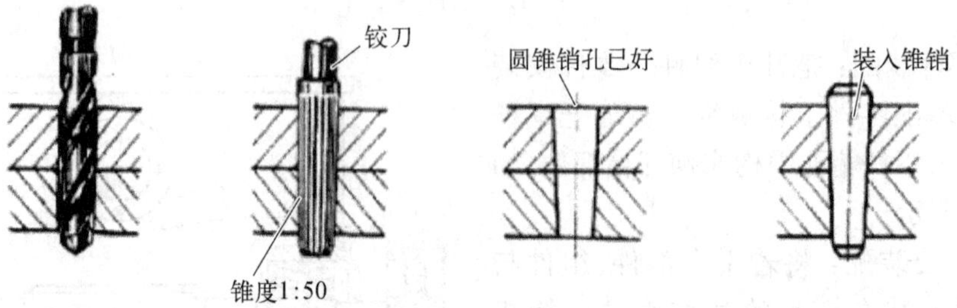

图 8-44 先配钻后配铰

(4) 平衡

对于转速较高、运转平稳性要求高的机械产品(如精密磨床、电动机、汽轮机和高速内燃机等)，为了防止使用时出现振动，从而使产品工作精度降低，在装配时需对其有关的旋转零部件进行平衡调整。平衡有静平衡和动平衡两种。对于直径较大而且长度较短的零件，如飞轮和带轮等，一般采用静平衡法；对于长度较长的零件，如电机转子、汽轮机转子和曲轴等，需要采用动平衡法。

(5) 验收和试验

机械产品装配调整结束后，应根据有关技术标准和规定，对产品进行较全面的检验和试验工作，验收合格后才准出厂。

4) 装配精度

在设计机械产品时，根据所设计产品的功能要求确定各有关部件、零件的相互位置精度、相对运动精度。在产品装配时，这些精度才能体现出来，故称为装配精度。

(1) 装配精度的种类

产品的装配精度一般包括零部件之间的距离精度、位置精度和相对运动精度等。

① 距离精度：距离精度是指有关零部件的距离尺寸精度。如车床主轴箱与尾座轴心线不等高要求，就是主轴箱和尾座两个部件对车床床身部件导轨面之间的距离尺寸精度。距离精度还包括轴与轴承的配合间隙、齿轮啮合中的侧隙等，以及装配中应保证的各种间隙。

② 位置精度：装配中的位置精度包括相关零部件之间的平行度、垂直度和各种跳动等。如车床溜板箱部件移动对主轴轴心线的平行度、车床主轴锥孔轴心线的径向圆跳动等。

③ 运动精度：相对运动精度是有相对运动的零部件在运动方向和相对速度上的精度。如车床横刀架在横向移动时对主轴轴心线的垂直度、车床车螺纹时主轴与丝杠传动速比等。装配精度除上述精度外，还包括有齿轮啮合、锥体配合和导轨副之间的接触精度。

(2) 装配精度与零件精度之间的关系

产品的装配精度主要由零部件的加工精度来确定，但是零部件在加工过程中不可避免地会产生误差，这种加工误差对装配精度有着很大影响，所以在装配过程中，不是简单地将有关零部件装配起来的过程，需要进行必要的检测和调整，有时还需进行修配。

5）装配方法

为了保证机器的工作性能和精度，在装配中必须达到零部件相互配合的规定要求。根据产品的结构、生产条件和生产批量的不同、为保证规定的配合要求，一般有如下三种装配方法：

（1）互换法

互换法可分为完全互换法、不完全互换法和分组互换法三种形式。

① 完全互换法：在装配时各配合零件不经修配、选择和调整，即可达到装配精度。其特点是装配简单、易于掌握、生产率高、便于组织流水作业、维修时零件互换方便。但对零件的加工精度要求比较高，制造费用也随之加大。

② 不完全互换法：为避免完全互换法对零件精度、加工难度和成本要求都较高的缺点，可以适当降低零件尺寸公差等级，扩大制造公差。但在装配时要将少量超差的零件（出现概率小于0.17%）剔除，其余零件进入装配线装配，它适用于大批量生产。

③ 分组互换法：在成批或大量生产中，将产品各配合副的零件按实测尺寸分组，然后按相应的组分别装配。其特点是分组后再装配，提高了装配精度，但增加了零件测量分组工作量。

（2）修配法

在装配过程中，根据装配的实际需求，修去某一配合件上的少量预留量，以消除其积累误差，达到装配精度的方法。这种由钳工边修、边装的方法称为修配法。它的优点是对所需装配的零件加工精度要求低、成本低，但增加了装配难度，延长了装配时间，所以只适用于单件或小批量生产中。如车床前后顶尖不等高，就是在装配时用刮研尾座的方法达到装配精度的要求（图8-45）。

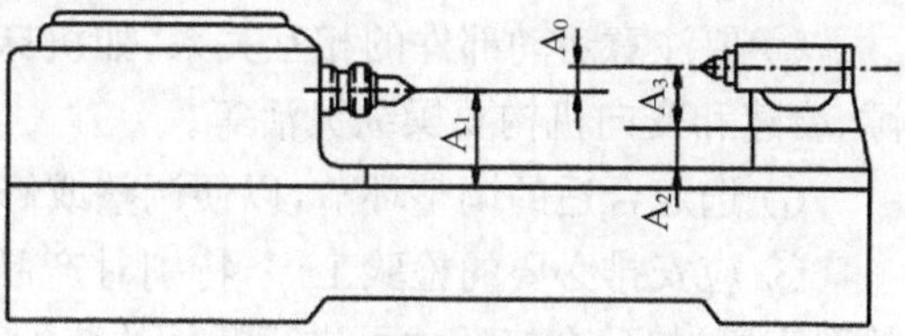

图8-45　保证车床前后顶尖等高度的尺寸链

为保证车床前后顶尖等高度的装配尺寸链，要求装配尺寸精度A_0为0.04 mm（只许尾座高），尾座底板尺寸A_2作为补偿环。用刮研法来修配改变A_2的实际尺寸，使之达到装配精度的要求。

（3）调整法

与修配法的原理相似，而且调整法则是用来更换零件的，以改变其尺寸大小或改变零件的相应位置，来消除相关零件在装配过程中形成的累积误差，达到装配精度的要求。根据调整形式可分为固定调整法和活动调整法两种。固定调整法（调整轴套、垫片、垫圈等），调整左端垫圈（尺寸为$2.5_{-0.12}^{\ 0}$ mm）保证间隙要求（图8-46）；活动调整法（调整螺钉、

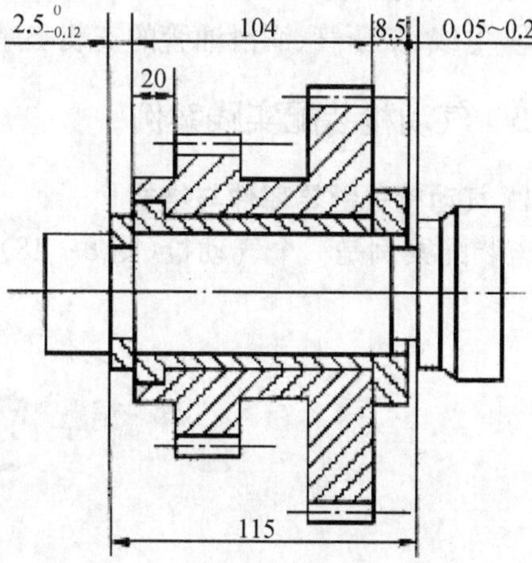

图8-46　固定调整左端垫圈

螺帽、偏心体和弹性件等)，同时调整镶条保证配合间隙，调整套筒保证△间隙(图 8-47)。

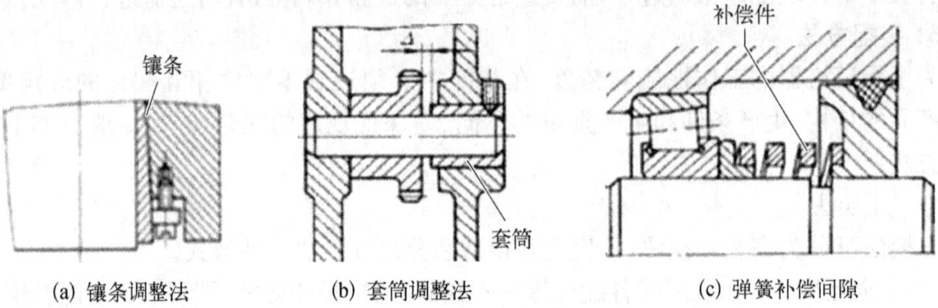

图 8-47　可补偿装置

6) 装配注意事项

① 所有零件必须在检验合格后，才能进入装配。过盈配合、单配或选配的零件在装配前应对有关尺寸进行严格复验，并作好配套标记。

② 注意倒角和消除毛刺，防止零件表面受到损伤。

③ 选好清洗液及清洗方法，将零件清洗洁净，精密零件尤应仔细清洗。并注意干燥和防锈。

④ 注意机座或机床床身的安装水平，防止因重力或紧固变形而影响总装精度。

⑤ 零部件的装配程序，一般是先下后上、先内后外、先难后易、先精密后一般、先重大后轻小的先后过程，并根据具体情况考虑先后顺序，使装配和调整工作能顺利进行。

⑥ 要注意运动部件的相互关系，如机床导轨副的配刮或配磨、轴与滑动轴承间的间隙、变速和变向机构要操纵灵活等。

⑦ 选定合适的调整环节，以便调整或修配到要求的精度。

⑧ 应安排必要的检验工序，特别对产品质量和性能有影响的工序之后，一定要安排检验工序，检验合格后才可进行后面的装配工序。

⑨ 重型产品一般在制造厂总装、调试和试运转以后再拆卸运出厂，然后在使用场地安装成为整机。为保证现场装配能顺利进行，对部件装配的质量要求、检验项目及精度标准等应予严格控制。

⑩ 电线、液压管、润滑油管的安装工序应合理安排。

8.2.3　气动枪装配实践案例

1) 气动枪关键零部件与结构

该装配案例是一个气动枪(图 8-48)。该气动枪由传动轴组件、凸轮、锤打块、锤打

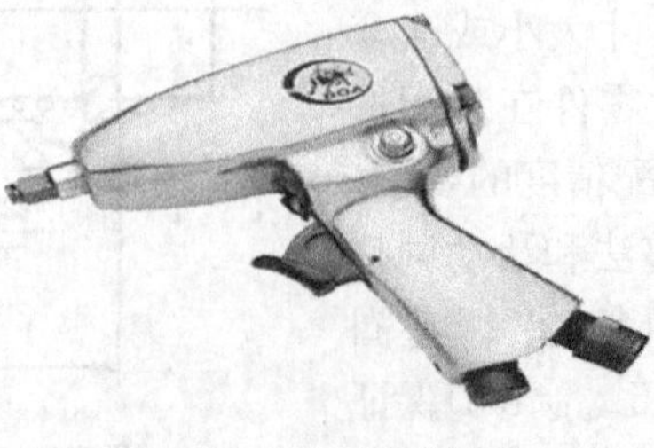

图 8-48　气动枪

棒、锤打室、前盖组件、气缸、转子、叶片、定位销、后盖组件等组成。

传动轴部件结构，如图 8－49 所示。

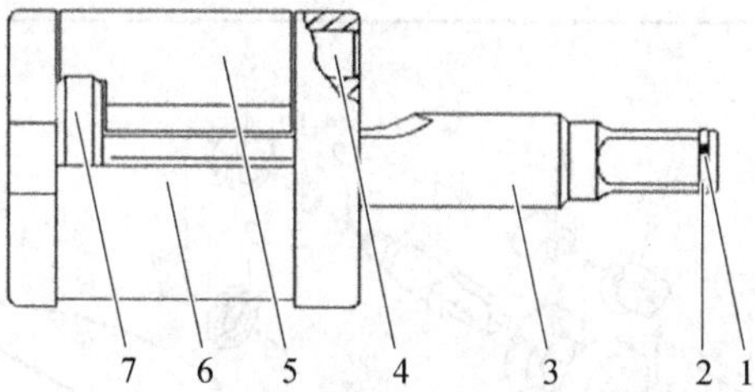

图 8－49　传动轴部件

1. O 形环；2. 传动轴防脱圈；3. 传动轴；
4. 锤打棒；5. 锤打块；6. 锤打室；7. 凸轮

气缸部件结构，如图 8－50 所示。

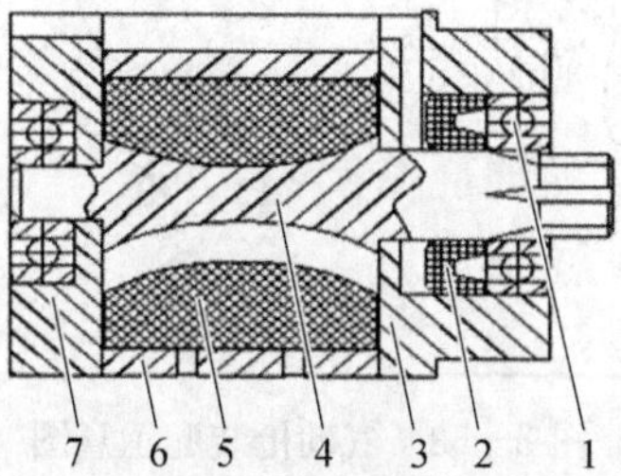

图 8－50　气缸部件

1. 轴承；2. 骨架油封；3. 前盖；4. 转子；5. 叶片；6. 气缸；7. 后盖

气动枪中的关键部件是气动马达(图 8－51)，是采用压缩气体的膨胀作用把压力能转化为机械能的动力装置。由于气缸内圆中心偏离气缸外圆中心 2 mm，在气动马达工作时，压缩空气分为两路，一路压缩空气经过前盖和后盖的环形气槽，使安装在转子上的片叶迅速与气缸内壁紧密接触，将气缸分割成不同的大小内腔。另一路压缩空气经过后盖的槽进气口(图 8－52)进入小内腔，所以小内腔产生的压力大于大内腔的压力，于是片叶推动转子从小内腔向大内腔方向旋转。

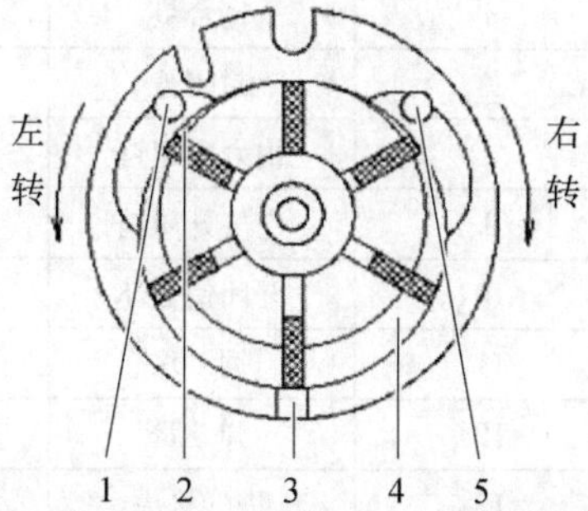

图 8－51　气动马达结构图

1. 左进气孔；2. 小内腔室；3. 出气孔；
4. 大内腔室；5. 右进气孔

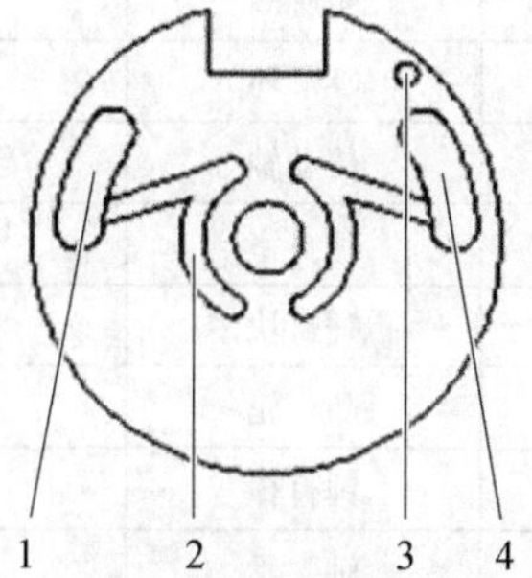

图 8－52　后盖

1. 左槽进气；2. 环形气槽；
3. 定位孔；4. 右槽进气

2) **气动枪装配过程**

气动枪装配示意图如图 8-53 所示。

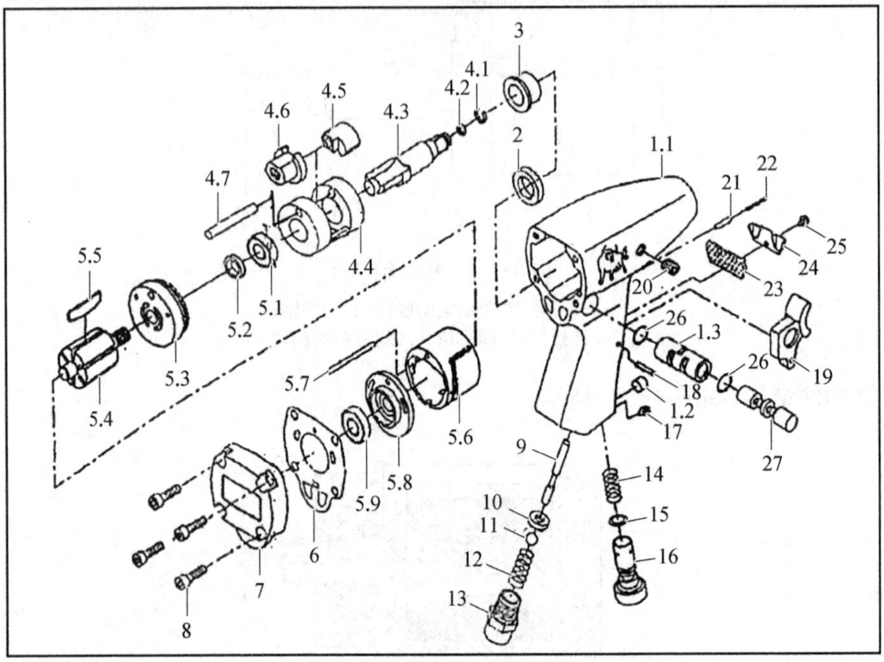

图 8-53　气动枪装配示意图

对应的零件名称及数量,如表 8-5 所示。

表 8-5　气动枪装配明细表

项　目	零件名称	数　量	项　目	零件名称	数　量
1.1	本　体	1	5.5	叶　片	6
1.2	铝　塞	1	5.6	气　缸	1
1.3	铜　管	1	5.7	定位销	1
2	枪管油封	1	5.8	后　盖	1
3	含油轴套	1	5.9	轴　承	1
4.1	防脱圈	1	6	密合垫	1
4.2	O形环	1	7	封闭盖	1
4.3	传动轴	1	8	内六角螺钉	4
4.4	锤打室	1	9	空气开闭销	1
4.5	锤打块	1	10	开闭销套环	1
4.6	凸　轮	1	11	钢　珠	1
4.7	锤打棒	1	12	弹　簧	1
5.1	轴　承	1	13	进气接头	1
5.2	骨架油封	1	14	弹　簧	1
5.3	前　盖	1	15	O形环	1
5.4	转　子	1	16	流量调节器	1

(续　表)

项　目	零件名称	数　量	项　目	零件名称	数　量
17	紧定螺钉	1	23	消音盖	1
18	弹簧销	1	24	钢片盖	1
19	扳　机	1	25	自攻螺钉	1
20	紧定螺钉	1	26	O形环	2
21	止阀销	1	27	旋控器	1
22	弹　簧	1			

根据装配示意图和装配技术要求,可制订出气动枪装配工艺卡,如表 8-6 所示。

表 8-6　气动枪装配工艺卡

工序号	工序名称	内　容　及　名　称	设备名称	工艺装配
10	领　料	领取有关装配全部零件,倒角、修毛刺等清洗		锉刀
20	检　测	1. 检测含油轴套外径与本体配合尺寸		千分尺、塞规
		2. 检测含油轴套内孔与传动轴配合尺寸		
		3. 检测轴承外圈与前盖和后盖的内孔配合尺寸		
		4. 检测轴承内圈与转子前后轴颈配合尺寸		
30	组　装	1. 分组件装配:本体为基准,将枪管油封、含油轴套装入本体前端内孔中		
		2. 分组件装配:传动轴为基准,将 O 形圈、传动轴防脱圈装在传动轴外槽上		专用钳
		3. 分组件装配:锤打室为基准,将凸轮、锤打块、锤打棒装在锤打室的开档内		
		4. 分组件装配:前盖为基准,将骨架油封、轴承装入前盖内孔中。后盖为基准,将轴承装入后盖内孔中	液压机	
40	部　装	传动轴组件为基准,将锤打室组件套在传动轴组件上		
50	总　装	将传动轴部件,装入本体前端含油轴套孔中,再将前盖组件、气缸、转子、叶片(6 片)、定位销、后盖组件,依次分别装入本体内,然后装上封合垫、封闭盖,最后拧上内六角螺钉		内六角扳手、弯头钳
60	检　验	检查气动枪转动灵活性及轴向窜动		千分表
70	试　转	空运转、噪声、振动不得超过规定范围		
80	复　验	各项指标应仍在规定范围内		

注:拧螺钉时,不得一次将螺钉完全拧紧,要对角拧,必须分几次拧,每次按顺序进行拧紧到同一程度,直到完全紧固为止。

根据装配工艺卡,气动枪的具体装配过程如下。

(1) 组件装配

① 本体组件装配:本体为基准,将枪管油封、含油轴套装入本体前端内孔中。

② 传动轴组件装配:传动轴为基准,将 O 形圈、防脱圈装在传动轴外槽上,装配传动轴组件如图 8-54 所示。

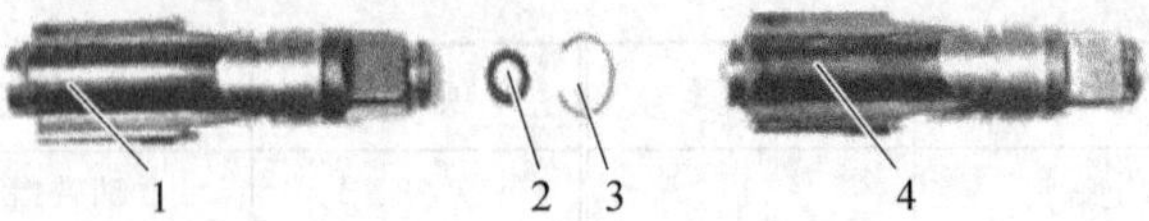

图 8-54　装配传动轴组件

1. 传动轴；2. O 形圈；3. 防脱圈；4. 传动轴组件

③ 锤打室组件装配：以锤打室为基准，将凸轮、锤打块、锤打棒，装在锤打室的开档内，锤打室组件如图 8-55 所示。

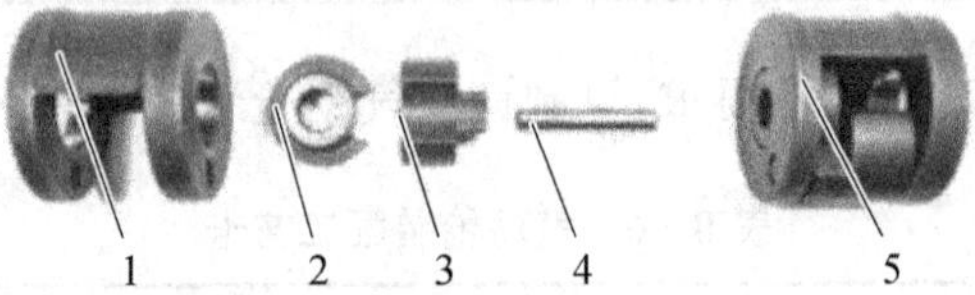

图 8-55　锤打室组件

1. 锤打室；2. 凸轮；3. 锤打块；4. 锤打棒；5. 锤打室组件

④ 前盖组件和后盖组件装配：前盖为基准，将骨架油封、轴承装入前盖内孔中。以后盖为基准，将轴承装入后盖内孔中，前盖组件和后盖组件如图 8-56 所示。

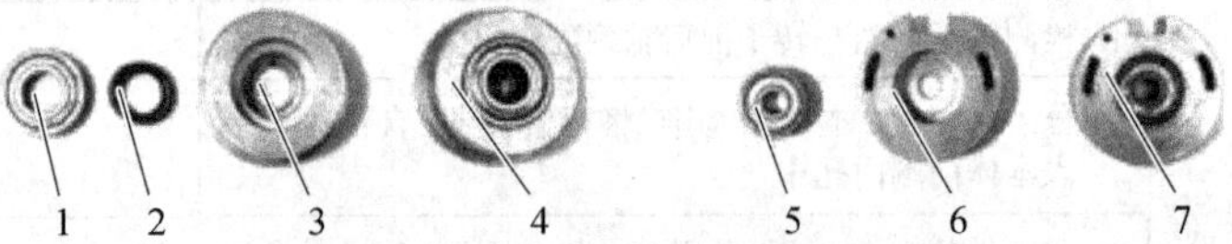

图 8-56　前盖组件和后盖组件

1. 轴承；2. 骨架油封；3. 前盖；4. 前盖组件；5. 轴承；6. 后盖；7. 后盖组件

(2) 部件装配

传动轴部件装配：传动轴组件为基准，将锤打室组件套在传动轴组件上，传动轴部件如图 8-57 所示。

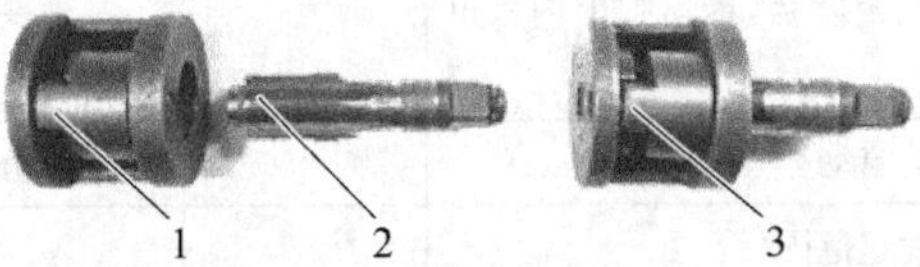

图 8-57　传动轴部件

1. 锤打室组件；2. 传动轴组件；3. 传动轴部件

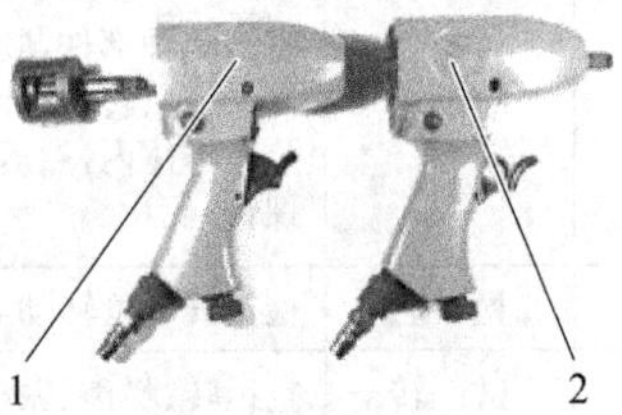

图 8-58　装配过程

1. 装配前；2. 装配后

(3) 总装装配

① 将传动轴部件，装入本体前端含油轴套孔中(图 8-58)。

② 将前盖组件、定位销、气缸、转子、叶片(6 片)依次分别装入本体内(图 8-59)。

③ 将后盖组件的定位孔，对准定位销，装入本体后端面(图 8-60)。

④ 装上封合垫、封闭盖，最后拧上内六角螺钉，注意在拧内六角螺钉时，要对角拧，不能一次拧紧，分几次拧，直到完全紧固为止(图 8-61)。

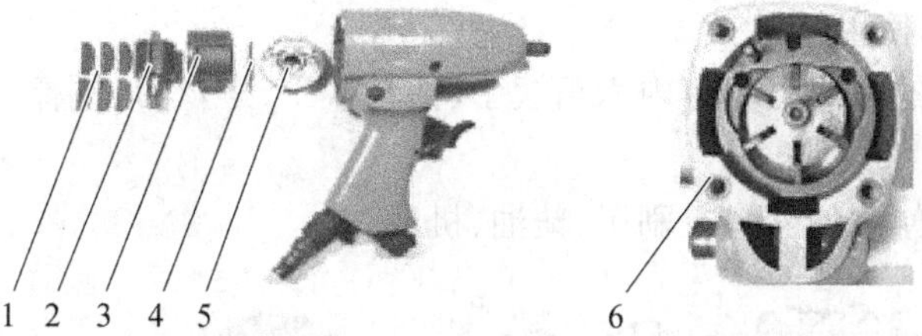

图 8－59　装配过程

1. 叶片；2. 转子；3. 气缸；4. 定位销；5. 前盖组件；6. 装配后

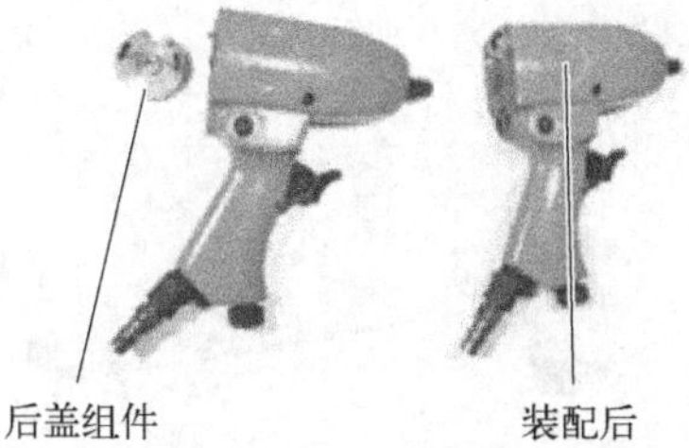

图 8－60　装配过程

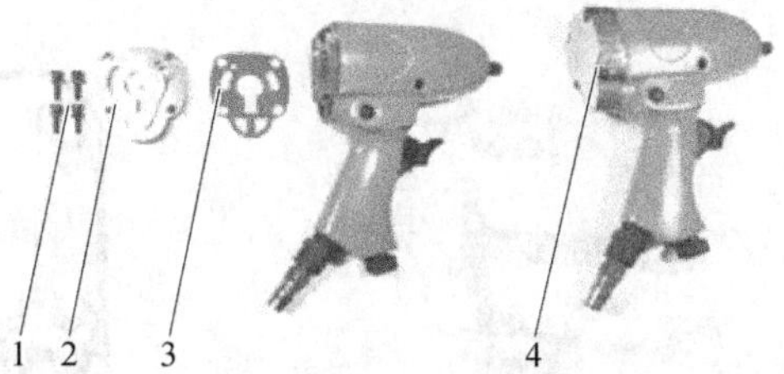

图 8－61　装配过程

1. 内六角螺钉；2. 封闭盖；3. 封合垫；4. 装配后

(4) 检验

检查气动枪转动灵活性及轴向窜动情况。

(5) 试转

空运转，噪声、震动不得超过规定范围。

(6) 复验

各项指标应仍在规定范围内即可。

8.2.4　车床尾座拆卸实践案例

车床尾座(图 8－62)是加工较长回转零件时用于顶紧或松开零件。在尾座的套筒里插入顶尖，尾座沿导轨移动，使顶尖支承较长零件，也可在尾座的套筒里装夹钻头、铰刀和丝锥等刀具，实现钻孔、铰孔和内螺纹加工等加工。车床尾座由尾座体、套筒、滑键、螺杆、手轮等组成。

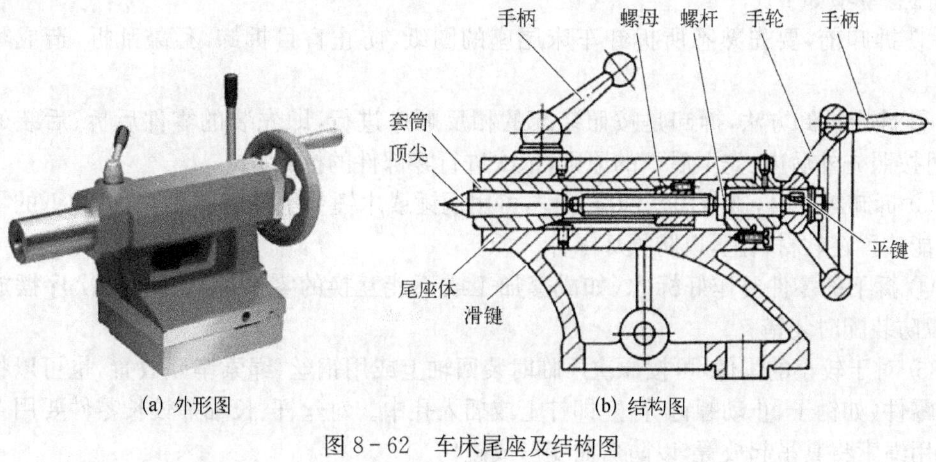

(a) 外形图　　(b) 结构图

图 8－62　车床尾座及结构图

1) **拆卸工具和使用材料**

拆装需要使用的常用工具有内六角扳手、活动扳手、螺丝刀、铜棒、拉出器、手锤、弹性卡环钳等(图 8-63)。

清洗车床尾座使用的材料有刷子、柴油、机油。

(a) 拔销器　　(b) 单头钩形扳手

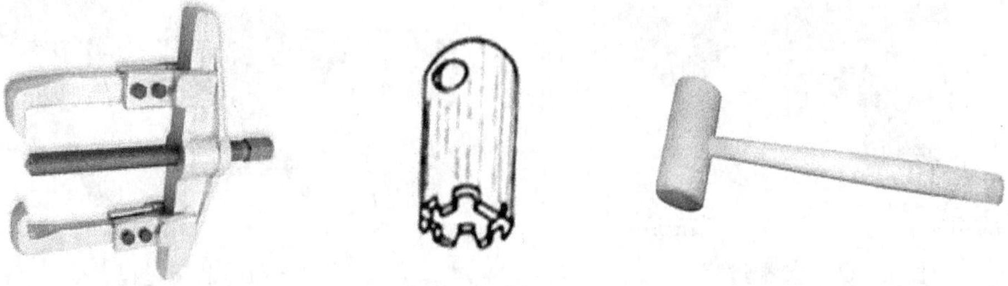

(c) 拉出器　　(d) 管子圆螺母扳手　　(e) 木锤

(f) 双叉销扳手　　(g) 弹性卡环钳　　(h) 可调式钩形扳手

(i) 销子冲头　　(j) 铜棒

图 8-63　拆卸常用工具

2) **机器拆卸注意事项**

机器出现故障时，经常需要更换、维修和保养，这就需要对机器进行拆卸。车床尾座拆卸注意事项如下。

① 拆卸前，要先熟悉所拆卸车床尾座的图纸，防止盲目拆卸，猛敲乱拆，造成零件损坏。

② 确定拆卸方法，拆卸是按照装配的相反顺序进行，即先装的零件后拆、后装的先拆，可按照先外后内、先上后下的原则，依次进行零部件的拆卸。

③ 拆卸零件时，避免用铁锤敲零件，可用铜锤或木锤垫上软材料敲击，拆卸下的零件尽可能放置在软材料上，以防损坏零件。

④ 拆下的零件要作好标志(如成套加工或不能互换的零件等)，并按照次序摆放整齐，以防装配时装错。

⑤ 对于较小的零件，可按原次序临时装回轴上或用钢丝、绳索串联放置，也可以将拆下的零件(如销子、止动螺钉等)立即拧上或插入孔中。对丝杆、长轴等较长零件要用布包好并用绳索将其吊起放置，以防弯曲变形或碰伤。

⑥ 拆卸螺纹连接或锥度配合的零件时，必须辨清回旋方向，避免越拧越紧。

3）车床尾座拆卸过程

① 熟悉所拆卸车床尾座的图纸，确定拆卸工艺路线，正确使用拆卸工具。

② 将尾座锁紧螺钉、锁紧手柄、锁紧块拆下，如图 8 - 64 所示。

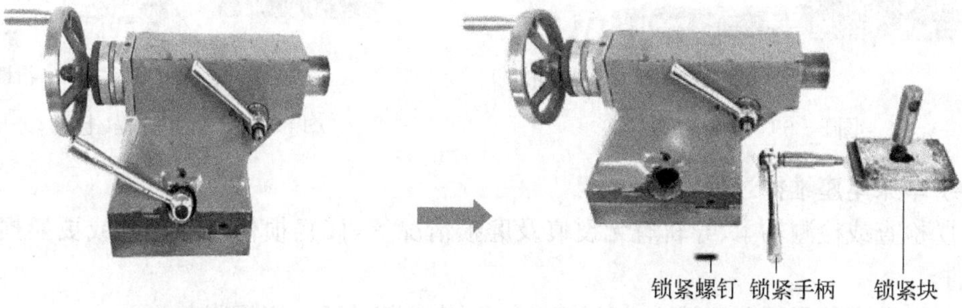

(a) 尾座拆卸前　　(b) 尾座拆卸后

图 8 - 64　拆卸过程(一)

③ 拆下螺帽、手轮及平键，如图 8 - 65 所示。

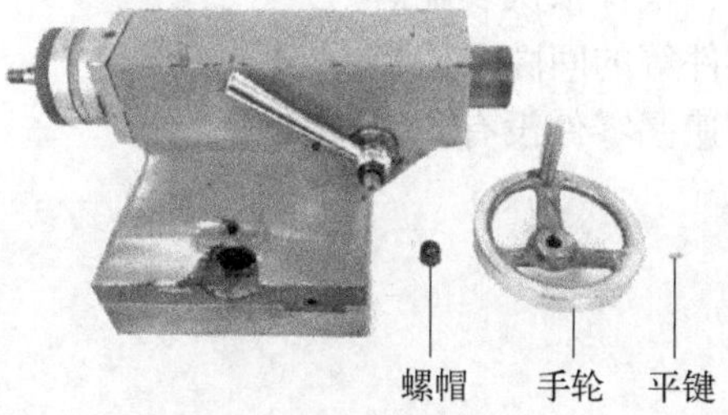

图 8 - 65　拆卸过程(二)

图 8 - 66　拆卸过程(三)

④ 将刻度盘、平键拆下，如图 8 - 66 所示。

⑤ 卸下内六角螺钉、后盖，如图 8 - 67 所示。

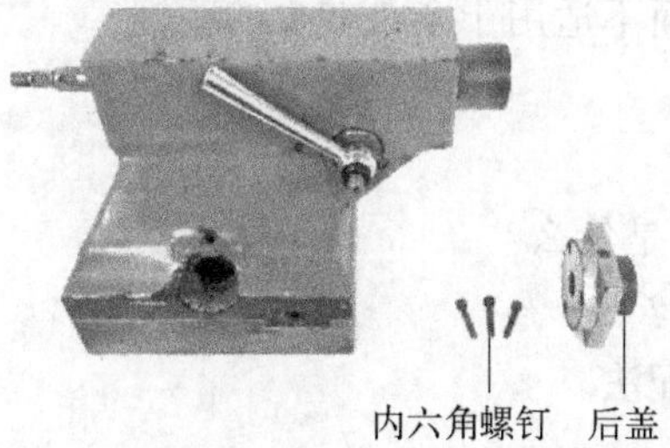

图 8 - 67　拆卸过程(四)

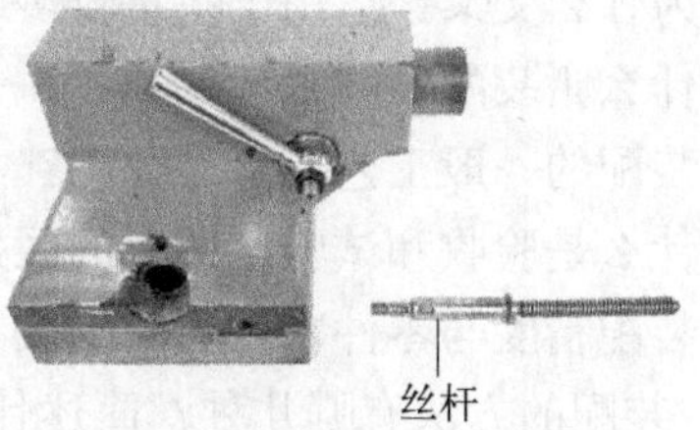

图 8 - 68　拆卸过程(五)

⑥ 将丝杆慢慢旋出，如图 8 - 68 所示。

⑦ 将套筒轻轻取出，旋出内六角螺钉，把螺母卸下，如图 8 - 69 所示。

⑧ 再将楔铁手柄(锁紧套筒)轻拔出来，取出滑键，如图 8 - 70 所示。

⑨ 防止用棉纱清洗，棉纱会粘在零件表面上，影响传动精度；不可用碱水洗重要的零部件。

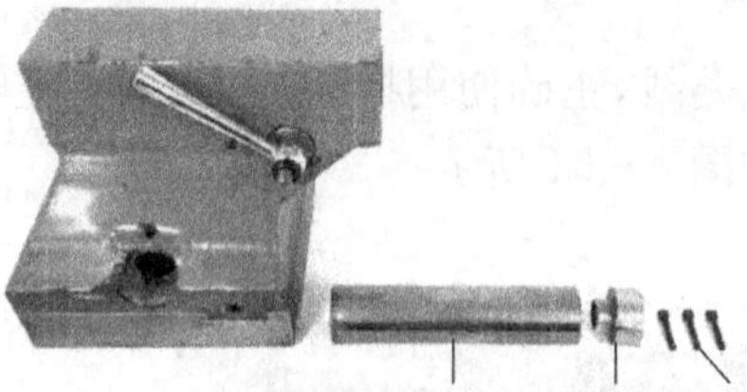

图 8-69　拆卸过程(六)

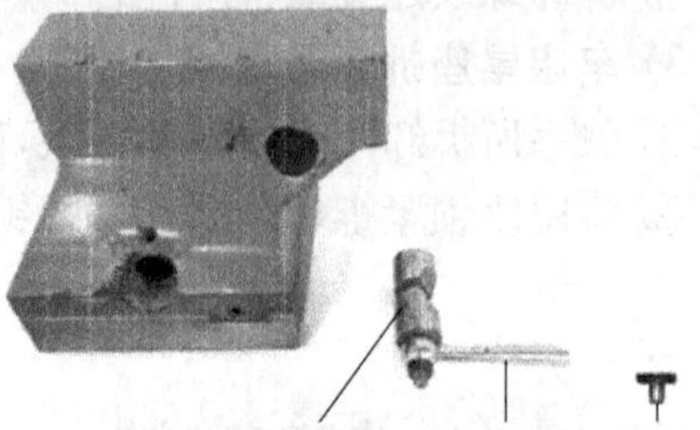

图 8-70　拆卸过程(七)

4) 车床尾座维护过程

① 检查或检测轴承、导轨有无裂痕及磨损情况等,修复损伤的零部件或更换损坏的零部件。

② 把所有的零件分别放入油池清洗干净,传动部件要上润滑脂。

③ 定时在尾座上面的油眼加油,保持润滑和保养。

5) 车床尾座装配过程

① 检测、维修和保养零件达到其要求后,可进入装配。

② 根据装配工艺的要求,按照拆卸反顺序将零件依次装配。

③ 在装配过程中,调整楔铁、丝杆、螺母零件等的间隙要适当。

④ 安装好之后,检查是否灵活以及是否有遗漏零件没有安装。

⑤ 检测各项精度都在规定范围内即可。

8.3　思考题

1. 锉削窄长平面时,应到使用哪种锉削方法比较合适?
2. 起锯对于锯削起到什么作用?
3. 手锯分为哪两种?
4. 孔加工时,在什么情况下工件可用手虎钳握住工件钻孔?
5. 为什么交叉锉适用于余量较多的粗锉,而不适用于余量较少的精锉?
6. 什么叫装配?
7. 装配的一般工艺要求是什么?
8. 什么是验收和试验?两者的区别和联系是什么?
9. 装配精度与零件精度之间的关系是什么?
10. 装配的方法有哪几种?简述什么是修配法。

第九章　机械制造综合实践

9.1　实践目的

① 学习并巩固车工、铣工、磨工、线切割、数控车、数控铣、数控磨、钳工、焊接等操作技能。

② 学习并加深利用 CATIA 进行机械设计，包括零件建模、装配以及标准工程图。

③ 用 CATIA 对设计的运动机构作简单的运动分析。

④ 通过案例认识各种典型机构。

9.2　综合实践基本流程

① 明确项目设计任务，分析设计方案，进行设计准备。

② 用 CATIA 进行三维模型设计，包括零件设计、模型装配、工程图。

③ 把优化后的零件模型转换成加工所需要的工程图，要求不能缺尺寸及必要的尺寸公差和形位公差。

④ 对不同零件编制加工工艺过程卡。

⑤ 对零件进行加工、装配和调试。

⑥ 首次机构运行时需在老师指导下完成，要集中精神仔细观察各部件的运动情况，发现问题时立刻停止运行，待问题和原因分析清楚后确定解决方案后方可实际解决。

⑦ 综合训练项目以小组(3～5 人)为单位，最终以外形设计、运行平稳度、功能设计与实现、项目说明书、团队合作等综合因素评定小组成绩。

9.3　综合实践案例

9.3.1　综合实践项目一——微型台虎钳

1) 设计任务

台虎钳为钳工必备工具，也是钳工的名称来源，因为钳工的大部分工作都是在台虎钳上完成的，比如锯、锉、錾以及零件的装配和拆卸。台虎钳安装在钳工台上用以夹稳工件，为钳工车间必备工具。以钳口的宽度为标定规格，常见规格从 75 mm 到 300 mm，台虎钳一般固定安装在工作台上，不便于移动，装夹受场地所限，对于较小零件的装配等，有时候不需要一定装夹到钳工台上，设计一种便携式微型的台虎钳，外形设计尺寸约 40×60× 120 mm，可以任意放置，不受场地限制，灵活地实现对较小零件的装夹。要求外形比例美观、机构紧凑、运行平稳可靠并具有普通台虎钳功能。微型台虎钳如图 9-1 所示。

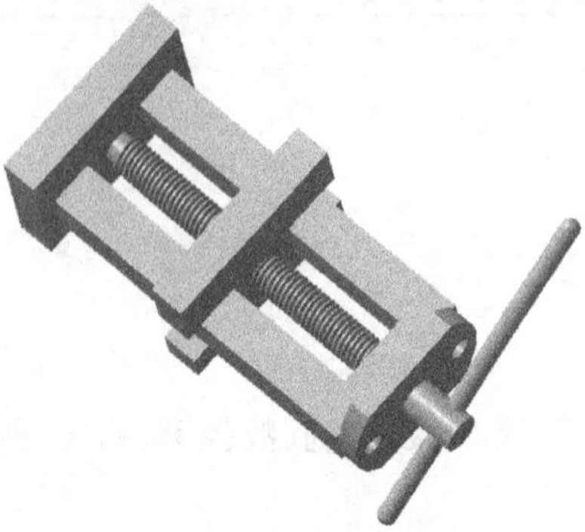

图 9-1　台虎钳

图 9-2　移动压紧板三维模型

2) 方案分析

微型台虎钳由底座、固定压紧板、移动压紧板、丝杠以及一些标准件组成，主要功能是夹紧，要求夹紧面必须平行，所以在设计中丝杠和移动压板的压紧面要垂直。

3) 三维设计

利用 CATIA 进行零件三维模型设计（图 9-2）。依次设计完成所有的零件，对其进行装配，最后完成整个台虎钳的三维设计。

4) 零件工程图

以零件“移动压紧板”为例，制作其二维工程图（图 9-3）。

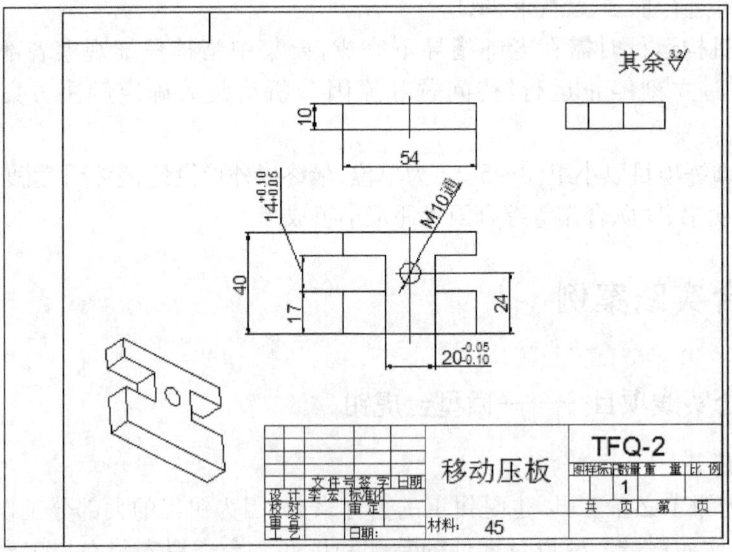

图 9-3　移动压紧板工程图

5) 加工工艺

以零件“移动压紧板”为例，制作其加工工艺过程卡，如表 9-1 所示。

表 9-1 移动压紧板加工工艺卡

机械加工工艺过程卡片							
零件名称：移动压板		图号：TFQ-2	材料：45	数量：1 件	毛坯种类：板材		备 注
序号	工序名称	工 序 内 容	工 序 简 图	机床夹具	刀具	量具辅具	工时/min
10	下料	用 12 mm 板材，按照毛坯外形尺寸下料，尺寸 60×50×12 mm	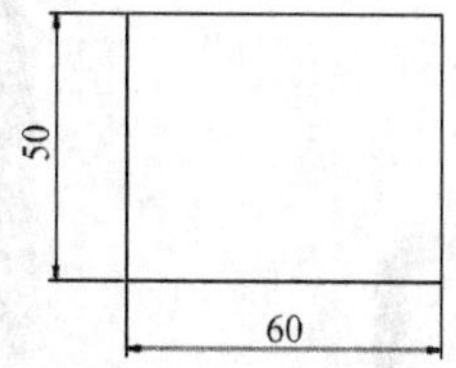	通用夹具	激光切割	钢皮尺	10
20	数控铣床	垫平，铣六面达图要求	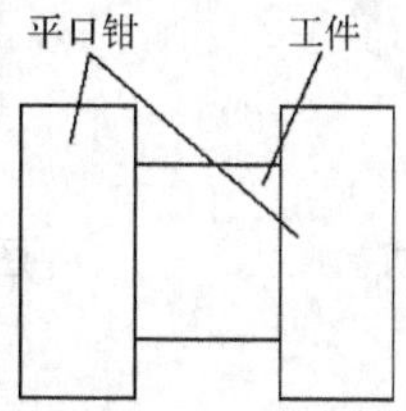	平口钳平垫块	盘铣刀	游标卡尺 0～150	30
30	线切割	切割 14 mm 毫米槽达图要求	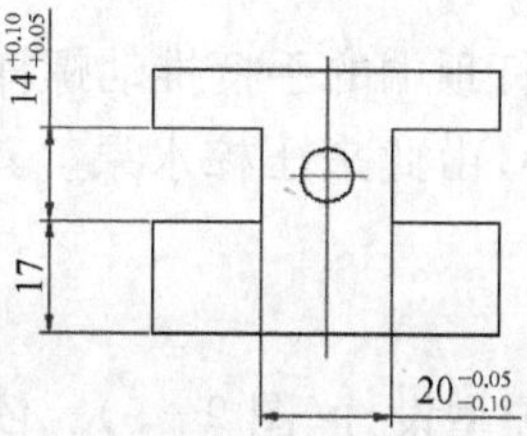			游标卡尺 0～150	60
40	钳工	划线、钻、攻 M10 螺纹、去全部毛刺	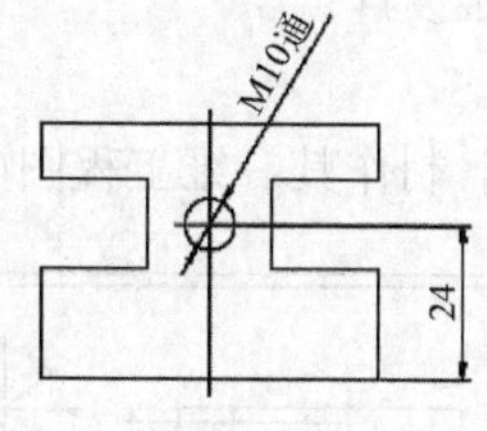		Φ8.5 钻头 M10 丝攻	高度游标卡尺 0～300	20
50	检验	检验、上油、入库					
			编制(日期)	审核(日期)	标准化(日期)	会签(日期)	
标记	处数	更改文件号	签字	日期			

6) **产品装配**

按零件加工工艺，在车间指导老师的指导下完成全部零件加工，并进行装配，最终完成微型台虎钳制作。

9.3.2 综合实践项目二——手动压榨机

1) **设计任务**

目前市面上有各式的压榨机械，既有食品饮料等加工工厂的大型压榨装置，也有家用的小型压榨机。但大多数压榨装置都是电动式的，对于外出携带使用不是很方便。设计一种简易的纯手动压榨机构，方便外出使用，即使在没有电源的户外，都可以随时随地制作出一杯可口天然的果汁。要求外形设计尺寸约为 70×130×150 mm，外形比例美观、机构紧凑、运行平稳可靠并具有压榨能力（图 9－4）。

图 9－4　手动压榨机

图 9－5　压榨杯及杯柄三维模型

2）方案分析

手动压榨机的原理是转动螺杆顶端的手柄推动螺杆顶端的压块（滑块）向下运动，压块与压榨杯体间的容积不断减小，由此来压榨水果。其主要机构包括压榨杯、螺杆、压块等。

3）三维设计

利用 CATIA 进行零件三维模型设计（图 9－5）。依次设计完成所有的零件，对其进行装配，最后完成整个压榨机的三维设计。

4）零件工程图

以零件“压榨杯”和“杯柄”为例，制作其二维工程图（图 9－6 和图 9－7）。

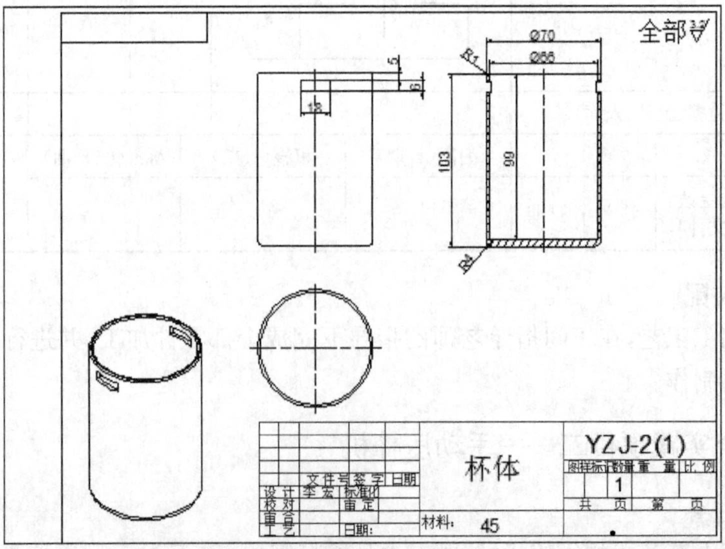

图 9－6　压榨杯工程图

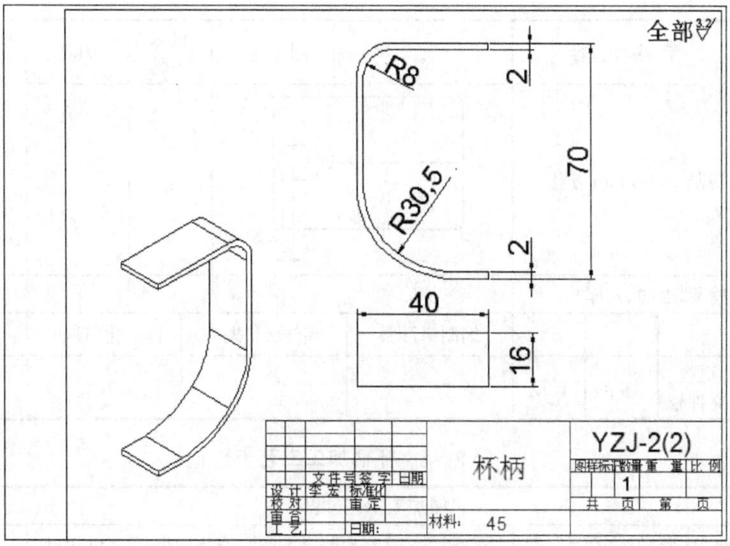

图 9－7　杯柄工程图

5) 加工工艺

以零件“压榨杯”和“杯柄”为例，制作其加工工艺过程卡(表 9－2 和表 9－3)。

表 9－2　压榨杯加工工艺卡

机械加工工艺过程卡片							
零件名称：杯体		图号：YZJ－2(1)	材料：45	数量：1 件	毛坯种类：棒料	备　注	
序号	工序名称	工 序 内 容	工 序 简 图	机床夹具	刀具	量具辅具	工时/min
10	下料	$\Phi 72 \times 108$	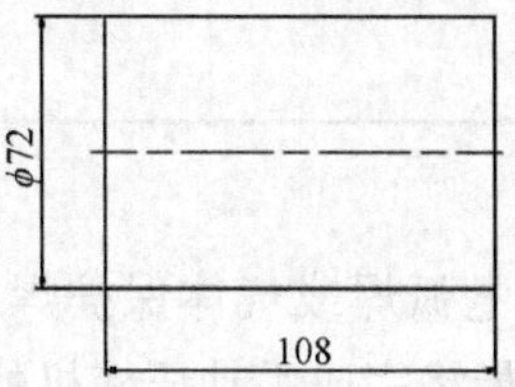	锯床		钢皮尺	10
20	普车	光平面打中心孔，顶车外圆达图 100 mm 长度；掉头夹紧外圆光对总长车圆角达图；掉头用软爪夹紧钻、扩、车内孔、倒角达图要求	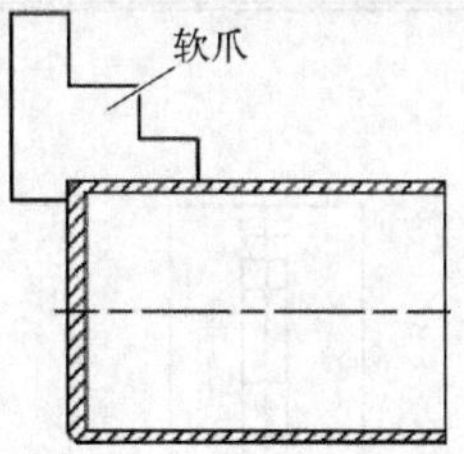	三爪软爪	90°刀 45°刀 镗孔刀	游标卡尺 0～150	100
30	钳工	划线、钻 $\Phi 3$ 线切割钼丝孔	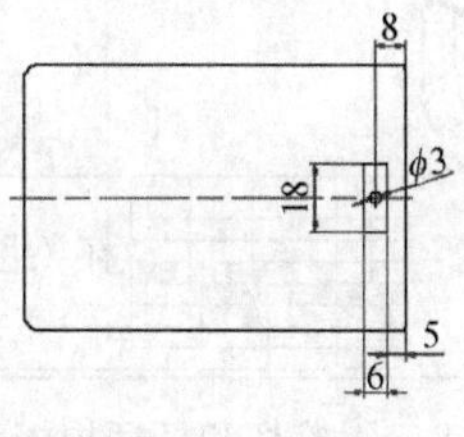	钻床	$\Phi 3$ 钻头	高度游标卡尺 0～300	10

（续 表）

序号	工序名称	工序内容	工序简图	机床夹具	刀具	量具辅具	工时/min
40	线切割	切割 18×6 mm 方孔	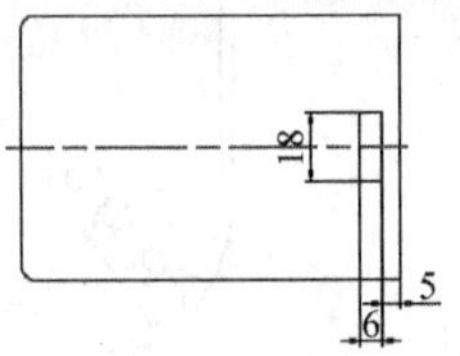				20
50	检验	检验、上油、入库					

					编制（日期）	审核（日期）	标准化（日期）	会签（日期）
标记	处数	更改文件号	签字	日期				

表 9－3　杯柄加工工艺卡

机械加工工艺过程卡片							
零件名称：杯柄		图号：YZJ－2(2)	材料：45	数量：1 件	毛坯种类：2 mm 板材	备　注	
序号	工序名称	工 序 内 容	工 序 简 图	机床夹具	刀具	量具辅具	工时/min
10	下料	2×16×135 mm	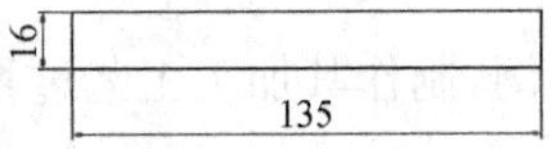	剪板机		钢皮尺	10
30	钳工	去全部毛刺，冷弯基本达图要求	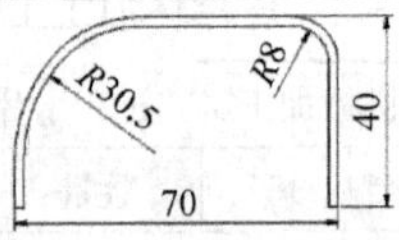			高度游标卡尺 0～300	30
50	检验	检验、上油、入库					

					编制（日期）	审核（日期）	标准化（日期）	会签（日期）
标记	处数	更改文件号	签字	日期				

6）产品装配

将零件“压榨杯”和“杯柄”用电弧焊或气体保护焊如图 9－8 中的尺寸焊接在一起。完成全部零件加工，并进行装配，最终完成手动压榨机的制作。

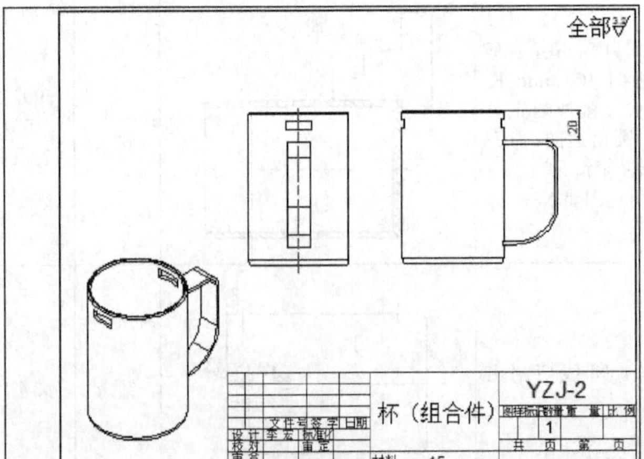

图 9－8　压榨杯和杯柄焊接工程图

9.3.3 综合实践项目三——手动微型风扇

1) 设计任务

家用的电风扇存在费电、笨重等因素，不方便在室外或是旅行时使用。现在市售的便携式风扇大概可分为两种：一种是电池供能风扇，这种小电风扇虽然使用方便，但使用完毕的废旧电池将会对环境产生严重的污染；另一种是手动风扇，市面上出售的手动风扇虽然能做到低碳环保，但由于其使用时必须双手操作，大大降低了使用的便利性，影响使用体验。设计一种手动微型小风扇既能够提供稳定的风源，又能方便单手操作，并且在实现上述功能的同时做到对环境的零污染。风扇装配后外形设计尺寸约为 50 × 100 × 110 mm。要求外形比例美观、机构紧凑、运行平稳可靠，转动时有微风产生。手动微型风扇如图 9－9 所示。

图 9－9　手动微型风扇

2) 方案分析

通过手柄压力的输入，运用偏心轮机构给皮带轮组的大皮带轮输入动力，通过皮带进行传动，带动小皮带轮的高速转动，从而带动小风扇高速转动。小风扇的主要机构包括支座、皮带轮支撑、皮带轮等。

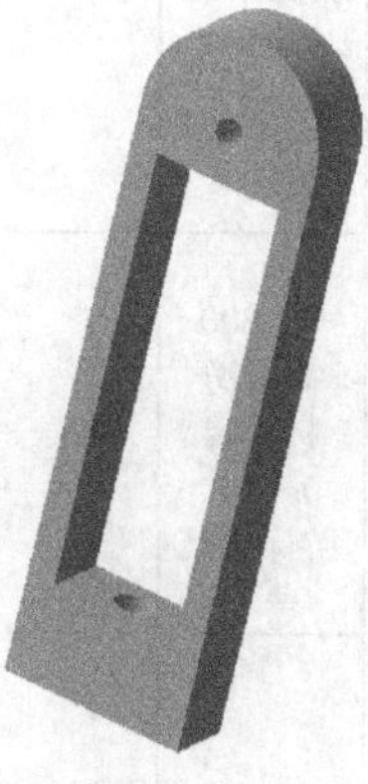

图 9－10
支撑三维模型

3) 三维设计

利用 CATIA 进行零件三维模型设计，以零件“支撑”为例（图 9－10）。依次设计完成所有的零件，对其进行装配，最后完成整个微型手动风扇的三维设计。

4) 零件工程图

以零件“支撑”为例，制作其二维工程图，如图 9－11 所示。

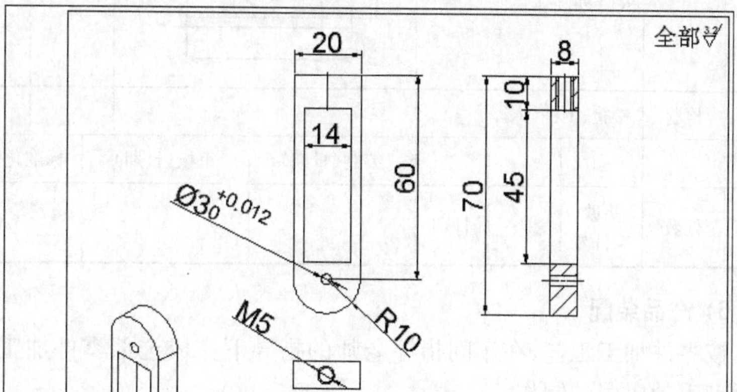

图 9－11　支撑零件工程图

5）加工工艺

以零件“支撑”为例，制作其加工工艺过程卡，如表 9-4 所示。

表 9-4　支撑加工工艺卡

机械加工工艺过程卡片							
零件名称：支撑		图号：SYS-2	材料：LY12	数量：2 件	毛坯种类：10 mm 型材		备　注
序号	工序名称	工 序 内 容	工　序　简　图	机床夹具	刀具	量具辅具	工时/min
10	下料	10×25×75	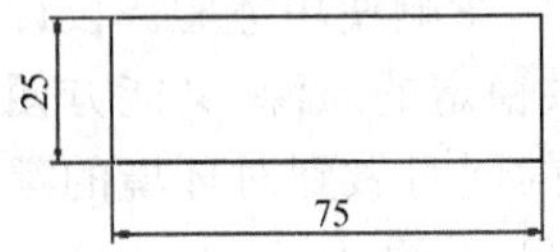	带锯		钢皮尺	5
20	数铣	铣六面尺寸为 8×20×70	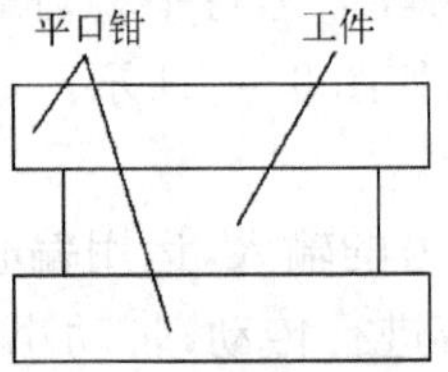	平口钳		游标卡尺 0～150	15
30	钳工	去全部毛刺、划线、钻攻螺纹 M5、钻铰 Φ3 孔，并在 14×45 方孔中间钻 Φ2.9 孔（线切割穿丝孔）。	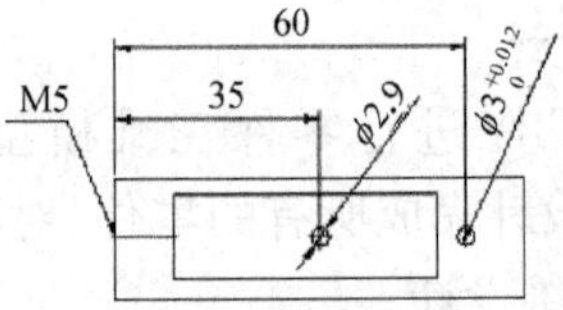		钻头：2.9、Φ4.2 丝攻：M5 铰刀：Φ3	0～300 高度游标卡尺 0～150 游标卡尺	30
40	线切割	切割方孔 14×45 和 *R*10 外圆弧	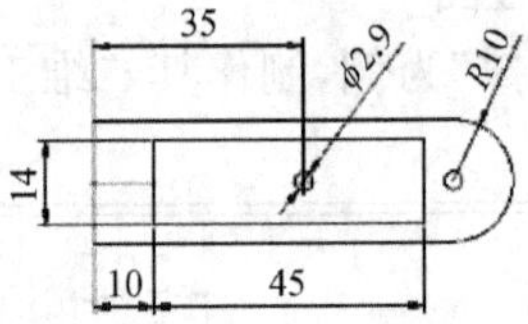			0～150 游标卡尺	60
50	检验	检验、上油、入库					
			编制（日期）	审核（日期）	标准化（日期）		会签（日期）
标记	处数	更改文件号 / 签字 / 日期					

6）产品装配

按零件加工工艺，在车间指导老师的指导下完成全部零件加工，并进行装配，最终完成微型手动风扇的制作。

9.3.4　综合实践项目四——斯特林小车

1）设计任务

斯特林发动机属外燃机，与内燃机最大的区别在于其做功时不是通过燃料在气缸内部瞬间升到很高的温度和压力进行爆震去推动活塞，而是依靠外部的热源对其热膨胀气缸持续传热，由机器内部不断升温升压的工质去推动活塞做功，因此避免了传统内燃机的爆震做功问题，从而实现了高效率、低噪声、低污染和低运行成本。它可以燃烧各种可燃气体，如天然气、沼气、石油气、氢气、煤气等，也可燃烧柴油、液化石油气等液体燃料，还可以燃烧木材，以及利用太阳能等。只要热腔达到 700℃，设备即可做功运行，环境温度越低，效率越高，因此，随着全球能源与环保的形势日趋严峻，斯特林发动机由于具有多种能源的广泛适应性和优良的环境特性已越来越受到重视。在水下动力、太阳能动力、空间站动力、热泵空调动力、车用混合推进动力等方面得到了广泛的研究与重视，并且已得到了一些成功的应用。

设计一台缸径为 13 mm 的斯特林四轮小车，能在斯特林引擎的作用下带动小车轻松前行。小车装配后外形设计尺寸 85×150×200 mm。要求外形比例和线条美观、机构紧凑、运行平稳可靠。评定小车的好坏由外观和斯特林引擎的动力大小决定(图 9-12)。

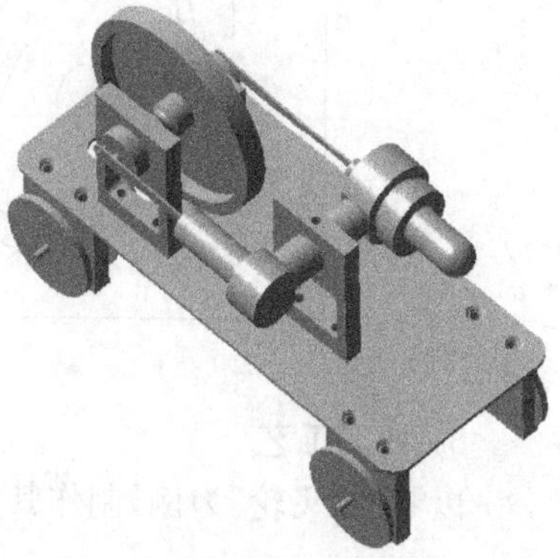

图 9-12 斯特林小车

2) 方案分析

斯特林发动机是通过气体受热膨胀、遇冷压缩而产生动力的。这是一种外燃发动机，使燃料连续地燃烧，蒸发的膨胀气体作为动力气体使活塞运动，膨胀气体在冷气室冷却，反复地进行这样的循环过程，便可为外机提供动力。

小车的主要机构包括发动机机构、驱动机构、小车支撑板和车轮等。

小车的发动机机构包括动力活塞、活塞、双头螺栓、飞轮、酒精灯等。使用酒精灯用来提供热量，使活塞内的气体受热膨胀推动动力活塞运动。两活塞间通过双头螺栓中间的小气孔连接，使得活塞内的气体能够不断地压缩冷却，不断地在两活塞间循环。活塞内气体的受热膨胀和冷却收缩带动活塞往复运动。

小车的驱动机构包括皮带轮、皮带、轴、飞轮、连接杆、偏心轮等。活塞上两个连接杆分别接在两个偏心轮上(相位差为 90°)，偏心轮的转动带动穿在偏心轮上的轴转动。轴上固连着大飞轮，大飞轮不仅起到一定的平衡作用，而且大飞轮具有的转动惯性将发动机能量储存起来，克服另外不作功的 270°的相位阻力以及其他部件的阻力，使发动机正常工作。大飞轮的旁边是小皮带轮，在小皮带轮下方通过带连接的是与车轮轴固连的大皮带轮，这样飞轮转动就带动小车前进。

图 9-13 飞轮三维模型

小车采用适合大小的飞轮是决定斯特林引擎动力的关键因素之一。斯特林引擎是一个气体内循环过程，所以密封、防止漏气非常重要，是决定斯特林引擎动力大小的关键。

3) 三维设计

利用 CATIA 进行零件三维模型设计，以零件“飞轮”为例(图 9-13)。依次设计完成所有的零件，对其进行装配，最后完成整个小车的三维设计。

4) 零件工程图

以零件“飞轮”为例，制作其二维工程图如图 9-14 所示。

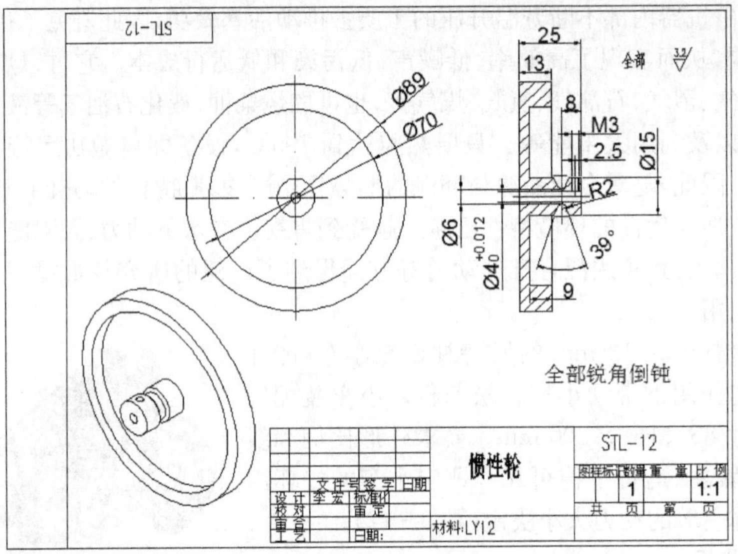

图 9 - 14　飞轮工程图

5) 加工工艺

以零件"飞轮"为例,制作其加工工艺过程卡,如表 9 - 5 所示。

表 9 - 5　飞轮加工工艺卡

机械加工工艺过程卡片							
零件名称:支撑		图号:STL - 12	材料:LY12	数量:1 件	毛坯种类:Φ90 棒料	备　注	
序号	工序名称	工 序 内 容	工 序 简 图	机床夹具	刀具	量具辅具	工时/min
10	下料	Φ90×40	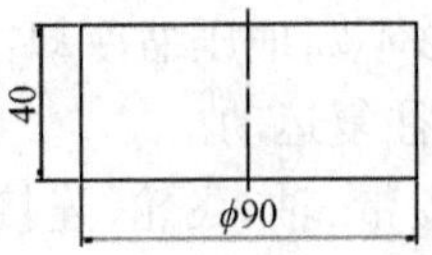	带锯		钢皮尺	10
20	车床	夹紧光平面车 Φ89×26 长车台阶、槽,钻镗内孔 Φ4 孔达图要求。掉头用软爪夹紧车总长、达图要求	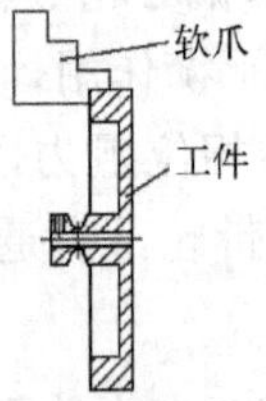	软爪	90°刀 45°刀 切槽刀 圆弧刀 Φ3.9 钻头 Φ4 铰刀	游标卡尺 0～150	60
30	钳工	划线、钻攻螺纹 M3 达图要求	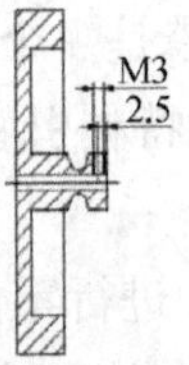		Φ2.4 钻头 M3 丝攻	高度游标卡尺 0～300	15
50	检验	检验、上油、入库					
			编制(日期)	审核(日期)	标准化(日期)	会签(日期)	
标记	处数	更改文件号 / 签字 / 日期					

6) 产品装配

按零件加工工艺,在车间指导老师的指导下完成全部零件加工,并进行装配,最终完成斯特林小车的制作。

9.3.5 综合实践项目五——踏步滑板车

1) 设计任务

目前,随着人们的生活水平不断提高,健身、休闲、娱乐已是人们追求的时尚,各种相应的健身娱乐器械也不断涌现出来。近几年来,滑板作为时尚运动器械的代表受到广大青少年的喜爱,其作为极限运动的一个分支更是风靡了全世界。而近年来新型的运动器械——踏步机以其独特的使用方式及适中的运动量,同样受到了健身人群广泛的欢迎。

然而,两者均存在一定缺陷:前者在速度和适用人群上存在一定局限性;而后者的运动方式过于单一,且只能在室内使用,使其娱乐性大打折扣。设计一种新型的踏步滑板车,利用人体自身重力作为动力来源,采用踩踏的运动方式,使踏板车向前滑行。其克服了传统滑板车和踏步车的缺陷,既保留了滑板车的轻便灵活、休闲娱乐的特点,又拥有踏步机健身的功能(图 9-15)。

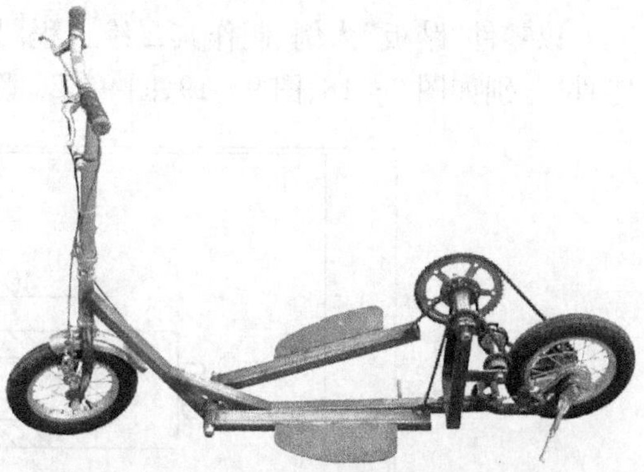

图 9-15 踏步滑板车

2) 方案分析

踏步滑板车主要包括车把、前轮、车体、左右踏板、传动装置、后轮和离合装置。其传动装置采用双链结构,结构简单,传动平稳,保证了一定的工作行程和速比系数,具有足够的强度和稳定性。其中主轴系主要由左右飞轮、大链轮、离合器组成,联动轴系主要由左右链轮组成。采用离合装置可以使主轴的运动灵活、可靠,避免倒车不畅的问题。

3) 三维设计

利用 CATIA 进行零件三维模型设计,以零件"踏板"为例。零件"踏板"由 4 个零件焊接而成,即踏板套、踏板吊钩、踏板杆、踏侧板(图 9-16)。依次对四个零件进行设计,如图 9-17 所示。然后依次设计完成所有的零件并进行装配,完成整个踏板车的三维设计。

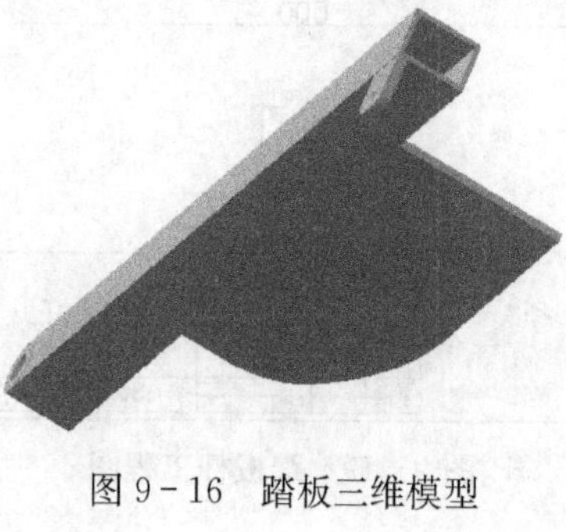

图 9-16 踏板三维模型

(a) 踏板套三维模型　(b) 踏板吊钩三维模型　(c) 踏板杆三维模型　(d) 踏侧板三维模型

图 9-17　踏板零件三维模型

4）零件工程图

以零件“踏板”为例，制作其二维工程图，包括踏板套、踏板杆、踏板吊钩、踏侧板四个零件，分别如图 9-18、图 9-19、图 9-20、图 9-21 所示。

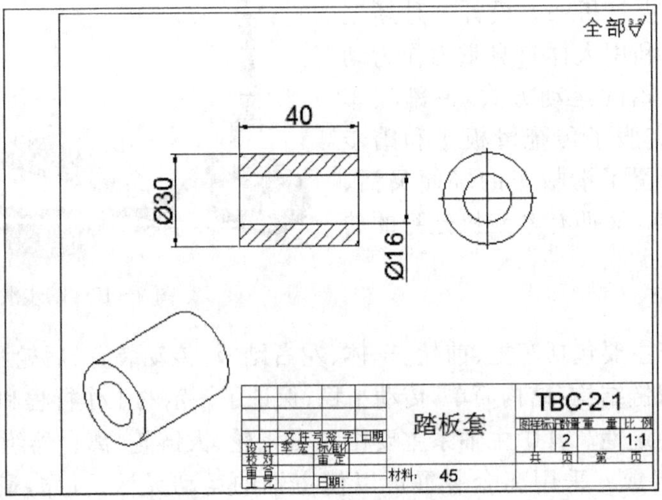

图 9-18　踏板套工程图

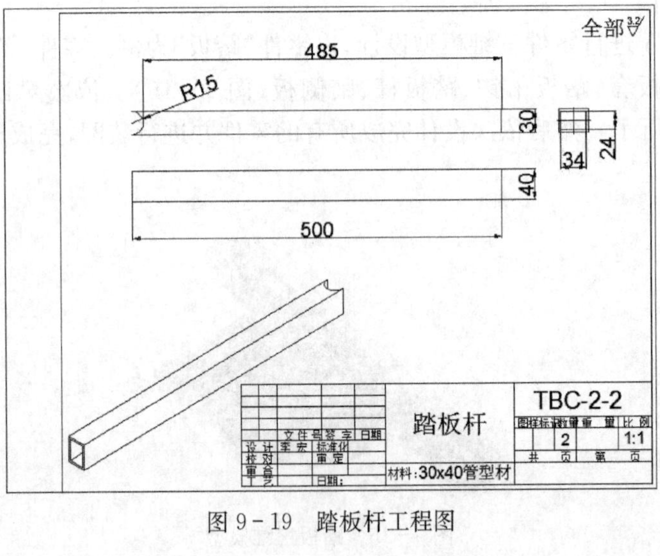

图 9-19　踏板杆工程图

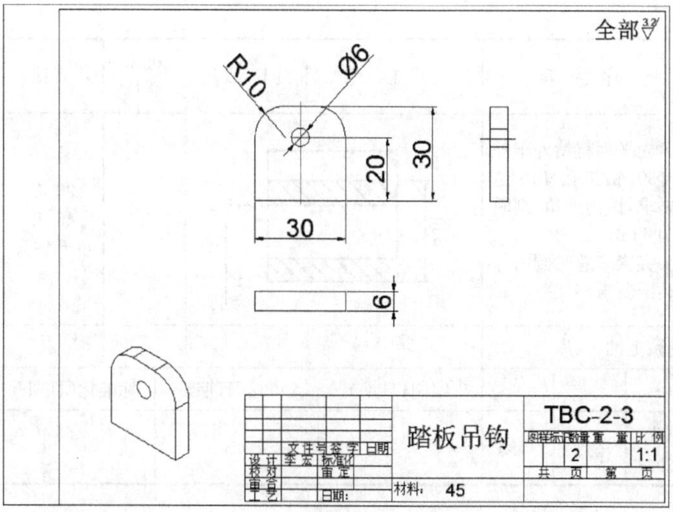

图 9-20 踏板吊钩工程图

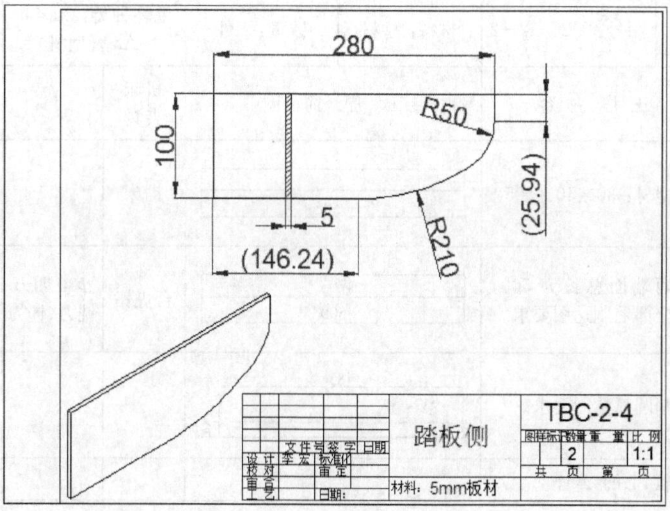

图 9-21 踏板侧工程图

5) 加工工艺

以零件“踏板”为例，制作其加工工艺过程卡，包括踏板套、踏板杆、踏板、吊钩、踏侧板四个零件，相应的工艺卡如表 9-6、表 9-7、表 9-8、表 9-9 所示。

表 9-6 踏板套加工工艺卡

机械加工工艺过程卡片							
零件名称：踏板套		图号：TBC-2-1	材料：45	数量：2 件	毛坯种类：Φ32 棒料	备 注	
序号	工序名称	工 序 内 容	工 序 简 图	机床夹具	刀具	量具辅具	工时/min
10	下料	$\Phi32\times110\times1$ 件	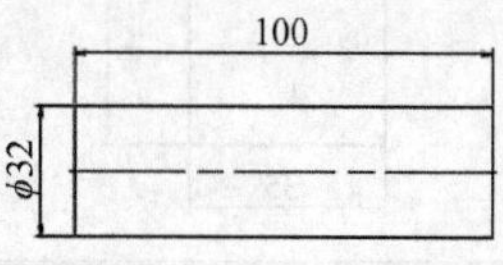	带锯		钢皮尺	5

（续　表）

序号	工序名称	工序内容	工序简图	机床夹具	刀具	量具辅具	工时/min
20	车床	夹紧光平面粗精外车外圆 Φ30，钻扩孔 Φ16 达图要求，倒内外角，割断长为 41 mm。 掉头夹紧车总长倒内外角达图要求	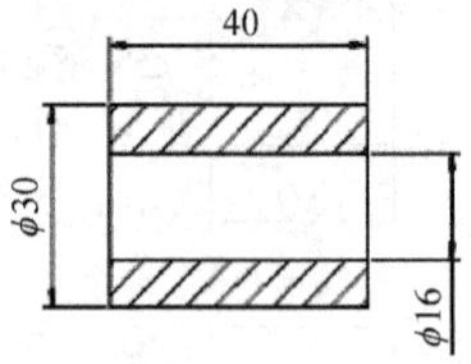		90°刀 45°刀 Φ16 钻头	游标卡尺 0～150	20
30	检验	检验、上油、入库					

					编制(日期)	审核(日期)	标准化(日期)	会签(日期)
标记	处数	更改文件号	签字	日期				

表 9-7　踏板杆加工工艺卡

机械加工工艺过程卡片					
零件名称：踏板杆	图号：TBC-2-2	材料：型材	数量：1 件	毛坯种类：30×40 A3 管型材	备　注

序号	工序名称	工序内容	工序简图	机床夹具	刀具	量具辅具	工时/min
10	下料	管型材：30×40×505	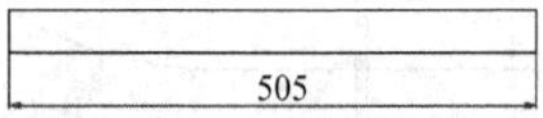	锯床		钢皮尺	5
20	普通铣床	铣两端面总长为 500，去全部毛刺达图要求	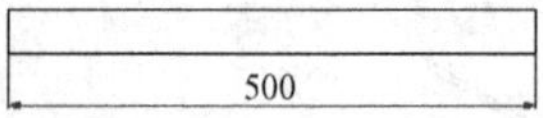	台虎钳	Φ30 四刃铣刀、锉刀	游标卡尺 0～150	10
30	线切割	切割圆弧达图要求					15
50	检验	检验、上油、入库					

					编制(日期)	审核(日期)	标准化(日期)	会签(日期)
标记	处数	更改文件号	签字	日期				

表 9-8　踏板吊钩加工工艺卡

机械加工工艺过程卡片					
零件名称：踏板吊钩	图号：TBC-2-3	材料：45	数量：2 件	毛坯种类：6 mm　A3 板材	备　注

序号	工序名称	工序内容	工序简图	机床夹具	刀具	量具辅具	工时/min
10	下料	6×35×35×2 件	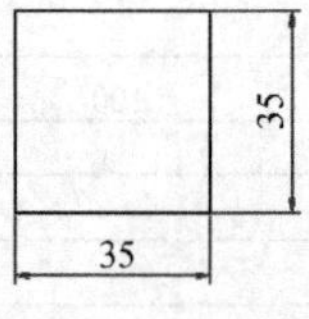	激光切割		钢皮尺	5

（续 表）

序号	工序名称	工序内容	工序简图	机床夹具	刀具	量具辅具	工时/min
20	普通铣床	铣四面 30×30 去毛刺达图要求	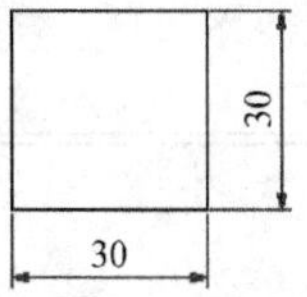	台虎钳		游标卡尺 0～150	10
30	线切割	切割圆角达图要求	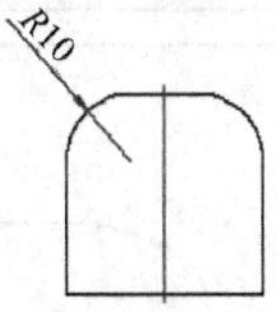				15
40	钳工	划线、钻 Φ6 孔，去全部毛刺达图要求	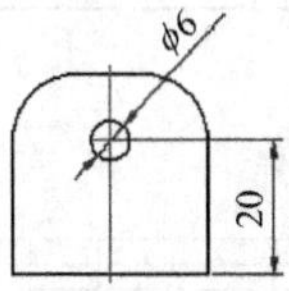		Φ6 钻头	高度游标卡尺 0～300	5
50	检验	检验、上油、入库					

					编制(日期)	审核(日期)	标准化(日期)	会签(日期)
标记	处数	更改文件号	签字	日期				

表 9-9 踏板侧加工工艺卡

机械加工工艺过程卡片

零件名称：踏板侧	图号：TBC-2-4	材料：45	数量：2 件	毛坯种类：5 mm A3 板材	备 注

序号	工序名称	工序内容	工序简图	机床夹具	刀具	量具辅具	工时/min
10	下料	5×110×290×2 件	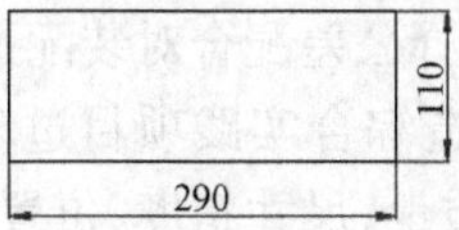	激光切割		钢皮尺	10
20	数控铣床	铣四侧面达图要求	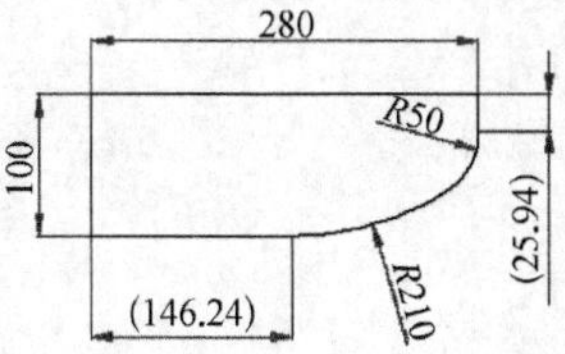	台虎钳、压板	盘铣刀、4 刃立铣刀 Φ16	游标卡尺 0～150	25
40	钳工	去全部毛刺达图要求			锉刀		15
50	检验	检验、上油、入库					

					编制(日期)	审核(日期)	标准化(日期)	会签(日期)
标记	处数	更改文件号	签字	日期				

6）产品装配

将零件"踏板套"、"踏板杆"、"踏板吊钩"、"踏板侧"用电弧焊工艺，按如图 9－22 所示拼接起来，成为组件"踏板"。在车间指导老师的指导下完成全部零件的加工，并进行装配，最终完成踏步滑板车的制作。

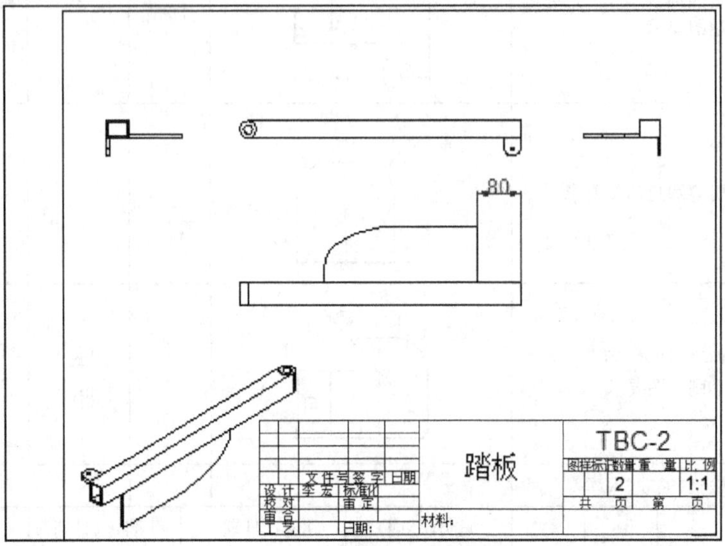

图 9－22 踏板焊接工程图

9.4 思考题

1. 在机械制造综合实践项目中，利用 CATIA 进行计算机辅助设计的一般流程是什么？

2. 思考如何利用 CATIA 数字化装配模块实现产品的动态装配模拟？

3. 制订零件加工工艺，一般应遵循哪些原则？

4. 在机械制造实践中，正确选择公差配合对装配过程及机构运行会产生哪些影响？

5. 结合金工实习进行机械制造综合实践项目过程叙述，分析生产或生活中现有产品，对现有产品的内部质量、外观质量、尺寸精度、位置精度和表面粗糙度进行综合分析，总结优缺点，对不足之处提出创新方案，并写出收获和体会。

参考文献

艾兴等.2004.高速切削加工技术[M].北京：:国防工业出版社.
安谢罗夫.1958.铣床夹具原件、传动系统、机构[M].北京：机械工业出版社.
滨口和洋，户口富士夫，等.2010.斯特林引擎模型制作[M].曹其新，凌芳译.上海：上海交通大学出版社.
陈锡莹.1969.铣床工具·加工篇[M].北京：正言出版社.
陈志鹏.2015.金工实习[M].北京：机械工业出版社.
邓劲莲.2010.机械CAD/CAM综合实训教程[M].北京：机械工业出版社.
段晓旭.2013.普通车床操作与加工实训[M].北京：电子工业出版社.
范崇洛，谢黎明.2002.机械加工工艺学[M].修订本.南京：东南大学出版社.
付铁.2005.计算机辅助机械设计实训教程[M].北京：北京理工大学出版社.
傅士伟，乐旭东.2015.机械装配与调试[M].杭州：浙江大学出版社.
傅水根.2013.以项目驱动的机械创新设计与实践[M].北京：清华大学出版社.
高长银，黄成.2015.中文版CATIAV5技术大全[M].北京：人民邮电出版社.
高长银.2012.CATIAV5R21机械产品设计授课笔记[M].北京：电子工业出版社.
高琪.2012.金工实习教程[M].北京：机械工业出版社.
顾迪民.2008.工程起重机[M].北京：中国建筑工业出版社.
关振中.1998.激光加工工艺手册[M].北京：中国计量出版社.
胡德民.1954.铣床分度头[M].北京：机械工业出版社.
胡国强.2010.机械零件质量检测经验实例[M].北京：国防工业出版社.
胡庆夕，林柳兰，吴镝.2011.快速成形与快速模具实践教程[M].北京：高等教育出版社.
黄迪南.2006.Solid works2006基础及其应用[M].北京：化学工业出版社.
鞠鲁粤.2014.机械制造基础[M].第六版.上海：上海交通大学出版社.
鞠鲁粤.2015.工程材料与成形技术基础[M].第三版.北京：高等教育出版社.
孔云鹏.2000.机械设计课程设计[M].沈阳：东北大学出版社.
李建新，王绍理.2008.激光加工工艺与设备[M].武汉：湖北科学技术出版社.
李魁盛.2008.典型铸件工艺设计实例[M].北京：机械工业出版社.
李慕泽，巫海平.2013.普通车床操作与技能训练[M].北京：清华大学出版社.
李柱，徐振高，蒋向前.2004.互换性与测量技术-几何产品技术规范与认证GPS[M].北京：高等教育出版社.
历恩平，谢应良.1989.铸铁用DS-1砂的研究[J].铸造，(4)：10-15.
林胜，林春庭.2004.高速数控机床现状和发展趋势[J].精密制造与自动化，1：5-8.
刘春玲，程美玲.2013.数控车床操作入门[M].合肥：安徽科学技术出版社.
刘汉塘.1997.铣床的传动和结构机械工人学习材料[M].北京：机械工业出版社.
刘晋春，赵家齐，赵万生.1999.特种加工[M].北京：机械工业出版社.
刘晋春.2014.特种加工实验教程[M].北京：机械工业出版社.
刘世平，贝恩海.2008.工程训练[M].武汉：华中科技大学出版社.
刘世平，贝恩海.2008.工程训练[M].武汉：华中科技大学出版社.
刘孝敏.2003.工程材料的微细观结构和力学性能[M].合肥：中国科学技术大学出版社.
刘云龙.2015.焊工(初级)[M].北京：机械工业出版社.
鲁鞠粤.2001.金工实习报告[M].上海：上海交通大学出版社.
莫建华.2006.快速成形及快速模具[M].北京：电子工业出版社.
丘光明.2012.中国古代计量史[M].合肥：安徽科学技术出版社.

任颂赞,张静江,陈质如,等.2003.钢铁金相图谱[M].上海:上海科学技术文献出版社.
申如意.2014.特种加工技术[M].北京:中国劳动社会保障出版社.
石勇博.2014.图解电焊工入门[M].北京:化学工业出版社.
孙永吉.2015.机械制造工程训练全程指导[M].北京:电子工业出版社.
孙永吉.2015.机械制造工程训练全程指导[M].北京:电子工业出版社.
唐家驹.1991.测量技术[M].北京:机械工业出版社.
王建业,徐家文.2001.电解加工原理及应用[M].北京:国防工业出版社.
王晶.2007.第二届全国大学生机械创新设计大赛决赛作品集[M].北京:高等教育出版社.
王睿鹏.2009.数控机床编程与操作[M].北京:机械工业出版社.
王世刚,王雪峰.2014.工程训练与创新实践[M].北京:机械工业出版社.
王太勇,乔志峰,韩志国,等.2011.高档数控装备的发展趋势[J].中国机械工程,(10).
王运赣.1999.快速成型技术[M].武汉:华中科技大学出版社.
王运炎.1988.金属材料及热处理实验[M].北京:机械工业出版社.
王志海,舒敬萍,马晋.2014.机械制造工程训练及创新教育[M].北京:清华大学出版社.
魏杰.2009.数控机床结构[M].北京:化学工业出版社.
温上樵,王敏,周卫东.2014.钳工实训[M].成都:电子科技大学出版社.
吴军民、冯忠伟.2006.钳工基本操作技能训练[M].北京:国防工业出版社.
吴全生.2013.机修钳工(初级)[M].第二版.北京:机械出版社.
吴宗泽.2003.机械设计实用手册[M].第二版.北京:化学工业出版社.
谢应良.2014.典型铸铁件铸造实践[M].北京:机械工业出版社.
徐彬.2012.钳工(初级)[M].第二版.北京:机械出版社.
杨叔子.2012.切削加工[M].北京:机械工业出版社.
姚永璞.1990.铣床结构与装配调整[M].北京:机械工业出版社.
余承业,等.1995.电加工新技术[M].北京:国防工业出版社.
詹熙达.2013.CATIAV5R20 快速入门教程[M].北京:机械工业出版社.
张伯霖.2002.高速切削技术及应用[M].北京:机械工业出版社.
张海光,胡庆夕.2014.现代精密测量实践教程[M].北京:清华大学出版社.
张力真,徐允长.1993.金属工艺学实习教材[M].第二版.北京:高等教育出版社.
张维纪.1991.金属切削原理及刀具[M].杭州:浙江大学出版社.
张永康.2004.激光加工技术[M].北京:化学工业出版社.
赵为铎.1952.铣刀的种类和应用[M].北京:机械工业出版社.
中国机械工程学会铸造分会.2011.铸造手册[M].第六版.北京:机械工业出版社.
周炳琨,高以智,等.2000.激光原理[M].第四版.北京:国防工业出版社.
邹隆清等.1985.斯特林发动机[M].长沙:湖南大学出版社.